(중등) 2022 개정 교육과정과 IB

개념 렌즈로 수업과 평가를 탐구하다

이현아 | 백종민 | 김종미 | 이지은 | 박준영 | 최정윤 | 정연주

박영story

서문

개념이라는 렌즈를 통해 수업과 평가를 다시 바라보다

"나는 지금, 무엇을 가르치고 있는가?"

학생들에게 급변하는 세상에 대응할 수 있는 힘을 길러주는 진짜 교사가 되고 싶다. 하지만 우리 교사들은 중요한 것을 학생 맥락에 적절한 방식으로 가르치고 있는가? 혹시, 나의 수업은 단순히 지식을 전달하는 수업이 아닌가? 그저 시험을 위한 정보를 강조하고 있는 것은 아닌가? 이 책은 학생들에게 '제대로 된, 진짜를' 가르치고 싶은 교사들의 진심에서 출발한다. '학생은 수업을 통해 무엇을 이해하고 어떤 사람으로 자라야 하는가?'라는 질문을 품고 교단을 지켜왔던 교사들이 개념이라는 렌즈를 만나면서 '무엇을, 어떻게' 가르치고 평가할 것인가에 대한 해답을 찾아가는 여정을 보여주고 있다.

개념이란 통념적으로 알고 있는 것처럼 핵심적인 사실적 지식을 의미하는 것이 아니다. 개념은 세상을 해석하는 렌즈로서 개념적 렌즈를 '사용'해서 복잡한 현상을 다양한 관점에서 조망해 볼 수 있다. 각 교과의 다양한 렌즈를 장착해 보는 학습 경험을 통해 학생들은 다양한 관점으로 복잡한 현상을 파악해 보고 현상 이면의 깊은 이해를 탐구하게 될 것이다. 따라서, 개념을 기반으로 탐구하는 수업은 정보를 외우는 수업이 아니라 세상을 바라보는 관점의 틀을 길러주는 장이 되는 것이다. 또한, 개념을 통해 학생들은 교과 지식을 자신의 삶과 연결 지어 보며 교과 학습이 삶과 동떨어진 것이 아니라 삶의 문제를 해결하는 밑거름이 된다는 의미를 알게 될 것이다. 그러므로 교사는 학생들이 탐구를 스스로 이끌어 갈 수 있도록 가장 적절한 렌즈를 선택할 수 있는 심미안을 가지고 있어야 하고 개념을 기반으로 학생의 사고 구조를 세워주는 안내자 역할을 할 수 있어야 한다. 하지만 기존의 사실적 지식을 전달하는 수업에 익숙한 관행에서 개념을 기반으로 학생들의 사고 구성을 지원하는 역할로의 전환은 쉽지 않다.

2022 개정 교육과정에서도 깊은 이해를 강조하면서 개념기반 교육과정을 이론적 배경으로 삼으며 교사 역할의 전환을 강조하고 있다. 깊은 이해, 삶과 연계된 학습, 통합적 사고, 성찰, 전이 등을 강조하고 있지만 교육과정의 지향점이 서로 어떻게 연결되어 있는지, 교사는 이를 어떤 방식으로 엮어 나가야 하는지 등에 관한 안내는 미흡하다. 반면 IB(International Baccalaureate)를 통해 개념기반 교육과정의 구현 방식을 접하게 된 저자들은 2022 개정 교육과정의 구현 방식에 의구심을 품게 되었다. 2022 개정 교육과정은 핵심 아이디어를 중심으로 지식, 기능, 가치·태도의 역량을 함양하고자 하는 취지를 담고 있다고 하지만, IB를 경험한 교사들에게 '2022 개정 교육과정은 학습 목표, 교수학습 방식, 평가 등이 일관되게 정련된 모습을 보여 주고 있는가'에 대한 여러 가지 질문을 떠올리게 한다.

이 책에는 '핵심 아이디어가 진정 교과의 깊은 이해를 담고 있는가? 핵심 아이디어는 학생들의 발달 단계에 맞게 진술되었는가? 내용 체계표에는 제시된 핵심 아이디어를 습득하기에 적합한 지식, 기능, 태도·가치가 제대로 설정되어 있는가? 내용체계표에 제시된 요소들을 잘 가르치면 과연 학생들은 제시된 핵심 아이디어를 습득하게 될 것인가? 이와 같은 가정을 구현하기 위해 교사에게 요구되는 것은 무엇인가? 성취기준은 핵심 아이디어, 내용체계표와 일관성을 갖는가? 성취기준은 깊은 이해의 수준을 잘 진술하고 있는가?' 등의 질문에 대한 저자들의 고민이 담겨 있다. 무엇보다도 평가의 대혼란을 겪고 있는 현 상황에서 우리 국가 교육과정은 교과 본질과 일치하는 중요한 것을 평가할 수 있는 시스템인가에 대한 답을 제시해보고자 시도하고 있다.

이와 같은 질문을 고민하면서 이 책은 1장과 2장에서는 수업과 평가를 새롭게 바라보는 이론 및 철학적 관점을 제시하고, 3장은 개념기반 유닛 설계에 대한 실제적 접근을 소개한다. 이어지는 장에서는 다양한 교과에서의 개념기반 수업 설계의 실제를 담았다. 우리 저자들은 이론과 실천의 균형을 잡으며, 현장에서 적용 가능한 설계의 언어를 나누고자 했다. 동시에 완성된 정답을 제시하기보다는 질문하는 수업의 태도를 공유하고자 했다.

이 책의 가장 큰 특징은 현장 교사들이 공동으로 쓰고 설계했다는 점이다. 교사들은 교과도, 상황도, 경험도 달랐지만, 수업에 대한 진심은 놀랄 만큼 닮아 있었다. 우리는 각자의 교실에서 개념을 중심으로 수업을 다시 설계하고, 이를 서로 읽고 고치며 함께 성찰했다. 때로는 개념 설정에 머뭇거렸고, 탐구 진술과 탐구 질문 앞에 고민하기도 했다. 하지만 질문을 놓지 않았고, 아이들과의 수업 속에서 그 답을 하나씩 찾아갔다. 이 책은 그렇게 쓰였다. 모범 답안이 아니라 탐구의 흔적으로.

과학, 사회, 국어, 영어, 수학이라는 각기 다른 교과는 고유한 사고방식과 탐구 대상을 지니고 있지만 궁극적으로는 학생이 세상을 이해하고 자신을 표현하며 더불어 살아갈 수 있는 힘을 기르는 데 기여한다는 교육의 본질에서 만난다. 우리는 각 교과의 고유한 특성을 존중하면서도, 그 속에 공통적으로 흐르는 개념과 탐구의 정신을 함께 발견하고자 했다. 각 장에 소개된 사례들은 학생과 교사의 관계, 질문과 성찰의 구조, 평가의 방향성까지 아우르는 수업 생태계를 담고 있다. 학생이 어떻게 사고하고 연결하며 이해하고 있는지를 드러내는 평가를 추구하면서, 수행 과제, 자기 성찰, 본질적 이해를 드러낼 수 있는 평가 방법을 함께 고민하며, 수업과 평가가 분리되지 않고 연결될 수 있음을 경험했다.

사실, 책을 집필하는 과정 자체가 우리에게도 하나의 탐구였다. 이 책을 함께 써 내려간 것은 공동 집필 이상의 의미를 지닌다. 우리는 서로의 수업을 읽고 질문하며, 함께 사유하고 배우는 교사 공동체로 성장해왔다. 쉬운 길은 없었고, 때로는 되돌아가야 했다. 그러나 질문하고, 나누고, 다시 설계하는 과정 속에서 교사로서의 앎이 깊어졌고, 수업에 대한 확신이 생겼다. 무엇보다 학생들과의 수업이 다시 살아난다는 느낌, 그 감각은 무엇과도 바꿀 수 없는 보람이었다. 탐구는 교사를 살아 있게 했다.

하지만 이 책은 커다란 결여를 담고 있다. 교과별 교사 1인의 설계로 집필되었기 때문에 교과 교육과정의 큰 틀을 혼자 결정해야 하는 외로움과 불완전함이 있음을 인정할 수밖에 없다. 저자들이 배움과 나눔의 여정을 함께 걸어오며 공동으로 집필했지만, 개별 교과를 완벽하게 아우를 수는 없다. 다만 완성된 답은 아니지만, 과감히 질문을 던지는 용기와 저자들이 제시하는 방향성을 이해하는 너그러움을 독자들에게 요청함과 동시에 교사들이 제대로 가르칠 수 있는 교육과정 '시스템'을 조성해 가자는 목소리를 전하고 싶다.

이제 이 책은 독자인 당신에게 건네진다. 지금 당신의 교실에서는 어떤 질문이 살아 있는가? 당신은 어떤 개념 렌즈로 수업을 설계하고 있는가? 우리는 이 책이 당신의 교실에서 새로운 탐구의 씨앗이 되기를, 그리고 교사로서의 당신의 성장을 응원하는 동료의 손길이 되기를 진심으로 바란다.

추천사

"IB를 한국어화해서 공교육에 시범 도입하자"라는 아이디어는 2017년에 출간된 나의 저서 『대한민국의 시험』에서 처음 제안됐다. 그때는 IB(국제 바칼로레아)가 국내 포털에서 검색조차 안 될 만큼 생소했다. 그럼에도 IB 도입을 주장했던 이유는 이것이 우리 수업과 평가 패러다임 전환을 촉발할 수 있을 것이라고 확신했기 때문이다. 2017년의 최초 제안 이후 불과 몇 년 만에 전국 곳곳에 IB 공립학교가 생기고, 현장 교사들이 IB 철학과 방법론을 공부하여 직접 수업과 평가에 적용한 사례를 나누는 책이 출간되니, 실로 감개무량하다.

이 책은 우리 국가교육과정의 총론과 각론 사이의 깊은 간극을 현장에서 메워 보려는 교사들의 집단 지적 실험이다. 2022 개정 교육과정이 표방한 '탐구'가 실제 수업과 평가 속에서 어떻게 구현되어야 하는지, 그리고 IB 설계 원리와 비교했을 때 무엇이 보완되어야 하는지를, 교과별 현장 전문가들이 구체적인 유닛 설계와 사례로 제시한다. 저자들은 IB를 공부하면서 공교육 현장 교사로서 IB와 2022 개정 교육과정의 교차점을 냉정히 분석하고, 그 유사성 뒤에 가려진 각론의 불일치와 일관성 부족을 날카롭게 지적한다. 그럼에도 단순한 비판이 아니라, 교과의 본질을 규명하고 그에 맞게 교육과정을 구현하려는 교사 주도의 대안 설계를 제시하고 있다는 점에서 의미가 크다.

IB는 특정 모범 수업을 규정하지 않는다. 대신 수많은 교사가 자신의 수업과 평가를 공유하고 발전시키는 집단지성의 생태계를 갖고 있다. 이 책도 그 철학 위에서, 현장 교사들이 부딪치고 고민하며 찾아낸 해법을 아낌없이 나누고 있다. 이 책의 사례들은 완결된 해답이라기보다, 교과의 본질을 재정립하고 일관된 교육과정을 설계하는 출발점이자, 현장 교사의 목소리를 정책과 연구의 논의 테이

블로 올려놓는 계기가 되길 기대한다. 정답 맞히기 속도전에서 벗어나 학생 각자의 '내 생각'을 기르는 교실, 잠자는 아이들의 눈빛이 살아나게 만드는 수업을 꿈꾸는 모든 교사와 교육 전문가분들께 이 책의 일독을 권한다.

이혜정 교육과혁신연구소 소장

(『서울대에서는 누가 A+를 받는가』, 『대한민국의 시험』, 『IB를 말한다』 저자)

추천사

2022 개정 교육과정의 총론은 "교과 교육에서 깊이 있는 학습을 통해 역량을 함양할 수 있도록 교과 간 연계와 통합, 학생의 삶과 연계된 학습, 학습에 대한 성찰"(초·중등학교 교육과정 총론, 2022, p. 5) 강화라는 방향성을 제시하며, 역량 중심 교육을 구호가 아닌, 구현의 대상임을 명확히 했다. 그러나 "실패는 디테일에서 나오고 성공은 시스템에서 결정이 된다."라는 경구가 떠오르는 이유는 왜일까. 아마도, 교육자원과 열망이 대부분 대입제도로 빨려 들어가는 현실에서, 총론을 실질적으로 뒷받침해야 할 공교육 시스템이 여전히 제 역할을 하지 못하고 있기 때문일 것이다. 실제로 교육과정의 진정성 있는 실천을 통해 가르침과 배움의 의미를 회복하고자 하는 학교 현장의 노력은 대입제도의 선발과 배치 권력 앞에서 무력하기만 하다.

총론의 방향성을 뒷받침할 각론의 디테일 또한 빈약하다. 특히, 학생의 주도성과 역량 함양을 위한 평가설계와 시행에 관한 교과별 세부 교육과정 내용은 스위스 치즈 구멍처럼 듬성듬성하다. 총론을 떠받쳐야 할 각론의 취약함은 교육과정 전체의 실행력을 구조적으로 제약한다.

바로 이러한 상황에서 『개념 렌즈로 수업과 평가를 탐구하다』의 출판은 가뭄에 단비와도 같다. 저자들은 "개념기반 교수·학습"을 깊이 있는 학습을 통해 핵심역량의 함양으로 이끄는 실행 가능한 해법으로 제시한다. 2015 개정 교육과정부터 이어져 온 개념 중심의 일반화를 지향하는 수업이 실제 교실에서 "어떻게" 구현될 수 있는지를 이 책은 자세히 보여준다. 구체적으로, 유닛 설계의 5단계 과정을 체계적 설명과 풍부한 자료를 통해 예시한다. 더 나아가, IB MYP의 교수·학습설계 원리와 평가 기준 및 방식을 소개·적용함으로써, 2022 개정 교육과정을 어떻게 개념기반 수업으로 풀어내는지 보여준다.

무엇보다 중요한 점은, 7명의 저자들이 모두 현장에서 오랜 경험을 쌓은 수석 교사이자 IB 코디네이터라는 사실이다. 즉, 이들의 해법은 연구실에서 빚어낸 추상적 언어나 모형이 아닌, 학생들과의 오랜 호흡 속에서 길어 올린 실천지식에 뿌리를 두고 있다. 이 점에서, 2022 개정 교육과정이 강조하고 있는 탐구중심의 깊이 있는 학습을 통해 핵심역량을 강화하겠다는 방향성에 대해서 공감하면서도, "어떻게"라는 질문 앞에서 주저하던 교사들에게, 이 책은 정면 돌파의 용기를 주는 단단한 디딤돌이 될 것이다.

연세대학교 교육학부 이무성 교수

목차

I

탐구에 관한 소소한 이야기

I 탐구에 관한 소소한 이야기

01 모든 교사는 가르치는 방식에 자신의 의도를 담고 있다

우리나라의 모든 교사는 교과서나 성취 기준을 기반으로 수업 내용을 조직하지만, 중점을 두는 부분이나 수업하는 방식은 교사 나름의 의도가 있다. 교과서 중심의 강의식 수업이나 이와 반대로 학생 중심 활동 수업은 모두 학생에게 이득이 될 수 있도록 수업하고자 하는 교사의 의도를 담고 있다. 교과서 중심의 강의식 수업을 진행하는 교사는 학생들이 입시에서 유리하도록 좋은 점수를 얻는 데 도움을 주고자 하는 의도를 갖고 있을 것이다. 선다형 평가에서 좋은 점수를 얻을 수 있도록 사실적 지식을 암기하는 수업을 진행할 것이다. 그러나 이러한 암기를 강조하는 주입식 수업에서는 학생들이 학습한 것을 체득할 기회가 없으며 배움을 자기 것으로 수용하지 못하는 한계가 있다. 주입식으로 가르쳐진 지식은 학습자의 바깥에 머물러 있을 뿐 학습자의 안으로 들어가지 않는다. 여기서 학습자의 안으로 들어간다는 것은 학습자의 마음의 한 부분이 된다는 뜻이며 학습자의 보는 눈 또는 안목이 된다는 뜻이다(이홍우, 2006).

반면에 학생 활동이 많은 수업을 진행하는 교사는 자유로운 활동을 통해 학생들이 스스로 학습하고 배움의 주인이 될 것이라고 기대할 것이다. 하지만 학생 중심 활동 수업을 하지만 학생들이 진지하게 생각하고 의문을 품으며 교과서에 있는 사실적 지식을 넘어서 교과 내용의 이면에 있는 교과 고유의 관점을 깨닫는 순간이 있는가에 대한 의구심이 있다.

02 '교과답게' 가르치려면?

이홍우(2006)는 교과 지식의 안목으로 볼 수 없는 학생들에게 교과의 안목으로 볼 수 있도록 '교과답게' 가르쳐야 한다고 했다. 이때 교과답게 가르친다는 것은 교과 지식뿐 아니라 교과 고유의 탐구 방식을 학습하여 교과 고유의 눈으로 현상을 볼 수 있도록 하는 것을 의미한다. 교실 안에서의 학습이 해당 학문 분야의 학자들이 하고 있는 일과 같은 방식으로 탐구하도록 가르쳐야 한다는 것이다. 이는 단순히 기본 개념을 외우는 학습이 아니라 각각의 교과 학습이 학문과 관련된 현상을 학생들의 수준에서 탐구하고 이해하는 방식이어야 한다고 했다.

Bruner(1946)도 지식의 구조를 학습해야 한다고 주장하면서 교과답게 가르친다는 말의 의미를 학자들이 생성한 지식을 교사가 학생에게 일방적으로 전달하는 것이 아니라 학자들이 하는 일로서 가르쳐야 한다고 강조했다. 예를 들어 과학 교과의 물리 영역을 공부하는 중학생에게도 본질적으로 물리학자와 동일한 종류의 일(탐구)을 하도록 가르쳐야 한다. 교과답게 가르친다는 것은 학문에 들어있는 기본 개념을 교과의 학습 내용으로만 이해되게 하는 것이 아니라 그 기본 개념을 사용하여 '탐구하는 과정'(학자들이 하는 것처럼)까지도 포함해야 한다.

그러므로, 교사가 교과답게 가르치기 위해서는 먼저 교과 교육과정에서 교과의 본질을 제대로 설정해야 하며 교사가 이를 제대로 해석할 수 있어야 한다. 이때 교과 학습이 가지는 의미를 명확히 탐색하는 것이 필요하다. 교과 학습이 단순히 좋은 성적과 성공적인 진학을 목표로 하는 것인지, 고차원적 사고를 함양하여 학문적으로 더 깊고 넓은 학습으로 이어지는 것을 뜻하는지, 아니면 현재의 문제를 해결하는 데 필요한 지혜와 안목을 얻는 것을 의미하는지 규명해야 한다. 교과 학습의 의미를 어떻게 설정하느냐에 따라 교과답게 가르치기 위해 무엇을 배워야 하는지, 어떻게 배워야 하는지가 결정되기 때문이다(홍후조, 2016).

03 탐구란?

Bruner는 학생들이 학자들이 탐구하는 방식대로 탐구할 수 있도록 가르쳐야 한다고 했는데 학자들이 하는 탐구란 무엇을 의미할까? 흔히 학자들은 학문적 탐구를 통해서 새로운 이론을 도출해낸다고 생각할 수 있지만, 실질적으로 학자들은 대부분의 시간을 기존 이론을 이해하는 데 사용하고 있다. 다만 기존 이론이 요구하는 것과 동일한 방식으로 현상을 보고자 하되 기존 이론을 맹목적으로 답습하는 것이 아니라 종래 이론에 모종의 결함이 있지는 않은지를 비판적으로 검토하게 된다. 헤겔은 이와 같은 비판적인 사고를 '상식과의 투쟁' 또는 '일상생활의 안정감을 상실하는 과정'이라고 규정했다.

Dewey(1942)는 탐구를 인간을 포함한 유기체의 존재론적 적응 과정이라고 주장했다. 주변 환경과의 상호작용 속에서, 반복적이고 안정적인 상황을 벗어나는 특정 상황에서의 불균형을 지각하게 되고 이러한 불확정한 상황을 초래하게 된 원인을 탐구함으로써 생존을 이어가는 존재론적 과정이라고 했다. 그는 인간이 생존에 문제가 되는 상황을 인지하게 되고 기존의 상식으로는 해결되지 않는 문제의 해결책을 구성해 가는 반성적 성찰 과정을 탐구로 보고 있으며 문제 해결의 '암시'를 가설에 대한 반성적 사고와 지성적 정리로 인해 해결책이라는 관념을 형성하는 탐구과정이라고 지칭했다.

Badiou는 좀 더 구체적으로 '상황-개입활동-사건-충실활동-진리'라는 3단계 2활동의 진리생성 과정을 주장하면서 탐구과정을 구체화하였다(목영해, 2019). Badiou는 차이에 대한 존중을 주장하는 문화적 다원주의의 가식성을 비판하며 차이보다는 동질성에 초점을 두는 보편적 진리를 강조했다. 문화의 다양성은 인정하지만 문화적 다원주의에 매몰되지 말고 다양한 문화 간의 보편적인 진리를 추구해야 한다는 주장이다.

진리는 사건에서 비롯되고 사건은 상황에서 비롯되며 상황은 범주화된 다수의 요소로 구성되며 드러나지 않던 일부의 잉여 요소들이 모여 사건이 된다. 사건으로 성립되기 위해서는 없는 것이나 다름없던 잉여 요소들이 사건으로 드러나면서 개입 활동이라는 이름 붙이기(nomination) 절차가 시작되며 기존의 상황에서 모습을 드러내게 된다. 이후 상황 내 요소들의 관계를 체계적이고 엄밀하게 결정하는 탐색 활동이 체계적, 적극적, 지속적으로 이루어지는 충실 활동을 거쳐 진리가 형성된다는 것이다. 충실 활동은 상황을 검토하고 탐색하는 인지적인 측면만이 아니라 충실함의 주체가 탐색 대상에 동화되어 자신의 존재 방식까지도 바꾸는 경지에 이르는 것을 의미한다. 상황-개입활동-사건-충실활동이라는 절차를 거쳐 생성되는 진리는 잉여 요소를 기반으로 생겨나는 것으로 진리는 기존의 공인된 지식 체계를 벗어나 있으며 기존의 지식 체계가 자기 갱신을 통한 재편을 하도록 촉성하게 된다.

상대적 지식론이 아닌 보편적 진리를 주장하고 진리생성 절차를 제시했던 Badiou의 보편적 진리론은 학교 교육을 통해 학생들을 지식의 소비자가 아니라 보편적 진리의 생산 주체로 이끌어야 하며 개입과 충실활동을 제대로 수행할 수 있도록 지적 능력과 태도를 길러주어야 한다는 함의를 내포하고 있다. 이는 사회에서 공인된 주류적 지식과 가치관을 학생들에게 주입할 것이 아니라 소외된 요소들에게 관심을 갖고 존중하는 개입활동을 교육적 활동으로 연계하는 방안을 모색할 필요가 있음을 암시하고 있다. 따라서 진리와 지식의 습득이 자신의 삶에 이로울 뿐만 아니라 타인의 복지 및 인류문명에 어떤 의미가 있는지를 성찰하게 하는 교육적 방안이 요구되며 나아가 지속적으로 탐구하는 충실활동이 학습자의 존재 방식에도 변화를 가져올 수 있도록 앎과 삶이 일치하는 교육적 방안을 강구해야 할 과제를 제시하고 있다.

이와 같은 Badiou와 Dewey의 탐구과정에 대한 해석은 다음에서 제시하고 있는 것처럼 뇌의 정보처리 과정에 기반한 뇌과학 기반 학습에서 제시하는 학습 방식과 크게 다르지 않다.

04 탐구학습과 뇌과학 연구 결과

(다음은 〈배우는 대로 쏙쏙 기억되는 7단계 수업전략 7R, 이현아 외 번역〉에서 발췌한 내용임)

뇌기반 학습과학 연구들은 인간이 어떻게 문제를 각성하게 되는지에 관하여 과학적인 데이터를 제공하고 있으며 Dewey가 언급한 암시와 관념의 형성이 뇌에서 어떻게 형성되는가에 관한 추가적인 정보를 제공하고 있다. 뇌기반 학습과학의 연구결과는 인간이 정보를 처리하는 과정을 다음과 같이 설명하고 있다.

인간은 감각기관을 통해 매초 2000비트의 정보가 뇌의 필터링 시스템에 의해 걸러지고 있는데(Willis, 2009) 뇌에 유입되는 정보 중 1%만이 기억을 유지할 수 있다고 한다. 감각기관으로 유입되는 정보가 기억으로 남으려면 학습자의 주의를 끌 수 있어야 하며 학습자에게 필요하거나 새로운 정보, 학습 내용이 학습자에게 의미가 있는 정보, 감정과 관련된 정보가 중요한 기준이다(Tate, 2016).

감각기관을 통해 유입된 정보가 학습자의 주의를 끌게 된 후 집중하는 과정에는 뇌의 여러 기관이 관여하게 된다. 집중하기 위해서는 각성, 지향, 주목의 3가지 요소가 필요한데(McNeal, 2009), 뇌의 망상활성화계에서는 방출되는 뇌 전달물질의 양에 따라 새로운 정보를 알아채는 각성의 정도가 결정된다. 뇌의 전달물질인 노르에피네프린과 도파민에 의해 전두엽이 자극되고 우리를 각성시킨다. 이때 두정엽은 현재의 행동을 유발하는 자극에 참여하지 않고 우리의 뇌가 새로운 자극으로 향하게 한다. 다음으로, 시상체는 우리를 자극하는 다른 정보를 차단시키고 뇌를 주목하게 해서 전두엽에 새로운 정보를 전달한다. 해마는 집중 과정에서 중요한 역할을 한다. 해마에는 수많은 정보가 접속되고 있으며 망상활성화계가 특정 감각 자극에 반응할 때 해마는 기존의 기억과 비교해서 어느 정도 새로운지를 결정한다(Ratey, 2008).

관습적인 상황에 대한 비판적인 인식을 갖고 문제를 자각하여 탐구를 촉진하려면 뇌의 각성, 지향, 주목의 메커니즘을 이해하고 새로운 단원의 시작에 학습자에게 '의미 있고 필요한 학습이며 기존과는 다른 새로운 관점을 구성할 수 있는' 학습 경험이 될 수 있도록 설계해야 한다. 학습하는 내용이 학습자의 삶과 연결되어 있고 장차 자신의 미래에 도움이 되는 의미와 필요성을 느낄 수 있는 내용과 방법이어야 한다. 또한 정답이 정해져 있어서 기존의 것을 그대로 답습하는 학습이 아니라, 학생들 각자의 생각을 반영할 수 있고 사고를 지속적으로 구성하여 새로운 아이디어를 발견할 수 있는 탐구학습이어야 한다.

교과 지식이 세상을 보는 안목이 될 수 있도록(이홍우, 2006) 탐구를 통해 학습이 학습자 안으로 들어가기 위해서는 학습 동기와 '지속적'인 탐구와의 관련성을 이해할 필요가 있다. 생리적 욕구, 안전, 소속감, 자긍심에 이어 자아실현의 욕구가 위계에 따라 점층적으로 만족된다는 매슬로우의 욕구 단계설에 따르면 하위단계의 욕구가 만족되어야 학습에 임할 수 있다. 그러므로, 학생들의 기본적인 욕구가 충족되고 있는지를 살펴보는 것은 학생들이 깊이 있게 탐구를 지속할 수 있는 환경을 조성하기 위해서 고려할 사항이다. 기본적인 생리 욕구가 충족되고 신체적·정서적 안전함이 충족되어야 자신의 내면에 집중할 수 있으며 자긍심을 바탕으로 비로소 학습에 집중할 수 있는 것이다. 따라서 지속적인 탐구를 위해서 교사는 학습자의 기본적인 욕구와 감정의 문제가 먼저 해결되었는지를 살피는 것이 필요하다.

특히 감정은 학습에 많은 영향을 주는데(Small, 2003), 불안하거나 우울하거나 화가 나면 수업 시간에 뇌로 유입되는 정보를 효과적으로 받아들일 수 없다. 불안하거나 우울하거나 화가 나 있다면 학생들의 뇌는 감정에 사로잡히게 되어 주의를 온통 거기에 쏟게 된다. 부정적 감정에 뇌가 집중하기 때문에 작업기억(working memory)에는 과부하가 일어나 교사가 제공하는 정보를 제대로 처리하기 어렵다. 감정은 뇌의 피질하영역에서 생성되는데 이는 신체 상태를 나타내며 감정에 따라 무의식적으로 뇌와 신체에 영향을 미치도록 관여하게 된다. 따라서, 원하지 않지만 어쩔 수 없이 참여하게 되는 경우 부정적인 감정은 뇌와 신체에 부정적으로 반응하게 한다.

이때 편도체는 감정과 기억에 중요한 역할을 한다. 외부에서 유입되는 정보를 접하면 편도체는 지겹거나 감정이 내포되지 않은 사건보다는 정서적으로 격앙된 혹은 정서가 잔뜩 묻어있는 사건이 더 잘 기억된다(Bloom). 르두(LeDoux)에 의하면 주의, 지각, 기억, 의사 결정 및 이러한 인지 작용에 수반되는 뇌 활동들은 모두 정서 상태에 영향을 받는다. 즉 정서적 각성이 뇌의 활동을 조직하고 조화롭게 조정한다. 스카터(Schacter, 2001)는 그의 저서 '기억의 7가지 원죄'에서 어떤 감정이 배어 있지 않은 사건보다 정서적으로 격앙된 사건을 더 잘 기억한다고 했다. "기억이 생성되기 시작할 때 감정이 작동하기 시작하며 감정이 인지 작용에 영향을 준다. 감정이 잔뜩 실린 사건이 그렇지 않은 사건에 비해 더 잘 기억된다. 기억이 형성되는 그 순간에 감정의 고양도 시작된다. 바로 이 순간이 주의와 의식적 의미 있는 활동이 강력히 영향을 미쳐 어떤 경험이 이어서 기억될 것인가 망각될 것인가를 결정한다."라고 말했다.

에모리대의 하만(Hamann)은 MRI를 사용하여 어휘와 그림에 대해 감정이 어떻게 반응하는지를 측정했다. 이러한 감정의 시각화는 감정을 동요시키는 장면에서 편도체가 어떻게 작동하는지를 보여주고 있다. "감정을 포착했을 때 편도체는 기억을 담당하는 뇌 영역의 활동을 증진시킨다. 이러한 방식으로 편도체가 기억을 강화하고 생생한 기억으로 남는 것이다."라고 언급했다. 하만의 실험 참가자들은 감정이 관여되지 않은 어휘보다 학습할 때의 즐거운 감정이 연상되는 단어를 2배로 더 잘 기억했다.

감정이 학습에 주는 영향력이 크기 때문에, 수업할 때 감정을 잘 활용하면 학생들을 학습에 다가가게 하는 훌륭한 방법이 될 수 있다. 감정은 뇌가 기억을 조직화하고 형성하는 활동에 영향을 미치며, 뇌가 집중하고 지각하는 데 정서적인 영향을 끼친다. 따라서, 학생들에게 다가가기 위해 감정을 잘 활용한다면 학교에서의 모든 경험을 좀 더 강력하게 기억하게 할 수 있을 것이다. 예를 들어 학생의 준비도를 고려하지 않고 너무 많은 정보를 교사가 제공한다면 학생들의 뇌는 과부화가 걸리는 동시에 감당하기 어려운 학습량으로 인해 부정적인 감정이 작동할 것이다. 부정적인 감정에 휩싸인 뇌는 새롭게 정보를 제대로 처리하지 못하고 효율적으로 학습하지 못하게 된다. 따라서 교사는 학생의 학습 준비도를 면밀하게 살피고 정보를 적절히 나누어 받아들일 수 있을 정도로 제공하는 전략을 구사할 필요가 있다.

밀림을 헤쳐가듯이 학습자가 세운 가설에 대한 지속적인 확인이 뒤따르는 탐구 과정은 모호함을 감내해야 하는 정서적 도전이 기다리고 있으며 탐구학습을 위한 수업 설계는 학생의 준비도에 맞게 비계를 설정할 수 있는 교사의 섬세한 설계가 요구되는 일이다. 학습 과제가 해내기 어려울 것이라는 부정적인 감정을 들게 한다면 학생들은 탐구 과정에서의 모호함을 견뎌내기 어려울 것이다. 따라서 학생의 수준에 맞게 탐구를 적절히 조절함으로써 '해볼 만하다'는 긍정적인 마음을 갖게 하는 것이 지속적인 탐구학습을 위해 필요하다.

개념기반 교육과정에서 구체적인 현상과 추상적인 개념을 넘나드는 학습은 뇌를 활성화하고 장기적으로 기억하게 하는 시너지가 나도록 하는(synergistic) 효율적인 학습 방법이라고 제시한다(Erickson, 2007). 구체적인 정보를 다루는 영역과 추상적인 사고를 다루는 영역이 함께 작동하도록 학습하는 것이 뇌가 활성화 영역을 확장시키며 장기 기억에 머무르게 될 가능성이 높은 학습이라는 것이다. 다음 그림과 같이 개념을 기반으로 구체적 사실과 추상적 개념을 넘나들며 사고하는 과정을 통해 뇌를 더 활성화시키고 통합적으로 사고하게 된다. 개념을 기반으로 뇌에 통합된 스키마를 형성시키는 것은 뇌의 인지 과부화를 줄이고 효율적으로 학습하도록 돕는다. 여러 구체적 사례를 관통하는 공통의 속성을 나타내는 개념을 중심으로 정보를 요약하여 범주화하고 패턴화해서 저장하고 조직·관리함으로써 뇌가 장기적으로 기억할 수 있도록 학습 효율을 높일 수 있다.

그림 I-1 개념적 렌즈의 역할

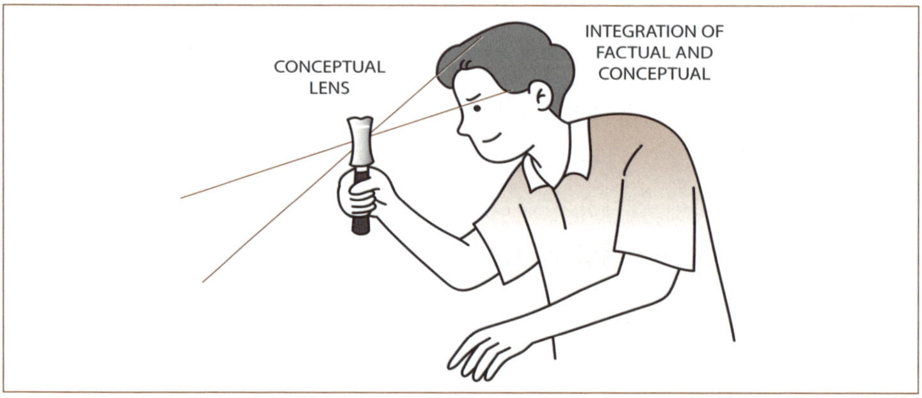

출처: Erickson(2007)

뇌가 정보를 패턴화해서 인식하고 장기 기억에 저장하듯이, 사실이나 주제와 같은 낮은 수준의 잡다한 사실적 지식 습득에만 머무는 것을 넘어서, 보다 포괄적이고 전이 가능한 주요 개념, 일반화, 원리, 이론 등 고차원적 이해를 습득하는 과정을 통해 뇌의 사고력이 활성화된다(Sousa, 2011). 뇌의 사고를 좀 더 활성화시키기 위해서는 학습 내용을 점차적으로 추상적이고 포괄적인 이해로 확장시키고, 인지적 사고 기능을 점차적으로 고차원적 수준으로 올려야 한다는 주장은 깊은 탐구가 가능하려면 고차원적 사고력이 요구되며 추상적이고 포괄적인 개념적 이해와 고차원적 사고 기능을 상보적으로(complimentary) 신장시킬 수 있는 교육과정 설계와 학습 방법에 대한 접근이 필요함을 의미한다고 볼 수 있다.

개념은 복잡한 사실에 숨어 있는 중요한 아이디어를 습득하는 데 디딤돌 역할을 한다. 다양한 사실을 관통하는 공통의 자질을 개념을 중심으로 조직화하는 과정을 통해 학습에 의미를 부여하고 더 큰 패턴으로 확장시켜 나가게 된다. 새로운 정보를 기존의 개념 폴더와 비교하면서 공통점을 찾아서 조직화하는 과정을 통해 개념은 새로운 정보와 기존의 정보를 연결하는 '아교'와 같은 역할을 하게 되며 개념적 이해를 점점 확장시켜 나가게 된다(Murphy, 2002).

05 탐구의 단계

MacKenzie et al(2019)은 다음 그림과 같이 학생들의 탐구 단계를 구조화된 탐구, 제한적 탐구, 안내된 탐구, 개방형 탐구로 구분하고 교사가 학생들의 수준을 적절하게 진단하고 그에 맞는 처방을 내리는 것이 효율적인 탐구를 위해 필요하다고 했다.

그림 I-2 **학습자의 탐구 종류**

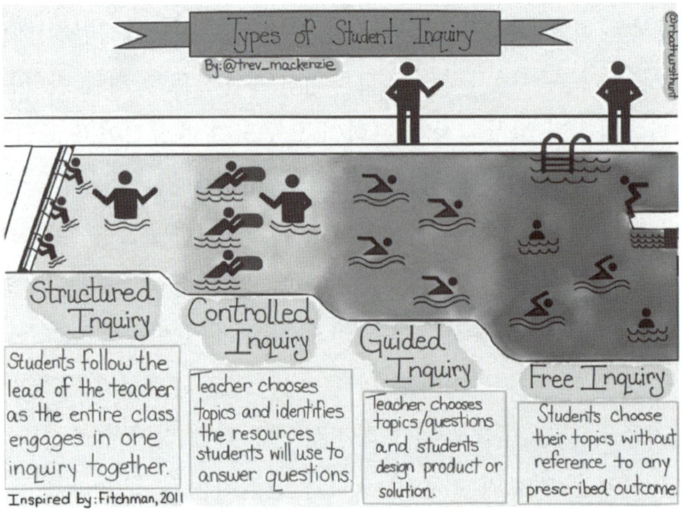

출처: MacKenzie et al(2019:37)

구조화된 탐구는 교사의 주도로, 학생들은 교사가 설계한 대로 한 가지 탐구 주제에 관해 모두 함께 참여하는 것을 의미한다. 제한적인 탐구란 교사가 탐구 주제, 탐구 질문, 자료 등을 정하고 학생들이 탐구 질문에 대한 답을 조사해 가는 것을 의미한다. 안내된 탐구란 교사가 탐구 주제와 탐구 질문을 정하지만 학생들에 따라 학습 결과물과 해결책이 결정되는 것을 의미한다. 마지막으로 개방적 탐구란 학생들이 스스로 탐구 주제를 선택하고 참고할 만한 자료를 선택하여 학습 결과를 도출해 가는 것을 의미한다.

탐구란 답이 없는 모호한 학습 여정을 걸어가는 것과도 같다. 학생 개개인이 모호함을 견뎌낼 수 있는 수준은 각기 다르기 때문에 교사가 학생들의 상황을 파악하여 그에 맞게 구조적으로, 선택적으로 안내하여 결국은 개방적인 탐구로 이끌 수 있는 진단과 처방을 효율적으로 내릴 수 있어야 한다. 이와 같은 교사의 세심한 안내가 없다면 학생들은 모호하고 도전적인 탐구 여정에서 포기하고 낙오되기 쉽다. 지나치게 어렵고 많은 정보가 뇌에 유입되면 쉽게 망각하게 되고 학습을 포기하게 되는 것을 방지하기 위해 탐구란 어렵지만 해볼 만하다는 생각을 가질 수 있도록 학생들의 수준을 고려하여 탐구 여정을 조율할 수 있는 교사의 전문적 판단이 요구된다.

IB의 학습자상 중 risk-taker는 도전하는 사람으로 알려져 있지만, 학습에서 위험을 감수한다는 의미는 정해진 답을 찾아가는 학습이 아니라 자신이 생각하고 있는 사고를 검증해 가는 탐구하는 학습에서 필요한 도전적인 학습을 하는 사람이라는 의미도 담고 있다. 자신이 세운 가설을 검증하는 과정은 모호하고 정해진 답이 없어 답답할 수 있다. 이러한 모호함을 견뎌내고 다양한 방법으로, 가끔은 이제까지 어느 누구도 시도하지 않았던 방식으로 학습하는 용기가 필요한 것이다. 모두가 알고 있는, 이미 알려져 있는 것을 수동적으로 확인하는 학습이 아니라 새로운 관념이 형성되기까지 모호함을 감수하고 낯선 지식을 도전적으로 수용하는 학습 과정을 탐구라고 볼 수 있으며, 학습자는 얕고 피상적인 지식이 아닌 깊고 복잡한 이해를 다루게 된다. 이때 개념은 학생과 교사가 공동으로 사용하는 디딤돌 같은 역할을 한다고 볼 수 있다. 교사는 학생의 탐구 단계에 따라 커다란 디딤돌을 놓아야 할지, 작은 디딤돌을 놓아야 할지를 판단할 수 있어야 하며, 개념의 위계를 잘 인지하고 학생 맥락에 맞는 적절한 깊이나 폭을 갖춘 개념을 사용할 수 있는 전문성을 갖추어야 개념기반 탐구학습을 이끌어 갈 수 있다.

II

탐구를 위한 수업 설계

Ⅱ 탐구를 위한 수업 설계

01 Bruner의 지식의 구조와 Wiggins&McTighe의 백워드 설계 모형

Bruner는 지식이 폭발적으로 증가하는 시대에 학생들은 무제한의 내용을 무제한의 시간을 들여 학습할 수 없기 때문에 핵심적인 내용을 중심으로 가르쳐야 한다고 했으며 교과 학습의 핵심 내용으로서 교과의 기본 구조를 가르쳐야 한다고 했다. 교과의 기본 구조를 익힌다면 나중에 비슷한 것을 학습할 때 그 관련성으로 인해 좀 더 용이하게 학습할 수 있다고 했다. 교과의 핵심 구조는 단순하면서도 강력한 것이기 때문에 적절한 형식을 갖춘다면 어린 아동들에게도 가르칠 수 있으며 점차적으로 아이디어를 반복적이면서 복잡하고 깊이 있게 가르칠 수 있다고 했다. 지식은 서로 얽어매는 구조가 없이 서로 단절되어 있다면 쉽게 잊히며, 폭넓은 기본 구조와 관련하여 특수한 사실이나 기술을 가르치게 된다면 더 기억에 오래 남을 수 있기 때문에 교과의 기본적인 구조를 익히는 것은 효율적인 학습이 된다고 했다.

Bruner는 핵심적인 교과의 구조를 파악하게 된다면 광범위한 범위에 전이할 수 있다고 말했다. 학문의 훌륭한 학자가 맡아서 교과 기저의 원리를 반영하는 교과의 구조를 결정하되 교사는 학생들의 능력과 수준에 맞게 교수 자료를 다시 짜 맞추어 수준을 조절할 수 있어야 하며 학생들이 발견의 희열을 느낄 수 있도록 수업을 진행해야 한다고 했다. 하지만 발견학습은 학생들이 알아야 할 모든 내용을 다루기에는 너무나 많은 시간이 걸리기 때문에 교사는 학생들에게 발견의 방법을 가르쳐 주는 것과 알아야 할 내용을 모두 가르쳐 주는 것 사이에 적절한 균형을 유지할 수 있어야 한다고 했다.

Wiggins&McTighe(2005)도 지식이 폭발적으로 증가하는 시대에 오랜 시간 기억해야 할 중요한 아이디어를 중심으로 교과를 조직해야 한다고 주장했다. 친숙하지만 잊히는 내용이 아니라 해당 내용을 깊이 있게 이해함으로써 오랜 시간이 지나도 기억나는 빅 아이디어를 영속적 이해라고 지칭했다. 빅 아이디어는 교과의 중심 개념이나 중심 원리를 의미하여 학생들이 깊이 있게 사고할 수 있도록 돕는 교과의 구조를 제공한다고 했다.

Wiggins와 McTighe는 교과의 본질적 안목을 길러줘야 한다는 Bruner의 학문중심 교육과정의 아이디어를 발전시켜 영속적 이해(enduring understanding)를 강조하며 백워드 모형을 통해 영속적 이해를 습득할 수 있는 단원 설계의 구체적인 방식을 교사들에게 제공하고자 했다. 백워드 설계 모형은 기대하는 결과를 먼저 확인(identify desired results)한 후, 이해의 성취를 확인할 수 있는 증거를 결정(decide acceptable evidence)하고, 학습경험과 수업활동을 계획(plan learning experience and instruction)해야 한다는 단원 설계 방식이며 수업을 시행하기 전에 평가를 먼저 설계하는 방식이다.

백워드 설계 모형은 성취기준 중심의 교육과정 구현이 요구되던 당시 시대적 요청에 교육과정 개발자로서 교사의 역할에 대해 중요한 아이디어를 제공하였다. 이전의 전통적인 교육과정 개발 모형과는 달리 성취기준 중심의 교육과정은 내용과 평가에서 큰 차이점이 있다(조재식, 2005). 성취기준은 방향성을 제시하는 처방적인(prescriptive) 성격을 지니고 있으며, 깊은 이해를 추구하는 고차원적 사고력 신장을 강조하고 있다. 평가 측면에서는 이전과는 달리 학습 목표의 달성만이 아닌 학습 과정에서도 도움이 되는 다양한 형성평가의 활용을 강조하였다.

2002년에 모두를 위한 수월성 교육 혹은 낙오 학생 방지를 주요 골자로 하는 NCLB(No Child Left Behind) 법안이 통과되면서 미국의 단위학교에서는 NCLB가 제시하고 있는 엄격한 평가 프로그램을 시행하기 위해서는 성취기준에서 제시되고 있는 핵심적인 교과 학습 목표 및 학습 자원을 해석하여 양질의 학교 중심 교육과정을 개발하고 시행하는 것이 중요한 과제가 되었다. 교사들에게는 표준화 검사에서 성공적인 결과를 얻기 위해서 성취기준을 체계적으로 분석하는 것이 우선적으로 요구되었다. 그러나 일반 교사들이 실제 수업을 하기에 앞서, 성취기준을 분석하고 평가와 연계하는 것은 쉽지 않았다. 고차원적 사고능력을 요구하는 엄격한(rigorous) 성취기준을 학년별 계열성에 맞추어 해석하고, 학년에 따라 폭과 깊이를 고려하여 매핑하며, 주(state) 수준의 성취기준 및 평가와의 관련성을 따져 보고 조율(alignment)하는 것은 교사들에게 도전적인 일이었다.

성취기준 중심 교육과정에서는 학습자들이 교과의 깊은 이해에 도달할 수 있도록 이해의 특징을 설명하고 있으며 바람직한 목표가 달성되었다는 것을 증명하고 보장할 수 있는 다양한 평가 방안을 제시하였다. 따라서 단위학교에서는 고차원적 사고능력을 신장시키기 위해 다양한 평가를 활용하여 수업을 바꿀 수 있도록 교사들의 역량 신장에 집중해야 했다.

백워드 설계 모형에서 제시하는 단원 설계 템플릿은 이해중심 교육과정의 구현에 어려움을 겪었던 교사들에게 구체적인 단원 설계의 도움을 줄 수 있을 것 같았다. 템플릿 작성을 통해 교사들은 설정된 학습 목표(빅 아이디어)가 무엇인지를 확인하고 일반화의 정도에 따라 포괄적 이해와 소재적 이해를 구분하도록 하였으며, 이에 준하여 포괄적 질문과 소재중심의 질문을 작성하도록 하였다. 소재중심의 이해는 특정 주제와 국한된 저차원적인 이해를 의미하며, 포괄적 이해는 특정 단원이나 주제를 넘어서 궁극적으로 추구해야 할 전이 가능한 일반적 이해로서 교사들은 단원의 포괄적 이해인 빅 아이디어를 작성해야 한다. 백워드 설계 모형의 템플릿은 교사들이 단원 설계에 체계적으로 접근할 수 있도록 단원 학습의 단계를 상세하게 제시함으로써 교사들에게 선풍적인 인기를 얻었다.

02 2차원적 단원 설계의 한계와 3차원적 단원 설계

백워드 설계 모형에서 지식이 폭증하고 예측 불가능한 사태에 대한 교육적 대응으로서 핵심적이고 영속적인 본질적 이해의 습득을 강조하는 것은 타당한 것으로 보인다. 본질적인 이해의 특징을 규명하고 템플릿을 제공하여 구체적인 수업 설계 방안을 제시하였으며 평가를 강조하여 교육적 책무를 완수하고자 하는 노력에 기여한 바가 있다.

하지만 평가 전문가인 Wiggins&McTighe가 당시의 성취기준을 중심으로 단원을 설계하도록 강조하는 것은 한계가 있었다. 1980년대 기계적 표준화에 대한 반발로 성취기준 중심의 교육개혁 운동이 출현했지만, 교육의 방향성을 표방하는 근원적인 아이디어로서 제시되는 성취기준의 해석과 구현의 어려움을 겪고 있었다. 미국의 각 주와 교육구에서는 성취기준과 벤치마크를 참고하여 수행 성취기준(performance standards)을 제시하였으며, 교사는 수행 성취기준을 분석하여 가르치고 있는 학생들에게 적합하도록 구체화할 수 있는 전문성이 요구되었다. 하지만 성취기준 중심의 교육과정 설계에 대해 비판적 의견도 있었다(조재식, 2005). 성취기준은 학문의 전체적인 범주 또는 지향점(aim)이며 교과의 성격을 나타내는 범주 혹은 틀을 지칭하기 때문에, 학문 공동체의 입장에 따라 해석이 달라질 수 있으며 이를 마치 바이블과 같은 기준(the standards)이라고 생각해서는 안 된다.

또한 백워드 설계 기반의 단원 설계 과정의 첫 단계인 빅 아이디어의 설정도 쉽지 않은 일이다. 교사들은 단원의 빅 아이디어 설정을 어려워했고 학습 목표인 학습자들이 습득하기를 바라는 바가 명확히 규명되지 않고는 백워드 설계의 효과를 기대하기는 어려운 일이었다. 또한 백워드 설계를 통해 진정한 이해를 추구하고자 했던 UbD(Understanding by Design) 모형에 기반하여 학습 목표를 설정하고 평가를 설계하여 학습했을 때 과연 기대하던 영속적 이해를 습득하게 되는가 하는 의구심이 표출되기 시작했다.

Erickson(2007)은 내용을 제시하는 명사와 구분하기, 설명하기, 분석하기 등의 사고력을 표현하는 몇 개의 동사들로 학습 목표를 제시하는 2차원적인 목표 중심의 성취기준은 깊은 이해에 도달하는 과정을 실질적으로 안내하지 못하고 있다는 비판을 제기했다. Erickson은 주제 중심 또는 내용을 나타내는 명사와 Bloom의 목표분류학(taxonomy)에서 따온 동사들로 구성된 2차원적인 성취 기준으로는 개념적 이해를 얻을 수 없다고 주장했다. 수행동사와 주제 중심의 명사로 서술된 2차원적 성취기준으로는 암기식 학습을 넘어서 깊은 이해를 얻을 수 없으며 이와 같은 내용 중심의 성취기준이 학생들이 깊은 이해를 습득하도록 교수·학습을 변화시키는 데 장애가 되고 있으므로 다음 그림과 같이 개념을 포함하여 3차원적인 성취기준을 구성해야 한다고 했다.

그림 II-1 **2D vs 3D 커리큘럼 모형**

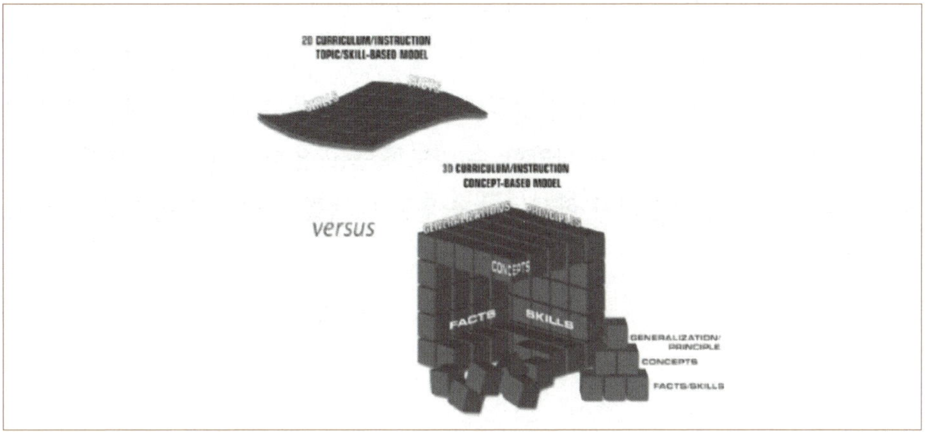

출처: Erickson & Lanning(2014:22)

그녀는 주 교육청 차원에서 개념적 이해를 제시하고 중요한 내용을 기반으로 구성된 개념 리스트를 제시하는 것이 개념적 이해를 얻을 수 있는 고차원적인 사고를 신장시키고, 지식의 전이 가능성을 높이며, 학생들이 적극적으로 학업에 몰두하게 하는 수업을 구현하는 데 도움이 된다고 제안했다.

한편, IB MYP의 단원 설계서는 2차원적 설계에서 놓치고 있는 이해를 진술한 3차원적 단원 설계의 모습을 보여주고 있다. 명사와 동사로 구성된 성취기준을 대신하여 단원의 깊은 이해를 드러내는 탐구 진술문, 수행지시어(command terms)로 구성된 평가 루브릭을 제시함으로써 내용, 이해, 기능의 3차원적 단원 설계를 보여주고 있다. 이때 탐구 진술문은 단원 학습을 하는 이유를 드러내고 있다. 단원 학습을 통해 얻을 수 있는 기대되는 빅 아이디어를 진술하고 있는 것이다. MYP는 교과군별로 12개의 교과 관련 개념과 16개의 범교과적인 주요 개념을 설정하여 제시하고 있으며 관련 개념과 주요 개념 간의 개념적 이해를 탐구 진술문에 담도록 안내하고 있다. 기존의 내용 중심 명사와 단순한 기능 중심 동사로 구성된 성취기준이 담아내지 못하고 있는 이해를 포괄적이고 추상적이며 영속적인 속성을 가지고 있는 개념을 기반으로 구성해 가도록 안내하고 있다. MYP에서는 단원 학습에서 추구해야 할 개념적 이해(빅 아이디어)를 교사들이 명확하게 인지하여 작성하도록 하며, 이전의 백워드 설계 모형에서 교사들이 단원 학습에서 추구하는 빅 아이디어를 명확하게 인지하지 못하여 개념적 이해(빅 아이디어)를 명시적으로 안내하지 못하고 있는 점을 보완하고 있다.

게다가 MYP는 62개의 수행지시어 목록을 제공하여 기존의 성취기준에 제시된 단순한 동사를 보완하여 과제 수행의 다양한 모습을 제시함으로써 교사가 학생들의 개념적 이해의 습득을 파악할 수 있도록 돕고 있다. MYP의 수행지시어는 교과별로 루브릭에 반영되어 학생들이 습득한 이해를 확인하고 평가하는 데 도움을 주고 있다.

03 백워드 모형의 한계와 지식의 구조

Wiggins와 McTighe(2005)는 빅 아이디어의 모호함에 대한 호소에 대응하여 다음과 같이 이해를 확인할 수 있는 6가지 측면을 제안했다.

표 II-1 이해의 6가지 측면

이해의 측면	구체화된 내용
설명 (explanation)	단순한 사실에 대한 지식이 아닌 이유와 방법에 관한 지식
해석 (interpretation)	설명이 아닌 의미이며 맥락적이고 특수한 것(구성주의)으로 해석은 개인, 사회, 문화의 맥락에 영향을 받음
적용 (application)	실세계를 반영하며 실세계와 관련된 참 평가과제에 초점을 두고 수행중심 학습을 강조해야 함
관점 (perspective)	냉정하고 공평한 관점에서 문제를 바라보는 것으로 나무가 아닌 전체 숲을 보는 것/비판적 관점에서 객관적으로 보는 것
공감 (empathy)	타인의 생각과 행위에서 분별력 있고 의미 있게 찾으려고 노력하는 신중한 행동과 따뜻함
자기지식화 (self-knowledge)	메타인지 능력

출처: Wiggins & McTighe(2005;163)

앞의 표에서와 같이 이해의 6가지 측면(설명, 해석, 적용, 관점, 공감, 자기지식화)을 제시한 데 이어서, 추론을 통해 학습자가 낱낱의 지식을 자신에게 의미 있는 패턴으로 이해하여야 하며, 이는 특정 주제를 넘어서 일반화된 형태를 가지고 있어야 한다고 했다. 빅 아이디어는 단순한 인식이나 기억이 아니라 특정 맥락 속에서의 적용을 통해 새로운 상황에서도 유연하게 적용할 수 있는 전이 가능성을 가지고 있는 고도의 일반화된 명제이거나 원리 혹은 이론을 포함한다는 것이다.

Wiggins와 McTighe(2011)는 빅 아이디어에 대한 혼돈에 대하여 '명확하지 않은 개념이나 자명하고 뻔한 사실'과 '학습할 가치가 있는 이해'를 구분할 필요가 있다고 했으며 진정한 이해(빅 아이디어)를 학습 목표로 설정해야 함을 강조했다. 따라서 교사는 학생들이 직접적인 수행을 통해 의미 있는 추론 과정을 거쳐 빅 아이디어를 생성해갈 수 있도록 능동적인 학습환경을 제공해 주어야 한다. 사실적 지식을 학습 내용으로 다루던 기존의 교수법을 벗어나 단순한 교과의 내용 지식 전달이 아니라, 교과의 본질적 구조를 깨달을 수 있도록 학습 경험을 설계하고 학생들이 수행하고 성찰할 수 있는 더 많은 자율성과 시간을 주어야 한다.

빅 아이디어의 진술 방식으로 단어, 구, 문장, 질문 형태 등 다양한 형식으로 제시될 수 있다고 했지만 교사들에게 단원 학습에서 기대하는 빅 아이디어를 무엇으로 설정해야 할 것인가는 쉽지 않은 문제였다. 빅 아이디어란 '명확하지 않은 개념이나 자명하고 뻔한 사실'이 아니라 '학습할 가치가 있는 이해'라고 구분하여 제시하기도 했지만 지식 전달 위주의 수업에서 사실이나 현상 이면의 본질적 이해가 무엇이며 이를 어떻게 진술해야 하는가에 대해 교사들은 여전히 혼란스러웠다.

Erickson(2008)은 빅 아이디어의 모호함과 혼돈에 대해서 교사가 단원 설계에서 빅 아이디어를 명확히 파악하지 못하고 수업한다면 학생들이 빅 아이디어를 습득하는 것은 운에 가까운 일이라고 비판했다. 그녀는 다음 그림과 같이 단원 설계 단계에서 단원 학습을 통해 학생들이 습득하기를 기대하는 이해를 교사가 명확하게 인식하고 설정할 수 있도록 명사로 표현되는 개념 간의 관계를 진술하도록 안내했다.

그림 II-2 **지식의 구조와 과정의 구조**

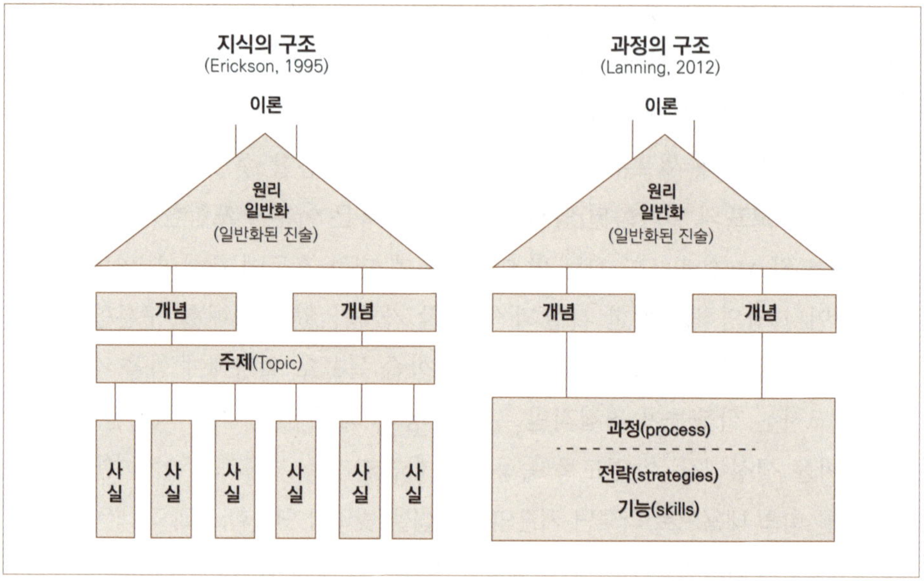

출처: Erickson et al(2017)

개념기반 교육과정을 제창한 Erickson은 [그림 II-2]와 같이 지식의 위계 구조도를 보여주는 지식의 구조를 제시하였다. 주제를 중심으로 사실적 지식을 포괄하는 수업을 넘어서 개념을 중심으로 사실적 지식을 포괄하고 개념 간의 일반적인 관계를 진술하는 일반화(generalization)를 진술하여 학생들이 단원 학습에서 습득하기를 기대하는 빅 아이디어를 명시적으로 확인할 수 있도록 안내했다. 일반화의 상위에는 원리 또는 이론이 존재하지만 이는 학생들의 수준이 아닌 학자들의 수준이며 학생들은 단원 학습을 통해 개념 간의 일반적인 관계를 습득하는 학습을 지향하게 된다.

Erickson의 지식의 구조는 사회와 과학과 같은 내용 중심 교과에서 단원 학습의 빅 아이디어를 작성하는 데 도움이 되는 이론이지만 국어나 예체능과 같은 기능 중심 교과에도 적용하기에는 무리가 있다는 의견이 제시되었다. 영어 교사 출신의 연구자인 Lanning은 '과정의 구조'를 함께 제시함으로써 개념기반 교육과정의 이론적 완성도를 높였다. 말하기 또는 쓰기 등의 기능을 고차원적으로 수행하기 위해서 개념적 접근이 필요하며 개념을 중심으로 기능을 전략적으로 사용할 수 있다면 더 효율적인 학습이 될 수 있다는 주장이다.

나아가 Erickson과 Lanning은 내용 중심 교과와 과정 중심 교과가 별개가 아니라 교과의 내용과 개념에 대한 이해를 위한 고유의 학습 방법과 사고체계가 있으며 내용과 기능은 '상보적'이라고 제시했다. 내용 지식만으로는 얕은 이해에 머무르게 되며, 고차원적 사고력을 배양하는 학습 기술을 연마해야 깊은 이해에 도달할 수 있다. 사회나 과학 같은 내용 중심 교과도 고차원적 수행을 통해 깊은 이해에 도달할 수 있으며 국어나 영어와 같은 과정 중심의 기능 교과도 기능의 전략적인 사용을 위한 깊은 이해에 도달하기 위해서는 고차원적 수행에 적합한 내용을 선택하는 안목이 교사에게 필요하다.

Erickson과 Lanning의 개념기반 교육과정은 Wiggins과 McTighe가 제시한 영속적 이해의 모호함을 해결할 수 있도록 교사를 좀 더 '구조적'으로 안내하고 있다. 단원의 빅 아이디어의 설정이 난감한 교사들에게 학습 내용을 아우르는 개념을 중심으로 개념 간의 관계를 진술하도록 하는 안내는 단원 학습의 빅 아이디어의 진술 방식에 대해 좀 더 구조적으로 안내하고 있으며, 교사가 단원 학습의 빅 아이디어를 명확하게 규정할 수 있다면 단원의 빅 아이디어 습득을 좀 더 명시적으로 안내할 수 있을 것이라고 기대한다.

또한 Erickson과 Lanning은 학생들의 탐구를 이끌어 가는 방법으로 귀납적 학습과 질문의 중요성을 강조했다. 구체적 사실에서부터 귀납적 사고를 통해 추상적인 개념을 탐색해야 하며 이전의 Wiggins와 McTighe가 핵심질문의 중요성을 강조하던 것에 비해 질문을 좀 더 세분화하여 사실적, 개념적, 논쟁적 질문으로 분류하여 교사가 학생들의 탐구를 좀 더 구조적으로 안내할 수 있는 방안을 제시하였다.

Erickson과 Lanning은 Wiggins와 McTighe가 단원 설계 템플릿을 제공한 것처럼 다음과 같이 템플릿을 제시하여 개념기반 탐구학습을 위한 단원 설계의 절차를 안내하고 있다.

그림 II-3 **유닛 그물(web)**

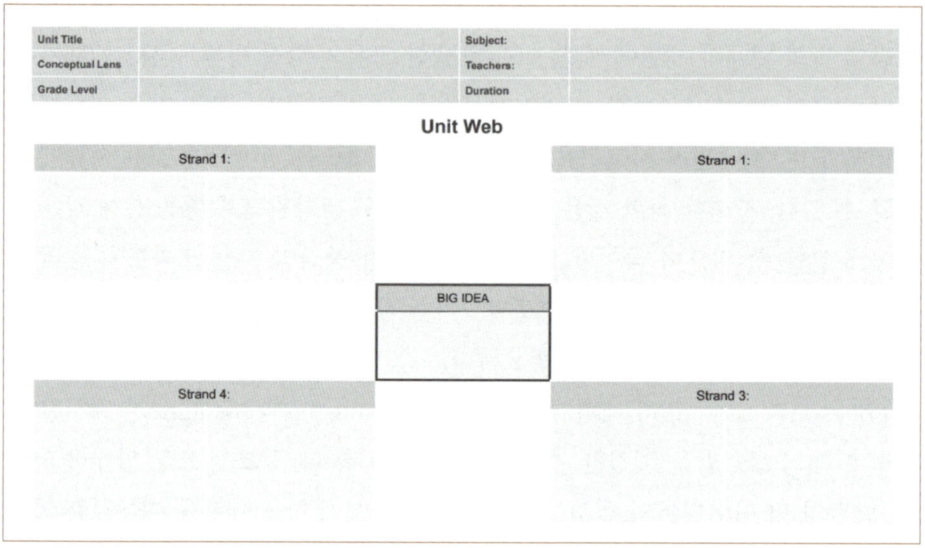

출처: Erickson & Lanning(2017)

Wiggins와 McTighe가 주장한 빅 아이디어와 Erickson과 Lanning이 주장하는 개념적 이해(일반화)는 깊은 이해의 습득을 지향하고 있는 점은 동일하지만 이해를 습득하는 과정을 지원하는 방법은 다음과 같은 차이점이 있다.

표 II-2 **빅 아이디어(McTighe, Wiggins)와 개념적 이해(Erickson)의 비교**

	McTighe, Wiggins	Erickson
이해의 추구	지식의 폭발로 인한 사실적 정보 습득의 한계 영속적 이해 추구의 필요성	지식의 폭발로 인한 효율적인 학습 방식 필요 뇌과학 학습 결과를 반영하여 뇌가 학습하는 방식으로 패턴화해서 학습하는 방식 필요: 사실-개념-일반화의 지식 구성의 패턴(지식의 구조) 제시
빅 아이디어의 형식	단어, 구, 문장	사실-개념-일반화-원리-이론으로 제시된 지식의 구조도에서 개념 간의 관계를 서술한 것

	McTighe, Wiggins	Erickson
빅 아이디어 습득을 위한 교수법	백워드 단원 설계 GRASTPS, WHERETO	일반화 설정, 단원 strand 설정, 질문 (사실적, 개념적, 논쟁적 질문)
성취 기준 서술 방식	명사와 수행동사로 구성된 2차원적 서술방식	개념적 이해, 명사, 수행동사로 구성된 3차원적 서술방식

출처: Wiggins&McTighe(2005)와 Erickson(2007) 재구성

McTighe와 Wiggins(2005)는 빅 아이디어를 단어나 구, 문장이나 질문으로 제시할 수 있다고 했으며 McTighe와 Wiggins의 협력을 통해 지역의 교육과정을 설계하고 있는 온타리오 주의 교육과정 설계에서도 빅 아이디어는 단어, 구, 문장, 질문 등으로 제시되고 있다(백남진·온정덕, 2021). 반면에 단어나 구로 표현되는 개념을 기본적인 조직자(organizer)로 설정하고 개념적 이해를 개념 간의 관계를 나타내는 명제로 표현하도록 안내하는 개념기반 교육과정의 진술 방식이 더 명료하다고 볼 수 있으며 탐구학습의 안내자인 교사들에게 학생들이 단원 학습을 통해 습득해야 하는 깊은 이해를 파악할 수 있도록 좀 더 구조적인 비계를 제공하고 있다. 개념기반 교육과정을 채택하고 있는 IB MYP의 경우는 개념을 두 단계(주요 개념/관련 개념)로 위계화하고 개념 리스트를 제공하는 등 개념적 틀을 설정하여 학생의 맥락에 맞게 개념 간 조합을 통해 다양한 개념적 이해를 생성할 수 있는 기반을 제공하고 있다.

04 개념은 주제나 소재와 어떻게 다른가?

Erickson(2007)이 제시하고 있는 '개념'은 우리가 통념적으로 알고 있는 개념과 구별된다. 우리는 일반적으로 개념을 어떤 사물이나 현상에 대한 일반적인 지식이라고 알고 있다. 하지만 사회과학 분야에서 개념은 '구체적인 사회적 사실들에서 귀납하여 일반화한 추상적인 사람들의 생각'이라고 정의되어 사용되고 있으

며(국립국어원, 2021), 개념기반 학습에서의 개념도 일반적인 지식이 아닌 사실을 귀납하여 일반화한 추상적인 생각을 의미한다. Erickson 또한 개념(concept)을 '영속적이며 구체적인 사실이나 사물이 공통으로 가지고 있는 추상적이고 보편적인 속성에 대한 관념'이라고 정의하였으며 개념은 현상을 요약적으로 조직하는 '조직자(organizer)'의 역할을 한다고 했다. 이는 여러 사실을 관통하는 개념적 렌즈를 가동시켜 학습자는 현상을 집약적으로 요약할 수 있는 초점을 부여한다는 의미이다. 현상의 사실적 지식을 각각의 개별적인 것으로 인식하는 것이 아니라 사실적 지식을 관통하는 공통점을 개념을 중심으로 초점화해서 낱낱의 사실적 지식 이면의 본질적인 요소를 조직적으로 요약해서 수용할 수 있게 된다.

흔히 개념은 주제(theme)와 혼용되어 사용되기도 하는데, 주제 중심 학습이 단편적인 사실을 통합하여 학습하는 것인데 반해, 개념 중심 학습은 좀 더 깊고 넓은 사고력을 요구하게 된다. 예를 들어 '공룡'이라는 주제를 중심으로 수업하는 것에 비해 '공룡의 멸종'이라는 개념에 대해 학습하는 것이 좀 더 고차원적이고 통합적인 사고가 요구되는 학습이라고 할 수 있다. 즉 '공룡'이라는 주제를 중심으로 수업한다면 공룡에 관한 단편적인 지식을 복합적으로 습득하는 것에 그치고 말지만, '공룡의 멸종'이라는 개념에 대해 수업한다면 공룡의 멸종에 관한 인과관계를 탐색하고 현상을 좀 더 다각적으로 분석하게 되며 고차원적이고 통합적인 사고를 자극하는 학습이 된다. 다음 표는 주제와 개념을 구분하는 예시를 보여주고 있다.

표 II-3 주제와 개념의 구분

주제		개념	
가족	건강	갈등	설득
공룡	북극곰	힘	문화
중국	온난화	변화	인권

출처: Erickson(2007:36)

가족, 북극곰 등과 같이 사실이나 활동 중심의 단어는 주제어에 해당하지만,

주제어를 변형하여 개념기반의 수업으로 전환할 수 있다. 예를 들어, 북극곰 대신에 생존(survival)이나 서식지(habitat)로 변환하거나 온난화 대신에 지속가능(sustainability)이라는 개념적 렌즈로 초점을 맞춰 수업을 설계할 수 있다.

Erickson은 개념을 거시 개념과 미시 개념으로 위계화하고 있으며 IB MYP의 경우 범교과적인 주요 개념과 교과 관련 개념으로 2개 층위로 설정된 개념을 제시하고 있다. 간학문적 학습을 지향하는 MYP에서 범교과적인 주요 개념은 교과의 폭을 넓히며 교과 관련 개념은 교과의 깊이를 깊게 하는 역할을 한다(IBO, 2014).

하지만 Stern(2021)은 다음과 같이 개념을 4개의 층위로 설정할 수 있다고 주장하고 있는데 Erickson이나 MYP에서는 소재라고 구분될 수 있는 단어도 그녀의 의견에 따르면, 교과의 작은 개념이라고 분류해 볼 수 있다.

표 II-4 **개념의 층위**

하위 개념 sub	닻 개념 anchor	교과 개념 disciplinary	초교과적 개념 trandsciplinary
추상성(abstraction)의 수준 구체성 ◀ ▶ 추상성(abstraction)			
• 하위 개념은 교과의 특수한 맥락을 반영한 개념 • 미묘한 맥락의 차이에 따라 학습하게 되는 교과 관련 개념	• 닻 개념은 단원 학습에서 중요한 개념 • 단원 학습을 통해 알게 된 사실, 주제, 기능 및 다른 개념에 대한 탐색에 닻을 내리게 하는 개념	• 교과 개념은 교과 전체를 관통하는 10~15개 정도의 개념 • 대부분의 교과 학습에서 유용하며 맥락을 판단하는 데 유용한 개념적 렌즈를 제공	• 초교과적 개념은 다른 교과에도 공통되는 개념 • 세상을 이해하는 데 매우 영향력이 크고 포괄적인 개념

출처: Stern et al(2021:159)

Stern은 구체성과 추상성에 따라 개념을 4개의 층위로 구분하고 있다. MYP의 교과 관련 개념을 교과 개념으로 지칭하고 있으며 교과 개념의 하위에 닻 개념과 하위 개념을 설정하고 있다. 지나치게 추상적인 개념을 제시하는 것보다 Stern이 제시하고 있는 것과 같이 개념을 좀 더 세부적으로 제시하는 것은 내용 중심 학습에 익숙한 교사들에게 도움이 될 것이다. 우리나라 국가 교육과정의 성취기준은 내용 중심의 명사로 구성된 경우가 많은데 이를 바탕으로 개념을 추출하기는 쉽지 않다. 우리나라 MYP 공립학교에 근무하는 교사들은 성취 기준과 MYP의 교과 관련 개념과의 연결을 어려워하고 있는데 〈표 Ⅱ-4〉에서 제시하고 있는 것과 유사하게 작은 하위 개념(sub concept) 또는 닻 개념과 성취기준을 연결하는 것부터 연습해 본다면 성취기준과 교과 관련 개념과의 연계를 파악하기가 좀 더 용이할 것으로 예상한다.

05 개념 사용은 탐구학습에 어떤 효과를 주는가?

탐구란 인간의 본연적 특징이다. Dewey는 그의 저서 논리학을 통해 인간이 생존하기 위해 자신을 둘러싼 환경에 대한 탐구는 필연적이며 이는 인간이 존재를 유지하는 방식이라고 언급하였다(이상원, 2011). '탐구'를 사회적 유기체인 인간이 불확정적인 상황을 확정적인 상황이 되도록 자신과 세계를 조정하고 변형시키는 '생명활동'으로 규정하였으며(정순복, 2002), 인간은 탐구를 통해 세계와의 질적인 상호 교류의 변성작용을 거치면서 불균형의 상태를 균형의 상태로 변형시키며 공존과 상생의 '미적인 리듬'을 소유하게 되는 것으로 논의하고 있다. 즉 탐구를 통해 주변 환경을 이해하고 해석하며 환경에 의해 자신의 존재 유지 과정인 갱신과 성장을 경험하고 삶을 유지시킬 수 있다. 따라서 인간이 태생적으로 갖고 태어난 탐구심을 작동시키기 위해서는 탈맥락적이고 인위적인 학습이 아니라 본연적으로 인간이 갖고 있는 호기심을 건드리는 교수·학습 전략이 요구된다.

Dewey(1933)는 탐구를 유발시키는 것이 크게는 환경이며 작게는 상황이라고 했다. 상황은 환경과의 상호작용을 통해 총체적으로 무언가를 지각하게 하는 독특한 성질을 지닌 실제(controlling presence)이며 환경은 상황의 전경(全景)이 된다. 즉 상황은 인간 존재 유지를 위해 불가피한 행위를 유발시킨 구체적인 장이라고 볼 수 있다. 인간과 환경의 상호작용에서 반복되는 불균형으로 탐구가 유발되며 인간과 환경이 관계 맺는 장(場)을 상황이라고 보는 것이다. 불확정적인 상황으로 인해 균형의 상태로 지향하고자 하는 데서 인간의 탐구가 시작되는 것이다. 탐구 과정을 통해 상황의 특성은 변화된다. 즉 유기체가 환경과의 상호작용으로 인해 발생된 불균형을 지각한 상황은 탐구과정을 거쳐 불균형의 관계가 원인관계로 설정되어 확정적 상황으로 변화된다(이상원, 2011). 따라서 반복되는 일상 속에서 균형의 분열을 자각하는 순간부터 탐구가 시작되며 교실 안에서도 이와 같이 다른 시각으로 현상을 바라보는 학습 기회를 제공할 수 있어야 한다.

이때 개념은 현상을 학습자에게 의미 있는 방식으로 이해할 수 있는 조직자의 역할을 한다. 피상적인 사실적 지식을 암기하는 학습은 학습자에게 '개인적(personal)'인 의미를 부여하기 어렵다. 인간이 생존을 위해 주변 환경을 탐구하는 과정에서 인간은 자신에게 의미 있는 방식으로 인식하게 된다. 동일한 현상에 대해서 인간은 각자에게 의미 있는 방식으로 이해하게 되며 각자의 개념적 렌즈에 따라 세상을 이해하는 바가 다르게 된다. Wiggins(1995)는 사실과 이해를 바닥의 타일에 비유하였다. 바닥을 깔기 위해 백색과 흑색 타일을 까는 것은 사실과도 같다고 했다. 백색과 흑색처럼 명확하게 구분되는 것은 사실처럼 분명하다. 반면에 백색과 흑색 타일을 어떤 조합으로 배치하는가에 따라 다양한 패턴이 생길 수 있으며 이러한 패턴은 보는 관점에 따라 다르게 보일 수 있는데 이러한 양상은 이해의 측면과 비슷하다고 했다. 명백한 사실이 존재하지만 어떤 관점에서 보는가에 따라 백색과 흑색 타일의 패턴을 이해하는 바가 다를 수 있는 것이다.

Erickson(2007) 또한 개념은 인간이 객관적인 것처럼 보이는 현상을 받아들이는 데 정서적인 역할을 한다고 했다. 다양한 개념적 렌즈 중에서 자신의 논리에 의해 선택한 개념 렌즈를 통해 현상을 자신에게 의미 있는 방식으로 해석하게 된다. 따라서 학습에 개념적 렌즈를 사용하는 것은 학습하는 내용에 의미를 부여하게 되는 일이며 인간의 뇌는 자신에게 의미 있는 정보를 더 오래 기억하게 된다(Sprenger, 2018).

또한 개념은 다양한 사실적 지식을 포괄하여 통합적인 패턴을 확인하는 조직자의 역할을 한다. 다양한 사실을 개념을 중심으로 포괄하는 학습 방식은 낱낱의 사실을 각각 암기하는 것보다 사실의 보편적인 특성을 포괄적으로 인식함으로써 뇌의 과부화를 줄이고 스트레스를 덜 유발시키는 학습이기 때문에 망각의 가능성도 적다. Erickson & Lanning(2014)은 개념 또는 개념적 이해를 다루는 학습은 다음과 같은 효과가 있다고 했다.

1) 복잡한 아이디어에 몰입하는 능력을 신장시킬 수 있다.
2) 깊이 있게 교과 내용을 학습할 수 있다.
3) 교과의 본질을 탐색할 수 있다.
4) 교육과정의 일관성(coherence)을 확보할 수 있다.
5) 교과 간, 교과를 넘는 통합적 이해를 만들어 갈 수 있다.
6) 통합적으로 학습하고 새로운 맥락에 전이할 수 있다.

피상적 사실을 넘어서 다양한 사실을 아우르는 개념을 습득하고 개념적 이해로 확장하는 학습은 복잡하게 얽혀있는 현상 이면의 깊은 이해를 탐색하는 학습을 가능하게 한다. 그리고 교과 내용을 꿰뚫는 개념을 잘 설정한다면 교과 본질을 탐색하는 학습을 가능하게 하는 기반이 된다. 교과의 본질적 의미를 담은 개념을 제대로 설정할 수 있다면 교과 학습의 깊이를 깊게 할 수 있으며, 교과를 넘나드는 범교과적 개념을 설정한다면 교과 학습의 폭을 넓히는 확장적인 학습이 가능하며 학생들은 교과를 넘나드는 통합적 이해를 구성해 나갈 수 있을 것이다. 교과 학습의 깊이와 폭을 심화하는 개념의 설정은 교육과정의 일관성을 확보하는 데 일조하며 학생들이 교과 고유의 구조를 파악하는 데 도움이 된다. 교과의 구조를 파악하게 하는 학습은 다른 맥락에도 전이할 수 있는 능력을 길러줄 수 있다.

Lanning과 Brown(2019)은 다음과 같이 개념기반 교육과정의 장점을 제시하였는데 개념은 학습 동기와 연계되며 몰입하여 탐구할 수 있는 기반이 된다.

- 개념적 이해를 통해 유입되는 정보를 분류하고 조직하며 패턴화하여 뇌에 스키마를 만들어서 저장함으로써 전이 가능한 지식(knowledge)과 학습 기술(skill)을 습득하게 한다.
- 사실적 지식과 학습 기술을 깊이 있게 처리하게 함으로써 학습한 것을 중요

한 개념, 일반화, 원리와 연관시키도록 한다.

- 개인적 지적 호기심을 발동하게 하여 학습에 대한 동기를 부여한다.
- 학습자가 몰입하여 피상적인 사실과 기술을 고차원의 개념으로 발전시키도록 한다.
- 학습자가 자신이 이해한 것을 증거를 통해 설명하도록 함으로써 언어에 대한 유창성을 높인다.

06 탐구를 위해서 학습 목표를 무엇으로 설정할까?

학생들이 주도적으로 탐구할 수 있도록 교육과정을 설계하기 위해서는 학습 목표에 대한 재인식이 필요하다. 교육목표는 수업 설계의 기본 방향과 틀을 안내해 줄 뿐 아니라 사회적으로 중요한 가치와 직결되기 때문에 효과적인 수업안을 짜는 데 매우 중요하다. 그러므로 교육목표에 대한 정확성과 이해를 증진하기 위해서 교육목표에 대한 기본 틀을 조직화할 필요가 있다. 교육목표를 잘 분류하는 것은 수업 목표, 학습내용, 학습활동, 평가가 일관성을 가지도록 도와주며 이러한 이해로부터 교사가 무엇을(수업 목표와 학습 내용), 어떻게 가르치고(수업방법), 무엇을 평가해야 하는가(평가)에 대한 더 나은 의사 결정을 할 수 있을 것이다.

교육목표분류학으로 유명한 Bloom은 교육계획에 보다 뚜렷한 목적성을 부여하고 교육목표 진술이 통일성을 가질 수 있도록 다양한 교육의 목표영역을 행동특성을 기준으로 인지적 영역(Cognitive Domain), 정의적 영역(Affective Domain), 심동적 영역(Psychomotor Domain)으로 분류하고 인지적 사고 영역을 지식, 이해, 적용, 분석, 종합, 평가의 6단계로 위계화했다.

Anderson & Krathwohl(2001)은 Bloom의 6단계 사고 과정을 지식, 이해, 적용, 분석, 평가, 창안의 6단계로 수정하고 다음 표와 같이 각 범주를 간단한 행동 차원에서부터 복잡한 행동의 차원으로 설정하였다. 인지적 영역은 지식, 이해, 적용, 분석, 종합, 평가의 범주로 구성되어 있으며, 정의적 영역은 '내면화의 수준'에 따라 감수(수용), 반응, 가치화, 조직화, 인격화, 내면화의 범주로 구성되어 있다.

심동적 영역에 관한 분류 역시 '복잡성의 원칙'에 따라 관찰, 준비, 반응, 메커니즘, 복잡한 응답, 적응, 창조로 분류하였다.

표 II-5 **Anderson & Krathwohl의 신교육목표 분류**

인지적 영역 (Cognitive Domain)	정의적 영역 (Affective Domain)	심동적 영역 (Psychomotor Domain)
• 지식(Knowledge) • 이해(Comprehension) • 적용(Application) • 분석(Analysis) • 평가(Evaluation) • 창안(Creation)	• 받아들임(Receiving) • 반응(Responding) • 가치화(Valuing) • 조직화(Organizing) • 내면화(Characterizing)	• 관찰(Perception) • 준비(Set) • 반응(Guided Response) • 메커니즘(Mechanism) • 복잡한 응답 (Complex Overt Response) • 적응(Adaptation) • 창조(Origination)

출처: Anderson & Krathwohl(2001)

Anderson과 Krathwohl은 Bloom의 인지 사고 과정 6단계를 다음과 같이 지식의 차원을 추가하여 학습 목표를 지식의 차원과 인지과정의 2차원적인 매트릭스로 제안했다.

표 II-6 **이차원적 교육목표분류**

인지과정 차원 / 지식 차원	1. 기억하다 (remember)	2. 이해하다 (understand)	3. 적용하다 (apply)	4. 분석하다 (analyze)	5. 평가하다 (evaluate)	6. 창안하다 (create)
A. 사실적 지식	A1	A2	A3	A4	A5	A6
B. 개념적 지식	B1	B2	B3	B4	B5	B6
C. 절차적 지식	C1	C2	C3	C4	C5	C6
D. 메타인지 지식	D1	D2	D3	D4	D5	D6

출처: Anderson과 Krathwohl(2001)

신교육목표분류학은 〈표 II-6〉과 같이 명사로 이루어진 지식의 차원과 동사로 이루어진 인지과정 차원으로 구성된 이차원적 구조를 이룬다(Anderson & Krathwohl, 2001). 이원분류표의 행은 인지과정 차원이고, 열은 지식 차원이다. 지식 차원은 사실적 지식, 개념적 지식, 절차적 지식, 메타인지적 지식의 유목이 있다. 지식 차원의 유목은 구체적(사실적)인 것부터 추상적(메타인지적)인 것까지 연속선상에 놓인다. 인지과정 차원은 '기억하다', '이해하다', '적용하다', '분석하다', '평가하다', '창안하다'로 구성된다. 인지과정 차원의 유목은 인지적 복잡성의 정도에 따라 '기억하다'에서부터 '창안하다'까지 연속선상에 놓인다.

따라서 깊은 이해를 습득할 수 있는 탐구학습을 위해서 교육과정을 설계한다면 기존의 내용 중심 학습 목표 설정에서 깊은 이해와 고차원적 사고 기술을 함께 고려하는 것이 필요하다. 이는 Erickson과 Lanning이 지식의 구조와 과정의 구조가 상보적이라고 주장한 것과 일맥상통한다. MYP도 교사의 단원 설계 과정에서 단원 학습에서 습득할 것을 기대하는 아이디어인 탐구 진술문과 수행지시어를 담고 있는 평가 루브릭의 이차원적 학습 목표를 설정하고 있는 것을 확인할 수 있다. 이와 같이 지식과 사고과정의 2차원적 분류를 하나의 도식으로 종합하면 다음과 같다.

그림 II-4 Anderson & Krathwohl의 2차원적 교육목표 재해석

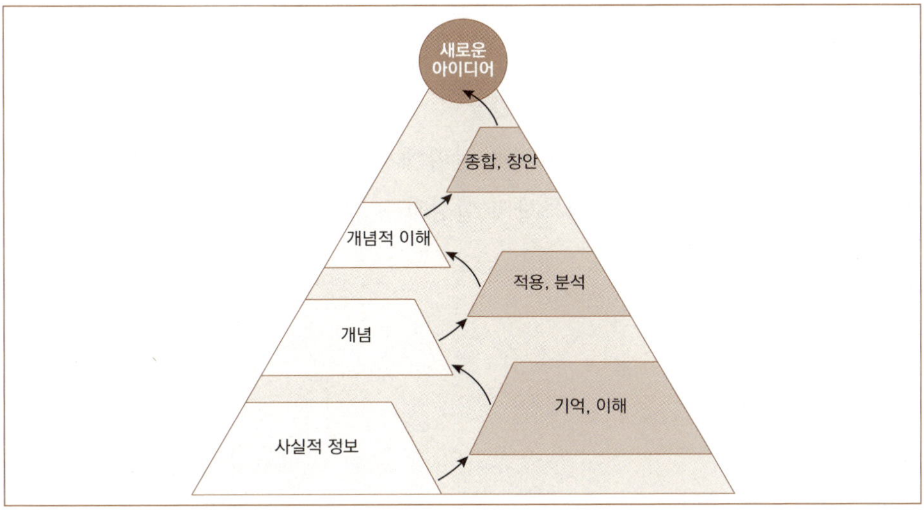

앞의 그림은 지식을 추상성 및 확장성에 따라 사실, 개념, 개념적 이해로 위계화하고, 사고 과정을 기억·이해, 적용·분석, 평가·창안하기로 위계화해서 분류하였으며, 지식과 사고 과정의 상호작용을 고려하여 단원 학습을 설계할 것을 제안하고 있다. 피상적인 사실을 기억하고 이해하게 된다면, 개념을 습득하게 한 후 개념 간의 관계를 적용, 분석을 통해 개념적 이해를 갖게 될 것이며, 개념적 이해를 전면적으로 확인하고 평가하는 과정을 통해 기존의 아이디어를 종합하여 새로운 아이디어를 도출해 낼 수 있을 것이며, 단원 학습에서 추구하는 개념적 이해를 습득하기 위해 단계적, 위계적 접근이 필요함을 강조하고 있다.

한편 학생이 주도적으로 탐구할 수 있도록 유닛(unit)을 설계하기 위해서는 교과의 사실적 지식과 개념을 위계화하고 교과 고유의 사고 기술이 무엇인지를 규명해서 교사들에게 명확하게 제시할 필요가 있다. IB MYP의 경우 지식의 차원을 제시하는 방식으로 개념틀을 제공하고 있다. 교과별 12개의 관련 개념과 범교과적인 16개의 개념을 제시하고 있으며 교과 고유의 사고 기술을 수행지시어를 통해 제시하고 있다. 학생들이 생각을 구성해 가는 과정을 교사가 포착할 수 있도록 62개의 수행지시어를 제공하고 있으며 교과의 탐구 방식을 드러내는 수행 지시어는 평가 루브릭에 반영되어 있다. 관련 개념, 주요 개념, 세계적 맥락의 조합을 통해 다양한 탐구 진술문을 생성할 수 있으며 교사는 학생 맥락에 맞는 빅 아이디어를 설정하며 단원 학습 과정에서 수행지시어를 기반으로 학생들의 사고 과정을 포착하여 적절한 피드백을 제공할 수 있다. 우리나라 교육과정에서도 교사들에게 깊은 이해를 드러내는 개념과 교과의 고차원적 사고력을 드러내는 학습 기술이 무엇인지 규명하고 그에 맞는 수행동사를 설정하여 제시할 필요가 있다. 특히 평가에 민감한 우리나라 교육 상황에서 학생들이 깊은 이해를 공정하게 평가하기 위해서는 교과별 수행동사의 설정과 위계화가 필요하다.

07 탐구를 위한 교수 · 학습 전략은?

본 장은 탐구하는 학생을 지원하는 교사의 특징, 탐구 사이클, 탐구를 위한 사고전략에 관한 내용이다. 우선 주도적인 탐구가 어려운 학생들을 구조적 탐구에서 시작해서 개방적 탐구까지 인도하기 위해서는 교사의 역할이 매우 중요하다. 탐구는 인지적인 측면뿐만 아니라 정서적, 사회적 측면이 관여되어 있기 때문에 교사가 학습자의 맥락을 다양한 측면에서 세심하게 읽어내고 해석하여 적절한 처방을 내릴 수 있는 전문성이 요구된다. 학생들의 탐구하는 마음과 탐구 능력을 길러주기 위해서는 교사 스스로 탐구하는 사람으로서 모델링을 보여야 할 뿐만 아니라 탐구 수업의 과정과 수업 전략에 대해 익숙해질 필요가 있다.

1) 탐구하는 교사의 특징

Mackenzie(2011)는 학생들의 탐구심을 길러주기 위해서는 학교 조직, 문화, 자원, 교사 간의 협업 등이 중요하지만 가장 영향력이 큰 것은 학생 옆의 교사라고 했다. 또한 탐구 중심으로 잘 가르치는 것도 중요하지만 교수하는 것뿐 아니라 코칭하는 것이 중요함을 강조하면서 탐구하는 교사의 특징을 다음과 같이 제시했다.

- 가르치는 것을 즐긴다.
- 느리게 가르친다.
- 교육과정을 잘 알고 있다.
- 학생들을 잘 안다.
- 학생들의 학습에 맞춰 수업을 조율하고 바꾼다.
- 배움을 교실 밖과 연결시킨다.
- 호기심이 많다.
- 헌신적이다.

2) 탐구 사이클

인간의 탐구는 다양한 양상을 포괄하고 있기 때문에 일반적인 모델을 제시하기는 쉽지 않다. 하지만 Marchall & French(2018)는 다음과 같이 개념을 기반으로 탐구학습을 설계할 것을 제안했다.

그림 II-5 **개념기반 탐구학습**

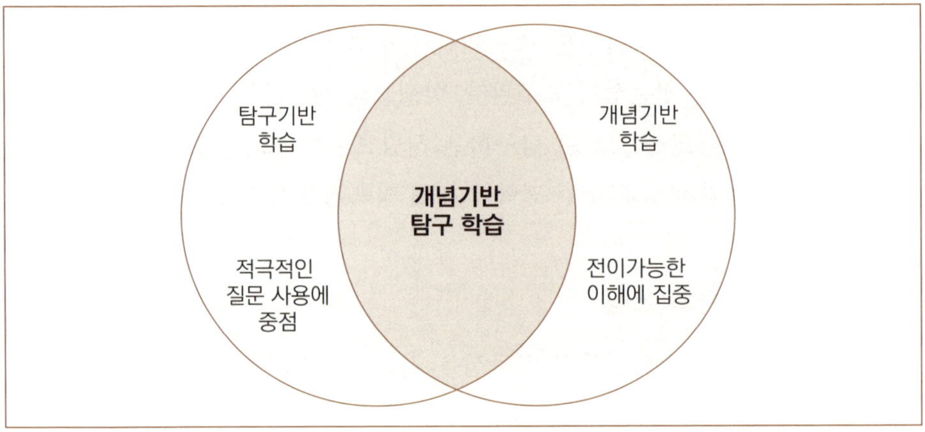

출처: Marchall & French(2018)

탐구학습은 호기심을 바탕으로 질문을 통해 수업을 이끌어 가고자 하는 수업이며 개념기반 학습은 전이가능한 이해를 추구하기 위해 개념을 기반으로 학습 내용을 조직한다. 따라서 개념기반 탐구학습은 개념을 기반으로 학습 내용을 조직하고 학습자의 호기심에 초점을 두는 학습이다. 일반적으로 개념적 이해를 습득하는 탐구과정을 간략하게 탐구-실행-성찰의 탐구 사이클로 제시하고 있지만 Marchall & French는 다음과 같이 좀 더 자세한 탐구 단계를 통해 학습자가 개념적 이해를 주도적으로 탐구할 수 있도록 교사가 비계를 제공하는 방법을 제시하였다.

표 II-7 **개념기반 수업 설계의 탐구 단계**

탐구의 단계	목적
관계 맺기	• 학생들을 지적·정서적으로 수업에 참여시키기 • 사전지식 이끌어내고 생각해 보기 • 학생들이 질문할 수 있도록 유도하기
집중하기	• 개념 형성 전략을 사용하여 단원의 주도적인 개념을 함께 이해하기 • 관련된 사실적인 사례 소개하기
조사하기	• 사실적 사례를 다양하게 알아보고 단원 개념과 연결하기 • 추가 질문을 유도하는 사례를 제공하여 단원의 개념적 이해를 유도하기
조직하기	• 개념적 이해 구성하기 • 다른 자료나 방법을 통해 개념과 생각을 드러내기
일반화하기	• 사실적 예시들 사이의 패턴을 알아내고 연결하기 • 일반화를 명료화, 정당화하고 전달하기
전이하기	• 일반화의 유효성을 테스트하고 정당화하기 • 새로운 상황에 일반화 적용하기 • 학습과 관련된 의미 있는 행동 취하기
성찰하기	• 학생들이 자신이 학습의 주체라는 인식 부여하기 • 자신의 학습 과정을 계획하고 통제하며 평가하기

출처: Marchall & French(2018)

Marchall & French가 제시한 탐구학습의 단계는 다양한 탐구 양상의 하나의 예를 제시하고 있다고 볼 수 있다. 교사의 의도와 학생의 맥락에 따라 탐구-실행-성찰의 3단계를 다양한 방식으로 세분화하고 조합할 수 있다.

08 탐구와 형성평가

탐구를 지향하는 학습에서 형성평가는 총괄평가를 지원하는 성격을 가진다. 형성평가와 총괄평가는 긴밀하게 연계되어 있으며 교사는 형성평가 단계에서 학생에게 시의적절하고 유의미한 피드백을 제공하게 되며 학업 성과를 높이도록 지원하게 된다. 형성평가를 통해 교사는 학생의 학습을 증진하고 잠재력을 돕기 위해 다양한 증거를 수집하고 분석하고 해석하여 학생에게 시의적절한 피드백을 제공한다. 이때, 학생의 자기평가와 동료평가는 형성평가를 계획할 때 고려할 중요한 요소가 되기도 한다.

그렇다면, 학습자의 내면에 구성되고 있는 개념적 이해를 어떻게 확인할 수 있을까? 교사가 학습자의 개념적 이해를 확인할 수 있어야 어떻게 더 나아갈 수 있도록 조언해 줄 수 있을지, 또는 학습의 성취를 판단할 수 있을 것이다. 하지만 내면에 구성되고 있는 사고의 질을 판단하기는 쉽지 않다. 학습자의 개념적 이해를 확인할 수 있는 우회적인 방법이 있다면 과제 수행의 행동 양상을 관찰함으로써 사고의 수준과 방향을 포착할 수 있을 것이다.

학생들의 탐구를 지향하는 교사는 단원 학습을 통한 탐구의 방향과 목표 지점을 명확하게 설정할 수 있어야 하고 학습 목표를 기반으로 학생들의 사고 수준을 포착할 수 있어야 하며 학습 목표를 기반으로 한 걸음 더 나아갈 수 있는 피드백을 제공할 수 있어야 한다. 이때 학습 목표 성취에 대한 교사의 명확한 인지와 학생과의 공유가 중요하다. 학생의 학습 결과물을 기반으로 학업 성취를 판단하는 기준이 교육과정에서 제시되어야 하며 이에 대한 교사의 사전 이해가 있어야 교사가 적절한 피드백을 제공할 수 있다.

평가 목표는 교사만 인지할 것이 아니라 학생과 공유할 필요가 있다. 학생들이 평가 목표를 숙지함으로써 평가 목표를 중심으로 자신의 학습을 지속적으로 끌어올리려는 노력을 시도해 볼 수 있을 것이다. 평가를 학업 성취를 판단하는 데만 사용할 것이 아니라 학생들이 스스로 평가에도 참여할 수 있도록 활용할 필요가 있다. 자기평가와 동료평가는 학생을 평가에 개입하도록 하여 학습의 과정과 결과에 학습자의 역할을 부여하는 방안이며, 이때 명확한 평가 기준을 제시하는 것은 학습자가 학습에 대한 판단을 스스로 하는 데 중요한 기반이 된다.

또한 구체적인 평가 목표를 교사가 일방적으로 설정하고 제시하기보다는 포괄적이고 일반적인 평가 목표를 제시하고 구체적인 과제 수행을 하는 과정에서 평가 목표를 달성하기 위해 무엇을 더 해야하는지를 스스로 구체화하는 여지를 남겨둘 필요가 있다. 학생도 평가에 관여하도록 하는 방법이 학습을 자신의 것으로 여기고 주도성을 길러주는 데 중요한 요소이다. 따라서 학기초에는 학생들에게 포괄적이 일반적인 평가 목표를 제시할 필요가 있다.

또한 교과 역량을 함양시키고자 한다면 교과 역량의 구체적인 모습을 교사와 학생들에게 제시해 줄 수 있어야 효과적인 학습이 이루어질 수 있다. 교과 역량이 내포된 평가 목표를 중심으로 학생들을 평가에 개입시킴으로써 학습을 학습자 자신의 것으로 인식할 수 있게 할 수 있으며 주도적인 탐구학습이 이루어질 수 있을 것이다. 결국, 학습자 스스로 주도하는 탐구학습을 위해서는 교과별 역량의 성취를 단계적으로 제시할 수 있는 루브릭이 제공되어야 한다.

루브릭을 바탕으로 교사가 학업 성취를 판단할 때 주의할 점은 분절적인 요소를 판단하지 않고 총체적인 관점에서 평가해야 한다는 점이다. 역량이란 학습 요소가 분절적이 아닌 총체적으로 서로 연관되어 작동되는 것이기 때문이다. 이를 위해서 교사는 눈에 드러나지 않는 요소들을 증거에 기반해서 판단할 수 있어야 하며 다양한 방식의 평가를 진행하고 평가 목표를 중심으로 총체적으로 판단할 수 있는 '평가 문해력'이 있어야 한다.

Ⅲ

개념기반 수업을 위한 유닛 설계

Ⅲ 개념기반 수업을 위한 유닛 설계

우리는 국가가 중앙 집중적으로 개발하고 관리하는 국가 수준의 교육과정에 익숙하다. 주제나 내용 중심으로 구성된 국가 교육과정에서 교사는 교육과정 전달자 역할을 하는 경우가 많았다. 하지만 개념기반 교육과정은 각 교과 영역이나 단원에서 일반화 또는 원리에 도달하는 것을 목표로 하기 때문에, 교사는 교육과정에 대한 높은 전문성과 문해력을 바탕으로 이를 설계해야 한다. 따라서 개념에 기반한 교육과정을 어떻게 설계할 것인가는 하는 것은 교사들에게 많은 시행착오와 노력이 요구되는 실천적인 어려움을 야기할 수 있다.

개념기반 교육과정은 사실적 지식을 전달하는 데 그치지 않고, 학습자가 개념(concept) 간의 관계를 이해하고 이를 일반화하여 새로운 상황에 전이할 수 있는 능력을 기르도록 설계된 교육과정이다. 이는 빠르게 변화하는 지능정보화 사회에서 학생들이 교과의 근본 아이디어인 일반화 습득을 통해 실제 생활의 복잡한 문제를 해결할 수 있는 능력을 기르는 데 목적이 있다. 따라서 개념기반 교수학습을 효과적으로 실행하기 위해서는 교사가 단원의 성격과 목적을 명확히 하여 단원의 일반화를 우선하여 도출할 수 있어야 하며, 학생들이 탐구활동을 통해 일반화에 도달할 수 있도록 안내자로서의 교사 역할을 수행해야 한다.

2015 개정 교육과정부터는 개념을 중심으로 일반화를 지향하는 수업이 가능하도록 지원하고 있다. 2015 개정 교육과정에서는 '핵심 개념'을 중심으로 '일반화된 지식'을 습득하도록 하였고, 2022 개정 교육과정에서는 이 핵심 개념과 일반화를 통합하여 '각 영역을 관통하며 일반화할 수 있는 내용'을 '핵심 아이디어'라는 형태로 제시하고 있다. 하지만 '핵심 아이디어'가 교과의 근본 아이디어로 진술되기보다는 성취기준 방식의 진술이나 기초적 내용 진술, 내용과 일반화가

혼합된 형태 등으로 나타나고 있다. 이로 인해 실제 수업을 설계할 때 교사들은 이를 재진술하거나 보충해야 하는 어려움이 있다.

이에 현장에서 2022 개정 교육과정을 개념기반 교수학습으로 적용하고자 할 때 부딪히는 문제들을 검토하고, 교육과정, 수업, 평가 간의 일관성을 유지하는 개념기반 교수학습의 설계 과정을 자세히 살펴보고자 한다.

01 인간상과 교과 목표의 연계

개념기반 교수학습 개발을 위한 출발점은 국가 수준 교육과정의 비전이나 미션을 공유하는 것에서 시작된다. 미션은 교육공동체가 목표로 하거나 성취하고자 하는 바를 진술하는 것뿐만 아니라 교육 활동의 나침반 역할을 한다. 따라서 우리 교육과정의 비전과 미션도 교육 활동과 의사 결정의 지침이 되므로 각 교과의 교수·학습 개발도 이에 따른 명확한 일관성과 연계성을 갖추어 진행되어야 한다.

우리나라 교육이 궁극적으로 도달해야 할 미션은 교육이념으로 제시되어 있다. 교육기본법(제2조)에는 "교육은 홍익인간의 이념 아래 모든 국민으로 하여금 인격을 완성하고 자주적 생활 능력과 공민으로서의 자질을 갖추게 하여 민주국가 발전에 봉사하며, 인류공영의 이상 실현에 기여하게 함을 목적으로 한다."라고 명시되어 있다. 이 교육이념은 교육적 성과에 대한 이상적 관념으로 교육목적 및 목표의 원천이 되며, 보편성과 포괄성을 특징으로 한다. 2022 개정 교육과정은 "홍익인간의 이념을 기반으로 모든 국민이 인격을 개발하고, 자립적인 생활을 할 수 있는 능력과 민주시민으로 필요한 특성을 갖추어 인간다운 존엄한 삶을 살 수 있게 하며, 민주주의 국가의 발전과 인류 공동 번영을 이룰 수 있도록 함"을 목적으로 한다. 이에 온전한 교육이 이루어졌을 때 인간의 특징을 더 구체화한 '인간상'으로 '자기 주도적인 사람, 창의적인 사람, 더불어 사는 사람, 교양 있는 사람'의 4가지를 제시하고 있다. 이러한 인간상 구현을 위해서 학교 교육은 각 교과와 창의적 체험활동 등의 학교 교육 전 과정을 통해 지식이나 기능, 가치와 태도 등의 총체적 역량을 지닌 사람으로 기르고자 '포용성과 창의성을 갖춘 주도적인 사람'을 미래 교육 비전으로 제시하고 있다. 이에 각 교과는 미래 교육 비전을 위한 핵심역량 함양을 위해서 교과 고유의 본질에 집중한 교과의 목적과 목표를 설정하고 있다.

그림 III-1 교육이념, 인간상, 비전의 관계

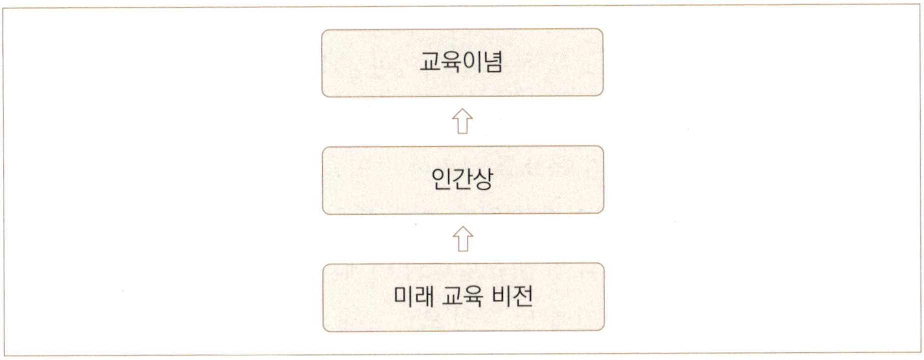

따라서 총론의 지향점을 담은 각 '교과 교육의 목표'는 구체적 학습활동 과정에서 구현되어야 하며 이는 교육과정과 수업, 그리고 평가로 일관성을 유지함으로써 달성될 수 있는 것이다. 이에 교과 교육의 목표를 교육이념, 인간상, 교육비전과 일관성을 이루도록 조율할 필요가 있으며, 이를 바탕으로 '각 교과의 목적과 목표'를 분석하고 해석하여 학생들이 무엇을 '알고', '할 수 있어야' 하는지 구체적 학습 결과를 도출하고, 이에 근거하여 평가할 수 있는 기준을 설정할 필요가 있는데 그 과정은 [그림 Ⅲ-2]와 같다. 이때 설정된 평가 기준은 학습 결과를 평가할 수 있는 구체적 기준이 되며, 학습 목표를 얼마나 잘 달성했는지를 측정하는 지침이 된다.

그림 III-2 교과 목표로부터 평가 기준 설정 과정

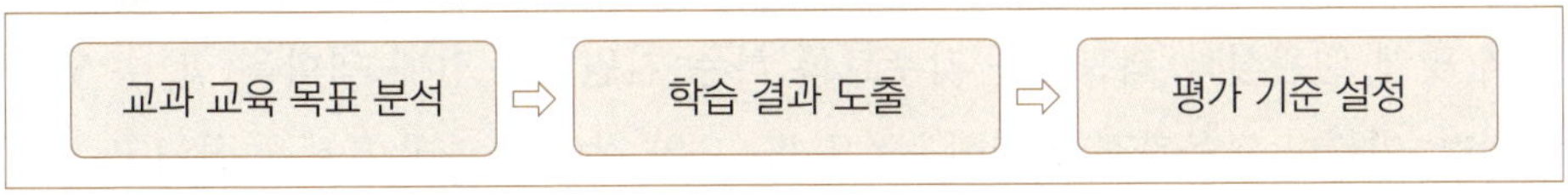

이처럼 각 교과의 교육 목표로부터 평가 목표, 평가 기준을 설정하는 것은 목

표 기반 교육과 준거참조평가의 원리에 기반하며, 교육과정과 수업·평가의 일관성을 유지하는 데 꼭 필요한 과정이다. 일관성이 확보된(coherent) 응집력 있는 교육과정은 학습자의 학업 성취를 향상시킨다(Erickson, 2007). 각 교과의 목표를 평가 기준에 일치시키고 수업과 평가를 유기적 연결하여 일관성을 높이는 것은 교사와 학생 모두에게 학습 목표에 대한 명확한 기대를 제공하고, 학습활동이 목표에 맞추어 일관성 있게 전개되도록 지향점을 제공하는 중요한 역할을 하게 된다는 것이다.

실제로 〈표 Ⅲ-1〉은 과학 교육 목표인 '자연현상과 일상생활에 대한 흥미와 호기심을 바탕으로 개인과 사회의 문제를 인식하고 과학적으로 해결하려는 태도를 기른다'의 진술로부터 평가 목표를 고려하고 이를 근거로 추출한 평가 기준은 'A. 과학적 탐구 태도'임을 보여주고 있다. 이런 방식으로 과학 교과의 평가 기준은 'A. 과학적 탐구 태도, B. 과학 탐구 방법의 이해와 적용, C. 과학 개념의 이해, D. 과학, 기술, 사회의 관계 이해 및 실천'으로 추출되었고, 그 하위의 포괄적 평가 기준까지 자세하게 제시하고 있다. 이러한 방식을 적용하여 본서에서는 각 교과별로 설정한 4~5개의 포괄적 평가 기준을 제시하여 보여준다.

표 Ⅲ-1 교육 목표로부터 평가 기준 추출 예시(과학)

과학 교육 목표		평가 기준 추출
(1) 자연현상과 일상생활에 대한 흥미와 호기심을 바탕으로, 개인과 사회의 문제를 인식하고 과학적으로 해결하려는 태도를 기른다. (이하 중략)	⇨	**A. 과학적 탐구 태도** ⅰ) 자연현상과 일상생활에 대한 흥미와 탐구 의지를 표현하기 ⅱ) 개인과 사회의 문제 상황을 분석하기 (이하 중략)

이는 무엇을 평가해야 하는지, 그리고 왜 평가해야 하는지에 대한 근거를 제공하며, 교과 교사별, 학교별 다양하고 임의적인 평가 기준들을 각 교과 고유의 목적에 맞게 일관성과 객관성을 갖추도록 하는 지원하고 안내 역할을 할 수 있을 것이다. 이러한 교육과정 연계성은 〈표 Ⅲ-2〉와 같이 교과별 특성을 살리고 교과 목표와 핵심역량, 인간상과의 관계까지 고려하여 교육과정의 총론과 각 교과와

의 연계성을 강화하는 데도 기여할 수 있을 것이다.

표 III-2 **교과 목표와 교과 역량의 관련성 예시(사회)**

사회 교육 목표	핵심역량	인간상
(1) 사회의 여러 현상과 특성을 그 사회의 지리적 환경, 역사적 맥락, 정치·경제·사회적 제도 등과 관련지어 이해한다.	정보 활용 능력, 비판적 사고력	교양 있는 사람, 자기주도적인 사람
(2) 지표 공간의 자연환경 및 인문환경에 대한 이해를 통해 지역에 따른 인간 생활의 다양성과 역동성을 파악하고, 지역적, 국가적, 세계적 수준의 지리 문제와 쟁점에 관심을 갖는다.	창의적 사고력, 문제 해결력 및 의사 결정력	창의적인 사람, 더불어 사는 사람

02 유닛(unit)의 설계 과정

개념기반 수업의 설계를 위해서는 유닛(unit)의 성격이나 목적을 명확히 할 필요가 있다. 여러 관련 서적에서 '유닛'을 우리말로 '단원'으로 번역하지만, 개념기반 수업 설계에서 유닛의 개념은 우리나라에서 사용하는 '단원'과 차이가 있다. 교사 수준 교육과정이 발달되어 있는 서구에서는 교사가 교육과정을 '구성하는' 권한이 있으므로 학습해야 할 주제나 개념이 정해지면, 교사는 목표 달성에 필요한 최상의 학습 경험들을 조직해 수업을 설계하고 실행한다. 이때 학습 목표가 제대로 달성되었는지는 최종 총괄평가를 통해 확인되면서 학습이 종료된다. 이처럼 특정 주제나 개념을 중심으로 총괄평가까지의 한 학습 단위를 '유닛(unit)'이라고 한다. 하지만 우리나라에서 사용하는 교과서의 '단원' 개념은 특정 주제를 중심으로 그 주제와 관련된 내용을 일관되고 논리성 있게 전개하도록 하는 구성 방식이며, 많은 교사들은 단원의 흐름에 따라 수업을 진행하고 필요시 확인 평가하는 방식으로 이루어진다.

따라서 개념기반 교육과정에 따른 수업 설계를 위해서는 기존 단원의 통합이나 재구성을 통해 성격과 목표가 명확히 드러나는 '유닛' 체제로의 사고전환이 필요하다. 이를 위해 교과별 교육과정을 분석하여 개념을 추출하여 일반화를 명확히 하고 총괄평가와 연계된 '유닛'을 구성하는 설계 과정이 필요하다. 즉, 개념기반 수업으로 전환을 위해서는 기존의 '단원' 용어와 구별되고 수업 활동 목적과 학습 범위가 명확히 드러나는 '유닛'으로 단원을 재조직할 필요가 있다.

그러면 유닛은 어떻게 설계해야 할까? 유닛은 우리나라 교육과정의 '영역이나 대단원을 유닛으로 재조직'하거나 '개념을 중심으로 관련 성취기준을 모아 유닛으로 구성'할 수도 있다. 본서에서는 전자의 사례로 수학과, 후자의 사례로 사회과에서 이를 확인할 수 있다.

유닛의 설계는 탐구하기, 실행하기, 성찰하기 과정으로 이루어진다. 탐구하기는 교육과정 분석을 통한 목표 설정, 유닛의 구성, 평가 설계가 있고, 실행하기에는 학습활동을 구성하고 실제 수업을 위한 상세 수업 활동을 계획하는 과정이다. 이후 성찰하기에는 학습의 전 과정을 되돌아보는 수업 전, 중, 후의 성찰 과정이나 유닛 전체를 되돌아보는 자기평가, 동료평가를 통한 수업을 성찰하는 과정이 포함된다.

표 III-3 **유닛의 설계 과정**

목표 설정		유닛 구조화		평가 설계		학습경험 배열		성찰하기
• 교육과정 분석 • 핵심 아이디어 확인	⇨	• 안내 질문 개발 • 하위 유닛 구성	⇨	• 총괄평가 및 루브릭 개발 • 형성평가	⇨	• 수업 활동 구성 • 상세 수업 계획	⇨	• 전체 학습 과정 되돌아보기

교과별로 유닛을 설계하는 과정은 유닛의 목적을 명확히 하고 이를 교수학습과 평가를 유기적으로 연결하기 위하여 백워드 설계를 기본 바탕으로 하고 있다. 백워드 설계 절차에 따라서 첫째, 유닛의 성격과 목표를 명확히 하는 과정으로 유닛의 핵심 아이디어 확인과 한 유닛의 하위 줄기인 유닛 그물(strand)을 구성하게 된다.

표 III-4 수학과 유닛 그물의 예시

S1: 함수의 그래프

MC: 표, 식, 그래프

- 함수의 개념을 이해하여 그 그래프를 이해할 수 있다.
- 함수의 합성을 이해하고 합성함수를 표현할 수 있다.

S2: 유리함수와 무리함수의 특징

MC: 정의역, 치역, 점근선

- 유리함수와 무리함수의 정의역, 치역을 구하고 이해할 수 있다.
- 유리함수와 무리함수에서 정의역, 치역에 따른 수직적, 수평적 점근선과 절편을 나타내고 표현할 수 있다.

단원 제목:
유리함수와 무리함수

개념적 렌즈:
관계

핵심 질문:
함수는 어떻게 실생활 속 현상을 구조화하고 해석하며, 가치를 창출할 수 있는가?

포괄적 일반화:
세계의 건축물 속의 유리함수와 무리함수의 수학적 원리를 통해 수학적 가치를 이해하고 적용한다.

S3: 유리함수와 무리함수의 식과 그래프

MC: 방정식, 함수식

- 식과 그래프에서 방정식과 함수식의 대응관계를 이해한다.
- 유리함수, 무리함수 식을 그래프를 통해 시각화할 수 있다.

S4: 수학적 모델링 (세계의 랜드마크 속의 수학)

MC: 글로벌 디자인과 유리함수와 무리함수의 그래프

- 각 국가별 랜드마크 속의 유리함수, 무리함수 그래프를 이해하고 수학적 모델링을 통해 표현한다.
- 세계의 랜드마크에서 나타난 유리함수와 무리함수의 수학적 패턴과 그래프를 분석하고, 이를 활용하여 수학적 사고와 의사소통 역량을 향상시킨다.

둘째, 평가를 설계하는 단계에서는 각 교과의 특성에 따라 대단원 수준, 또는 하위 줄기 단원 수준의 평가 과제를 개발하는데 주로 수행평가나 단원 수준의 총괄평가 과제 개발과 함께 채점기준표를 개발하게 된다.

셋째, 학습 경험을 배열하는 단계는 구체적 학습 활동의 과정을 제시하며 교과별로 개념기반 탐구학습을 위한 다양한 귀납적 탐구 수업모형을 적용하게 된다. [그림 Ⅲ-3]은 개념기반 탐구학습 모델의 예시를 보여주고 있다.

그림 III-3 개념기반 탐구학습 모델

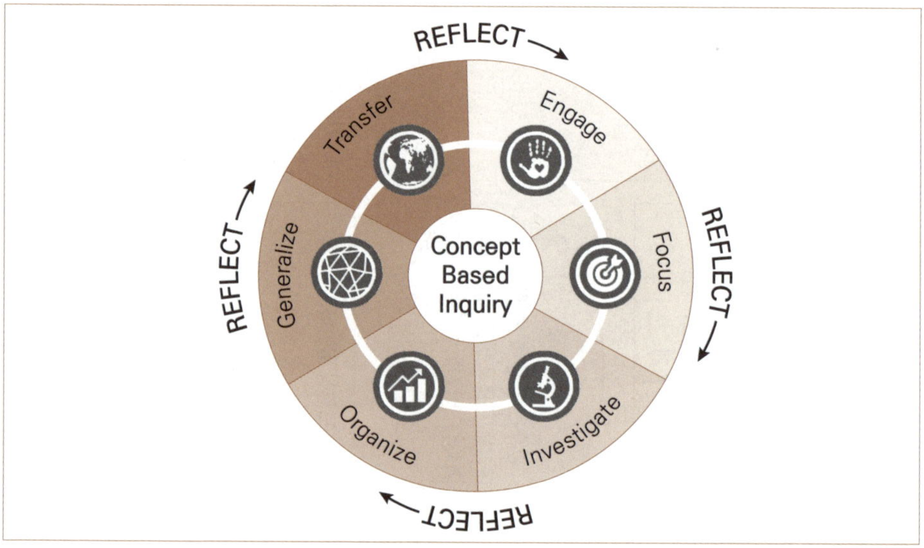

출처: Marschall & French(2018)

이 모형에서 탐구하기, 실행하기, 성찰하기는 순차적이지 않고 어느 단계이든지 필요한 부분으로 되돌아갈 수 있다. 특히 성찰하기는 탐구의 단계로 구분되기보다는 전 탐구 단계에 모두 포함되며, 학생들이 습득한 지식, 기능, 이해가 자신의 생각과 관점, 태도를 어떻게 변화시키는지를 살펴보도록 한다. 따라서 이러한 성찰은 학습 과정에서 학습 동기를 부여하고 적극적 참여를 통한 주도적 학습을 돕게 된다.

가 목표 설정: 핵심 아이디어 확인 및 재진술

개념기반 수업을 위해서는 유닛을 통하여 탐구하고자 하는 개념과 학생들이 도달해야 할 목표인 일반화를 미리 확인해야 한다. 교과 교육과정 문서나 교과별 성취기준별 성취 수준 등의 공식 문서에서 핵심 아이디어 확인, 성취기준과 성취기준 해설 확인, 그리고 내용 범주에 해당하는 지식·이해, 과정·기능, 가치·태도의 내용을 연계시켜서 살펴봐야 한다.

1) 유닛 관련 교육과정 내용 확인하기

교과별로 유닛이 결정되면 2022 개정 교육과정 관련 문서를 통해 영역별로 진술된 핵심 아이디어, 성취기준, 내용 체계표의 3범주(지식·이해, 과정·기능, 가치·태도) 내용요소를 확인하고, 〈표 III-5〉와 같은 틀에 내용을 채우도록 한다.

표 III-5 2022 개정 교육과정 문서 확인을 위한 제시 틀 예시(수학)

<table>
<tr><th>단원명</th><td>유리함수와 무리함수</td><th>학교급/학년</th><td>고/1</td></tr>
<tr><th>2022 개정 교육과정 핵심 아이디어</th><td colspan="3">• 평면도형을 식으로 표현하는 것은 도형 사이의 위치관계와 도형의 이동에 대한 탐구의 유용한 도구가 된다.
• 두 집합 사이의 대응으로 일반화된 함수는 대상 간의 관계를 논리적으로 해석하는 데 활용된다.</td></tr>
<tr><th>성취기준
(2022 개정 교육과정)</th><td colspan="3">[10공수2-03-04] 유리함수 $y=\frac{k}{x}$ 의 그래프를 그릴 수 있고, 그 그래프의 성질을 탐구할 수 있다.
[10공수2-03-05] 무리함수 $y=\sqrt{kx}$ 의 그래프를 그릴 수 있고, 그 그래프의 성질을 탐구할 수 있다.</td></tr>
<tr><th rowspan="2">범주</th><th>지식·이해</th><th>과정·기능</th><th>가치·태도</th></tr>
<tr><td>• 도형의 이동
• 함수
• 유리함수와 무리함수</td><td>• 유리함수, 무리함수 그래프 그리기
• 유리함수, 무리함수의 정의역, 치역 구하기
• 실생활 문제를 유리함수, 무리함수로 모델링하여 적용하기</td><td>• 실생활과의 연결을 통한 도형의 방정식, 집합과 명제, 함수와 그래프의 유용성 인식
• 대수와 기하를 연결하는 사고의 전환으로 수학에 대한 흥미와 관심</td></tr>
</table>

이 틀은 교육과정을 확인하고 내용을 숙지하는 과정으로 관련 내용을 그대로 옮기는 과정이다. 이때 성취기준은 성취기준 해설이나 적용 시 고려사항까지 유의해서 살펴볼 필요가 있으며, 특히 과학 교과의 경우는 "탐구 활동"까지 고려해서 살펴봐야 한다. 또한 내용체계표의 3범주에서 지식·이해는 내용 요소를 확인하고, 과정·기능과 가치·태도 요소들은 유닛의 성격과 목적을 고려하여 가장 관련성이 높은 것을 선택하도록 하고, 한 학기(학년) 동안 반복 학습되거나 학습되지 않는 것이 없도록 요소들이 고르게 배분되도록 계획해야 한다.

이때 교과별 과정·기능과 가치·태도에 대한 구체적인 수행진술문은 국가교육과정정보센터(NCIC) 평가 기준에서 각 교과별「2022 개정 교육과정에 따른 성취수준 및 연구 보고서」의 내용 중 다음과 같은 예시를 참고하여 선택할 수 있다. 과정·기능과 가치·태도의 범주는 평가 요소 선정이나 성취 수준을 구체적으로 진술하는 데 활용할 수 있는 자료이다.

표 III-6 과학과 과정·기능 진술문 예시 일부

과정·기능		진술문
탐구 설계 및 수행	적절한 변인을 포함하여 탐구 설계하기	변인의 특성을 고려하여 탐구를 설계하고 수행할 수 있다.
		탐구의 다양한 변인(조작, 종속, 통제)을 말할 수 있다.
		주어진 절차대로 탐구를 수행할 수 있다.
자료수집·분석 및 해석	변인 간의 관계를 이끌어내기 위해 자료를 수집하고 이를 그래프로 변환하여 해석하기	수집된 자료를 표나 그래프 등 알맞은 형태로 변환하고 변환한 표나 그래프를 해석할 수 있다.
		수집된 자료를 표나 그래프 등 알맞은 형태로 변환할 수 있다.
		자료를 그림이나 말로 나타낼 수 있다.
	모형을 만들어 생명 현상을 설명하거나 예측하기	모형을 만들어 자연 현상을 설명하거나 예측할 수 있다.
		현상을 설명하기 위해 간단한 모형을 만들 수 있다
		제시된 모형을 이해할 수 있다.
의사소통과 협업	자신의 생각과 주장을 과학적 언어를 사용하여 다양한 방식으로 표현하고 공유하기	자신의 생각과 주장을 과학적 언어를 사용하여 다양한 방식으로 표현하고 공유할 수 있다.
		과학적 언어를 사용하여 과학적 주장을 말할 수 있다.
		일상 경험에 근거하여 자신의 주장을 말할 수 있다.

출처: 김유향 외(2023)

표 III-7 **과학과 가치·태도 진술문 예시 일부**

<table>
<tr><th colspan="3">가치·태도</th><th>진술문</th></tr>
<tr><td rowspan="4">과학 가치</td><td rowspan="4" colspan="2">자연과 과학에 대한 감수성</td><td>과학기술의 가치를 인식하고 중시한다.</td></tr>
<tr><td>생활 문제를 탐구로 해결하려는 태도를 지닌다.</td></tr>
<tr><td>탐구를 통해 궁금증을 해소하려는 태도를 지닌다.</td></tr>
<tr><td>자연현상과 과학에 흥미와 호기심을 갖는다.</td></tr>
<tr><td rowspan="4">과학 태도</td><td rowspan="3" colspan="2">과학 창의성</td><td>다양한 상황에서 유용한 독창적인 아이디어를 제시할 수 있다.</td></tr>
<tr><td>독창적인 아이디어를 제시할 수 있다.</td></tr>
<tr><td>발산적인 사고로 다각적인 접근을 시도할 수 있다.</td></tr>
<tr><td colspan="2">과학 유용성</td><td>과학 지식이 일상생활의 문제해결에 활용됨을 인식하고 있다.</td></tr>
<tr><td rowspan="5">참여와 실천</td><td rowspan="2" colspan="2">과학문화 향유</td><td>탐구를 통한 문제해결 활동의 즐거움을 체험한다.</td></tr>
<tr><td>과학기술 관련 시설과 활동을 체험하고 즐긴다.</td></tr>
<tr><td rowspan="3">안전·지속 가능 사회에 기여</td><td rowspan="3">안전</td><td>사건·사고 및 재해·재난의 사회적 관리의 중요성을 인식하고 과학적 대처 방안을 제안한다.</td></tr>
<tr><td>사건·사고 및 재해·재난의 원인과 피해를 조사하고 예방하는 방법을 익힐 수 있다.</td></tr>
<tr><td>사건·사고 및 재해·재난에 대한 안전 교육에 참여하고 예방법을 익힐 수 있다.</td></tr>
</table>

출처: 김유향 외(2023)

2) 유닛 설계를 위한 핵심 아이디어 재구조화

국가수준 교육과정 문서에 대한 이해와 확인을 마친 다음에는 유닛의 성격과 목적을 명확히 해야 한다. 2022 개정 교육과정에서 '핵심 아이디어'는 '영역을 아우르면서 해당 영역의 학습을 통해 일반화할 수 있는 내용을 핵심적으로 진술한 것'으로 정의하고 있다. 즉, 한 영역을 아우르며 학습에 초점을 부여하는 일반화된 진술이다. 따라서 핵심 아이디어는 영역 또는 단원 수준에서 여러 층위가 존재할 수 있다. 이에 각 교과의 핵심 아이디어가 이러한 일반화 또는 원리의 취지를 잘 살리고 있는지 검토가 필요하고, 그렇지 않을 경우 국가교육과정에 진술된 핵심 아이디어에 근거하여 그 의도나 취지에 비추어 재진술할 필요가 있을 것이다. 이러한 과정이 핵심 아이디어 재구조화 과정이다.

이에 교과별로 2022 개정 교육과정 문서에서 확인한 핵심 아이디어, 내용 요소, 성취기준 등을 참고하여 이 유닛을 왜 학습해야 하며, 이를 통하여 학생들이 '알아야 할 것'과 '할 수 있어야 할 것'이 무엇인지를 드러내야 한다. 따라서 매크로(macro) 개념[1]과 마이크로(micro) 개념[2]의 추출, 개념을 결합한 개념적 이해 진술, 그리고 실제적 맥락을 고려한 일반화인 핵심 아이디어를 재구조화해야 하는 매우 중요한 과정이다.

본서에서 추출된 각 교과의 개념들은 교과별 유닛의 성격에 따라 집필진들의 합의로 선정되었지만, 실제 학교 현장의 적용을 위해서는 교과별 또는 학년별 교과협의회를 통한 협의와 합의가 필요한 부분이다. 개념은 일반적, 추상적 속성을 가지므로 학습자의 맥락 속에서 더 쉽게 이해될 수 있다. 이에 IB 교육에서는 개념에 대한 글로벌 맥락(global context)을 명시적으로 제시하여 맥락과 연계된 개념 학습을 강조하고 있다. 하지만 우리 국가 교육과정에서는 맥락을 구체적으로 명시화하지 않으므로 개념적 이해를 위한 맥락을 어떻게 반영해야 할지에 대한 논의도 꼭 필요한 부분이다.

이에 본서에서는 맥락을 '실제적 맥락'이라고 칭하고, 2022 개정 교육과정의 개정 배경이 되는 자기 주도성, 개인과 사회의 행복, 포용력, 생태 전환, 디지털 등을 활용하거나 IB의 세계적 맥락을 참고하여 교과별로 활용하도록 하였다.

이렇게 개념 간의 관계를 진술한 문장인 '개념적 이해'와 집필진이 선정한 실제적 맥락을 결합시켜 만든 핵심 아이디어를 재구조화할 때는 〈표 Ⅲ-8〉의 틀을 활용하였다. 재구조화된 핵심 아이디어는 개념과 개념 간의 관계를 진술한 '개념적 이해' 단계에 맥락을 추가하여 진술하며, 이를 '탐구 진술'이라고 명명하였다.

---

1 IB에서는 주요 개념(key concept)에 해당함.

2 IB에서는 관련 개념(related concept)에 해당함.

표 III-8 개념의 추출과 핵심 아이디어 재진술 예시(과학)

<table>
<tr><td rowspan="3">유닛의 성격</td><td colspan="3">이 유닛은 학생들이 수권에서 해수, 담수, 빙하 등의 자원의 종류를 이해하고 이들의 분포와 활용 사례를 통해 자원으로서의 물의 가치를 인식하게 한다. 과학기술을 이용한 자원과 에너지의 효율적 활용 방안을 학습하여 지속가능한 사회의 중요성을 깨닫게 한다. 이를 통해 학생들은 (1) 과학적 탐구 방법, 과학기술의 영향, 과학과 지속가능한 사회의 특징에 대해서 알고, (2) 자료를 분석하며, 타당한 결론을 도출하는 능력 및 문제 해결을 위한 실천적 대안을 마련할 수 있다. (중략)</td></tr>
<tr><th>주요 개념</th><th>관련 개념</th><th>실제적 맥락</th></tr>
<tr><td>관계</td><td>발전, 환경</td><td>세계화와 지속 가능성
(천연자원)</td></tr>
<tr><td rowspan="2">재구조화된 핵심 아이디어</td><td>개념적 이해</td><td colspan="2">환경에 대한 이해는 인간과 환경이 맺고 있는 관계를 발전시킨다.</td></tr>
<tr><td>탐구 진술</td><td colspan="2">천연 자원의 지속가능한 이용은 환경과 인간 간의 상호적 관계를 발전시킨다.</td></tr>
</table>

이 틀을 채우는 과정은 개념기반 교육과정으로 설계하는 데 핵심 활동이며, 교사 공동체 차원에서도 많은 논의와 합의가 필요한 부분이다. 차라리 일반화를 교사 수준에서 결정할 수 있고, 개념이나 내용을 자유롭게 선정할 수 있다면 조금 더 수월할 수 있는 부분이다. 하지만 국가수준 교육과정 문서에서 세세하게 제시된 성취기준 등을 통해서 개념을 추출하고 핵심 아이디어를 재진술해야 하는 어려움이 있다. 이마저도 기존 핵심 아이디어가 제대로 진술되지 않으면 무엇을 지향하는 수업이 되어야 하는지 방향을 잃게 된다. 이런 방식은 유닛의 목적을 더 약화시키며, 유닛보다는 개별 내용에 더 집중하게 하여 일반화를 지향하는 수업을 더 어렵게 만드는 요소로 작용한다. 이에 이현아(2024)는 핵심 아이디어에 대한 교육 공동체의 논의가 필요하며, 이를 위해 시도교육청 수준에서라도 위계화된 개념 리스트를 설정하여 현장에 제공할 필요가 있다는 제안을 하고 있다.

나 탐구 질문 및 유닛 구조화

빅 아이디어로서 핵심 아이디어가 결정되면 다음으로 안내 질문을 생성한다. 개념기반 탐구에서 질문은 학생들을 수업에 몰입하게 하고 수업의 방향을 제시하는 역할을 한다. 학생들이 질문에 대한 답을 찾아가는 귀납적 접근법은 이해를 깊게 하는 중요한 과정이다. 교사는 학생들에게 직접 답을 설명하지 않고, 안내 질문을 통해 학생들이 스스로 이해를 표현할 수 있도록 돕는다. 이러한 질문은 학생들의 사고를 지원하며, 단원의 핵심 내용을 집중적으로 탐구할 수 있게 한다. 이러한 탐구 질문에는 사실적, 개념적, 논쟁적 질문 등이 있다.

1) 탐구 질문 만들기

사실적 질문은 유닛의 학습 내용에 관한 것으로 사실적 예시나 사례들을 포함하며 '무엇'에 대한 질문들이다. 이 질문의 답을 찾는 것은 학생들을 주제에 집중하도록 하고, 유닛 후반부의 일반화를 설정하는 데 중요한 근거로 작동하게 된다.

개념적 질문은 학생들이 유닛의 일반화를 발견하고 개념 간의 관계를 탐구하도록 돕는 질문으로, 흥미 유발과 탐구 지원을 목적으로 한다. 이 질문은 일반화를 풀이하는 방식으로 분석한 후 그 안에서 발견되는 개념적 관계를 질문으로 바꿀 수 있다. 따라서 교수학습을 유닛의 일반화를 안내하는 방식으로 질문이 구성되며, 학생이 자신의 이해 진술을 표현하는 데 도움을 준다.

논쟁적 질문은 정해진 답보다는 다양한 생각을 유도하기 위한 질문으로 학생의 비판적 사고와 대화를 촉진하는 질문이다. 학생들은 한 가지 입장을 정하고 그 증거를 사용하여 자신의 의견을 정당화하도록 해야 한다. 이러한 질문은 학생들이 지식을 적용하는 데 도움이 되므로 자신의 이해를 전이하도록 돕는 데 효과적이다.

표 III-9 탐구 질문의 예시(사회)

탐구 진술	인간의 생활방식은 시간, 장소와 공간에 따라 다르게 나타나며 세계화는 이러한 생활 양식의 지속 가능성에 영향을 미친다.

⇩

사실적 질문	• 다양한 기후 지역은 어디에 위치하고 있는가? 특정 기후가 동식물의 분포에 어떻게 영향을 미치는가? • 각 기후 지역의 전통적인 생활 양식은 무엇이며, 시간이 지남에 따라 어떻게 변화했는가?
개념적 질문	• 지속 가능성이란 무엇이며 그것은 왜 중요한가? • 인간의 생활 양식의 변화에 영향을 미치는 것은 과정에서 시간과 공간은 어떻게 상호작용하는가?
논쟁적 질문	• 세계화는 우리의 생활의 지속 가능성을 강화하는가 또는 지속 불가능성을 강화하는가?

표 III-10 탐구 질문의 예시(영어)

탐구 진술	**Stylistic choices** and logical **arguments** effectively **connect** speaker's intention(message) with the audience, highlighting the need to raise awareness about indiscriminate digital use.

⇩

사실적 질문	• Stylistic choices란 무엇인가? • 아이디어 간의 논리적 흐름을 강화하는 데 사용되는 연결어에는 무엇이 있는가? (중략)
개념적 질문	• 신뢰할 만한 증거는 화자의 메시지를 발전시키는 데 어떻게 영향을 미치는가? • 생각을 표현할 때, 청중과의 긴밀한 연결과 소통을 어떻게 효과적으로 구현할 수 있을까? (중략)
논쟁적 질문	• 강력한 논증을 사용했더라도 화자의 의도를 전달하는 데 실패할 수 있을까? • 논증이 약해도 감정적 호소가 강하면 아이디어는 설득력을 가질 수 있을까?

2) 유닛 그물 생성

유닛이 다루는 내용 범위가 넓을수록 일반화는 더 보편적이고 추상적으로 진술된다. 이에 보통 일반화까지 도달하는 데는 보통 17차시 이상의 긴 호흡의 유닛 설계가 필요하다. 하지만 지금까지 우리의 단원 설계는 소단원이나 차시별 내용 중심으로 이루어져 긴 호흡의 수업 설계와 실행이 부담이 될 수 있다. 따라서 우리나라 교육과정을 개념기반 수업으로 설계하기 위해서 한 유닛을 우리의 단원 수준에 해당하는 하위 유닛 그물(strand)로 구조화시킬 필요가 있다. 이때 포괄적인 유닛 수준의 일반화는 3~5개의 마이크로 일반화[3]로 분해할 수 있으며 이들을 중심으로 유닛 줄기를 구조화할 수 있다. 이러한 유닛 줄기에는 학생들이 알아야 할 지식(Knowledge:K), 일반화에 대한 이해(Understand:U), 그리고 실행을 통한 수행(Do:D)을 명시적으로 나타내야 하고, 〈표 Ⅲ-11〉과 같이 다루는 개념과 위계가 전체 유닛의 일반화 속에 포함되도록 설계가 이루어져야 한다.

표 Ⅲ-11 유닛 그물 구성

스트랜드 1		스트랜드 2
• 내용 요소(K) • 과정 기능 등 수행(D) • 마이크로 일반화(U)		• 내용 요소 • 과정 기능 등 수행 • 마이크로 일반화
	[단원 제목] 포괄적 일반화 제시	
스트랜드 3		**스트랜드 4**
• 내용 요소 • 과정 기능 등 수행 • 마이크로 일반화		• 내용 요소 • 과정 기능 등 수행 • 마이크로 일반화

각 스트랜드는 매크로 개념을 사용하여 마이크로 일반화를 진술하게 되며, 유닛의 포괄적 일반화를 지향하는 역할을 해야 한다. 이러한 유닛 그물은 개념적 질문을 해결해 나가는 방식으로 설계하면 각 유닛 그물의 일반화를 더 쉽게 도달할 수 있다.

---

3 단원 수준의 포괄적 일반화 진술이 너무 보편적이고 범위가 넓을 경우, 이 일반화를 지향하고 세분화한 하위 스트랜드 수준의 일반화를 의미한다.

이처럼 유닛 그물은 유닛을 전체적으로 생각할 수 있도록 돕고 주요 학습 내용과 개념을 결합한 시각적인 개요를 제공해 준다. 이때 유닛 그물의 세부 영역은 각 교과의 구체적인 주제를 세분화할 수 있는 주요 개념이나 각 교과의 '영역(또는 단원)'으로 구분할 수 있다. 예를 들면 사회과는 경제, 시민, 문화, 역사 등이 주제가 될 수 있으며 도구 교과(국어, 영어 등)에서는 이해하기, 반응하기, 비판하기 등의 활동을 유닛 그물(strand)로 구성할 수 있을 것이다. 본서에서는 개념, 지식, 이해, 일반화 등을 다양한 형태로 보여주기 위해 교과별 특성을 살려 자유롭게 구성하도록 하였다.

표 III-12 **국어과 사례 일부**

1. 다양한 맥락에서 의미를 구성하고 소통하며 읽기		
읽기는 상황 맥락, 사회·문화적 맥락, 작가 맥락, 독자 맥락에서 어떻게 의미를 구성하며, 공동체의 독서 문화 형성에 어떤 기여를 할 수 있을까?		
지식·이해	**과정·기능**	**가치·태도**
• 상황 맥락, 사회·문화적 맥락, 독자 맥락, 작가 맥락을 고려하여 읽는 방법 알기	• 상황 맥락, 사회·문화적 맥락, 독자 맥락, 작가 맥락을 고려하여 읽기	• 읽기에 대한 성찰 • 사회적 독서 문화 형성

표 III-13 **영어과 사례 일부**

Responding to Language	
광고 듣기 및 반응 토론: 감정적 반응 해석: 개인적 경험과 실생활 연결 논의: 인포그래픽 만들기 협력활동 연결 : '내가 만약 ~라면' 질문으로 다양한 관점 이해 반응	
감정에 호소하는 전략은 청중과의 공감과 연결을 유도할 수 있다.	협력적 논의에 포용적 태도로 참여할 수 있다.

다 평가 설계하기

유닛 중심의 개념기반 수업에서 평가는 학습과정에서 형성평가와 학습 과정의 끝에 해당하는 총괄평가로 유닛이 마무리된다. 유닛 학습의 목적이 개념들 사이의 관계에 대한 이해를 생성하거나 그 이해를 전이하는 것이기 때문에 총괄평가는 전이를 요구하는 실제적인 시나리오를 중심으로 설계되어야 한다. 이는 유닛을 통하여 '우리가 최종적으로 도달해야 할 것은 무엇인가?'라는 질문에 답을 주는 평가가 되어야 함을 말한다. 따라서 실제적 삶의 맥락 속에서 개념적 이해를 전이할 수 있는지를 평가해야 하므로 이해중심 교육과정에서 제안한 참평가(authentic assessment) 방식인 시험, 구두 발표, 실험 실습, 보고서 등의 수행과제를 제시하게 된다. 총괄평가 과제가 최종 지점을 구상하는 것으로 교사에게는 학생의 학습 성공을 확실히 하기 위해 피드백과 조언을 주는 지향점이 되며, 학습자에게는 학습의 동기를 부여하고 학습에 대한 주도권을 가지게 한다.

또한 개념적 이해는 학생이 성장함에 따라 지속적으로 개선되고 심화되어야 하므로 이를 위한 평가는 일반화의 정확성이나 정교성이 어느 범위에 해당하는지를 판단할 수 있어야 한다. 이를 위해 유닛의 목표와 연계된 평가 과제에 대한 채점기준표 작성이 필요하다. 채점기준표는 학생들이 보여주기를 기대하는 구체적인 수행 내용과 수행 수준을 기술한 것으로 교사는 학생들의 수행 수준을 이해할 수 있으며, 수행과정이나 결과를 비교하여 학생에게 즉각적인 피드백을 제공하는 역할을 한다. 학생은 채점 기준을 알게 됨으로써 스스로 학습을 점검하여 나아갈 방향을 결정하게 되며, 채점기준표와 자신의 답안을 비교하면서 더 나은 결과를 위한 자기 평가를 통해 자기 주도적 학습 능력을 유도할 수 있다.

1) 총괄평가 과제

유닛 중심의 수업설계에서 총괄평가는 유닛 학습의 끝에서 이루어지는 평가로, 학생들의 학습 성과와 목표 달성을 종합적으로 측정하는 과정이다. 이는 유닛의 학습 목표와 관련된 특정한 기준에 따라 이루어져야 하며, 학생들이 학습 과정에서 습득한 지식, 기술, 개념 및 태도를 실제적인 맥락 속에서 적용 또는 전이할 수 있는지를 평가하게 된다.

유닛의 목표는 각 유닛이 끝날 때까지 학생들이 달성해야 할 기대 성과를 말하는 것으로 각 교과의 학습 목표(즉, 평가 목표)와 관련이 있으며, 주로 맥락 속에서 개념 이해, 기술(skill), 그리고 학습에 대한 올바른 태도가 기준이 될 수 있다. 이처럼 총괄 평가와 유닛 목표와의 긴밀한 연계는 학습 목표가 추상적 개념으로만 남지 않고 평가를 통해 구체적으로 측정될 수 있도록 유닛 계획, 학습활동, 평가 설계를 유기적으로 연계한다. 그리고 이러한 연계성을 통해 학생들은 '무엇을, 왜 배우는지'를 명확하게 이해할 수 있으므로 수업과 평가의 연속성을 보장한다. 결국 이러한 방식은 학생들의 깊은 학습과 실질적인 역량 개발을 지원하며 평가를 학습 과정에서 필수적인 부분으로 만들게 된다.

본서에서는 평가 과제 개발을 위해 교과별 유닛 목표와의 관련성을 명시하도록 하고, 목표와 연계된 평가 과제를 개발하도록 틀을 제시하였다. 이에 교과별 사례들은 기존 영역이나 단원을 유지한 유닛 수준의 총괄평가 방식, 주제나 개념 중심으로 관련 성취기준을 모은 유닛 수준의 총괄평가 방식, 몇 개의 성취기준에 대한 총괄평가 방식 등으로 제시하고 있다.

표 III-14 **총괄평가 과제 예시(과학)**

탐구 진술과 총괄평가의 관련성	총괄평가 과제 개발
[탐구 진술] 천연 자원의 지속가능한 이용은 환경과 인간 간의 상호적 관계를 발전시킨다. [총괄평가의 관련성] 지속 가능한 수자원의 이용 방안을 제안하기 위하여 수자원 환경 전문가가 되어, 관심 국가 또는 지역의 수자원 현황을 조사하는 ~(중략)	G(목적): 지구 환경 위기를 극복하기 위해 자원으로서의 물의 가치를 인식하고, 수자원 이용과 관련된 현안 문제를 해결하기 R(역할): 수자원 환경 전문가 A(청중): 수자원 학회에 참석한 청중 S(상황): 수자원 이용 실태를 조사하기 위해 관심 국가(전 세계)를 선정하고~(중략) P(결과물): (1) 논설문: 서론-상황 분석(SWOT), 본론-해결 방안(Take Action), 결론-제안점(Suggestion) (중략) S(평가 기준): D. 과학, 기술, 사회의 관계 이해 및 실천

교과별 총괄 평가 과제는 이해중심 교육과정에서 평가 과제를 개발하는 GRASPS 방식[4], 언어 교과 등에서 사용하는 RAFT 방식[5] 등 교과의 특성을 살려서 개발하고 있다.

표 III-15 **총괄평가 과제 예시(영어)**

탐구 진술과 총괄평가의 관련성	총괄평가 과제 개발
탐구 진술: **Stylistic choices** and logical **arguments** effectively **connect** speaker's intention(message) with the audience, highlighting the need to raise awareness about indiscriminate digital use. 화자가 문체적 선택을 고려하여 논리적으로 구조화된 메시지를 전달할 때, 청중은 메시지를 효과적으로 이해하고 공감할 수 있다. 학생들은 설득 연설 과정에서 효율적인 문체적 선택과 논증의 사용이 메시지와 청중 간 연결의 깊이에 어떤 영향을 미치는지를 탐구할 수 있다. ~(중략)	• Goal: 문체적 선택과 논증의 방식을 고려하여 자신의 의견을 청중이 공감하고 이해할 수 있도록 설득력 있게 전달하는 3분 말하기 • Role: 온라인 국제교류 수업에서 상대국 학생들에게 한국 학생들의 디지털 기기 사용 실태와 학교 규칙의 필요성을 설득력 있게 전달하는 발표자 • Audience: 온라인 교류 프로그램에 참여하는 양측 학교의 학생 - (중략) • Standards: - B. 표현 ⅰ, ⅳ - C. 상호작용 ⅰ

2) 채점기준표(rubric) 개발

평가를 통해 학생의 성취 정도를 확인하기 위해서는 보통 '루브릭(rubric)'이라는 채점기준표가 필요하다. 루브릭은 학습 목표에 따라 학습자의 학습 결과를 평가하기 위해 사전에 공유한 기준을 의미한다. 루브릭의 목적은 학습평가와 피드백을 구조화하고 주관적 판단을 최소화하여 명확한 기준에 따라 공정하게 점수를 받을 수 있도록 평가 과정에서 공정성과 일관성을 보장하는 것이다. 특히, 수

4 백워드 디자인(Backward Design)은 수행 중심 교과에 적합한 수업 설계 방법이며, 실제 생활과 연계한 참평가(authentic assessment) 구현을 위해 Goals, Roles, Audience, Situation, Performance, Standards 단계로 수행과제 개발이 이루어진다.

5 GRASPS 방식처럼 수행과제 설계 도구이며, 특별히 언어 등의 도구 교과에서 많이 활용된다. Role, Audience, Format(방식), Topic(주제) 단계로 평가 과제가 설계된다.

행평가에서는 학생의 수행을 객관적으로 채점하여 평가의 공정성을 확보하기 위한 수단으로 활용된다.

루브릭은 학생들에게 채점 기준이라는 평가적 기능만 하는 것이 아니다. 수행평가의 준거와 수준을 구체적으로 명시해 줌으로써 학습을 촉진하는 '교수적 기능'을 수행하기도 한다. 따라서 '제시된 기준을 지키지 않으면 점수를 감점한다'는 의미보다는 '목표에 도달하기 위해 이런 절차를 따르고 이러저러한 요소를 갖추어야 한다'는 '수행 안내 기준'으로서 이해되어야 한다(이형빈 외, 2023). 즉, 학생들에게 과제의 어떤 점에 중점을 둬야 하는지, 그리고 학습 목표를 달성하기 위해 어떤 수준의 성과가 필요한지를 명확하게 제시하여, 학생들이 스스로 학습 방향을 찾고 계획할 수 있도록 돕는 역할을 한다.

따라서 루브릭은 학생들에게는 스스로 학습을 평가하고 성찰하도록 돕고, 자기 주도 학습 역량을 개발하여 학습 목표에 도달하기 위한 전략을 세우는 데 도움이 된다. 또한 학생, 교사, 학부모 모두에게 평가 기준과 학생의 성취 수준을 명확하게 이해하는 데 도움이 되므로 학생의 학습과 성장에 유용한 소통 도구가 된다.

루브릭에는 핵심적으로 평가 요소, 척도, 수행 진술문(descriptors)이 포함되어야 한다. 평가 요소는 교과별로 설정한 평가 기준과 일치하는 핵심적 내용으로, 학생들이 활동의 어떤 측면이 중요한지를 명확하게 보여주어야 한다. 척도(scale)는 성취 수준을 수치화하거나 서술적으로 나누는 범위로 점수로 나타내거나 우수, 보통, 미흡 등의 질적으로 구분하여 학습 성과를 분류하고 비교를 가능하게 하는 기준을 제공한다. 성취 수준은 평가 결과를 구분하는 단계적인 서술로 학생의 성과를 명확하게 보여주어야 하며, 각 수준은 점진적으로 발전하며, 낮은 수준에서 높은 수준으로 이어지는 학습의 발전 단계를 설명한다.

수행수준의 진술문은 학생들이 평가 과제에서 보인 성취 정도를 상세하게 진술한 문장으로 제시한다. 이는 학교급별로 차별화된 진술과 각 성취 수준 간의 위계성, 차이를 명확히 하여, 학생들에게 학습 개선의 방향을 제시할 수 있는 구체적인 피드백 도구로 활용된다. 따라서 학생들의 실제 수행에서 어떤 학습 성취를 보여주어야 하는지를 평가 기준과의 연계성을 고려하여 '분석한다, 명확히 설명한다. 적용한다' 등의 행동 중심 동사를 사용하여 서술한다. 또한 학생과 교사가 동일한 기준으로 이해할 수 있어야 하며, 척도별 성취 수준 간에는 차이가 명확하게 드러나야 한다. 효과적인 수행 진술문 작성을 위해서는 Bloom의 교육목표 분류표를 활용하거나 학생들과 함께 공유하여 구체화하는 방법, 동료 교사들과 협력하여 작성하기 등의 방법을 활용할 수 있다.

표 III-16 루브릭 예시(과학과)

평가요소		수행 진술	배점
과정 기능	지속 가능한 수자원 이용 방안 제안하기 (8점)	지속 가능한 수자원 이용 방안을 명확하고 논리적으로 제안하며, 과학적 근거를 일관성 있게 제시하고, 다양한 요인과의 상호작용을 구체적으로 설명했다.	8
		지속 가능한 수자원 이용 방안을 일부 제안했으나, 과학적 근거가 충분하지 않고 발표 내용이 구체적이지 않다.	6
		지속 가능한 수자원 이용 방안을 제한적으로 제안했으며, 근거가 미흡하고 설명이 불명확하다.	4
		수자원 이용 방안을 말한다.	2

특히, 학점제를 시행하는 고등학교의 채점기준표 작성에서는 총괄 평가의 채점기준표와 함께 '최소성취수준' 학습자가 수행을 완수하지 못하더라도 과정을 중시하는 평가를 통해 단계별 성취를 이루도록 돕는 「최소성취수준을 위한 평가 고려사항」을 제시해야 하며, '미도달 학생'을 위한 '최소성취수준' 진술 방안을 참고할 수 있도록 안내하고 있어야 한다.

표 III-17 최소성취수준을 위한 평가 기준 예시(수학과)

탐구 진술			최소성취수준	
세계의 랜드마크를 수학적으로 모델링하여 유리함수, 무리함수 관계를 논리적으로 분석하여 그래프로 표현한다.		E	유리함수와 무리함수로 랜드마크의 그래프를 부분적으로 표현하며 관계를 부분적으로 분석한다.	
과정 기능	유리함수와 무리함수의 특성 분석하고 그래프로 표현하기 (8점)	랜드마크 건축물의 유리함수와 무리함수 특성 분석이 미흡하며 그래프 표현에 오류가 있다.		2
가치 태도	실생활과의 연결을 통한 수학적 모델링의 유용성 인식하기 (4점)	유리함수와 무리함수가 랜드마크의 구조와 설계와 관련이 있음을 인식하지 못하며 수학적 모델링에 대한 관심이나 참여도가 낮다.		1

채점기준표 작성을 위해서 본 집필진들은 많은 논의과정을 거쳤다. 그동안 우리 평가의 문제점과 이를 어떻게 개선해 나가야 하는지에 대한 논의로 주로 학생의 학습과 성장을 지원하는 평가 방안, 목표와 평가를 일치시키는 방안, 성취 수준을 구분하는 수행진술문 작성, 그리고 수행평가 기본 점수에 대한 논의들이 중심을 이루었다. 몇 가지 내용을 살펴보면 다음과 같다.

첫째, 학생의 학습 과정에 대한 정보를 수집하여 학생의 학습과 성장을 지원하고 피드백을 제공하는 과정 중심 평가를 어떻게 구현할 것인가? 그동안 우리 수행평가는 성취기준을 중심으로 이루어진 결과 평가 횟수가 많고, 피드백보다는 각 성취기준의 도달 여부를 평가하는 데 집중되었다. 하지만 유닛 수준의 평가는 유닛이 추구하는 목표를 제대로 달성했는가를 측정해야 하므로 핵심 아이디어 도달 정도에 대한 평가를 할 수밖에 없다는 것이다. 이러한 평가 방식은 백워드 설계에서 수행과제를 개발하는 방식으로 많이 다루어져 왔다. 하지만 이를 우리 교육과정에 적용하여 개발하려면 상세하게 진술된 성취기준 하나하나를 평가하는 방식에서 벗어나야 한다는 것이다.

이를 위해 유닛 수준의 총괄평가를 설계하고, 이 과제를 해결해 나가도록 수업을 통한 진단평가, 형성평가를 실행해야 학생의 학습 과정에 대한 정보와 자료를 수집할 수 있으며, 목표를 향해 제대로 나아갈 수 있도록 피드백을 제공하여 학생의 학습을 지원할 수 있다. 그렇게 할 때 점수로 반영되던 형성평가도 학습을 지원하는 피드백, 총괄평가를 지향하는 형성평가, 학습으로서의 평가가 제대로 구현될 수 있다는 것이다.

둘째, 평가 요소를 어떻게 설정한 것인가? 지금까지 평가 요소는 성취기준을 분석하여 지식 요소와 기능 요소로 나누고 이를 평가하는 방식으로 평가 요소가 선택되었다. 하지만 유닛 수준의 총괄평가를 다루는 평가에서는 자세한 성취기준의 요소들을 평가할 것이 아니라, 교과의 평가 목표로부터 설정된 4~5가지의 평가 기준과 유닛의 성격과 목표를 고려하여 평가 요소가 결정되도록 해야 한다는 것에 합의하였다. 그렇게 할 때 매 학기(학년) 각 유닛의 성격과 목적을 분명히 할 수 있고, 교과의 평가 목표가 유닛별로 분산되어 골고루 평가할 수 있기 때문이다. 정리하면 한 학기(학년)에 다루는 유닛의 수, 유닛마다 평가 기준이 중복되지 않도록 골고루 분배되도록 하여 평가 기준이 골고루 실행되도록 하고, 교과 목표와 평가가 연계성을 가질 수 있도록 평가 요소들을 설정해야 한다.

셋째, 수행진술문을 구체화하고 위계화하는 방안은 무엇인가? 수행 진술을 할 때 구체적이고 수준별로 명확한 구분이 필요하다. IB 교육에서는 '선택한다(select), 말한다(state), 설명한다(explain), 요약하여 말한다(outline)' 등의 수행 지시어(command terms)에 대한 자세한 설명과 활용의 예시자료, 그리고 성취 수준으로 위계를 명시적으로 제시해 주고 있어 교사가 편리하게 활용하도록 지원해 주므로 교사는 학생의 학습 수준을 파악하는 데 집중하도록 지침을 주고 있다. 이에 반해 우리 국가교육과정은 성취기준을 분석하여 각 교사가 평가 기준을 결정하도록 하고 있다. 그러다 보니 교사가 설정한 평가 요소나 성취 수준 진술들이 학교별, 교사별로 다양하게 설정되어 평가의 일관성과 공정성 측면에서도 문제가 발생하고 있다.

또한 교과별 평가 기준 개발에서도 성취기준별로 성취 수준을 3단계에서 5단계로 진술하도록 했고, 이 과정에서 성취 수준을 구분할 때 '적절한, 우수한, 매우 우수한' 등의 부사 사용을 배제했으며, 대신 실제 수행 내용을 구체적으로 위계화하여 구분하도록 했다. 이에 학교 현장에서도 이 원칙을 따른다면 평가를 위한 학기 단위 성취 수준의 위계를 5개로 구분하는 데는 많은 어려움이 예상된다.

심지어 교사들이 수행 지시어들을 위계에 따라 배열하는데 용어에 대한 다양한 해석이 존재하고, 학교별, 교사별로 위계가 달라질 수밖에 없는 현실에서 평가의 객관성 문제를 발생시키게 되므로 평가에 대한 교사의 전문성 발휘를 더욱 힘들게 하고 있다. 따라서 이러한 문제들은 교사의 평가를 지원하기 위해 교육부나 한국교육과정평가원 차원에서 연구가 이루어져야 하고 그 결과를 학교에 제공하는 방식으로 지원해야 한다는 의견이 많다.

넷째, 기본점수는 어떻게 할 것인가? 수행과제에 대한 기본점수는 각 학교뿐만 아니라 교과별, 교사별로 일치된 견해는 없다. 그러다 보니 교과별로 기본점수를 부여하지 않거나 일정 점수를 부여하는 방식 등 다양한 형태로 이루어지고 있다. 현재 적용 중인 성취평가제 중학교 5단계 성취도(A,B,C,D,E)에서는 E를 60% 미만의 성취로서 '미도달'에 해당한다고 볼 수 있다. 하지만 학점제를 시행하는 고등학교 성취평가제에서 E는 40% 이상~60% 미만을 의미하고, 40% 미만에 대해서는 '미이수'를 도입하고 있다. 이러한 상황에서 교사는 수행평가에 참여하는 것만으로도 60% 이상을 부여하여 미도달을 넘어서게 하는 등 교과별 협의를 통해 특정 미도달 점수를 결정하여 활용하는 경우가 많다. 하지만 학점제를 실시하는 고등학교에서 미도달이 40% 미만이므로 중학교에서도 이를 근거로 부여해야 한다는 의견도 제시되었다. 또한 학생이 불성실한 태도로 미참여하거나 과제를 제출하지 않는 학생에까지 기본점수를 부여할 수 없다는 의견도 설득력이 매우 높고 현실적으로 시행되고 있는 것을 인정하고 있다.

이처럼 기본점수에 대한 학교 현장의 다양한 생각과 마찬가지로 본서 집필진의 논의도 현장의 다양한 의견들을 모은 것으로 일치된 합의를 이끌기는 어려웠다. 이에 본서에서는 기본점수에 대한 일관된 방향이 조속히 이루어지길 기대하면서도 현장의 다양한 의견을 반영한다는 의미에서 집필자 각자의 생각을 그대로 반영하는 것으로 합의하였다.

3) 가치 · 태도 평가와 수행 지시어

2022 개정 교육과정의 가장 큰 변화는 내용 범주로 가치·태도가 추가되었다는 것이다. 따라서 교수·학습과 평가에서 가치·태도가 어떻게 설계되어야 하는지에 대한 안내가 필요하다. 이에 교과별로 가치와 태도를 해당 영역의 학습을 통해 학생이 궁극적으로 함양할 것으로 기대하는 정의적인 내용으로 규정하고, 영역별로 규정된 가치·태도의 학습 결과를 내면화할 수 있도록 성취 수준별 진술을 어떻게 해야 하는지에 대한 안내를 하고 있다. 정의적 평가는 학생들의 성장을 지원하는 목적으로 학습의 과정을 따라가면서 학습 태도, 가치나 동기에 대한 피드백을 주거나 학습자 스스로 점검하고 성찰하는 자기평가나 동료평가 방식으로 활용하는 방안을 제시하고 있다.

표 III-18 **가치 태도 영역에 대한 채점기준표 예시 일부(영어과)**

평가 요소	탁월	숙달	기본	초보
생산적으로 작업하기	우리는 과제에 집중하고 요구되는 일을 해내기 위해 모든 시간을 효율적으로 사용했다. 각자 맡은 임무를 완수했고 가끔 그 이상을 했다.	우리는 협업을 잘 했으며, 대부분은 일이 끝날 때까지 과제에 집중했다. 각자 자신이 맡은 임무를 거의 수행했다.	우리는 가끔 협업을 했지만, 모두가 기여하고 자신이 맡은 일을 한 것은 아니기 때문에 일을 끝내기가 힘들었다.	우리는 그다지 협업을 잘하지 못했다. 과제에 집중하기보다는 각자 하고 싶은 대로 하면서 다른 사람들에게 명령하려고 했다.
공동 책임과 기여	각자 최선을 다했고, 과제를 완수했다.	대부분의 사람들이 자신의 역할을 완수했다.	각자 자신의 역할을 하도록 하기가 어려웠다.	우리는 각자 자신의 역할을 하리라고 믿고 의지할 수 없었다.

성취 수준을 진술하는 데는 수준별로 성취가 명확하게 구분되도록 해야 한다. 단순히 우수, 보통, 다소 등의 부사를 사용하여 수준을 구별하는 것에서 수행 수준으로 세분화하여 진술하는 것이 필요한데 이때 학생의 수행을 드러내는 방식으로 수행 지시어(command terms)가 필요하다. IB MYP에서는 수행 지시어에 대해 합의된 이해를 돕도록 IB 차원에서 수행 지시어의 정의, 자료를 제공하여 학생과 교사 모두 합의된 의미로 이해하고 가르칠 수 있도록 위계화된 자료를 제시해 주고 있다. 이에 비해 2022 개정 교육과정에서는 수행 지시어에 대한 의미 해석을 교사들이 해석하는 수준에 맡겨 놓고 있다. 따라서 일반적 의미를 구체화하는 데 있어 교사마다 학교마다 서로 다양하게 해석하고 사용함으로써, 객관적이고 공정해야 할 평가를 제대로 지원하지 못하고 있는 실정임을 알 수 있다.

실제로 IB MYP에서는 수행 지시어의 의미를 학생이나 학부모와 공유하는 과정이 필요함을 안내하고 있으며, 수행 지시어의 의미 해설을 IBO 공식 문서로 제시하고, 학생들과 함께 수행 지시어의 사용과 의미를 공유하고, 구체적 수업 활동 속에서 예시를 통하여 습득하도록 하고 있다. 다음 〈표 III-19〉는 수행 지시어인 'describe(설명하다)'가 어떤 의미로 사용되는지, 그리고 이와 유사한 다른 용어들이 어떻게 그 의미가 다르게 사용되며, 어떤 위계적 관계를 보여주는지를 안내하는 예시이다. 이를 참고해 보면 우리나라 2022 개정 교육과정에서도 명확한 수업 목표와 평가의 객관성 확보와 공정성을 위해서도 통일된 수행 지시어에 대한 합의된 자료의 개발과 보급이 절실히 필요함을 알 수 있다.

표 III-19 **수행 지시어의 위계적 구성 예시**

성취수준	1~2	3~4	5~6	7~8
의미 구체화	(state) 글로 적고 말하는 정도이다.	(outline) 개략적으로 이해하여 말한다.	(summarize) 전반적 내용을 이해하여 요약적으로 설명한다.	(describe) 전반적 내용을 이해하고 상세하게 설명한다.

출처: 백종민 외(2022)

라 학습 경험 배열

핵심 아이디어 도달을 위한 수업 활동은 학습 경험 배열을 통해 이루어진다. 그러면 학습 경험을 어떻게 할 것인가? 이에 대한 논의는 지속적으로 진행되었다. 주된 논의내용은 학습 경험 조직을 일반적인 개념기반 탐구 모형(C. Marschall & R. French, 2018)에서 제시하는 '관계 맺기-집중하기-조사하기-조직하기-일반화-전이-성찰' 단계를 그대로 따를 것인가 하는 문제이다. 단원이나 영역 중심의 우리 교육과정이나 차시 중심으로 이루어지는 교수·학습 풍토에 비추어볼 때, 개념기반 탐구학습에서 제시하는 7단계는 아직 우리에게 익숙하지 않거나 흐름의 의미를 제대로 파악하기 힘들다. 따라서 논의를 통하여 학습 경험 배열은 개념기반 탐구학습 모형을 기반으로, 학생의 탐구를 촉진하는 데 도움이 되는 다양한 학습 모델을 활용할 수 있도록 하였다. 여기에는 이해중심 교육과정인 백워드 설계,[6] 5E 학습모델, 프로젝트 기반 학습, 탐구 설계 모델, 개념변화 모델, 보편적 수업 설계(UDL), 그리고 귀납적 탐구학습 방식의 다양한 수업 모델 등을 교과별 특성을 고려하여 활용하도록 했다.

6 5단계의 정교화된 순환학습모델로 참여(engagement)-탐색(exploration)-설명(explanation)-정교화(elaboration)-평가(evaluation)로 구성되며, 기본 개념학습을 촉진하고 사고력을 기르기 위해 개발되었다.

또한 학습 경험 조직 단계를 우리 교육과정에 적용하는 과정에도 고민해야 할 사항이 많다. 학습 경험 배열에서 학습 경험 조직 단계를 기존에 우리에게 익숙한 차시별 수업 활동에 적용할 것인지, 아니면 중단원 수준에 적용할지, 대단원 수준에 적용할지에 대한 논의를 필요로 한다. 본서에서는 유닛 수준의 설계이므로 개념기반 교육과정의 의도에 맞추어서 각 차시에 적용하기보다는 주제와 관련되는 중단원 수준, 또는 대단원 수준에서의 일반화에 도달하도록 학습 경험을 조직하도록 하였으며, 그 외에도 교과의 특성을 살려 다양한 방식이 드러나도록 자율적으로 구성하도록 하였다.

1) 교과별 사례

교과별 특성이 드러나는 학습 경험 배열을 살펴보면 다음과 같다. 중학교 사회 교과의 경우에는 개념기반 학습 경험 조직 단계를 따르기보다는 Bloom의 인지적 교육 목표 분류를 기반으로 사실적 지식의 학습에서 점점 고차적 영역인 비판적 사고력 학습으로 이어지도록 단계적 위계를 적용하여 학습 경험을 배열하는 사례를 보여주고 있다.

표 III-20 **인지적 목표 분류 단계에 따른 학습 경험 배열 사례(사회과)**

탐구 과제	탐구 내용	탐구 단계	인지적 단계
사진으로 만나는 기후 환경 특성	학생들은 사진을 통해 다양한 기후 환경을 탐색하고, 초기 관찰을 통해 기후와 생태계의 관계를 이해하기 시작한다. 이를 통해 학습 동기를 유발하고 탐구 방향을 설정한다.	탐구 ⇓	지식
특정 식생, 동물이 나타나는 기후 지역 탐구	다양한 기후 지역과 그곳에 서식하는 동식물 분포를 분석하면서, 기후가 생물 분포와 생활 양식에 미치는 영향을 탐구한다. 이 단계에서 학생들은 지리적 자료(지도, 그래프 등)를 활용해 패턴을 발견한다.		이해
기후와 인간의 생활 방식	학생들은 기후가 인간 생활 방식에 미치는 영향을 이해하고 학생들은 다양한 기후 지역에서 인간이 기후 변화에 적응하거나 극복해 온 사례를 조사한다.	실행 ⇓	적용

그 외 교과의 경우에는 학습 경험 배열을 개념기반 교육과정의 학습 경험 조직 7단계에 따라 배열하고 있다. 본서의 고등학교 영어 교과의 경우에는 한 유닛이 언어 이해 영역, 언어 반응 영역, 언어 표현 영역 등 4개의 유닛 그물로 이루어져 있으며, 이 4개 그물을 포괄하는 유닛에 학습 경험 조직 7단계를 적용하도록 학습 경험을 배열하고, 개요도와 상세 수업 활동을 동시에 제공하고 있다.

표 III-21 **학습 경험 배열 예시 일부 (수학과)**

단계	탐구 질문	학습 경험 및 교수전략	교수학습 전략	평가와의 연계성
관계 맺기	세계적으로 유명한 랜드마크 건축물에는 어떤 수학적 패턴이 숨어 있을까?	세계적으로 유명한 랜드마크(예: 에펠탑, 엠파이어 스테이트 빌딩) 이미지를 제시, 랜드마크에 숨겨진 수학적 패턴에 대한 학생들의 사전 지식 체크	THINK-PAIR-SHARE	상호 피드백에 의한 동료 평가
집중하기	랜드마크에서 함수의 그래프의 어떤 수학적 특성을 발견할 수 있을까?	유리함수와 무리함수의 개념 설명, 랜드마크에서의 수학적 패턴 예시 소개	유리함수와 무리함수의 특징 비교하여 관찰하기	공학적 도구를 통한 그래프 그리기(자기 평가)

표 III-22 **학습 경험 상세수업 활동 예시 (영어과)**

단원주제	The Two Faces of Digital		
탐구 진술	문체적 선택과 논증은 청중의 공감과 참여를 이끌어내는 강력한 수단으로 작용하며, 이는 무분별한 디지털 사용에 대한 인식 개선의 필요성을 효과적으로 전달할 수 있다.		
탐구단계	**교수·학습 활동**		
	안내 질문	**학습 경험**	**평가계획/개별화**
관계 맺기 **[1차시]**	• 설득을 당해본 경험이 있나요? (중략)	• 학생에게 설득의 개념을 안내하기 위해 최근 상대방에게 설득당해 본 교사의 경험 이야기를 한다. • 학생들에게 비슷한 경험이 있는지 질문하고 설득당했던 이유를 디지털 도구 슬라이도(Slido)를 사용하여 설문 받기 (이하 중략)	【토큰대화】 전략은 학급의 모든 학생이 돌아가며 자신의 생각을 공유함. 각 학생에게 토큰 3개 (중략)

2) 활용한 사고 전략 살펴보기

개념기반 수업이 제대로 작동하기 위해서는 수업에 활용할 수 있는 특정 사고 전략의 도움을 받을 수 있다. 이러한 사고 전략에는 사전 지식을 파악하고 활성화하기 위한 전략, 새로운 개념을 도입하기 위한 전략, 발견과 전이 전략, 개념적 사고 전략 등이 있으며, 개념기반 관련 서적이나 사이트에 다양한 사고 전략들이 많이 소개되어 있다. 이러한 전략들은 학생들이 개념적 학습을 경험할 수 있는 많은 가능한 방법들을 구상하는 데 필요한 도구적인 도움을 줄 뿐이다. 개념기반 학습을 추구하는 교사들에겐 많은 전략을 익히는 것보다는 한 가지 전략이라도 수업 내용과 관련하여 학생들의 생각을 드러나도록 하거나 고차적 사고의 함양에 효과적인 기여를 할 수 있게 하는 데 집중해야 한다. 자칫 새로운 도구나 전략을 익히는 재미에 빠질 수 있기 때문이다.

이에 개념기반 수업을 지향하는 교사들은 항상 개념기반 학습의 실행을 위한 기본 원칙을 인식하고 사고 전략을 도구적 관점에서 바라봐야 한다. 이 원칙에는 개념과 개념적 관계에 대한 학생의 이해도 파악하기, 깊은 이해를 통한 개념 간의 관계 파악하기, 학생 스스로 개념적 관계 발견하기, 개념 학습을 통한 전이 능력의 함양이 있다. 이에 교사는 수업의 구성 요소와 전략들을 결합하여 다양한 유형의 유닛에 대하여 역동적이고 응집력 있는 학습 방법을 개발할 수 있어야 하며, 원칙에 따라 필요한 전략을 선택할 수 있어야 한다.

본서에서 교과들이 활용하는 대표적인 몇 가지 전략들은 살펴보면 다음과 같다.

① SEE-THINK-WONDER

주로 도입 단계에서 활용한다. 새로운 그림이나 동영상을 제시하고 학생들에게 '보이는 것-생각나는 것-궁금한 것'을 단계적으로 찾거나 생각하도록 하는 활동이며, 다양한 생각을 표현하고 공유하도록 하여 질문을 유발하도록 하는 전략이다.

표 III-23 **SEE-THINK-WONDER 전략 활용 예시(과학과)**

<table>
<tr><td rowspan="1">집중
하기

[2차시]</td><td>천연자원의 지속가능한 이용 방안은 무엇인가?</td><td>• SEE-THINK-WONDER
전 세계의 대표적 수질 오염 사례: 미국 플린트 지역의 오염된 수도관 사진
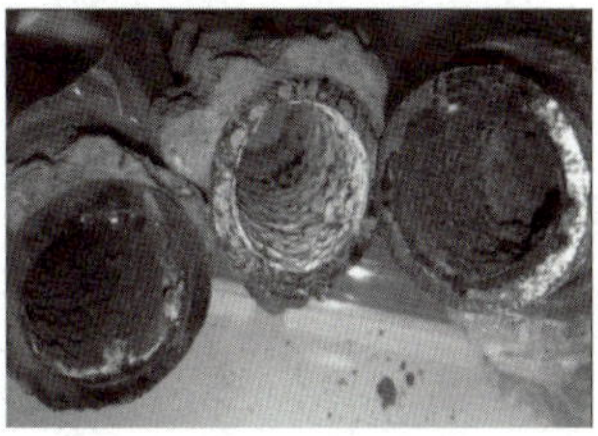
1. See: "이 사진에서 무엇을 볼 수 있나요?"
2. Think: "이 파이프들은 왜 이렇게 변했을까?"<br>"파이프의 상태는 무엇을 의미할까?"
3. Wonder: "이 사진을 보고 궁금한 점이 있나요?"
• '수질 오염'의 피해와 '공중 보건' 간의 상관성을 보이는 사례를 찾아 그 원인을 분석하기
• 공동체의 지속 가능한 자원 이용 사례 살펴보기</td></tr>
</table>

② THINK-PAIR-SHARE

이 전략은 1981년 메릴랜드대학의 Frank Lyman 교수와 그 동료들이 개발한 협력적 토론 전략으로 협력학습 분야에서 많이 활용하고 있다. 이 전략은 학생들의 수행을 3단계로 구분하며, 생각하기, 짝 토론, 공유하기 단계가 있으며, 아래와 같은 틀을 사용한다.

표 III-24 **THINK-PAIR-SHARE 틀 예시**

THINK	PAIR	SHARE
주제에 관해 생각나는 것	주제에 대해 짝이 생각하는 것	우리가 공유한 것

생각하기 단계에서 교사는 질문이나 관찰을 통해서 학생들의 생각을 자극하면서 몇 분 동안 생각할 시간을 가지게 된다. 짝 토론에서는 학생들이 짝을 지어 각자 의견을 표현하고 토론하면서 비교하여, 가장 설득력이 있거나 독특하다고 생각하는 답을 선택하게 된다. 공유하기 단계에서는 학급 차원에서 생각을 공유하는 시간을 가지게 된다. 여기서는 수학과에서 그 활용을 볼 수 있다.

③ 개념 사분면(Concept Quadrant)

이 전략은 4개의 칸을 사용하여 3개는 공통적인 속성을 가지고 1개는 다른 것을 제시한다. 학생들은 각 사각형 안에 제시된 예들의 공통점과 차이점을 탐색하고, 3가지 공통된 속성과 1가지 차이를 발견하도록 안내한다. 이 활동을 통해 개념의 필수적인 속성에 대한 이해를 심화시키게 되며, 개념에 대한 이해를 통합시키고 추상적인 개념을 더욱 구체화시켜 이해할 수 있게 된다. 본서에서는 과학과에서 그 활용의 예를 찾아볼 수 있다.

표 III-25 사진 3개는 곰이고 나머지는 레서판다인 개념 사분면 예시

④ 프레이어(Frayer) 모델

이 전략은 학생들이 개념을 좀 더 쉽게 풀어내도록 도와주며, 가운데에 개념을 적고, 바깥의 4개 사각형에는 개념의 정의, 개념의 특성, 예시, 비예시로 구성되어 있다. 학생들이 개념을 처음 접하거나 잘못 알고 있다고 판단이 될 때 교사는 개념의 정의와 특성을 제공하여 예시와 비예시를 분류하거나 채우도록 요청할 수 있다. 개념이 익숙한 경우에는 사전을 사용하여 개념 정의를 하거나 특성에 해당하는 것들을 나열하도록 하여 개념을 더욱 구조적으로 살펴볼 수 있도록 한다. 본서에서는 고등학교 수학과, 영어과에서 그 활용의 예를 찾아볼 수 있다.

그림 III-4 프레이어 모델의 예

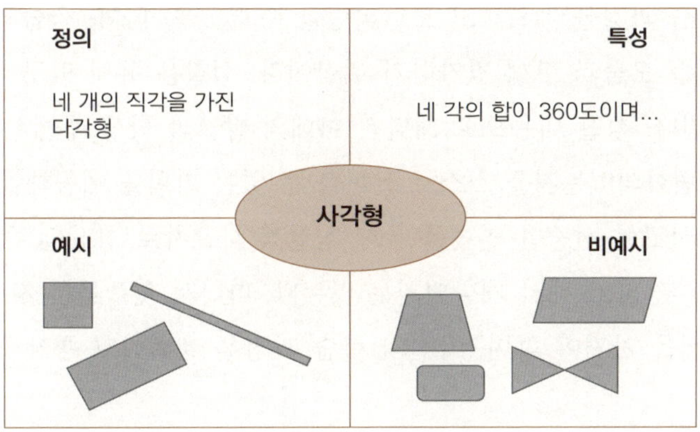

⑤ 네 모퉁이 토론

교실 네 모퉁이를 매우 동의함, 동의함, 동의하지 않음, 매우 동의하지 않음으로 지정한 후, 학생들은 호기심을 촉발하는 진술에 대해서 자신의 입장이나 생각을 잘 반영한 곳으로 이동한다. 이때 그 모퉁이로 갈 자신만의 이유를 가지도록 안내하고, 다른 모퉁이의 주장을 듣게 한 후 학생들은 모퉁이를 바꾸거나 반박하는 의견을 제시할 수 있도록 한다. 이 전략은 사전 지식이나 오개념 등 학생의 사고를 이끌어내는 데 훌륭한 전략이다. 본서에서는 영어과 사례에서 활용하고 있다.

이 밖에도 본서에서는 각 교과의 필요에 따른 다양한 수업 전략을 활용하고 있다. 영어과에서는 토큰 대화나 그룹 토론 등의 활용 사례를 보여주고 있으며, 과학과에서는 SWOT 분석, 천사와 악마 토론 등의 활용을 보여주고 있다.

마 성찰하기

1) 학생 성찰하기

성찰하기는 학생들이 효과적인 학습자가 되도록 지원하는 강력한 도구이다. 학생들은 탐구과정에서 유닛에서 어떻게 배우고, 무엇을 알고 있는지 등 다양한 메타인지 기술과 전략을 사용하여 학습을 더 발전시킬 수 있는 방법이 있는지를 되돌아보도록 한다. 성찰의 목적은 학생들의 주도적인 의지를 개발하고, 학생들이 스스로 학습 과정을 계획하고 모니터링할 수 있도록 하며, 학습의 진행 상황을 개별적 또는 모둠과 함께 평가하기 위함이다. 성찰은 유닛 탐구 단계 전반에 걸쳐 이루어진다. 성찰 내용으로 개념적 이해의 발달과 학생 주체성 및 자기 인식이 어떻게 변화되었는지를 스스로 살펴볼 수 있는 기회를 제공해야 한다. 이러한 메타인지 사고는 신중한 연습을 통해 성찰적 사고자로 성장할 수 있지만, 성찰 시간만 주어진다고 해서 개발되지는 않는다. 따라서 학생들은 자신이 학습의 주체라는 인식을 가져야 하며, 자신의 학습 과정을 계획하고 통제할 수 있어야 한다.

본서에서 학생 성찰하기의 예시로 사회 교과에서는 개념과 관련된 지식·이해에 대해 성찰을 할 수 있는 'I used to think... Now I think...' 방법의 소개와 탐구 질문에 대한 성찰하기 자료도 함께 제시하고 있다.

표 III-26 사회과 개념과 관련된 지식과 이해 성찰 사례

가) 개념과 관련된 지식과 이해
I used to think... Now I think... 활동은 학생들이 기존의 사고방식을 돌아보고, 학습 과정에서 형성된 새로운 이해를 성찰할 수 있도록 돕는 전략이다. 이 활동은 학생들이 학습 경험을 통해 자신의 관점이 어떻게 변화했는지를 탐구하도록 유도하며, 다음과 같은 특징을 가진다.

- 단순한 사실 암기나 지식 나열이 아닌, 사고의 변화를 자각하도록 한다.
- 기존의 관점과 새롭게 얻은 통찰을 정리하며 개인적 학습 여정을 반성할 수 있다.
- 학습 내용을 평가하고 조정하는 과정에서 자기주도적 학습 역량을 키운다.

국어 교과에서는 사실적, 개념적 질문에 대한 성찰하기 자료를 제공하고 있으며, 각각의 탐구 질문에 대하여 발견한 답변이나 더 깊은 질문을 적도록 틀을 제공하고 있다. 또한 국어과, 영어과에서는 핵심역량을 연계한 성찰하기로 유닛과 핵심역량을 제시하고 이를 ROSE[7](성장한 영역)-THORN(어려운 점)-BUD(발견가능성)로 단계를 설정하여 역량들의 성찰을 수준별로 진술하는 예시를 보여주고 있다.

표 III-27 핵심역량 성찰하기 사례(영어과)

핵심 역량 / 성찰하기	창의적 사고 역량	지식정보처리 역량
ROSE: 성장한 것	• 설득할 때 Ethos, Pathos, Logos 요소를 조합하여 아이디어를 제시하려고 노력함.	• 설득 요소를 기반으로 다양한 연설문과 광고를 분석하여 텍스트의 목적과 전략을 파악함.
THORN: 어려운 점	• 논리적 데이터 활용보다 감정호소에만 의존함. • 제한된 시간과 자료로 인해 아이디어를 발전시키기 어려움.	• 자료의 출처와 신뢰도를 평가하기 어려움. • 조사 과정에서 너무 많은 정보를 수집하여 핵심 내용 파악하기 어려움.
BUD: 발견한 가능성	• 팀 활동 시 친구들의 도움을 받아 새로운 설득 방법을 알게 됨. • 기존 사례를 분석해서 새로운 아이디어를 얻음.	• 발표데이터를 시각화하여 설득력을 높일 계획임. • 단순 정보처리를 넘어 개별 정보 간의 논리를 이해하고 설득의 논거로 발전시켜야겠음.

탐구 질문에 대해 학생 스스로 답을 작성해 가는 학생 성찰하기의 예시는 다음과 같은 틀을 활용할 수도 있다.

7 성찰 단계를 ROSE(장미)-THORN(가시)-BUD(새싹)로 비유하여 구분하고 각각을 '성과-어려움-개선 방향'의 내용으로 성찰하도록 구성한 틀이다.

표 III-28 탐구 질문에 대한 성찰 예시

탐구 질문 성찰	발견한 답변	더 깊은 질문 적기
사실적 질문: 단원의 질문 적어주기		
개념적 질문: 단원의 질문 적어주기		
논쟁적 질문: 단원의 질문 적어주기		
이 단원에서 활용한 기능	**배운 것**	**수준 점검**

출처: 백종민 외(2022)

2) 교사 성찰

성찰은 교사에게도 매우 중요한 과정이다. 교사는 스스로 교육 실천을 되돌아보고 학습 개선 방안을 모색하며, 교사로서 집중해야 할 영역을 파악하기 위해 성찰적 질문을 활용해야 한다. 수업 전 과정에 대한 성찰은 수업의 질을 향상시키고 학생들의 상태를 점검하며, 다음 단계에서 진행될 학습의 방향성을 설정하는 데 중요한 역할을 한다. 이러한 성찰은 유닛 설계 전, 중, 후 단계로 나누어 체계적으로 작성할 수 있다.

① 유닛 설계 전

수업 전 성찰은 동일한 유닛을 전년도에 어떻게 운영했는지, 변화된 것은 무엇인지를 중심으로 이루어질 수 있다. 또한 학생들의 선수학습 상황이나 학습의 연계성의 적절성, 특별히 개별화가 요구되는 학생이 있는지, 시기적으로 적절한지 등을 파악하는 단계이다. 따라서 이러한 내용에 대한 전반적 수준의 성찰이 요구된다.

② 유닛 설계 중

학습 중에는 학생들에게 수업에 대한 이해를 확인하는 성찰을 실시한다. 이러한 결과를 바탕으로 처음 설계한 수업 과정에서 조정이 필요한 부분이 없는지, 수업 자료가 학생들의 이해에 도움을 주는지, 난이도 조절이나 개별 과제와 모둠 과제 간의 적절성이나 처음 설계한 탐구 질문과 탐구 진술이 학생들에게 유의미하게 연결되고 있는지 등을 확인한다. 특히 형성평가와 피드백이 제대로 이루어지는지에 대한 점검과 학습의 진행 속도나 내용에 대한 학생들의 관심 여부, 그리고 수업의 단계별 유의점이나 염두에 두어야 할 사항 등을 기록하도록 한다.

③ 유닛 설계 후

유닛의 마무리 단계에서는 학생들에게 얻은 성찰에 대한 의견을 바탕으로 탐구 진술의 이해를 위한 수업 설계가 제대로 기능하는지 검토가 필요하다. 그리고 마지막 총괄평가 진행 과정에서 어려운 점이 무엇이고 예기치 못한 변수가 없었는지 등 처음 설계한 대로 학생들의 수행이 가능했는지 여부를 교사 간에 논의하고 그 내용을 기록할 필요가 있다. 또한 유닛 내내 이루어지는 학습활동과 형성평가, 총괄평가가 유의미하고 유기적인 연결성을 종합적으로 성찰해 볼 필요가 있다.

표 III-29 교사 성찰의 예시(사회과)

유닛 설계 전	유닛 설계 중	유닛 설계 후
학습 목표의 명확성: • 학습 목표가 핵심 개념(시간, 장소와 공간, 지속 가능성)과 탐구 진술문에 잘 맞추어져 있는가? • 학생들이 학습 목표를 명확히 이해하고 수업의 방향성을 인지할 수 있는 구조로 설계되었는가?	**학생 참여도:** • 학생들이 탐구 활동에 적극적으로 참여하고 있는가? • 질문 생성과 문제 해결 과정에서 학생들의 참여가 충분한가?	**학습 목표 성취 여부:** • 학생들이 학습 목표를 달성하고, 개념적 이해를 심화했는가? • 개념적 이해와 지식 전이를 측정하기 위한 평가 기준이 적절하게 작동하였는가?

유닛 설계 전	유닛 설계 중	유닛 설계 후
탐구 질문의 적절성: • 사실적, 개념적, 논쟁적 질문이 학습 동기를 유발하고, 깊이 있는 사고를 촉진할 수 있는가?	**비계 제공의 적절성:** • 제공되는 학습 자료(지도, 그래프, 통계 등)가 학생들의 개념적 이해와 사고 확장에 효과적으로 기여하고 있는가?	**총괄평가 과제의 효과성:** • 총괄평가 과제가 학습의 성과를 잘 반영하고 있는가? 학생들이 실제 상황에서 지식을 적용했는가?
학습 활동의 일관성: • 각 활동이 학습 목표와 잘 연계되어 있으며, 평가 과제와도 일관성이 있는가?	**개별화 및 차별화 학습** • 학생들의 다양한 학습 수준과 요구를 고려하여 개별화된 지원과 도전 과제가 제공되고 있는가?	**향후 개선 사항:** • 다음 유닛 설계에서 보완해야 할 점은 무엇인가? 새로운 전략이나 자료를 추가할 필요가 있는가?

IV

사회과 개념 기반 수업 설계의 실제

IV 사회과 개념 기반 수업 설계의 실제

01 사회 교육의 목적·목표·인간상

가 사회 교육의 목적

사회 교육의 목적

사회 교육은 학생들이 사회 현상을 이해하고, 민주 사회의 구성원으로서 필요한 자질과 태도를 함양하며, 사회적 문제를 비판적으로 분석하고 해결하는 능력을 기르는 데 있다. 지리적, 역사적, 경제적, 정치적 맥락에서 인간 사회의 복잡한 상호작용을 탐구함으로써 다양한 사회적 문제를 깊이 이해하고, 이를 바탕으로 글로벌 시민으로 성장할 수 있도록 돕는다.

또한, 사회 교육은 지속가능성과 민주적 가치를 기반으로 지역적, 국가적, 글로벌 차원의 문제를 해결할 책임 있는 시민을 양성하는 것에 중점을 둔다. 학생들은 기후 변화, 자원 관리, 불평등 등 현대 사회의 도전에 대응하며, 이를 해결하기 위한 실천적 방안을 모색하고 실행하는 과정을 통해 책임감과 실천력을 기른다.

더 나아가, 사회 교육은 인간의 문화적, 신념적, 가치적 다양성을 이해하고 존중하는 태도를 형성하며, 다양한 관점에서 문제를 분석하고 해결하는 사고력을 배양한다. 이를 통해 학생들은 다문화적 포용성과 글로벌 공동체의 웰빙을 위한 역할을 수행할 수 있는 역량을 갖추게 된다.

결론적으로, 사회 교육은 학생들이 사회적, 문화적, 환경적 다양성을 이해하고, 민주적 가치를 바탕으로 지속가능한 발전에 기여하는 책임 있는 시민으로 성장할 수 있도록 돕는 데 그 목적이 있다.

* 위 내용은 2022 개정 사회과 교육과정을 토대로 사회 교육의 목적을 저자의 관점에서 정리한 것이다.

사회 교육의 핵심 목적은 학생들이 자신을 둘러싼 사회 현상을 비판적으로 이해하고, 민주 사회의 구성원으로서 책임 있는 태도와 능력을 기르며, 글로벌 시민으로서의 역할을 수행할 수 있도록 준비시키는 데 있다. 이러한 목적에 비추어 볼 때, 현재 우리의 사회 수업과 평가 방식이 이 목적을 얼마나 충실히 반영하고 있는지 성찰해 볼 필요가 있다. 이는 우리가 '무엇'을 '어떻게' 가르치는지에 대한 비판적 성찰을 요구하는 것이기도 하다.

첫째, 우리의 사회 수업은 여전히 교사 중심의 수업이 많이 이루어지고 있다. 이는 학생들이 사회적 맥락을 비판적으로 탐구하고 주도적으로 문제를 해결할 기회를 충분히 가지지 못하게 만든다. 수업에서 학생들은 종종 지식을 수동적으로 수집하고 분석하는 수준에 머물며, 비판적 사고와 창의적인 문제 해결 능력을 실제로 적용할 기회를 얻지 못한다. 이러한 수업 방식은 학생들에게 필요한 역량을 부분적으로만 길러주며, 사회 현상을 다각적으로 해석하고 문제 해결의 대안을 모색하는 과정에서 성장할 수 있는 가능성을 제한한다. 따라서 학생들이 탐구적 학습을 통해 현실의 문제를 깊이 이해하고 해결 방안을 모색할 수 있도록, 수업은 단순 지식 전달에서 벗어나 주체적 참여와 실제 문제 해결 경험을 확장하는 방향으로 전환될 필요가 있다. 이를 통해 학생들은 단순한 지식 습득자가 아닌 사회 문제를 능동적으로 분석하고 해결하는 학습자가 될 수 있다.

둘째, 평가 방식에서도 개선이 요구된다. 여전히 우리는 평가의 많은 비중이 지식의 암기나 필수적인 용어나 내용의 이해를 측정하기 위해 지필평가에 의존하고 있다. 그러나 사회 교육의 목적을 달성하기 위해서는 기본 지식의 기억과 관련 정보의 단순한 분석에 의존하는 평가가 아닌, 학생들이 실제로 사회 문제를 해결하고 다양한 관점을 비판적으로 분석할 수 있는 평가 도구와 과제가 활용되어야 한다. 즉, 평가 과정은 학생들이 사회 문제 해결을 위한 사고력을 기르고, 사회적 책임감을 갖추며, 창의적으로 협력하는 경험을 쌓는 과정이 되어야 한다. 이를 위해 프로젝트 기반 평가나 사례 연구 평가를 적극적으로 활용하는 것이 효과적이다. 이러한 평가 방식은 학생들이 실생활과 연계된 문제를 깊이 탐구하고, 이를 해결하는 과정에서 창의적이고 협력적인 사고를 기를 수 있도록 돕는다. 나아가, 학생들이 지역사회나 글로벌 맥락에서 직면한 문제를 실제로 해결하는 데 필요한 역량을 강화하며, 동시에 사회적 책임감을 함양하는 데 기여할 수 있다.

궁극적으로 사회 교육은 학생들이 빠르게 변화하는 현대 사회에서 주체적인 시민으로 성장할 수 있도록 돕는 역할을 해야 한다. 이를 위해 평가 과정 역시 단순한 성취 확인이 아니라, 학생들이 사회 문제를 비판적으로 사고하고, 창의적으로 해결하며, 공동체와 협력할 수 있는 실천적 학습의 장이 되어야 한다. 이러한 평가의 변화가 이루어질 때, 사회 교육은 단순한 교과 지식을 넘어 학생들이 실제 사회에서 능동적으로 참여하고 변화를 이끌어 나가는 힘을 기르는 데 기여할 수 있을 것이다.

나 사회과 교육목표와 핵심역량 및 인간상

1) 사회과 교육과정 설계의 개요(2022 개정 교육과정)

2022년 개정된 사회과 교육과정은 민주 사회의 시민으로서의 자질 함양을 핵심 목표로 삼고 있다. 이 교육과정은 지식과 이해, 과정 및 기능, 그리고 가치 및 태도라는 세 가지 핵심 요소를 중심으로 통합적으로 설계되었다. 이 구조를 통해 학생들은 사회생활에 필요한 기초 지식과 탐구 능력을 습득하고, 이를 바탕으로 사회 현상과 문제를 분석하는 능력을 키울 수 있다.

2022년 개정 사회과 교육과정의 구성은 모식도 [그림 Ⅳ-1]을 통해 시각적으로 표현되어 있으며, 이 중심에는 '시민의 자질 함양'이라는 교과의 목표가 위치해 있다. 이 모식도는 교과의 성격과 목표, 핵심 역량, 그리고 인간상과 밀접하게 연계되어 사회과 교육과정의 특성과 목표를 명확히 드러낸다. 지식과 이해, 과정 및 기능, 그리고 가치 및 태도라는 세 가지 주요 구성 요소가 통합적으로 제시되어 있다.

그림 Ⅳ-1 **사회과 교육과정 설계의 개요**

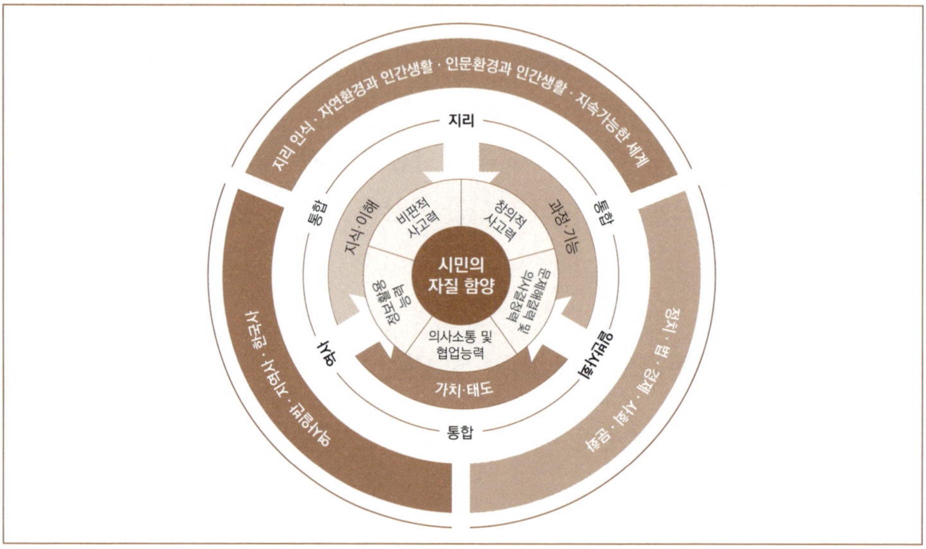

출처: 2022 개정 사회과 교육과정

지리, 역사, 사회라는 교과군은 각각의 영역에서 요구되는 학습 내용을 반영하며, 이들이 서로 상호작용하면서 학습의 깊이를 더한다. 각 교과와 연계된 주요 학습 주제들은 교육과정의 방향성을 명확히 보여준다. 또한, 사회교과의 주요 학습 내용과 핵심 역량(창의적 사고, 비판적 사고, 협력적 소통 역량 등), 인간상(자기주도적, 교양 있는 사람 등)이 긴밀히 연계되어 있음을 강조하며, 학생들이 지식을 습득하는 데 그치지 않고 실제 사회적 문제를 해결하고, 민주적이고 책임감 있는 시민으로 성장할 수 있도록 설계된 점을 보여준다.

2) 사회과 세부 목표와 핵심역량 · 인간상 연계하기

사회과 교육의 목표는 학생들이 현대 사회의 다양한 문제를 이해하고 비판적으로 접근하며, 이를 해결할 수 있는 능력과 태도를 함양하는 데 있다. 이를 실현하기 위해 사회과는 각 목표에 따라 핵심역량과 인간상을 연계하여 학생들이 전인적인 성장을 이룰 수 있도록 돕는다. 〈표 Ⅳ-1〉은 2022 개정 교육과정에서 제시한 사회과 세부 교육 목표가 핵심역량 및 인간상과 어떻게 연계될 수 있는지를 재구성한 것이다.

표 IV-1 **사회과 세부 교육 목표와 핵심 역량·인간상**

사회 교육 목표	핵심역량	인간상
(1) 사회의 여러 현상과 특성을 그 사회의 지리적 환경, 역사적 맥락, 정치·경제·사회적 제도 등과 관련지어 이해한다.	정보 활용 능력, 비판적 사고력	교양 있는 사람, 자기주도적인 사람
(2) 지표 공간의 자연환경 및 인문환경에 대한 이해를 통해 지역에 따른 인간 생활의 다양성과 역동성을 파악하고, 지역적, 국가적, 세계적 수준의 지리 문제와 쟁점에 관심을 갖는다.	창의적 사고력, 문제 해결력 및 의사 결정력	창의적인 사람, 더불어 사는 사람
(3) 역사 지식과 개념에 대한 이해를 바탕으로 과거 사람들이 각 시대의 사회구조와 상호 작용한 방식과 그 영향을 탐구함으로써 시대별 생활 모습을 파악한다.	비판적 사고력, 정보 활용 능력	교양 있는 사람, 자기주도적인 사람
(4) 사회생활에 관한 기본적 지식과 정치·법·경제·사회·문화 현상에 대한 기본적인 원리를 종합적으로 이해하고, 현대 사회의 성격 및 민주적 사회생활을 위하여 해결해야 할 여러 문제를 파악한다.	문제 해결력 및 의사 결정력, 의사소통 및 협업 능력	더불어 사는 사람, 창의적인 사람
(5) 인간과 사회현상을 파악하는 데 필요한 지식과 정보를 획득, 분석, 조직, 활용하는 능력을 기르며, 공동체 생활과 관련된 여러 문제를 합리적으로 해결하기 위한 탐구 능력, 의사 결정 능력 및 사회 참여 능력을 기른다.	정보 활용 능력, 문제 해결력 및 의사 결정력	자기주도적인 사람, 더불어 사는 사람
(6) 개인과 사회생활을 민주적으로 운영하고, 우리 사회가 당면한 문제들에 관심을 가지고 개인·지역사회·국가·세계적 차원에서 지속가능한 삶을 위해 적극적으로 노력하는 태도를 가진다.	의사소통 및 협업 능력, 창의적 사고력	더불어 사는 사람, 창의적인 사람

출처: 2022 개정 사회과 교육과정
위 표는 필자가 사회과 세부 교육 목표를 토대로
핵심역량 및 인간상을 연결하여 재구성한 것임.

학생들은 사회의 다양한 현상을 지리적, 역사적, 정치·경제·사회적 맥락과 관련지어 이해하며, 이를 통해 비판적으로 자료를 분석하고 깊이 있는 사고를 함양한다. 이러한 과정은 지식정보처리 역량과 비판적 사고력을 바탕으로 이루어지며, 학생들이 자기주도적인 사람과 교양 있는 사람으로 성장하는 것을 돕는다. 학생들은 사회적 맥락을 해석하는 능력을 키우면서, 이를 바탕으로 현대 사회의 다양한 이슈를 주도적으로 탐구하고, 이를 통해 폭넓은 문화적 소양과 문제 해결 역량을 기른다.

또한, 학생들은 지표 공간의 자연환경 및 인문환경을 이해하고, 지역적·글로벌 차원에서 환경적 쟁점과 문제를 창의적으로 해결할 방안을 모색한다. 이러한 학습은 창의적 사고력과 문제 해결력 및 의사 결정 능력을 요구하며, 학생들이 창의적인 사람과 더불어 사는 사람으로 성장하도록 돕는다. 학생들은 환경 문제를 다각도로 탐구하며, 문제 해결력과 의사 결정 능력을 바탕으로 지속 가능한 발전을 위한 협력적이고 창의적인 해결 방안을 모색한다. 또한, 지역적·글로벌 차원의 환경 이슈를 분석하고 실천 가능한 해결책을 구상하며, 창의적 사고력을 키운다.

학생들은 역사적 사고를 바탕으로 과거의 사건과 현재의 문제를 연결하며, 이를 통해 역사적 통찰력과 비판적 사고력을 키운다. 또한, 다양한 문화적 배경과 역사적 맥락을 이해하면서 정체성을 확립하고, 다문화 사회에서의 공존과 협력을 실천할 수 있는 태도를 함양한다. 이는 비판적 사고력과 정보 활용 능력을 요구하며, 학생들이 교양 있는 사람으로 성장하도록 돕는다. 역사적 맥락을 통해 학생들은 과거와 현재의 연결성을 이해하고, 이를 바탕으로 다양한 사회적·문화적 현상을 비판적으로 분석한다.

더 나아가 학생들은 정치·경제·사회적 시스템을 이해하는 기초 지식을 바탕으로 현대 사회의 구조와 민주적 가치의 의미를 탐구한다. 이를 통해 해결해야 할 다양한 사회 문제를 협력적으로 분석하고, 민주적 의사 결정 과정을 적용하여 해결 방안을 도출하는 경험을 쌓는다. 이 과정은 문제 해결력 및 의사 결정 능력과 의사소통 및 협업 능력을 바탕으로 이루어진다. 학생들은 타인과의 협력을 통해 공동체적 해결책을 도출하며, 더불어 사는 사람으로서의 역할을 수행한다. 민주적 가치를 실천하는 과정에서 학생들은 사회적 책임감과 공동체 의식을 함양한다.

마지막으로, 학생들은 개인적·사회적 문제를 해결하기 위해 데이터를 분석하고, 이를 바탕으로 합리적 의사 결정을 내리며 지속 가능한 사회를 만들기 위해 노력한다. 이러한 학습은 창의적 사고력과 협력적 소통 역량을 바탕으로 이루어지며, 학생들이 창의적인 사람과 더불어 사는 사람으로 성장하는 데 기여한다. 학생들은 글로벌 시민으로서의 책임감을 실천하며, 지역사회와 세계의 발전에 기여할 수 있는 역량을 키운다.

결론적으로, 사회과 교육은 설정한 목표 중심의 학습을 통해 핵심 역량과 인간상을 연계하며, 학생들이 현대 사회의 문제를 해결할 수 있는 비판적 사고력과 협력적 문제 해결 능력을 함양하도록 한다. 또한, 지속 가능한 미래를 위한 시민의 역할을 인식하고, 지역적·글로벌 차원에서 책임감 있는 실천을 할 수 있도록 돕는 데 중점을 둔다. 이러한 과정은 학생들의 전인적 성장을 촉진하며, 지역적·글로벌 차원에서 지속 가능한 미래를 만들어가는 데 필수적인 기반을 제공한다.

다 사회과 교육의 평가 목표

1) 평가 목표의 중요성

교육에서 평가 목표(objectives)의 명확성은 학습 방향을 설정하고, 효과적인 교수·학습 과정을 설계하는 데 필수적인 요소다. 또한, 평가 목표는 학습자의 성취를 명확히 진단할 수 있도록 하며, 학습 목표와 학습 결과를 유기적으로 연결하는 역할을 한다.

평가 목표가 명확할 때, 학생들은 학습해야 할 내용을 보다 구체적으로 이해할 수 있으며, 학습 과정이 목표와 일관되게 이루어질 가능성이 높다(Stiggins, 2001). 또한, 평가 목표의 명확성은 학생들의 개념적 이해를 심화시키고, 학습한 지식을 새로운 상황에 전이하는 능력을 향상시키는 데 기여한다(Wiggins & McTighe, 1998). 즉, 평가는 단순히 학생들의 성취도를 측정하는 수단이 아니라, 학습 과정에서 깊이 있는 사고를 유도하고 학습 목표를 효과적으로 달성하는 촉진제가 되어야 한다(Wiggins & McTighe, 1998). 따라서 평가 목표는 교사에게는 효과적인 교수·학습 활동을 설계하는 기준을 제공하고, 학생에게는 학습의 방향성과 기대하는 성취 수준을 명확히 제시하는 역할을 한다. 이를 통해 평가 목표는 교육 활동의 일관성을 유지하고, 학습의 효과성을 높이는 데 기여한다.

2) 평가 목표와 평가 기준의 필요성

우리나라 교육과정에서는 사회과 교육 목표가 명확히 제시되지만, 이를 실질적으로 구현하기 위한 평가 목표나 이를 측정할 평가 기준은 구체적으로 명시되지 않는다. 사회과 목표는 교육의 방향성과 철학을 제시해 주지만 이를 학습 현장에서 실질적으로 구현하려면 평가 목표가 반드시 필요하다. 즉, 사회과 교육과정에서 제시된 사회과 목표는 장기적이고 포괄적인 사회 교육의 방향성을 제공하는 목적(aims)에 해당하며, 평가 목표는 이를 구체적인 학습 목표(objectives)로 전환하여, 실제 교수·학습 과정에서 실현할 수 있도록 하는 역할을 한다.

평가 목표(objectives)는 학습 목표의 성취 여부를 평가하기 위한 기준을 설정하는 기반이 된다. 평가 목표는 학습자가 달성해야 할 구체적인 성과를 정의하고, 이에 따라 평가 기준(criterion)이 설정된다. 평가 기준(criterion)은 이러한 평가 목표를 구체적으로 측정하거나 판단할 수 있는 항목으로 학습 성과를 구체적으로 측정하고 목표 달성 여부를 구체적으로 판단할 수 있는 기준이 된다. 따라서 평가 목표와 유기적으로 연계된 평가 기준이 설정될 때, 학습자는 기대되는 성취 수준을 명확히 이해할 수 있으며, 교사는 보다 효과적인 교수·학습 활동을 설계할 수 있다. 이 둘이 유기적으로 연결될 때, 효과적인 교육과 평가가 가능해진다. 따라서 사회과 목표와 구체적인 학습 성과를 보여주는 평가 목표를 명확히 구분하고, 그 기준을 체계적으로 설정하는 작업이 필요하다. 이는 교육의 일관성과 학습 효과를 극대화하기 위한 필수적인 과정이다.

3) IB 평가 목표와 평가 기준의 일치

IB에서는 평가 목표와 평가 기준을 동일하게 설정하며, 이는 교사와 학생 모두에게 평가의 명확성과 일관성을 보장하는 중요한 장점이 된다. 이러한 평가 목표와 평가 기준의 일관성은 단순한 평가 도구 이상의 의미를 갖는다.

교사는 평가 목표와 기준이 동일할 때, 교육 목표와 평가 과정의 일관성을 유지할 수 있으며, 수업 설계와 평가의 효율성을 높일 수 있다. 또한, 명확한 기준을 바탕으로 평가의 일관성을 유지하고, 공정성과 객관성을 강화할 수 있다. 이는 평가의 신뢰성을 높이고, 교사가 평가 과정에서 보다 객관적이고 체계적인 판단을 내릴 수 있도록 돕기 때문에, 평가 전문성을 향상하는 데 기여한다.

학생들에게도 명확한 평가 기준은 학습 목표와 방향성을 명확히 인식하고, 이를 기반으로 자기 주도적인 학습 계획을 수립하며 학습 동기를 강화할 수 있는 기회를 제공한다. 또한, 구체적인 평가 기준과 피드백을 통해 학생들은 자신의 강점과 약점을 객관적으로 파악할 수 있으며, 이를 통해 평가 과정에 대한 신뢰감을 형성할 수 있다. 명확한 평가 기준과 피드백 제공 방식은 자기주도 학습을 촉진하고, 학습과 평가가 유기적으로 연결되도록 하여 교육의 효과를 극대화하는 데 기여한다. 그러나 이러한 평가 체계는 국내 교육과정에서 쉽게 찾아보기 어렵다. 특히, 2022 개정 교육과정에서는 평가 목표와 기준에 일관성이 미흡한 측면이 있으며, 평가 기준이 교사에게 위임되는 경우가 많아 평가의 신뢰성과 공정성을 보장하기 어렵다는 한계가 있다. 이러한 문제를 해결하기 위해서는 준거참조평가의 개념을 이해하고 이를 효과적으로 적용할 필요가 있다.

4) 준거참조평가: 학습 목표 중심의 평가 방법

준거참조평가(Criterion-Referenced Assessment)는 학생의 학업 성취도를 특정 학습 목표나 기준(준거)에 따라 평가하는 방식이다. 이 평가 방식은 학생들 간의 상대적인 비교보다 교육과정에서 설정한 성취기준을 얼마나 달성했는지를 판단하는 데 초점을 맞춘다. 여기서 학습 목표와 평가 기준을 구분하는 이유는 두 요소가 평가 과정에서 각각 다른 역할을 수행하기 때문이다. 학습 목표는 학생들이 학습을 통해 무엇을 성취해야 하는지에 대한 방향과 기대를 제시하며, 평가 기준은 이러한 목표가 얼마나 충족되었는지를 구체적으로 측정하고 판단할 수 있는 기준점을 제공한다.

준거참조평가는 학생들에게 명확한 학습 목표를 제시하고, 평가를 통해 학습 목표 달성 여부를 확인하며, 이를 통해 학습 개선과 피드백을 제공하는 중요한 평가 방식으로 간주된다. 이 평가 방식은 학생들이 무엇을 배우고 달성해야 하는지 명확히 이해하게 하고, 이를 바탕으로 학습 활동이 효과적으로 이루어질 수 있도록 돕는다. 또한, 학습 목표와 평가 기준을 명확히 구분함으로써 학생들에게 더욱 구체적이고 실질적인 피드백을 제공할 수 있다.

이 평가 방식은 절대 기준에 따라 이루어진다. 즉, 학습자가 설정된 성취기준을 어느 정도 충족했는지 평가하며, 학생들의 점수는 특정 기준을 기반으로 해석된다. 준거참조평가의 가장 큰 장점은 학습 목표와 평가 기준의 명확성을 통해 학생들에게 학습 방향을 제시한다는 점이다. 또한, 제시된 준거를 통해 학습자는 자신의 부족한 부분을 파악하고 자신의 학습을 보완하고 조절할 수 있다. 이 방식은 학생들 간의 경쟁이 아닌 개별 학생의 학습 목표 달성 여부에 초점을 맞추기 때문에 공정성과 객관성이 확보된다.

특히, IB(International Baccalaureate) 프로그램은 준거참조평가 방식을 활용하여 교과 목표와 평가 기준을 일치시키고, 세부 평가 기준(strands)을 통해 학습 성과를 체계적으로 평가한다. 이러한 접근은 학습자의 성취도를 명확히 평가하고 교육적 효과를 극대화하는 데 기여한다. 그러나 준거참조평가 방식에는 몇 가지 단점도 있다. 모든 학습 목표에 대해 구체적이고 타당한 평가 기준을 개발하는 데 많은 시간과 노력이 필요하다. 특히, 평가 기준이 지나치게 세분화되면 교사와 학생 모두에게 부담이 될 수 있으며, 평가 설계의 복잡성은 교사의 전문성에 크게 의존하게 된다.

2022 개정 교육과정은 성취기준에 따라 평가의 큰 틀을 제시하고 있으나, 평가 기준의 세부 설정은 교사에게 상당 부분 맡겨진다. 이로 인해 평가의 질이 교사의 전문성과 경험에 따라 다소 차이를 보일 수 있다. 이러한 특성은 교육과정이 평가의 방향성은 제시하지만, 교과별로 공통된 평가 체계를 충분히 마련하지 못한 데에서 비롯된 것으로 이해할 수 있다.

반면, IB MYP는 포괄적이고 공통적인 평가 기준을 제공하여 체계적인 평가 설계를 가능하게 한다. 물론 구체적인 평가 기준의 적용은 여전히 교사 개인의 재량에 달려 있지만, 공통된 틀이 존재함으로써 평가의 일관성과 신뢰성을 높일 수 있다는 점에서 차별화된다.

이를 종합해보면, 준거참조평가는 학습 목표와 평가를 긴밀히 연계하여 학습자의 성취를 객관적으로 평가하는 데 효과적인 도구이다. 이는 학습자에게 명확한 학습 방향성을 제공하고, 교사에게는 학습 과정을 지원하고 개선할 수 있는 기반을 마련한다. 특히 IB MYP의 사례에서처럼, 평가는 학업 성취를 판별하는 것

(assessment of learning)을 넘어서 학습을 지원하는 것(assessment for learning)에 중점을 두며, 더 깊은 사고와 성찰을 유도하는 학습 과정의 일부로 기능할 수 있다.

그러나 현재 국내 교육과정에서는 이러한 준거참조평가의 원리가 충분히 반영되지 않고 있으며, 평가 기준이 개별 교사의 재량에 맡겨지는 구조적 한계를 지닌다. 이는 평가의 일관성과 신뢰성을 확보하는 데 어려움을 초래할 수 있다. 따라서 공통된 평가 기준과 명확한 성취 수준에 대한 안내를 통해 평가의 질을 높이고, 평가가 학습을 이끄는 도구로서 효과적으로 작동할 수 있도록 체계적인 개선이 요구된다.

5) IB MYP 개인과 사회 교과군: 목표와 평가 기준의 유기적 연계와 학습 성취 지원

IB MYP의 '개인과 사회'는 교과 목표와 평가 기준의 유기적 연계를 강조하며, 이를 통해 학생들의 학습 성과를 체계적으로 평가할 수 있도록 설계되었다. 〈표 Ⅳ-2〉에 제시된 바와 같이 MYP의 교과 목표는 '알기 및 이해하기(Knowing and Understanding)', '조사하기(Investigating)', '의사소통하기(Communicating)', '비판적으로 사고하기(Thinking Critically)'로 구성되며, 이 네 가지 목표가 동일한 이름으로 평가 기준에도 반영된다. 목표와 평가 기준이 동일한 구조를 가지므로, 학생들의 학습 목표 달성도를 평가를 통해 명확히 확인할 수 있다.

표 Ⅳ-2 개인과 사회 교과군 목표

'개인과 사회' 평가 기준 (Criterion)
A 알기 및 이해하기 (Knowing and understanding)
학생들은 '개인과 사회'에 대한 사실적이고 개념적인 지식을 발전시킨다. '개인과 사회'의 목적을 달성하려면 학생들은 다음을 수행할 수 있어야 한다. i. 맥락에 맞는 용어를 사용한다. ii. 묘사, 설명 및 예시를 통해 과목별 내용과 개념에 대한 지식과 이해를 보여준다.

B 조사하기 (Investigating)
학생들은 인문학 및 사회 과학 분야와 관련된 체계적인 연구 기능 및 과정을 개발한다. 학생들은 독립으로 혹은 다른 사람들과 협력하여 조사하기 위한 성공적인 전략을 개발한다. '개인과 사회' 교과 목적을 달성하려면 학생들은 다음을 수행할 수 있어야 한다. i. 명확하고 초점이 분명한 연구 질문을 만들고 관련성을 정당화한다. ii. 연구 질문을 조사하기 위해 실행 계획을 수립하고 따른다. iii. 조사 방법을 사용하여 관련성 있는 정보를 수집하고 기록한다. iv. 조사 과정과 결과를 평가한다.
C 의사소통하기 (Communicating)
학생들은 다양한 매체와 형식을 사용하여 학습을 구조화하고 기록하고 소통하는 기능을 개발한다. '개인과 사회' 교과의 목적을 달성하기 위해 학생들은 다음을 할 수 있어야 한다. i. 청중과 목적에 적합한 스타일을 사용하여 정보와 아이디어를 전달한다. ii. 구체화된 형식에 적합한 방식으로 정보와 아이디어를 구조화한다. iii. 공인된 규칙을 사용하여 정보 출처를 문서화한다.
D 비판적으로 사고하기 (Thinking critically)
학생들은 개인과 사회 과목에 대한 이해와 조사 과정을 개발하고 적용하기 위해 비판적 사고 기능을 사용한다. 개인과 사회 과목의 목적을 달성하려면 학생들은 다음을 수행할 수 있어야 한다. i. 개념, 문제, 모델, 시각적 표현 및 이론에 대해 논의한다. ii. 타당한 논지를 형성하기 위해 정보를 종합한다. iii. 다양한 자료/데이터를 출처와 목적, 가치와 한계 측면에서 분석하고, 평가한다. iv. 다양한 관점과 그 함축적 의미를 해석한다.

출처: 강효선(2022). 교과 목표-평가의 유기적 연계 방안 탐색: IB 교육과정 중등 프로그램(MYP) '개인과 사회'를 중심으로. 교육과학연구, 24(1), 1-21.

IB MYP의 '개인과 사회' 평가 기준은 학생들의 지식 이해, 탐구 역량, 의사소통 능력, 비판적 사고력을 종합적으로 평가하는 데 초점을 맞춘다. '알기 및 이해하기'에서는 학생들이 개념적 및 사실적 지식을 얼마나 명확히 이해하고 있는지를 평가하며, 적절한 용어 사용과 논리적 조직 능력이 강조된다. '조사하기'는 연구 질문을 설정하고 적절한 탐구 방법을 선택하여 조사 과정과 결과를 체계적으로 기록하는 능력을 평가하며, 근거 기반의 분석과 논리적 사고력이 핵심 요소이다. '의사소통하기'는 학습한 내용을 효과적으로 전달하는 능력을 평가하며, 정보와 아이디어를 논리적으로 구조화하고 공인된 자료를 활용하여 신뢰성 있는 정보를 제공하는 것이 중요하다. 마지막으로, '비판적으로 사고하기'는 학생들이 다양한 시각에서 정보를 분석하고 평가하며, 모델, 사례 연구, 이론 등을 활용하여 논리적인 결론을 도출하는 능력을 평가한다. 또한, 맥락적 관점에서 데이터를 해석하고 가치와 편견을 분석하는 과정도 중요한 요소로 다뤄진다. 이러한 평가 기준은 학생들이 단순한 지식 습득을 넘어 탐구하고 분석하며, 논리적으로 사고하고 효과적으로 의사소통할 수 있도록 지원하는 데 중점을 둔다.

평가 문항은 교과 목표에 근거하여 설계되며, 목표와 평가가 밀접하게 연계됨으로써 학습자 중심의 평가를 실현하도록 지원한다. 또한, MYP는 평가 체계의 일관성을 유지하면서도, 교사들에게 자율성을 부여하여 각 학교와 지역의 학습자 요구를 반영한 평가 설계를 가능하게 한다. 공통된 기준이 존재하기 때문에 평가의 신뢰성을 유지할 수 있으며, 동시에 교사들은 창의적이고 유연한 평가 방식을 도입할 수 있다. 이는 학습과 평가가 개별 학습자의 필요에 맞게 조정될 수 있도록 하며, 평가와 학습의 유기적 연계를 더욱 강화하는 역할을 한다.

또한, MYP는 학년군별로 목표와 평가 기준을 세분화하여 학습의 위계성을 강조한다. Year 1, 3, 5의 각 학년군 목표는 학생들의 사고 수준이 단계적으로 심화되도록 구성되며, Bloom의 교육목표분류학에 따라 사용되는 수행 지시어가 이를 뒷받침한다. 예를 들어, '비판적으로 사고하기' 기준을 보면, 1년 차에서는 아이디어, 사건, 시각적 표현 또는 주장의 요점을 파악하는 수준에서 시작하여, 3년 차에는 개념과 문제를 분석하고 다양한 관점에서 결론을 도출하는 능력을 요구하며, 5년 차에 이르러서는 비판적 분석을 통해 논리적인 주장과 근거를 형성하고, 서로 다른 시각에서 제시된 정보 간의 관계를 도출하는 수준으로 발전한다. 이를 통해 학생들의 분석 능력이 점진적으로 확장될 수 있도록 설계된다. 또한, MYP의 평가 체계는 목표와 평가 기준을 긴밀하게 연결하여 학습의 일관성을 유지하며, 학생들이 명확한 평가 기준을 바탕으로 성취를 확인할 수 있도록 한다. 이러한 특징은 다른 교육과정과 비교할 때 중요한 차별점으로 작용한다.

6) IB MYP와 2022 개정 사회과 교육과정의 목표와 평가 연계 비교

2022 개정 사회과 교육과정은 교과 목표와 평가 기준의 연계성이 상대적으로 약한 구조를 가지고 있다. 앞서 살펴본 바와 같이 IB MYP가 목표와 평가를 동일

한 기준으로 설정하여 명확한 연계성을 확보하는 반면, 2022 개정 교육과정에서는 교사가 평가 기준을 개발하는 과정에서 상당한 재량권을 가지게 된다. 이러한 차이는 교과 목표와 평가 방식의 일관성 측면에서 두 교육과정 간의 중요한 비교 지점이 된다.

우선, 교과의 목표와 평가 기준의 일치성에서 차이가 두드러진다. MYP에서는 교과 목표와 평가 기준이 동일한 항목으로 구성되어, 목표 달성도를 평가를 통해 명확히 확인할 수 있다. 예를 들어, '알기 및 이해하기'라는 목표는 동일한 이름으로 평가 기준으로 사용되며, 목표와 평가가 완전히 일치한다. 반면, 국내 교육과정은 교과 목표와 평가 기준이 별도로 제시되며, 두 요소 간의 연계성이 명시적으로 제시되어 있지 않다. 교과 목표를 평가로 직접 연결하기보다는 교사의 해석과 판단을 통해 기준을 마련해야 하는 부분이 남아있다. 이는 목표와 평가 간의 긴밀한 연계를 확보하기 위해 보다 구체적인 지침이 필요하다는 것을 의미하기도 한다.

둘째, 수행 지시어를 체계적으로 사용하여 학습 위계성을 확보하는 것에 차이가 있다. MYP는 Year 1, 3, 5로 이어지는 학년군별 목표를 명확히 구분하고, Bloom의 교육목표분류학에 기반한 지시어를 활용하여 학습의 단계적 심화를 강조한다. 이를 통해 학생들은 학년이 올라갈수록 점점 더 고차원적인 사고를 요구하는 평가를 경험하게 된다. 반면, 국내 교육과정은 학년군별 성취기준은 존재하지만, 학습 목표의 위계적 심화보다는 학년군 내 목표 달성에 초점을 맞추고 있다. 따라서 학습의 단계적 발달을 보다 명확히 드러낼 수 있도록 지시어 사용의 체계화를 강화할 필요가 있다.

셋째, 평가 기준의 명세화 수준에서도 차이가 나타난다. MYP는 평가 기준을 세부영역(strands)으로 구체적으로 나누어, 각 기준을 정밀하게 측정할 수 있도록 설계한다. 반면, 2022 개정 교육과정은 구체적인 세부 사항이 부족하며, 교사가 평가 문항을 개발할 때 기준을 자율적으로 설정해야 하는 경우가 많다.

MYP는 목표와 평가의 긴밀한 연계를 통해 체계적인 학습과 평가를 강조하여 학생들의 성장과 발전을 지원한다. 국내 교육과정도 목표와 평가의 연계성이 보다 강화된다면 교육과정 운영의 체계성이 강화되고 학생들의 학습경험도 한층 풍부해질 것이다. 따라서 MYP의 설계 원리와 평가 기준의 구체화 방식은 우리나라 교육과정에서 목표와 평가의 연계성을 강화하는 데 중요한 시사점을 제공한다.

7) 2022 개정 사회과 교육과정에서 평가 목표/평가 기준 추출하기

사회과 교육과정에서 평가 목표를 추출하는 과정은 교육 목표와 평가 기준 간의 연계를 강화하고, 학습 성과를 명확히 평가하기 위해 필수적이다. 이를 위해 교육과정의 세부 목표와 학습 요소를 체계적으로 분석한 후, 구체적인 평가 기준으로 전환하는 절차가 필요하다. 이 과정은 평가의 일관성을 유지하면서도 교육 목표의 실질적인 적용 가능성을 높이는 역할을 한다. 이 과정은 포괄적이고 추상적으로 제시된 교과 역량(교과 소양, 학습 목표)을 명확하고 측정 가능한 평가 기준으로 변환하여, 학습과 평가의 일관성을 유지하는 데 핵심적인 역할을 한다.

아래의 〈표 Ⅳ-3〉은 평가 기준을 체계적으로 추출하는 단계를 도식화한 것으로, 사회과 교육과정에서 세부 목표를 평가 기준으로 변환하는 절차를 구체적으로 보여준다. 이는 연구와 실험을 통해 구성된 하나의 모델로, 학습 목표와 평가 기준 간의 연계를 명확히 하기 위한 실천적 접근을 제안한다.

표 IV-3 평가 기준 추출 단계

1. 교육과정 분석	사회과 교육과정에서 제시된 세부 목표와 학습 내용을 분석하여, 각 교과 주제가 학생들에게 요구하는 학습 성과를 파악한다. 이 단계에서는 교육 목표의 장기적인 방향성을 학습 현장에서 실질적으로 구현할 수 있는 구체적 요소로 분해한다.
⇩	
2. 지식·과정·기능 요소 식별	주제별 학습에서 강조되는 지식(knowledge), 과정(process), 기능(skills) 요소를 명확히 한다. 이 과정에서는 Bloom의 교육목표분류학에 따라 학습 목표를 행동 동사로 전환하고, 구체적 학습 성과를 정의한다.
⇩	
3. 평가 목표 설정	추출한 지식, 과정, 기능 요소를 바탕으로 위계적 구조를 가진 평가 목표를 설정한다. 예를 들어, '사회 현상을 이해하고 문제를 해결하는 능력'이라는 목표는 이해, 분석, 평가, 응용이라는 세부 요소로 구분된다.
⇩	
4. 세부 스트랜드 개발	각 평가 기준에서 측정할 구체적인 학습 성과를 스트랜드 형태로 작성하여, 평가의 구체성을 높이고 평가의 기준을 명확히 한다.
⇩	
5. 타당성 검토	설정한 평가 기준이 교육목표와 일치하고, 모든 학습자에게 공정하게 적용될 수 있는지를 검토한다.

첫 번째 단계에서는 사회과 교육과정에서 제시된 세부 목표를 분석하여 학생들이 학습해야 할 핵심 요소를 도출한다. 사회과 목표는 일반적으로 자질, 가치, 태도와 같은 포괄적 방향성을 제시하지만, 이를 학습 현장에서 실질적으로 적용하려면 구체적인 평가 기준으로 변환하는 과정이 필수적이다. 이 단계에서는 학생들에게 요구되는 지식(knowledge), 과정(process), 기능(skill)을 식별하고, 이를 기반으로 학습 성과를 명확히 정의한다. 예를 들어, '사회 현상을 이해하고 문제를 해결하는 능력'이라는 사회과 목표는 이해, 분석, 평가, 응용이라는 세부 요소로 구분할 수 있다.

두 번째 단계는 교육 목표에서 평가 가능하도록 변환할 수 있는 요소를 식별하는 것이다. 이 과정에서는 Bloom의 교육목표분류학에 기반하여 목표를 행동 동사로 전환하고, 학습 성과를 구체적으로 정의한다. 예를 들어, '사회 현상의 특성을 이해한다'라는 목표는 '핵심 개념을 자신의 언어로 정확하게 정의한다' 또는 '사회 현상의 배경과 맥락을 분석하여 이를 사례와 연결해 설명한다'와 같이 보다 구체적인 행동 동사와 학습 활동으로 전환된다.

세 번째 단계는 평가 기준을 설정하는 것이다. 평가 기준은 목표를 학습자의 인지적, 기능적 성취를 명확하고 측정 가능하게 제시되어야 한다.

네 번째 단계는 평가 기준을 세부 스트랜드로 세분화하여 각 기준을 구체적이고 단계적으로 적용할 수 있도록 하는 것이다. 세부 스트랜드는 학습자들이 단계적으로 사고의 수준을 심화할 수 있도록 구성되어야 한다. 이러한 세부 스트랜드는 평가의 구체성을 높이고, 교사가 학습자의 성취를 더욱 정확히 평가할 수 있도록 돕는다.

마지막으로, 설정한 평가 기준이 교육 목표와 학습 성과를 충분히 반영하고 있는지 검토하는 단계가 필요하다. 이 과정에서는 평가 기준이 모든 목표를 충분히 반영하고 있는지, 학습자의 발달 단계를 고려하여 평가가 명확히 가능한지, 그리고 실제 수업에서 쉽게 활용될 수 있는지를 점검해야 한다. 이러한 점검은 평가 기준의 타당성과 실용성을 높이는 데 필수적이다.

이와 같이 사회과 평가 기준을 추출하는 작업은 교육 목표를 실질적인 평가 기준으로 전환하여 학습과 평가의 연계를 체계적으로 구축하는 핵심 과정이다. 이를 통해 평가 기준은 학습 목표와 긴밀하게 연결되며, 평가의 신뢰성과 타당성을 높이는 데 기여한다. 위 단계를 체계적으로 적용하면, 교사들은 목표와 평가의 일관성을 유지하면서 학습자의 성취를 효과적으로 평가하기 위한 기준을 추출할 수 있다. 이를 통해 평가 기준은 교과 목표와 긴밀하게 연계되고 학습 현장에서 실질적으로 활용 가능한 체계적인 틀로 자리 잡을 수 있으며, 교육의 질과 학습 효과를 모두 향상시키는 데 기여할 것이다.

〈표 Ⅳ-4〉는 집필자가 2022 개정 교육과정의 사회과 목표를 기반으로 평가 기준을 추출한 사례이다. 이 사례는 앞서 제시한 평가 기준 추출 단계를 적용하여, 사회과 목표가 평가로 어떻게 변환될 수 있는지를 구체적으로 보여준다. 또한, 학습 목표와 평가 기준이 긴밀히 연결될 때 학습 성과를 보다 명확하게 측정할 수 있음을 시사한다.

표 Ⅳ-4 2022 개정 사회과 교육과정의 평가 기준 사례

사회과 교육 목표		평가 기준 추출
(1) 사회의 여러 현상과 특성을 그 사회의 지리적 환경, 역사적 맥락, 정치·경제·사회적 제도 등과 관련지어 이해한다. (2) 지표 공간의 자연환경 및 인문환경에 대한 이해를 통해 지역에 따른 인간 생활의 다양성과 역동성을 파악하고, 지역적, 국가적, 세계적 수준의 지리 문제와 쟁점에 관심을 갖는다. (3) 역사 지식과 개념에 대한 이해를 바탕으로 과거 사람들이 각 시대의 사회구조와 상호 작용한 방식과 그 영향을 탐구함으로써 시대별 생활 모습을 파악한다. (4) 사회생활에 관한 기본적 지식과 정치·법·경제·사회·문화 현상에 대한 기본적인 원리를 종합적으로 이해하고, 현대 사회의 성격 및 민주적 사회생활을 위하여 해결해야 할 여러 문제를 파악한다.	⇨	**A. 이해하기** ⅰ 맥락에 맞는 다양한 용어를 사용하여 개념에 대한 이해를 표현한다. ⅱ 제공된 자료에서 중요한 정보를 구분하고 그것이 주제와 어떻게 연결되는지 파악한다. ⅲ 사회 현상의 배경과 맥락을 분석하여 이를 사례와 연결해 설명한다. **B. 분석하기** ⅰ 사건의 원인과 결과를 나열하고, 주요 관계를 설명한다. ⅱ 다양한 자료(지도, 그래프, 통계 등)를 분석하여 주요 특징과 추세를 해석한다. ⅲ 정보의 신뢰성을 평가하고, 그것의 가치와 한계를 검토한다.(평가한다. 판단한다.) **C. 평가하기** ⅰ 사회적 문제의 중요성을 판단하고, 주요 쟁점을 분석한다. ⅱ 분석을 통해 발견된 문제에 대해 실현 가능한 해결책을 제안한다.

(5) 인간과 사회현상을 파악하는 데 필요한 지식과 정보를 획득, 분석, 조직, 활용하는 능력을 기르며, 공동체 생활과 관련된 여러 문제를 합리적으로 해결하기 위한 탐구 능력, 의사 결정 능력 및 사회 참여 능력을 기른다.
(6) 개인과 사회생활을 민주적으로 운영하고, 우리 사회가 당면한 문제들에 관심을 가지고 개인·지역사회·국가·세계적 차원에서 지속가능한 삶을 위해 적극적으로 노력하는 태도를 가진다.

iii 다양한 관점을 바탕으로 자신의 의견을 정당화하고 논리적으로 표현한다.

D. 응용하기

i 학습한 개념을 새로운 상황에 적용하여 문제를 해결한다.
ii 사회 문제에 대해 정보에 기반한 논리적인 의견을 형성하고 이를 명확히 전달한다. (표현한다.)
iii 선택한 주제에 대해 연구하고, 체계적인 과정을 통해 탐구한다.

저자가 사회과 교육목표에서 추출한 평가 기준의 '예'이다.

이와 같이 사회과 평가 기준을 추출하는 과정은 교육 목표를 명확하고 측정 가능한 평가 기준으로 변환하여, 학습과 평가가 일관되게 연결될 수 있도록 하는 중요한 과정이다. 이 단계를 체계적으로 적용하면, 교사들은 교과 목표와 평가를 일관되게 연계할 수 있으며, 학습자의 성취를 보다 구체적이고 객관적으로 평가하는 기준을 마련할 수 있다. 또한, 이러한 기준을 활용하면 평가의 신뢰성을 높이고, 학생들에게 명확한 학습 방향을 제시할 수 있다. 이러한 사례는 교육과정과 평가 설계의 이론적 근거를 반영하여, 학습 현장에서 실질적으로 적용할 수 있는 평가 모델을 제시한다. 특히, Bloom의 교육목표분류학과 준거참조평가의 원칙을 기반으로 설계되었으며, 이를 통해 평가의 명확성과 일관성을 확보할 수 있다.

02 사회과 개념 기반 단원 설계의 예시

가 사회 교과에서 '개념'을 중심으로 가르치기

2022년 개정 교육과정의 사회과 교육과정은 학생들이 학습할 필요가 있는 핵심 아이디어를 바탕으로 각 학년과 학교급에 맞는 내용을 제시한다. 성취기준은 지식과 이해, 과정과 기능, 그리고 가치와 태도를 통합하여 학생들이 사회과 역량을 함양할 수 있도록 설계되었다. 교수·학습 및 평가는 이러한 내용을 교육과정에 효과적으로 통합하고 수업 운영 및 평가에 반영하도록 지원한다.

한편, 개념 기반 교육과정은 학생들이 사실을 단순히 외우는 것이 아니라, 개념적 이해를 통해 새로운 상황에 지식을 적용할 수 있도록 한다. 이러한 교육과정은 학문적 지식을 학생들이 이미 알고 있는 배경지식과 연결하고, 추상적이고 시간적, 공간적 제약을 초월하는 가치 있는 개념을 통해 깊이 있는 학습을 장려한다. 학생들은 중요한 개념을 통해 더 높은 수준의 사고를 개발하고, 복잡한 글로벌 이슈를 분석하며, 학문 간 연결을 통해 지식을 전이시키는 방법을 배우게 된다. 이 과정은 학생들이 문제를 해결하고 자신의 학습에 의미와 관련성을 부여하는 데 중요하며, 학습의 동기를 높이고 교육과정 전반에 걸쳐 일관성을 제공한다.

예를 들어, 지리교과에서 '세계화', '세계적 상호작용', '공정'이라는 개념을 다룬다면 세계화가 자연환경에 미치는 영향, 세계적 상호작용을 통한 문화적 교류의 지리적 패턴, 그리고 자원 분배와 관련된 공정성 이슈를 다룰 수 있다. 한편, 경제교과에서는 이러한 개념들이 경제 시스템 내에서 어떻게 작동하는지 분석할 수 있다. 세계화가 글로벌 경제에 미치는 영향, 세계적 상호작용을 통한 경제 통합의 동인과 결과, 그리고 경제적 공정성을 확보하기 위한 정책과 전략을 탐구할 수 있다.

개념을 기반으로 한 수업은 단순히 정보를 습득하는 것을 넘어서 학문 간의 연결고리를 통해 복잡한 세계 현상을 종합적으로 분석하고 해석하는 능력을 키우는 데 중점을 둔다. 이러한 접근 방식은 학생들이 각 개념을 다양한 학문적 맥락에서 이해하고, 세계적 이슈에 대한 통합적이고 비판적인 시각을 개발하는 데 도움을 준다. 따라서 개념을 기반으로 한 학습은 교과의 폭과 깊이를 확장하고, 습득한 지식과 기능을 다른 교과와 실제 상황에 전이하고 적용할 수 있도록 돕는 중요한 역할을 한다.

나 개념 기반 유닛 계획하기: 깊이 있는 학습 설계

개념기반 유닛을 계획하는 것은 광범위한 학문적 지식과 연결되는 핵심 개념을 통해 학습자들이 깊이 있는 이해를 습득할 수 있도록 수업을 설계하는 데 필수적인 과정이다. 교사는 유닛의 목적을 분명히 하고 탐구를 통한 교수학습 과정을 구축함으로써 효과적인 학습이 일어나도록 돕는다. 학습 목적이 명확한 수업 설계는 학습자의 사고를 발전시키고, 개념을 기반으로 한 탐구를 통해 다양한 맥락을 고려하며 실제 생활과 연결 짓는다. 이를 통해 학습자는 자기 주도적으로 학습 내용을 심화할 수 있는 경험을 하게 된다.

먼저 '탐구' 단계에서 학생들은 다양한 환경에서 개념을 탐구한다. 학생들은 핵심 개념과 관련된 지식을 창의적으로 탐구할 기회를 갖게 된다. 교사는 학생들이 사실, 개념, 절차적 지식을 연결하도록 지원하는 다양한 교수 전략을 사용한다. 이 과정에서 교사는 학생들의 이해를 극대화하기 위해 필요한 지식과 기술, 그리고 태도를 명확히 제시하고 이를 기반으로 학습 활동을 구성한다.

두 번째 '실행' 단계에서 학생들은 실제 세계의 문제 해결을 위한 다양한 학습 경험을 통해 지식을 적용해 본다. 교사는 학생들이 이미 알고 있는 지식을 바탕으로 새로운 정보와 경험을 통합할 수 있도록 지원한다. 또한 학생들에게 실질적인 문제 해결 기회를 제공하며, 이를 통해 학생들이 자신의 학습을 주도하고 창의적이고 비판적인 사고를 발전시킬 수 있도록 적극적으로 격려한다. 학습 과정 중에는 구체적이고 실질적인 피드백을 제공하여 학생 스스로 학습 방향을 조정할 수 있는 기회를 제공한다.

'성찰' 단계에서는 학습 과정과 결과에 대한 깊이 있는 반성을 통해 학습의 의미와 학생들의 성장을 되돌아본다. 교사는 학습자의 발전과 성취를 지원하기 위한 구체적인 피드백을 제공하며, 학습 과정에서 발생한 다양한 경험을 통합하여 평가한다. 이 단계에서 교사는 학생들의 학습 과정과 관련된 데이터를 분석하여 학습의 효과를 극대화하고, 학생들의 동기 부여 및 학습 참여를 증진시키는 전략을 개발한다.

각 단계는 학생들이 개념을 심도 있게 이해하고, 다양한 맥락에서 그 개념을 적용해 볼 수 있는 기회를 제공함으로써, 교육의 질을 높이고 학습자의 평생 학습 능력을 향상시키는 것을 목표로 한다. 이러한 접근은 학습자가 자신의 학습 과정을 스스로 평가하고 조절할 수 있는 능력을 개발하는 데에도 중요한 역할을 한다.

다 2022 개정 교육과정의 '단원'과 IB MYP '유닛'의 차이점

2022 개정 교육과정에서의 '단원'과 IB MYP의 '유닛'은 학습 목표의 제시, 내용의 구성, 탐구 방식에서 중요한 차이를 보인다. 아래는 이 두 단원의 차이점을 구체적으로 분석한 내용이다.

1) 단원 설계의 관점 차이

2022 개정 교육과정과 IB MYP는 학습 목표의 설정 방식과 단원의 구조적 설계에서 차이를 보이며, 이는 교수·학습 활동과 평가 방식에도 영향을 미친다. 2022 개정 교육과정의 내용체계표는 지식, 과정, 태도를 명확히 구분하여 학습 내용을 제시하며, 성취기준을 기반으로 학생들이 학습해야 할 구체적인 요소와 수행 활동을 설정한다. 이는 학습 요소의 전달과 기능 습득에 초점을 맞추어 교사 주도의 학습 환경을 제공하는 특징을 지닌다. 반면, IB MYP는 개념적 이해와 탐구를 중심으로 설계되어 주요 개념(Key Concept)과 관련 개념(Related Concept)을 통해 학습 내용을 구조화한다. 이 과정에서 탐구 질문과 글로벌 맥락(Global Context)을 활용해 학습자 중심의 탐구와 학문 간 통합적 사고를 장려한다. 특히, 학습자들이 지식 전이를 통해 개념적 사고력을 발달시키고, 실질적인 문제 해결 능력을 배양하는 것을 목표로 한다는 점에서 차별성을 보인다.

2) 학습 목표와 평가 기준

2022 개정 교육과정은 핵심 아이디어와 성취기준을 중심으로 학습의 목표를 설정하며, 학습자들이 습득해야 할 지식과 기능을 기술한다. 학습 목표와 평가 기

준이 별도로 제시되며, 평가 목표는 교사가 성취기준을 기반으로 자체적으로 설계해야 하는 부담이 있다. 이러한 구조는 목표와 평가의 일치성이 약하고, 평가 설계의 일관성이 부족할 수 있다는 한계를 보인다. 반면, IB MYP는 학습 목표(Objectives)와 평가 기준(Criteria)이 동일한 구조로 설계되어 목표-평가 간 유기적 연계를 제공한다. '알기 및 이해하기', '조사하기', '의사소통하기', '비판적으로 사고하기'로 구성된 학습 목표는 평가 기준과 일치하며, 이를 통해 학습자들의 목표 달성도를 명확히 측정할 수 있다. 또한, 평가 기준은 세분화된 스트랜드(strands)를 포함해 학습의 체계성과 구체성을 강화한다.

3) 주요 개념과 학습 내용의 조직 방식

2022 개정 교육과정 내용체계표에 제시된 학습 내용은 주제 중심으로 구성되며, 특정 단원에서 다루는 학습 범위를 구체적으로 기술한다. 이 과정에서 장소성, 지속 가능성, 세계적 관점과 같은 주제별 학습 내용을 분류하지만, 학습 내용이 개념적 틀로 조직되지 않고 주제의 나열에 그친다는 한계를 보인다. 반면, IB MYP는 주요 개념(Key Concept)과 관련 개념(Related Concept)을 기반으로 학습 내용을 조직한다. 예를 들어, '지속 가능성(Sustainability)'과 같은 주요 개념은 관련 개념인 '시간, 장소와 공간', '세계화' 등과 연결되며, 학습자들이 개념 중심의 사고를 통해 학문 간 통합적 접근을 할 수 있도록 돕는다. 이를 통해 학습 내용은 특정 주제를 넘어서 보다 폭넓은 사고와 이해로 확장될 수 있다.

4) 탐구 활동과 질문

2022 개정 교육과정은 지리적 질문 생성, 자료 수집과 분석, 문제 해결 방안 제시와 같은 탐구 활동을 명시적으로 포함하지만, 이러한 활동이 학습 과정의 특정 부분에만 국한될 가능성이 있다. 반면, IB MYP는 탐구 질문을 사실적 질문(Factual Questions), 개념적 질문(Conceptual Questions), 논쟁적 질문(Debatable Questions)으로 구성된 질문의 틀을 제공하여 교사들이 학생들의 사고 수준을 단계적으로 심화시킬 수 있도록 돕는다. 이러한 질문 구조는 단순히 학습 내용을 이해하고 기억하는 것을 넘어, 문제를 분석하고 비판적으로 사고하며 창의적인

해결책을 제시할 수 있도록 유도한다. 탐구 활동은 학습자의 능동적인 참여를 촉진하며, 학습 목표와 평가 기준과도 긴밀히 연결된다.

5) 실생활 연계

2022 개정 교육과정은 지속 가능성과 같은 글로벌 이슈를 학습 내용에 포함하며, 학생들에게 실천적 태도를 기르는 데 중점을 둔다. 그러나 글로벌 맥락과 학습 내용의 구체적인 연결성이 부족하며, 실생활 문제와의 깊이 있는 연계도 제한적이다. 반면, IB MYP는 글로벌 맥락을 학습 유닛의 필수 구성 요소로 포함한다. 예를 들어, '세계화와 지속 가능성', '공동체와 관계'와 같은 글로벌 맥락은 학습 내용을 실질적이고 현실적인 문제와 연결하며, 학생들에게 학습의 의미와 방향성을 제공한다. 이로써 학습자들은 실생활의 복잡한 문제를 이해하고 해결하는 데 필요한 사고력과 실천력을 발달시킬 수 있다.

이상의 다섯 가지는 2022 개정 교육과정과 IB MYP의 근본적인 차이를 구체적으로 보여준다. IB MYP는 개념 중심의 학습과 평가를 통해 학습자들이 실생활과 연계된 문제를 탐구하도록 유도하며, 2022 개정 교육과정은 주제 중심의 명시적 학습 목표를 통해 구체적인 지식과 기능을 습득하도록 설계되었다.

라 2022 개정 교육과정의 핵심 아이디어로 유닛 설계하기

〈표 Ⅳ-5〉는 사회과 교육과정에 따라 핵심 아이디어와 성취기준을 중심으로 한 단원 설계를 보여준다. 이 접근법은 특정 핵심 아이디어를 중심으로 교육 내용을 구성하며, 학습 목표가 구체적인 지식과 이해, 기술 습득에 중점을 둔다. 각 성취기준은 학생들이 달성해야 할 구체적인 학습 결과를 명시하여, 교사가 그에 따른 수업 계획을 세울 수 있도록 지원한다.

이 유닛 설계에서 학습 내용은 사회과의 광범위한 주제를 더 세분화하여 각 주제에 대한 학생들의 이해를 증진시키는 데 초점을 맞춘다. 핵심 아이디어 기반 유닛은 교육과정의 구체적인 지침에 따라 학습 목표를 명확히 하고, 주어진 성취기준을 중심으로 구현된다.

표 IV-5 **사회과 교육과정 핵심 아이디어에 기반한 유닛 설계**

<table>
<tr><th>유닛명</th><td colspan="2">기후는 우리에게 어떠한 영향을 미치는가</td><th>학교급/학년</th><td>중/1</td></tr>
<tr><th>핵심 아이디어 (2022 개정 교육과정)</th><td colspan="4">• 지표상에 분포하는 모든 사건과 현상은 절대적, 상대적 위치와 다양한 규모의 영역을 차지한다. (1) 지리 인식
• 장소는 다른 장소와 차별되는 자연적·인문적 성격을 지니며, 특정 장소에 따른 장소감은 개인이나 집단에 따라 다양하다. (1) 지리 인식
• 지표상에는 다양한 기후 특성이 나타나며, 기후 환경은 특정 지역의 생활양식에 중요하게 작용한다. (2) 자연과 인간생활
• 조화를 이루며 살아가려는 인간의 신념 및 활동은 지구환경의 지속가능성을 가능하게 한다. (4) 지속가능한 세계</td></tr>
<tr><th>성취기준</th><td colspan="4">[9사(지리)01-01] 세계 여러 지역의 특성을 해당 지역의 위치와 자연·인문환경을 고려하여 추론한다.
[9사(지리)01-03] 세계의 변화가 지역에 영향을 미치고 지역의 변화가 세계에 영향을 미치는 사례를 조사한다.
[9사(지리)12-02] 지역 개발과 환경 보존을 둘러싼 글로컬 환경 이슈에 관심을 가지고 자신의 웰빙 및 공동체의 지속가능한 발전을 위해 참여하고 실천한다.</td></tr>
<tr><th rowspan="2">범주</th><th>지식·이해</th><th colspan="2">과정·기능</th><th>가치·태도</th></tr>
<tr><td>• 장소감과 장소성
• 다양한 스케일에서의 지역 간 연계와 상호 작용
• 지역의 문제와 발전 전망
• 다양한 지리 정보와 매체 분석 및 활용
• 기후 변화에 대한 지역별 대응 노력
• 글로컬 환경 이슈 및 지속가능한 발전
• 세계 각 지역의 기후 특성</td><td colspan="2">• 지리적 질문이나 주제에 적합한 데이터, 지리 정보를 수집하고 비교 분석하기
• 다양한 지리 정보와 매체를 활용하여 지리적 시각화하기
• 지도상에서 세계와 우리나라의 주요 자연환경 요소의 위치 파악하기
• 지리적 문제 해결 방안과 실천 방안 모색하기
• 지도상에서 세계와 우리나라의 주요 인문환경 요소 위치 파악하기
• 각 지역의 인문환경과 주민 생활 간 상호연계성 파악하기</td><td>• 세계와 우리나라 여러 지역에 대한 인식과 호기심
• 세계와 우리나라 여러 지역 및 장소에 대한 자신의 인식과 감정, 관점에 대한 성찰
• 세계와 우리나라에서 벌어지는 다양한 지역 이슈에 대한 관심과 참여
• 세계와 우리나라의 자연경관에 대한 호기심과 소중히 여기는 태도
• 자연환경 보호 활동의 참여 및 실천
• 기후 변화 문제 해결을 위한 생활 속 실천과 참여</td></tr>
</table>

		• 다양한 데이터 및 시사 자료를 활용하여 지역의 특성, 당면 과제와 지역의 변화 추론하기 • 자연환경과 인간 생활 간 상호 연계성 파악하기	• 지리적 문제 해결을 위한 지리적 상상력 • 환경 문제의 심각성 인식 및 지속가능한 미래를 위한 생태 감수성 • 지역, 국가, 세계 수준에서 지역문제 해결 및 지속가능한 발전을 위해 참여하고 실천하는 태도

마 개념 기반 유닛 설계: 재구조화된 핵심 아이디어 활용

〈표 Ⅳ-5〉가 사회과 교육과정 핵심 아이디어에 기반한 유닛 설계라면, 〈표 Ⅳ-6〉은 핵심 아이디어를 개념기반 유닛으로 재구조화하여 설계한 예시이다. 이 방식은 핵심 개념들을 중심으로 학습 내용을 구성하며, 학생들이 실제적 맥락에서 개념을 탐구하고 연결고리를 이해할 수 있도록 설계되었다. 이러한 접근은 학생들이 실제 세계 문제에 적용할 수 있는 비판적 사고와 문제 해결 능력을 개발하는 데 중점을 둔다.

개념 기반 유닛 설계는 개념적 이해, 탐구 기반 학습, 간학문적 접근을 강조하며 학생들이 지식을 통합적으로 적용하는 데 필요한 근거를 마련하는 데 중점을 둔다. 이러한 학습과정은 학생들은 개념의 이해와 이 개념이 다양한 사회 현상과 어떻게 연결되는지를 탐구하며, 개념을 다른 맥락에서 적용해 보는 기회를 가짐으로써 복잡한 세계를 보다 깊이 있고 비판적으로 바라볼 수 있게 한다.

표 IV-6 개념기반 유닛 설계: 재구조화된 핵심 아이디어 활용

<table>
<tr><td rowspan="3">유닛의 성격</td><td colspan="4">기후 지역의 위치와 특성을 이해하고, 이로 인한 생활 양식의 차이를 파악하는 것은 지리적 사고의 기초이다. 또한 시간, 장소, 공간이 생활 양식에 미치는 영향을 분석하고, 지속 가능성의 중요성을 탐구하는 과정을 통해 학생들은 지리적 사고를 발전시킬 수 있다. 나아가, 세계화가 지역의 자연환경과 생활 양식에 미친 영향을 살펴보면서, 우리는 세계화로 인해 지속 가능성과 관련된 과제에 직면하게 되며, 이를 해결하기 위한 다양한 접근 방식을 탐구할 수 있다.
이 유닛의 목표는 학생들이 기후에 따른 자연환경과 인간 생활 양식의 특징을 이해하는 것을 바탕으로, 세계화 속에서 지속 가능성 문제를 깊이 탐구하고 생태적 관점에서 해결 방안을 모색하도록 돕는 것이다. 이 과정을 통해 학생들은 지리학이 단순한 지식 습득을 넘어, 현대 사회의 중요한 문제를 이해하고 해결하는 데 어떻게 기여할 수 있는지 탐구하게 된다. 더불어, 학생들은 지리적 사고를 통해 더 넓은 세계를 이해하고, 자신이 속한 지역과 세계의 지속 가능한 발전을 위해 어떤 역할을 할 수 있는지 성찰하고 탐색하는 기회를 가지게 될 것이다.

• 개념적 렌즈
시간, 장소와 공간: 학생들은 절대적 및 상대적 위치를 고려하여 다양한 기후 특성이 어떻게 지역의 생활양식과 인문환경에 영향을 미치는지 분석한다. 이는 시간에 따라 변화하는 지형과 기후가 인간 활동에 미치는 영향을 이해하는 데 중요하다.
지속가능성: 기후 변화와 지역 개발이 자연환경과 인간 사회에 미치는 영향을 평가하면서 학생들은 지속가능한 세계를 유지하기 위한 조화로운 삶의 방식과 실천을 탐구한다.</td></tr>
<tr><td colspan="2">주요 개념</td><td>관련 개념</td><td>실제적 맥락</td></tr>
<tr><td colspan="2">시간, 장소와 공간</td><td>지속가능성</td><td>세계화와 지속가능성
(인간이 환경에 미친 영향)</td></tr>
<tr><td rowspan="2">재구조화된 핵심 아이디어</td><td>개념적 이해</td><td colspan="3">시간, 장소와 공간에 따라 다르게 나타나는 기후가 특정 지역의 자연환경과 생활양식에 미치는 영향을 분석하고 세계화가 기후 지역에 미치는 영향을 지속가능성 측면에서 평가한다.</td></tr>
<tr><td>탐구 진술</td><td colspan="3">인간의 생활방식은 시간, 장소와 공간에 따라 다르게 나타나며 세계화는 이러한 생활양식의 지속가능성에 영향을 미친다.</td></tr>
</table>

탐구 질문	사실적 질문	• 다양한 기후 지역은 어디에 위치하고 있는가? 특정 기후가 동식물의 분포에 어떻게 영향을 미치는가? • 각 기후 지역의 전통적인 생활양식은 무엇이며, 시간이 지남에 따라 어떻게 변화했는가?
	개념적 질문	• 지속가능성이란 무엇이며 그것은 왜 중요한가? • 인간의 생활양식의 변화에 영향을 미치는 과정에서 시간과 공간은 어떻게 상호작용하는가?
	논쟁적 질문	• 세계화는 우리의 생활의 지속가능성을 강화하는가 또는 지속불가능성을 강화하는가?

여기서 활용된 주요 개념, 관련 개념, 실제적 맥락은 IB MYP의 주요 개념, 관련 개념, 세계적 맥락을 가져옴.

1) 유닛 구조화 '유닛 그물'

[그림 Ⅳ-2]에 나타난 유닛 그물은 유닛의 개념적 이해를 4개의 주요 영역(기후, 문화, 경제, 생태 및 지속가능성)으로 분류하여 각 영역이 학생들이 어떻게 기후의 역할을 이해하고 현실 세계의 문제에 적용할 수 있는지 설명하고 있다. 이는 학생들이 주제를 다각도로 이해하고, 서로 다른 측면에서 탐구할 수 있는 기반을 제공한다.

그림 IV-2 유닛의 개념적 이해를 4개의 영역별로 나타낸 유닛 그물

다양한 기후 지역은 어디에 위치하고 있는가

- 마이크로 개념: 기후, 지리적 위치, 분포
- 지식(K)
  - 세계 기후 지역의 위치와 분포
  - 각 기후 지역의 특징(기온과 강수량을 중심으로)
- 이해(U)
  - 특정 기후 요인은 다양한 지역의 기후에 영향을 미치며, 그로 인해 각 지역의 기후가 서로 다른 특징을 나타내게 된다.
- 실행(D)
  - 기후 그래프와 사진, 지도 등을 토대로 특정 기후 지역의 특성을 비교하는 시각 자료를 분석하고 표현할 수 있다.

마이크로 일반화: 기후는 지리적 위치에 따라 다르게 나타난다.

각 기후 환경이 지역 사람들의 생활에 어떠한 영향을 미치는가?

- 마이크로 개념: 적응, 극복, 생활 방식
- 지식(K)
  - 사람들이 전통적으로 기후에 적응해 온 생활 방식
  - 기술의 발전 등을 통해 사람들이 기후를 극복한 생활 방식
- 이해(U)
  - 사람들은 기후에 적응하거나 극복하기 위해 생활 방식을 어떻게 변화시키는지 이해한다.
- 실행(D)
  - 기후 환경이 인간 생활 방식에 미치는 영향을 평가하고, 그 결과를 바탕으로 논리적인 설명을 구성할 수 있다.

마이크로 일반화: 기후는 인간의 생활방식에 큰 영향을 미치며, 사람들은 기후조건에 적응하거나 극복하기 위해 생활방식을 변화시킨다.

유닛제목 및 개념 렌즈

- 유닛제목: 기후는 우리에게 어떠한 영향을 미치는가
- 핵심 개념: 시간, 장소와 공간
- 관련 개념: 지속가능성

UI (포괄적인 일반화)

인간의 생활방식은 시간, 장소와 공간에 따라 다르게 나타나며 세계화는 이러한 생활방식의 지속가능성에 영향을 미친다.

기후가 동식물의 분포에 어떠한 영향을 미치는가?

- 마이크로 개념: 동식물의 상호작용, 적응, 패턴
- 지식(K)
  - 기후 지역에 서식하는 동식물의 종류와 특징
  - 특정 동식물이 기후 지역에 적응하는 방식
- 이해(U)
  - 특정 기후 조건이 특정 동식물의 분포와 적응을 결정하는 이유를 이해한다.
- 실행(D)
  - 지도와 사진과 같은 시각 자료를 활용하여 유사한 동식물의 분포 패턴을 파악하고, 이를 기후 조건과 연관 지어 분석할 수 있다.

마이크로 일반화: 특정 기후 조건은 동식물의 분포에 직접적인 영향을 미친다.

세계화로 인해 각 기후 지역은 어떻게 변화하고 있는가? 이들 지역은 지속가능한가?

- 마이크로 개념: 세계화, 지속가능성
- 지식(K)
  - 각 기후 지역의 자연 환경 특성에 따른 지속가능성 이슈 (물, 에너지, 생물 다양성, 농업 방식 등)
- 이해(U)
  - 세계화가 특정 기후 지역의 지속가능성에 미친 긍정적/부정적 영향
- 실행(D)
  - 각 기후 지역에서 진행되는 인간 활동이 지속가능성에 미치는 영향을 사례를 통해 분석할 수 있다.

마이크로 일반화: 세계화는 자연환경과 인간 생활에 여러 변화를 일으키며, 이는 생태계의 균형과 지속가능성에 영향을 미친다.

2) 탐구 진술에 따른 총괄평가 과제 개발하기

표 IV-7 **개념기반 유닛에서 총괄 평가 과제와 평가 기준 탐구 진술 연계하기**

평가 기준	총괄평가 과제 개발	탐구 진술과 총괄평가의 관련성
A. 이해하기 ⅰ 맥락에 맞는 다양한 용어를 사용하여 개념에 대한 이해를 표현한다. ⅱ 제공된 자료에서 중요한 정보를 구분하고 그것이 주제와 어떻게 연결되는지 파악한다. ⅲ 사회 현상의 배경과 맥락을 분석하여 이를 사례와 연결해 설명한다. **B. 분석하기** ⅰ 사건의 원인과 결과를 나열하고, 주요 관계를 설명한다. ⅱ 다양한 자료(지도, 그래프, 통계 등)를 분석하여 주요 특징과 추세를 해석한다. ⅲ 정보의 신뢰성을 평가하고, 그것의 가치와 한계를 검토한다.(평가한다, 판단한다)	**▎과제 개요** 학생들은 자신이 선택한 기후 지역(열대, 온대, 건조, 냉대, 한대 등)의 생태적 특징과 인간 생활 방식을 조사하고, 세계화가 이 지역에 미친 영향을 지속가능성의 관점에서 분석한다. 이를 바탕으로 지역의 주요 지속가능성 이슈를 제시하고, 해결 방안을 포함한 브로슈어를 제작하여 전달력 있는 시각적 자료를 완성한다. - 과제 결과물: 브로슈어(기후 지역의 특성과 세계화의 영향, 지속가능성 이슈를 포함한 시각적 자료) **▎과제의 목표** 총괄평가의 목표는 학생들이 시간, 장소와 공간이라는 주요 개념을 이해하고 이를 기후 지역에 적용하며, 세계화가 지역별 지속가능성에 미치는 영향을 분석하는 데 있다. 학생들은 특정 기후 지역의 생태적 특징과 인간 생활 방식을 조사하고, 세계화로 인한 긍정적·부정적 변화를 탐구하며 지속가능성 이슈를 파악한다. 이를 통해 학생들은 기후 지역 간, 그리고 지역과 세계 간의 상호 연결성을 이해하고, 글로벌 맥락에서 지속가능성의 중요성을 깨닫는다. 또한, 이 총괄평가는 학생들이 다양한 기후 지역의 사례를 바탕으로 전 지구적 이슈 간의 연계성을 이해하도록 돕는다. 이 과정은 학생들에게 복잡하게 연결된 세계적 문제를 통합적이고 비판적으로 사고할 수 있도록 하여 지속가능성을 다양한 관점에서 이해하고, 전 세계적으로 복잡하게 연결된 문제를 체계적으로 사고할 수 있는 능력을 기르는 데 기여한다.	**[탐구 진술]** 인간의 생활 방식은 **시간, 장소와 공간**에 따라 다르게 나타나며 **세계화**는 이러한 생활 방식의 **지속가능성**에 영향을 미친다. 학생들은 자신이 선택한 기후 환경의 생태적 특징과 그곳에서 살아가는 사람들의 생활 방식을 이해한 후, 세계화로 인해 이러한 상호의존 관계에 어떤 변화를 가져왔는지 조사한다. 또한, 이러한 변화가 지속가능성 측면에서 지역에 미치는 영향을 탐구하고 이를 바탕으로 브로슈어를 제작한다. 이 과정은 학생들이 '시간, 장소와 공간'이라는 개념을 깊이 이해하도록 돕는다. 각 지역의 기후 환경이 시간의 흐름에 따라 어떻게 변화해왔는지, 그리고 그 공간적 특징이 현재와 미래의 생활 방식에 어떤 영향을 미치는지를 분석함으로써, 학생들은 지역적 차원에서의 지속가능성을 탐구할 수 있다. 이를 통해 세계화가 지역 사회와 환경에 미치는 영향을 이해하고, 글로벌 맥락에서 지속가능성의 중요성을 깨닫게 된다.

평가 기준	총괄평가 과제 개발	탐구 진술과 총괄평가의 관련성
	▌평가활동 단계 **1단계: 주제 선택** - 학생들은 기후 지역(열대, 온대, 건조, 냉대, 한대 등) 중 하나를 선택하고, 해당 지역의 자연환경과 인간 생활 방식을 탐구할 주제로 선정한다. - 각 기후 지역의 주요 특징과 관심 있는 지속가능성 이슈를 조사 범위로 설정한다. - 주제와 관련된 세계화의 영향을 파악하기 위한 질문을 구상한다. **2단계: 자료 조사** - 선택한 기후 지역과 관련된 자료를 수집하며, 생태적 특징, 인간 생활 방식, 세계화의 영향을 조사한다. - 기후 지역의 자연환경(온도, 강수량, 동식물)과 인간 활동(농업, 광업, 관광 등)에 대한 정보를 수집한다. - 세계화가 해당 지역의 생태계와 생활 방식에 미친 긍정적·부정적 영향을 조사한다. - 신뢰할 수 있는 출처(통계 자료, 기사, 연구 보고서 등)를 통해 데이터 수집하도록 한다. **3단계: 자료 분석 및 해석** - 수집한 자료를 분석하여 기후 지역과 세계화의 상호작용을 해석하고, 지속가능성 이슈를 파악한다. - 수집한 자료를 정리하고 분류(예: 자연환경, 인간 생활 방식, 세계화의 영향 등)한다. - 세계화가 해당 지역의 지속가능성에 미친 변화를 긍정적/부정적으로 구분한다. - 지역의 지속가능성 문제를 도출하고, 문제의 원인과 결과를 명확히 분석한다. **4단계: 브로슈어 디자인 및 제작** - 분석한 자료를 바탕으로 기후 지역의 특성과 세계화의 영향을 시각적이고 직관적으로 전달하는 브로슈어를 제작. • 수집한 정보와 분석 결과를 바탕으로 브로슈어의 레이아웃을 계획한다. • 텍스트, 사진, 그래픽을 활용하여 브로슈어를 디자인한다.	이 총괄평가는 학생들에게 이론적 지식을 실제 상황에 적용해 볼 기회를 제공하며, 세계화와 지속가능성의 관계를 탐구하는 과정에서 기후 지역별 생활 방식에 미친 세계화의 영향을 더 깊이 이해하도록 이끈다. 나아가, 학생들은 다양한 기후를 가진 여러 지역 사례를 통해 공간적으로는 떨어져 있지만 세계화의 흐름 속에서 복잡하게 연결된 세계적 이슈들을 통합적으로 사고하고, 이를 바탕으로 비판적이고 창의적인 관점을 기르는 방법을 배우게 된다.

〈표 Ⅳ-7〉은 탐구 진술 연계된 총괄평가 과제를 개발하고 이를 상세화한 것이다. 이 총괄평가 과제는 앞서 제시된 유닛의 개념적 이해를 평하하기 위해 개발되었으며, 탐구 진술과의 연계성을 고려하여 설계되었다.

3) 총괄평가에 따른 평가 기준표(루브릭, rubic) 개발하기

가) 평가 기준표의 유형과 특징

평가 기준표는 특정 과제나 학습 활동에 대한 성취 수준을 명확히 정의하고, 평가 기준을 체계적으로 정리한 도구이다. 이는 일반적으로 표의 형태로 제공되며, 학생들이 우수한 수준에서 낮은 수준까지의 성취도를 이해할 수 있도록 돕는다. 더 나아가 평가 기준표는 단순한 평가 도구를 넘어, 학습자와 평가자 간의 효과적인 의사소통을 촉진하며, 학습 과정에서 명확한 피드백을 제공하는 역할을 한다.

평가 기준표의 주요 목적은 다음과 같다. 첫째, 학생들에게 과제에 대한 명확한 언어와 기준을 제공하여, 그들이 무엇을 배워야 하고 어떻게 성취할 수 있는지 이해하도록 돕는다. 둘째, 학생들이 자기 평가와 동료 평가를 통해 스스로의 학습 과정을 점검하고 조정할 수 있도록 지원한다. 셋째, 평가자에게 명확한 채점 기준을 제공하여, 평가의 일관성과 신뢰성을 높이는 데 기여한다. 넷째, 학습 과제에 대한 형성적 피드백을 제공하여 학습자가 학습 과정 중에 자신의 성과를 이해하고 보완할 기회를 제공하는 기반이 된다. 마지막으로, 루브릭은 평가의 투명성을 높이는 데 도움을 준다.

평가 기준표는 일반적으로 총체적 평가 기준표와 분석적 평가 기준표라는 두 가지 주요 유형으로 나눈다. 어떠한 평가 기준표를 사용할지는 과제가 얼마나 복잡한지와 학생에게 요구되는 숙련도의 수준 등에 따라 결정된다. 총체적 루브릭은 모든 평가 기준을 한 번에 고려하여 학생의 과제 전체를 종합적으로 평가한다. 이는 학생의 작업을 큰 그림에서 이해하도록 돕고, 과제의 질에 대한 전반적인 판단을 가능하게 한다. 평가자들은 학생의 과제에 대한 종합적인 판단을 내릴 수 있도록 돕는 설명을 사용하며, 별도의 세부 항목에 대한 점수는 제공하지 않는다. 총체적 루브릭은 형성 평가보다는 학습이 완료된 후 실시하는 총괄 평가에 더 적합하다. 반면, 분석적 루브릭은 과제를 여러 개의 세부 기준으로 나누어 각각의 기준에 대해 개별적으로 점수를 부여한다. 세부적인 학습 목표의 목록을 제공하며, 각 목표는 특정 기술이나 자질에 해당하는 평가 체계를 가진다.

나) 유닛의 총괄평가는 어떠한 평가 기준표가 적절한가

총체적 평가 기준표는 교사가 평가에 대한 해석의 전문성을 확보하는 데 중요한 도구가 될 수 있다. 이 기준표는 학생의 과제를 세부 항목으로 나누지 않고 전체적으로 종합하여 평가하는 방식이므로, 교사는 과제 수행의 통합적 성과를 해석하는 능력이 필요하다. 이를 통해 교사는 학생들의 사고 과정, 문제 해결 능력, 자료 활용 능력, 그리고 최종 결과물을 전체적인 관점에서 평가할 수 있는 기회를 가지게 된다. 총체적 평가 기준표는 학습 목표 간의 상호작용을 파악할 수 있도록 하며, 학생이 표면적인 학습 목표뿐만 아니라 내재적 학습 성과까지 달성했는지를 교사가 종합적으로 판단하도록 돕는다. 이는 단순히 항목별 점수를 매기는 분석적 평가 기준표보다 학생의 성취를 더 넓은 맥락에서 이해하고 평가할 수 있는 가능성을 제공한다. 또한, 총체적 평가 기준표는 세부적인 점수 기준에 얽매이지 않아, 교사가 평가 과정에서 전문적인 판단을 보다 유연하게 적용할 수 있도록 한다. 이를 통해 교사는 과제의 맥락과 학생들의 다양한 답변 유형을 깊이 이해하고, 학습 목표와 성취도를 고려한 보다 타당한 평가를 내릴 수 있다.

더 나아가, 총체적 평가 기준표는 평가 기준의 본질과 목표를 교사가 깊이 이해하도록 돕는다. 점수 구간별로 정의된 수행 수준을 반복적으로 적용하면서 교사는 기준표의 의미를 명확히 파악하게 되고, 이를 바탕으로 신뢰할 수 있는 평가를 수행할 수 있는 역량을 키우게 된다. 이러한 과정은 교사가 학생들에게 제공하는 피드백에서도 영향을 미친다. 총체적 평가 기준표를 기반으로 학생의 강점과 보완점을 통합적으로 분석하여 전달함으로써, 교사는 점수 이상의 의미 있는 피드백을 제공하고 학습 방향을 제시할 수 있다. 〈표 Ⅳ-8〉은 총괄평가 과제의 평가 기준표를 예시로 작성한 것이다.

표 IV-8 **총괄평가 평가 기준표(예)**

유닛명	기후는 우리에게 어떠한 영향을 미치는가		
주요 개념	시간, 장소와 공간	관련 개념	지속가능성
실제적 맥락	세계화와 지속가능성 (인간이 환경에 미치는 영향)		
탐구 진술	인간의 생활방식은 시간, 장소와 공간에 따라 다르게 나타나며 세계화는 이러한 생활방식의 지속가능성에 영향을 미친다.		
총괄평가 과제	브로슈어	평가 기준	A. 이해하기 B. 분석하기

평가 기준	수행 진술	배점
A. 이해하기 ⅰ 맥락에 맞는 다양한 용어를 사용하여 개념에 대한 이해를 표현한다. ⅱ 제공된 자료에서 중요한 정보를 구분하고 그것이 주제와 어떻게 연결되는지 파악한다. ⅲ 사회 현상의 배경과 맥락을 분석하여 이를 사례와 연결해 설명한다.	맥락에 맞는 다양한 용어를 정확하게 사용하며 개념을 명확히 표현한다. 제공된 자료에서 핵심 정보를 효과적으로 구분하고 이를 주제와 연결한다. 사회 현상의 배경과 맥락을 논리적으로 분석하고, 적절한 사례를 활용하여 체계적으로 설명한다.	10
	맥락에 맞는 다양한 용어를 적절하게 사용하며 개념을 표현할 수 있다. 제공된 자료에서 주요 정보를 파악하고 이를 주제와 연결한다. 사회 현상의 배경과 맥락을 분석하고 사례를 활용하여 설명하며, 개념과 자료 간의 연계성이 전반적으로 유지된다.	8
	맥락에 맞는 기본적인 용어를 사용하여 개념을 표현한다. 제공된 자료에서 중요한 정보를 파악하고 주제와 연결하려 하며, 개념과 사례를 연계하려는 노력이 보인다. 사회 현상의 배경과 맥락을 분석하고 사례를 활용하여 설명할 수 있으며, 설명의 흐름이 비교적 자연스럽다.	6
	맥락에 맞는 용어를 일부 사용하며 개념을 표현하려 한다. 제공된 자료에서 몇 가지 핵심 정보를 찾고 주제와 연결하지만, 분석이 제한적이다. 사회 현상의 배경과 맥락을 부분적으로 파악하며 사례를 활용하지만, 설명의 논리성이 다소 부족할 수 있다.	4
	맥락에 맞는 용어 사용이 제한적이며 개념 표현이 명확하지 않다. 제공된 자료에서 정보를 찾는 데 어려움을 보이며, 주제와의 연결이 불완전하다. 사회 현상의 배경과 맥락을 분석하는 과정이 미흡하며, 사례 활용이 충분하지 않다.	2

평가 기준	수행 진술	배점
	맥락에 맞는 용어를 거의 사용하지 않으며 개념을 정확히 표현하지 못한다. 제공된 자료에서 핵심 정보를 찾지 못하거나 주제와 연결하지 않는다. 사회 현상의 배경과 맥락을 분석하지 않으며, 사례 활용도 이루어지지 않는다.	0
B. 분석하기 ⅰ 사건의 원인과 결과를 나열하고, 주요 관계를 설명한다. ⅱ 다양한 자료(지도, 그래프, 통계 등)를 분석하여 주요 특징과 추세를 해석한다. ⅲ 정보의 신뢰성을 평가하고, 그것의 가치와 한계를 검토한다.(평가한다, 판단한다)	사건의 원인과 결과를 체계적으로 정리하고 주요 관계를 논리적으로 설명한다. 다양한 자료(지도, 그래프, 통계 등)를 정확하게 분석하여 핵심 특징과 추세를 효과적으로 해석한다. 정보의 신뢰성을 근거 기반으로 평가하고, 그 가치와 한계를 명확하게 검토하며 비판적으로 사고한다.	10
	사건의 원인과 결과를 일관된 흐름으로 정리하고 주요 관계를 적절히 설명한다. 다양한 자료를 분석하여 특징과 추세를 파악하고, 이를 비교적 논리적으로 해석한다. 정보의 신뢰성을 평가하고 가치와 한계를 검토하려는 시도를 보이며, 분석 과정에서 대체로 근거를 제시한다.	8
	사건의 원인과 결과를 부분적으로 나열하며 주요 관계를 간략히 설명한다. 다양한 자료를 활용하려 하지만 분석이 깊이 있게 이루어지지는 않는다. 정보의 신뢰성을 평가하고 가치와 한계를 검토하려 하지만, 근거가 명확하지 않거나 분석이 제한적이다.	6
	사건의 원인과 결과를 일부 나열하지만 주요 관계를 명확하게 설명하지 못한다. 다양한 자료를 분석하는 데 어려움을 보이며, 특징과 추세를 해석하는 과정이 미흡하다. 정보의 신뢰성을 평가하거나 가치와 한계를 검토하는 과정이 충분하지 않다.	4
	사건의 원인과 결과를 일부 나열하지만 주요 관계를 명확하게 설명하지 못한다. 다양한 자료를 분석하는 데 어려움을 보이며, 특징과 추세를 해석하는 과정이 미흡하다. 정보의 신뢰성을 평가하거나 가치와 한계를 검토하는 과정이 충분하지 않다.	2
	사건의 원인과 결과를 나열하지 못하며 주요 관계를 설명하지 않는다. 다양한 자료를 분석하지 않거나, 특징과 추세를 파악하지 못한다. 정보의 신뢰성을 평가하지 않으며, 가치와 한계를 검토하는 과정이 전혀 이루어지지 않는다.	0

바 수업 활동 구성

1) 수업 활동 구성(개요)

본 수업은 개념 기반 수업 설계와 탐구기반 접근을 활용해 기후 환경과 인간 생활의 관계를 분석하고, 이를 통해 세계화와 지속 가능성을 탐구하는 것을 목표로 한다. 핵심 개념(시간, 장소와 공간)을 통해 학생들은 다양한 기후 지역의 특성을 이해하고, 각 지역의 기후 변화가 생활 양식에 미치는 영향을 분석한다. 또한 지속 가능성(관련 개념)을 적용하여 기후 변화가 각 기후 지역과 사회에 제기하는 도전 과제를 탐구하며, 세계화의 영향을 평가한다. 이때 활용되는 접근은 학생들이 구체적인 데이터를 바탕으로 일반적인 결론을 도출하도록 탐구를 장려한다. 학생들은 다양한 기후 환경에서 수집한 자료를 분석하며, 이를 통해 귀납적 사고를 확장해 개념적 이해에 도달할 것이다. 탐구 질문(사실적, 개념적, 논쟁적 질문)은 학생들의 자율적 질문 생성과 문제 해결 과정을 촉진하며, 기후 변화와 세계화의 복잡한 상호작용을 분석할 수 있도록 돕는다.

총괄평가 과제인 '브로슈어'는 이 유닛의 핵심 개념과 관련 개념을 통합하고 실생활 맥락에 적용하는 데 중점을 둔다. 학생들은 선택한 기후 지역에 대한 자료를 조사하고, 시간과 공간의 개념을 적용해 지역의 기후 특성을 설명한다. 또한 해당 지역의 지속 가능성 이슈를 기후 환경과 인간의 생활 방식과의 관계를 토대로 설명하며 더 나아가 세계화가 해당 지역에 미치는 영향을 평가한다. 이를 통해 학생들은 탐구 과정에서 습득한 개념적 이해를 실생활 문제와 연결해 분석하며, 적극적인 탐구와 창의적인 결과물을 도출하는 학습 경험을 쌓게 된다.

한편, 이 수업은 Bloom의 교육목표 분류를 기반으로 학생들이 기초적인 지식에서 비판적 평가에 이르기까지 학습을 체계적으로 이끌어가도록 단계적 위계를 적용하여 설계되었다. 이 설계 과정은 〈표 Ⅳ-9〉를 통해 학습 과제, 탐구 내용, 탐구 단계가 어떻게 유기적으로 연결되어 있는지를 보여주며, 학생들이 각 단계에서 요구되는 학습 활동과 성취 목표를 명확히 이해할 수 있도록 돕는다. 이를 통해 학생들은 기초 지식 습득에서부터 개념의 적용, 비판적 분석, 그리고 종합적인 평가에 이르는 학습 경험을 체계적으로 쌓아가게 된다.

표 IV-9 **유닛의 단계별 학습 과제와 Bloom의 인지 영역 연계**

학습 과제	탐구 내용	탐구 단계	Bloom의 인지 영역
사진으로 만나는 기후 환경 특성	학생들은 사진을 통해 다양한 기후 환경을 탐색하고, 초기 관찰을 통해 기후와 생태계의 관계를 이해하기 시작한다. 이를 통해 학습 동기를 유발하고 탐구 방향을 설정한다.	탐구 ⇓	지식
특정 식생, 동물이 나타나는 기후 지역 탐구	다양한 기후 지역과 그곳에 서식하는 동식물 분포를 분석하면서, 기후가 생물 분포와 생활 양식에 미치는 영향을 탐구한다. 이 단계에서 학생들은 지리적 자료(지도, 그래프 등)를 활용해 패턴을 발견한다.		이해
기후와 인간의 생활 방식	학생들은 기후가 인간 생활 방식에 미치는 영향을 이해하고 학생들은 다양한 기후 지역에서 인간이 기후 변화에 적응하거나 극복해 온 사례를 조사한다.	실행 ⇓	적용
세계화와 기후 지역의 변화 탐구	학생들은 세계화가 기후 지역의 환경 변화에 미친 영향을 분석한다. 세계화로 인해 인간과 자연환경의 상호의존성이 어떻게 달라지는지 탐구한다. 마인드맵 등 시각 자료를 제작해 학습 내용을 통합한다.		분석
세계화와 기후 지역의 지속가능성 이슈	사례 연구를 통해 지속 가능성을 평가하고, 이를 바탕으로 지역적·세계적 맥락에서 지속 가능한 해결 방안을 모색한다.		종합
총괄평가 과제 상호 피드백	학생들은 총괄평가 과제를 제작하고 그 결과를 발표하며 공유한다. 이때, 자신과 다른 학생들이 탐구한 다양한 사례를 토대로 세계화로 인한 영향과 지속가능성 문제를 적극적으로 탐색하는 기회를 가진다. 더 나아가 서로의 관점을 이해하고 자신의 평가 과제의 타당도를 스스로 성찰하는 기회로 활용할 수 있다.	성찰 ⇓	평가

지식(Knowledge) 단계에서는 기초적인 기후 환경의 특징을 탐색하고, 다양한 기후 요소(온도, 강수량, 바람 등)를 조사한다. 학생들은 기후 지역의 분포를 지도에서 확인하며, 기후 요소가 특정 지역에서 어떻게 나타나는지 학습한다. 이 과정에서 학생들은 개념적 기초를 쌓고, 기본적인 지식 습득을 위한 탐구를 수행한다. 이어서 이해(Comprehension) 단계에서는 기후 요소와 동식물 서식지, 인간 활동 간의 관계를 설명하며 관련된 기본 개념을 이해한다. 학생들은 특정 지역의 기후가 생활 양식(의복,

주거, 농업)에 미치는 영향을 분석하고, 기후 환경과 인간 활동이 어떻게 연결되는지 탐구한다. 적용(Application) 단계에서는 기후 변화가 인간 생활 방식에 미치는 영향을 구체적인 사례를 통해 조사하고, 지속 가능성을 고려한 해결 방안을 탐구한다. 학생들은 특정 기후 지역을 선택하여 기후 변화가 지역 사회에 미친 영향을 분석하며, 이를 통해 지속 가능한 적응 방안을 모색한다. 분석(Analysis) 단계에서는 세계화가 기후 지역에 미친 영향을 검토하고, 기후 변화와 사회적·경제적 변화 간의 관계를 분석한다. 학생들은 자료(통계, 연구 보고서)를 활용하여 기후 변화의 원인과 결과를 파악하고, 각 지역별 영향을 비교한다. 종합(Synthesis) 단계에서는 수집한 자료를 바탕으로 지속 가능성 해결 방안을 모색하고, 브로슈어를 제작한다. 학생들은 기후 변화에 대한 연구 결과를 정리하고, 기후 적응 전략을 실질적인 해결책으로 제안한다. 최종 평가(Evaluation) 단계에서는 브로슈어를 발표하고, 피드백을 통해 학습 내용을 비판적으로 검토한다. 학생들은 탐구 과정에서의 한계를 분석하고, 학습 성과를 자율적으로 평가하며 성찰한다.

2) 수업 활동 구성(상세)

유닛 설계는 학습 목표와 평가 기준을 유기적으로 연결하여 학습자 중심의 교육 경험을 제공하는 중요한 작업이다. 이에 따라 유닛 설계 세부 단계는 안내 질문, 학습 경험, 교수학습전략, 평가와의 연계성이라는 네 가지 주요 구성 요소를 중심으로 설계되었으며, 학생들이 단계적으로 사고를 심화하고 개념적 이해를 확장하도록 지원한다. 이를 통해 교사들은 수업의 질과 평가의 타당성을 높일 수 있으며, 학생들은 실질적이고 의미 있는 학습 경험을 통해 전인적으로 성장할 수 있는 기반을 제공받는다. 〈표 Ⅳ-10〉은 수업 〈표 Ⅳ-9〉에서 제시한 학생들의 탐구 과정을 상세화한 것이다.

가) 안내 질문: 학습의 방향성을 제공하는 출발점

안내 질문은 학습 목표와 주제를 학생들에게 명확히 제시하며, 학습 과정에서 방향성을 제공하는 출발점이 된다. 예를 들어, '사람들은 어떠한 환경에서 살아갈까?'와 같은 질문은 기후 환경과 인간 생활의 관계를 탐구하는 데 필요한 사고의 틀을 제공한다. 이러한 질문은 학생들의 호기심을 자극하고 학습 초기 단계에서 몰입을 유도하며, 탐구 과정에서 지속적인 사고를 지원한다. 이러한 안내 질문은 학생들이 탐구 과정에서 자율적으로 질문을 생성하고 문제를 해결하며, 학습 과정을 주도적으로 이끌어갈 수 있도록 돕는다.

나) 학습 경험: 맥락화된 활동을 통한 실질적 학습

학습 경험은 학생들이 안내 질문에 대한 답을 찾는 과정을 구체적으로 지원한다. 사진 분석, 지도 활용, 그래프 작성과 같은 실질적 활동은 구체적인 활동을 통해 추상적인 개념을 습득할 수 있도록 하며 이를 실제 맥락에서 탐구하도록 돕는다. 예를 들어, 특정 기후 지역에서 나타나는 동식물 서식지 분석 활동은 학생들이 기후와 생물학적 환경의 상호작용을 심층적으로 이해할 수 있도록 한다. 이와 같은 학습 경험은 학생들의 참여를 촉진하고, 탐구 과정에서 필수적인 사고 기술을 개발하는 데 기여한다. 특히, 학습 경험은 단순한 활동에 그치지 않고, 학생들이 구체적인 데이터를 바탕으로 일반화된 결론을 도출하도록 유도하며, 이를 통해 귀납적 접근을 통해 얻은 추상적 개념을 확장하여 개념적 이해를 심화할 수 있도록 설계되었다.

다) 교수학습전략: 학습을 지원하는 체계적인 방법

교수학습전략은 학습 경험이 효과적으로 이루어질 수 있도록 돕는 체계적 방법을 포함한다. 또한, 비계를 제공하여 학생들이 과제를 수행하는 데 필요한 배경지식과 기술을 습득할 수 있도록 한다. 이러한 교수학습전략은 학생들이 탐구 과정에서 겪는 어려움을 해소하고, 학습 목표를 성공적으로 달성하도록 안내한다. 이는 학생들이 스스로 문제를 해결하며 학습을 주도할 수 있는 기회를 제공한다는 점에서 학습 경험을 더욱 의미 있게 만든다.

라) 평가와의 연계성: 학습 과정의 일관성과 성과를 강화

평가는 학습 목표와 경험의 연계성을 강화하며, 형성평가와 총괄평가를 통해 학습 과정을 체계적으로 점검한다. 형성평가는 학생들이 학습 과정에서 개념적 이해를 점진적으로 발전시키도록 중간 피드백을 제공한다. 총괄평가로 설계된 '브로슈어 제작'은 학생들이 탐구 과정에서 습득한 개념을 창의적으로 통합하고 실생활에 적용할 수 있도록 한다. 이를 통해 학습 목표와 평가 기준이 유기적으로 연결되며, 학생들이 학습의 방향성을 명확히 이해하고 성취감을 느낄 수 있다.

표 IV-10 안내 질문, 학습경험을 중심으로 구성한 수업 활동 상세화

안내질문	학습 경험	교수학습전략	평가와의 연계성
사람들은 어떠한 환경에서 살아갈까?	**학습과제 1. 사진으로 만나는 기후 환경 특성** 세계는 다양한 기후 환경으로 이루어져 있으며, 이는 해당 지역의 동식물 생태계와 인간의 생활 방식에 직접적인 영향을 미친다. 지구상의 다양한 기후 환경을 사진으로 탐색하고, 각 기후가 특정 생태계와 생활 방식과 어떻게 연결되는지 설명해본다.	열대, 온대, 툰드라, 빙설, 사막, 스텝 기후 등 다양한 기후 환경을 보여주는 사진을 준비한다. 학생들이 탐색할 때 주목해야 할 요소를 예시로 제시하여, 단순한 시각적 정보 수집이 아니라 관련 개념을 도출할 수 있도록 탐구적 호기심을 유도한다. 또한, 특정 기후 지역의 모습이 일반화되지 않도록, 교사는 다양한 사례를 활용하여 균형 잡힌 탐색이 이루어지도록 한다.	**[형성평가 1] 기후 특성을 그래프로 표현하기** 기후 그래프는 특정 지역의 평균 기온, 강수량 변화 패턴, 연중 기온 차이를 포함하여 계절별 특징을 시각적으로 파악할 수 있도록 구성해야 한다. 교사가 제공한 여러 지역의 기후 데이터(월평균 기온, 월평균 강수량)를 참고하여 기온은 꺾은선그래프, 강수량은 막대그래프로 나타내고, 해당 지역의 기후 특성을 간략하게 정리해 보자.
기후가 동식물의 분포에 어떠한 영향을 미치는가?	**학습과제 2. 특정 식생, 동물이 나타나는 기후 지역 탐구** 특정 식생과 동물이 나타나는 기후 지역은 매우 다양하며, 유사한 식생과 동물들이 세계 여러 지역에 분포한다. 사회과부도를 활용하여 이러한 식생과 동물의 분포 패턴을 분석하고, 그 분포에 영향을 미친 기후의 특성과 그 이유를 탐구한다.	학생들이 지도를 보며 동식물 분포의 패턴을 발견할 수 있도록 기록할 수 있는 자료 표를 제공한다. 이 표에는 위치적 특징(지도 분석), 기후 그래프를 통한 기후 요소 분석, 예시 지역 정리 등의 항목을 포함하여, 학생들이 체계적으로 탐색할 수 있도록 안내한다. (예: 사막, 초원, 툰드라, 열대우림 등)	
기후 환경이 지역 사람들의 생활에 미치는 영향은 무엇인가?	**학습과제 3: 기후와 인간의 생활 방식** 다양한 기후 지역(열대, 온대, 냉대, 한대, 고산 기후)에서 살아가는 사람들의 의식주 모습을 조사하고, 이를 비교 분석하여 표로 정리한다. 이후, 정리한 표를 바탕으로 사람들이 특정 기후 환경에 '적응'한 요소와 '극복'한 요소를 구분하여 벤 다이어그램을 작성한다. 이를 통해 기후가 인간 생활에 미친 영향을 종합적으로 분석하는 시각을 기른다.	학생들이 '적응'과 '극복'의 개념을 혼동하지 않도록 사전에 명확한 언어적 설명을 제공한다. 또한, '영향'이 일방적인 것이 아니라 상호적으로 작용할 수 있음을 이해하도록 적절한 예시와 설명을 포함하여 안내한다. 기후 지역에서 살아가는 사람들의 생활 모습을 '전통적' 요소와 '현대적' 변화로 균형 있게 제시하며, 이러한 변화에 따른 시간적 흐름과 영향을 설명한다.	**[형성평가 2] 사진 보고서 작성하기** 제시된 기후 지역 중 한 곳을 선택하여, 그 지역의 사람들이 기후에 적응하거나 극복하며 생활하는 모습을 담은 사진을 분석한다. 사진에 나타난 정보를 바탕으로 기후에 따른 생활 방식의 특징을 3가지 정리하여 '기후 사진 보고서'를 작성한다.

안내질문	학습 경험	교수학습전략	평가와의 연계성
세계화로 인해 기후 지역이 어떻게 변화하고 있는가?	**학습과제4: 세계화와 기후 지역의 변화 탐구** 학습과제 1, 2, 3에서 탐구한 내용을 바탕으로, 세계화가 동식물을 포함한 자연환경에 미친 변화를 분석한다. 더나아가, 변화된 자연환경을 활용한 인간의 활동(예: 농업, 광업, 관광업 등)이 어떻게 변화하고 있는지 구체적으로 탐구한다.	학생들이 세계화가 자연환경에 미친 영향을 환경적, 경제적, 사회적 측면으로 나누어 분석하고, 이를 벤 다이어그램 등 시각적 자료로 표현할 수 있도록 안내한다. 또한, 분석 과정에서 구체적인 인간 활동 사례(예: 목축업, 관개농업, 플랜테이션 농업, 임업, 관광업, 자원 개발 등)를 제시하고, 학생들이 변화를 탐구할 수 있도록 비계를 상세히 제공한다.	**[형성평가 3] 개념 지도 만들기** 학습과제5에서 탐구한 내용을 바탕으로 하나의 기후 지역을 선정하고, 해당 지역의 자연환경이 직면한 주요 위험과 세계화와의 연관성을 마인드맵으로 정리한다. 이때, 개념 간의 관계를 보다 명확히 표현하기 위해 다음과 같은 연결어를 활용한다. '~에 기인한다' (원인과 결과) '~의 예가 될 수 있다' (구체적인 사례 제시) '~와(과) ~' (나열 및 열거) '~에 영향을 미친다' (영향 관계)
각 기후 지역의 지속가능성 이슈는 무엇인가?	**학습과제5: 세계화와 기후 지역의 지속가능성 이슈** 학습과제 4의 결과를 바탕으로, 기후 지역별 지속가능성 이슈를 사례 탐구 방식으로 진행한다. 1. 열대우림 기후: 대규모 소 사육, 자원 개발, 벌목이 환경에 미친 영향 2. 건조 기후: 관개 농업이 물 자원에 미친 영향 3. 한대 기후: 북극 지역의 자원 탐사 및 개발이 생태계와 토착민 생활에 미친 영향	농업, 관광, 광업 등 다양한 인간 활동이 초래한 영향을 바탕으로 학생들이 지속가능성을 탐구할 수 있도록 설계된 활동을 구성한다.	

사 수업과 평가의 성찰

1) 학생 성찰

가) 개념과 관련된 지식과 이해

I used to think... Now I think... 활동은 학생들이 기존의 사고방식을 돌아보고, 학습 과정에서 형성된 새로운 이해를 성찰할 수 있도록 돕는 전략이다. 이 활동은 학생들이 학습 경험을 통해 자신의 관점이 어떻게 변화했는지를 탐구하도록 유도하며, 다음과 같은 특징을 가진다.

- 단순한 사실 암기나 지식 나열이 아닌, 사고의 변화를 자각하도록 한다.
- 기존의 관점과 새롭게 얻은 통찰을 정리하며 개인적 학습 여정을 반성할 수 있다.
- 학습 내용을 평가하고 조정하는 과정에서 자기주도적 학습 역량을 키운다.

나) 탐구 질문 성찰하기

유닛이 끝난 후 탐구 질문을 성찰하는 활동은 학생들이 학습한 내용을 다시 돌아보고, 탐구 질문이 학습 목표와 어떻게 연결되는지를 이해하도록 돕는다. 또한, 학생들이 발견한 답변을 정리하고 더 깊은 질문을 작성하는 과정을 통해 학습을 단순한 이해에서 심화 및 확장된 사고로 발전시킬 수 있다.

특히, 더 깊은 질문 만들기는 비판적 사고와 탐구력을 자극하며, 학생들이 학습 방향을 스스로 설정할 수 있도록 자기주도적 학습 태도를 형성하는 데 기여한다. 이 과정은 학생들에게 학습에 대한 책임감을 부여하고, 자신의 사고 과정을 반성하고 조정하는 메타인지 능력을 향상시키는 데 도움을 준다.

또한, 탐구 질문 성찰 활동에서 학생들이 작성한 발견한 답변과 추가 질문은 교사가 학생들의 학습 과정과 사고 수준을 파악하는 데 중요한 자료가 된다. 이를 바탕으로 교사는 수업 설계와 피드백을 학생들의 필요에 맞춰 조정할 수 있으며, 학생들은 자신의 학습 성과를 보다 명확하게 인식할 수 있다.

〈표 Ⅳ-11〉은 학생들이 탐구 과정을 통해 도출할 수 있는 예상 답변과 사고 확장을 위한 추가 질문의 예를 제시한 것이다.

표 IV-11 **탐구 질문 답변과 더 깊은 질문 예시(사회과)**

탐구 질문 성찰	발견한 답변	더 깊은 질문 적기
사실적 질문	• 다양한 기후 지역은 적도 근처의 열대기후, 극지방의 한대기후, 중위도의 온대 및 건조기후 등으로 나뉘며, 각 기후는 지리적 위치와 기후 요소(온도, 강수량 등)에 따라 결정된다. • 특정 기후는 동식물의 서식지와 생태계를 결정하며, 예를 들어 열대우림 기후는 높은 생물 다양성을 지원하고, 사막 기후는 내성이 강한 식물과 동물에게 적합하다. • 전통적인 생활양식은 지역 기후와 밀접하게 연결되어 있으며, 예를 들어, 한대기후 지역의 사람들은 단열을 강화한 주거 환경과 고열량 식단을 유지한다. 시간이 지남에 따라 기술 발전과 세계화로 인해 이러한 전통적 생활양식이 현대적 생활 방식으로 변화하고 있다.	• 특정 기후에서 동식물의 서식지 변화는 지역 경제와 문화에 어떤 영향을 미치는가? • 기후 변화가 전통적인 생활양식과 문화를 지속 가능하게 만드는 데 어떤 도전을 제기하는가?
개념적 질문	• 지속가능성은 미래 세대의 필요를 훼손하지 않으면서 현재 세대의 필요를 충족시키는 것으로, 이는 환경 보존과 자원 관리의 중요성과 연결된다. • 인간의 생활양식 변화에는 농업 기술의 발전, 산업화, 도시화 등 다양한 요인이 관여하며, 이 과정에서 시간과 공간은 기술 혁신과 자원의 글로벌 이동을 통해 상호작용한다.	• 지속가능성을 실현하기 위해 지역사회와 글로벌 사회가 협력할 수 있는 효과적인 방법은 무엇인가? • 시간과 공간의 상호작용이 기후변화의 적응 전략에 어떤 실질적인 영향을 미치는가?
논쟁적 질문	• 세계화는 지속가능성을 강화할 수도, 약화할 수도 있다. 예를 들어, 기술과 지식의 공유는 환경 문제 해결을 위한 혁신을 촉진하지만, 자원의 과잉 소비와 탄소 배출 증가는 지속불가능성을 초래할 수 있다. • 세계화는 지역 간 경제적 불평등을 심화시키면서도, 동시에 글로벌 협력의 기회를 제공하여 지속 가능한 발전을 추진할 수 있는 장을 마련한다.	• 세계화가 지속가능성을 강화하기 위한 구체적인 정책과 제도는 무엇이며, 그 효과를 어떻게 평가할 수 있는가? • 세계화의 지속가능성에 대한 긍정적 또는 부정적 영향을 완화하거나 극대화하기 위해 개인, 지역사회, 국가 차원에서 어떤 역할을 해야 하는가?

2) 교사 성찰

〈표 Ⅳ-12〉는 교사들이 유닛 설계 과정에서 개념적 이해, 평가 설계, 교수학습 과정을 중심으로 성찰할 수 있는 질문의 예를 나타낸 것이다. 특히, 유닛 설계의 전, 중, 후 각 단계에서 교사가 점검하고 개선할 질문들을 구체적으로 제시함으로써 수업의 목표와 과정의 일관성을 유지하고, 학습 성과를 높이는 데 중점을 두었다.

유닛 설계 전 단계에서는 학습 목표와 개념(예: 시간, 장소와 공간, 지속 가능성)이 수업 목표에 적절히 반영되었는지 점검하게 한다. 이를 통해 학습 목표와 교수학습 활동이 명확히 연계되었는지 확인하며, 평가 과제가 학습 목표와 일치하고 형성평가와 총괄평가의 구조가 명확히 설정되었는지를 검토하도록 돕는다. 또한 학습 활동과 자원이 목표 달성을 위해 적합하게 준비되었는지 성찰하게 하여 수업 준비의 완성도를 높인다.

유닛 설계 중 단계에서는 학생들이 탐구 과정을 통해 주요 개념을 충분히 이해하고, 이를 다양한 맥락에서 적용할 수 있도록 교사가 지도할 수 있게 한다. 또한 학생들의 성취 수준을 확인할 수 있도록 평가 기준이 명확히 적용되었는지 검토하며, 교수학습 과정에서 학생들이 적극적으로 참여하고 필요한 지원(scaffolding)이 적절히 제공되었는지를 점검하게 한다. 이를 통해 수업 중 발생할 수 있는 문제점을 파악하고 즉각적인 개선 방안을 모색하도록 한다.

유닛 설계 후 단계에서는 학습 목표와 개념적 이해가 학생들의 성과로 드러났는지 평가하며, 이를 기반으로 개선 방향을 모색할 수 있다. 평가 결과가 학생들의 학습 성과를 객관적으로 측정할 수 있었는지, 평가 과정에서 얻은 피드백이 유의미했는지를 검토하도록 한다. 더불어 교수학습 과정이 학생들의 학습 목표 달성과 탐구 과정을 충분히 지원했는지, 추가적인 개선이 필요한 부분은 무엇인지를 성찰하도록 유도한다. 이러한 지속적인 성찰의 과정은 교사들에게 유닛 설계와 실행 전반에 대한 체계적인 검토를 가능하게 함으로써, 목표와 평가의 연계성, 학생 참여의 효과성, 교수학습 활동의 적합성을 지속적으로 개선할 수 있는 실질적인 도구로 활용된다.

표 IV-12 **유닛 설계 과정의 성찰을 위한 질문 예시**

유닛 설계 전	유닛 설계 중	유닛 설계 후
학습 목표의 명확성: • 학습 목표가 핵심 개념(시간, 장소와 공간, 지속 가능성)과 탐구 진술문에 잘 맞추어져 있는가? • 학생들이 학습 목표를 명확히 이해하고 수업의 방향성을 인지할 수 있는 구조로 설계되었는가?	**학생 참여도:** • 학생들이 탐구 활동에 적극적으로 참여하고 있는가? • 질문 생성과 문제 해결 과정에서 학생들의 참여가 충분한가?	**학습 목표 성취 여부:** • 학생들이 학습 목표를 달성하고, 개념적 이해를 심화했는가? • 개념적 이해와 지식 전이를 측정하기 위한 평가 기준이 적절하게 작동하였는가?
탐구 질문의 적절성: • 사실적, 개념적, 논쟁적 질문이 학습 동기를 유발하고, 깊이 있는 사고를 촉진할 수 있는가?	**비계 제공의 적절성:** • 제공되는 학습 자료(지도, 그래프, 통계 등)가 학생들의 개념적 이해와 사고 확장에 효과적으로 기여하고 있는가?	**총괄평가 과제의 효과성:** • 총괄평가 과제가 학습의 성과를 잘 반영하고 있는가? 학생들이 실제 상황에서 지식을 적용했는가?
학습 활동의 일관성: • 각 활동이 학습 목표와 잘 연계되어 있으며, 평가 과제와도 일관성이 있는가?	**개별화 및 차별화 학습:** • 학생들의 다양한 학습 수준과 요구를 고려하여 개별화된 지원과 도전 과제가 제공되고 있는가?	**향후 개선 사항:** • 다음 유닛 설계에서 보완해야 할 점은 무엇인가? 새로운 전략이나 자료를 추가할 필요가 있는가?

V

Beyond the facts, 과학과 개념 기반 탐구 수업 설계하기

- 2022 개정 교육과정과 IB MYP 과학을 중심으로 -

V Beyond the facts, 과학과 개념 기반 탐구 수업 설계하기

01 과학 교육의 목적·목표·인간상

가 과학 교육의 목적과 목표

과학 교육의 목적

과학 교육의 목적은 자연을 깊이 이해하고, 과학적 사고력과 문제 해결 능력을 키우며, 지속적으로 발전하는 과학적 지식을 응용하고 적용하는 역량을 개발하는 데 있다.

사회 과학과 달리, 자연 과학(自然科學, natural science)은 자연의 다양한 현상을 체계적으로 연구하고 그 속에 숨겨진 법칙을 탐구하여 이론적 체계를 구축하는 데 중점을 둔다. 이를 통해 자연 과학은 자연의 원리와 법칙을 발견하고 해석함으로써 지식의 체계를 확립해 나가는 학문이다. 이는 자연을 단순히 활용하는 기술이나 공학과는 구분되며, 자연 현상에 대한 호기심에서 출발해 자연의 원리나 법칙을 발견하고 해석하여 일정한 지식 체계를 형성하는 과정이다. 과학은 탐구 과정과 과학 지식을 포함하며, 이 지식은 절대적인 진리가 아니라 시간이 지나면서 수정과 보완을 통해 계속 발전하고 변화한다.

따라서, 과학 교육은 학생들이 이러한 탐구 과정을 경험하고 과학 지식의 발전적 속성을 이해하며, 이를 통해 비판적 사고력과 창의적 문제 해결 능력을 함양하는 데 그 목적이 있다.

우리나라에서는 초등학교 3학년부터 과학을 본격적으로 배우기 시작하지만, 과학의 본질적인 탐구 과정보다는 지식의 이해와 습득에 더 중점을 두는 경향이 있다. 특히, 대학수학능력시험에서는 '과학 탐구' 영역이라는 명칭을 사용하고 있음에도 불구하고, 평가 문항은 대부분 학생들이 과학적 탐구 방법을 측정하기보다는 과학 지식을 얼마나 잘 기억하고 있는지에 초점이 맞춰져 있는 현실이다. 이는 과학적 사고력과 탐구 역량을 키우는 데 있어 한계를 보이며, 과학 교육의 본래 목적과 다소 거리가 있다.

이러한 점을 고려할 때, 과학 교육의 목적에 따른 과학 교육 목표와 평가 목표의 설정은 단순한 지식 암기에서 벗어나 학생들이 직접적으로 자연 현상을 탐구하고 분석할 수 있는 능력을 기르는 방향으로 재정립되어야 한다. 과학은 실험과 관찰을 통해 얻은 증거를 바탕으로 지식을 구성하는 학문이므로, 학생들이 이 과정에 주도적으로 참여하여 과학적 탐구 능력과 비판적 사고력을 키우는 것이 중요하다. 이를 위해 교육 현장에 개념 기반 탐구 중심의 수업 방식이 적극적으로 도입되어야 하며, 학생들이 자연 현상을 직접 체험하고 과학적 사고를 연습할 수 있는 기회가 확대되어야 할 것이다. 이러한 접근은 2022 개정 과학과 교육과정에서 과학 교육의 목표로 명시되어 있다.

✿ 2022 개정 과학과 교육과정 교육 목표

(1) 자연 현상과 일상생활에 대한 흥미와 호기심을 바탕으로, 개인과 사회의 문제를 인식하고 과학적으로 해결하려는 태도를 기른다.
(2) 과학의 탐구 방법을 이해하고 자연 현상과 일상생활의 문제를 과학적으로 탐구하는 능력을 기른다.
(3) 자연 현상과 일상생활을 과학적으로 탐구하여 과학의 핵심 개념을 이해한다.
(4) 과학과 기술 및 사회의 상호 관계를 이해하고, 개인과 사회의 문제해결에 민주 시민으로서 참여하고 실천하는 능력을 기른다.

출처: 교육부 고시 제2022-33호 [별책 9] 과학과 교육과정

2022 개정 과학과 교육과정은 과학 교육을 통해 학생들이 자연 현상과 일상생활 속 문제들에 대한 호기심과 과학적 탐구 능력을 강화하도록 목표를 설정하고 있다. 이 교육과정은 학생들이 과학적 방법을 이해하고 적용하는 능력을 개발함으로써, 개인적 및 사회적 문제를 과학적으로 해석하고 해결하는 데 필요한 능력을 키우는 데 중점을 두고 있으며, 과학과 기술의 사회적 맥락을 이해하고, 민

주 시민으로서 책임 있는 참여와 실천을 통해 문제 해결에 기여할 수 있는 역량을 함양하는 것을 목표로 하고 있다. 아쉬운 점은 2022 개정 과학과 교육과정에서 과학 교육의 목적과 목표가 보다 명확히 구분되어 제시되지 않았다는 것이다. '목적(Aims)'과 '목표(Objectives)'는 서로 밀접하게 연결되어 있기 때문에, 때로는 혼동되어 사용되기도 한다. 그러나 이들 각각의 역할과 중요성을 이해하고 차이점을 명확히 구분하는 것은 중요하다.

목적(Aims)은 교육 활동이 추구하는 광범위한 교육적 의도이다. 즉, '왜' 우리가 이러한 교육을 제공하는지에 대한 교육의 방향성으로, 학습자가 궁극적으로 도달해야 할 교육적 가치와 성취 수준을 포괄적으로 정의한다.

목표(Objectives)는 각 교육 과정이나 단원에서 달성해야 할 구체적이고 측정 가능한 학습 결과이다. 즉, '어떻게' 목적을 달성할지에 대한 구체적 방법으로 나타난다. 이 목표는 교사가 수업 계획을 세울 때 중요한 기준으로 작용하며, 학습의 내용, 방법, 평가 방식을 결정하는 데 필수적이다. 이러한 구체적인 목표 달성 여부는 학습의 효과를 평가하는 중요한 기준이 되며, 학생들의 성취도를 측정하고 필요한 경우 추가 지원을 제공한다. 이처럼 교육 목적과 교육 목표는 교육 과정 설계에서 서로 보완적인 역할을 하며, 교육적 성장과 개발을 위한 광범위한 방향과 구체적인 수단을 제공한다.

그림 V-1 과학 교육의 목적과 목표 구분하기

출처: 사용자 요청에 의해 GPT로 생성됨

[그림 V-1]은 과학 교육의 '목적'과 '목표'를 시각적으로 구분하여 나타낸 것이다. 왼쪽 그림은 과학 교육이 추구하는 근본적인 목적을 나타낸다. 과학 교육의 목적은 단순히 지식의 획득을 넘어서, 학생들이 지속 가능한 발전과 환경 문제에 대해 심도 있게 고민하고, 이를 전 세계적인 관점에서 이해하고 해결할 수 있는 능력을 기르는 것이다. 이 목적은 학생들이 글로벌 시민으로서 책임을 인식하게 하고, 다양한 배경과 문화 간의 협력을 강조한다. 오른쪽 그림은 과학 교육의 구체적인 목표를 시각화했다. 과학 교육을 통해 학생들은 탐구 기능을 배우고, 데이터를 분석하는 방법을 익히며, 과학적 방법론을 적용하여 실제 문제를 해결하는 경험을 쌓게 된다. 이러한 목표는 구체적이고 측정 가능한 학습 성과로, 학생들이 특정 실험을 수행할 수 있는 능력을 개발하거나, 특정 과학적 이론을 설명할 수 있는 깊이 있는 이해에 도달하게 한다. 과학 교육에서 '목적'이 학생들에게 보다 넓은 과학적 세계관과 태도 및 과학적 소양을 제공하고, '목표'가 그 세계관을 실질적인 기술과 지식으로 구현할 수 있는 능력을 키우는 데 초점을 맞추고 있음을 잘 보여준다. 결론적으로, 과학 교육의 '목적' 설정은 궁극적인 가치와 방향성을 제공하는 반면, '목표'는 그러한 방향성을 실현하기 위한 구체적인 학습 과정과 결과를 설정하는 것이다.

국제 바칼로레아 중등교육 프로그램(IB MYP: International Baccalaureate Middle Years Programme)에서는 과학 교육의 목적을 분명히 제시하고 있다. IB MYP 과학 교과군에서는 학생들이 과학적 사고와 탐구 방법을 실제 상황에 적용하며, 비판적이고 분석적인 방법으로 문제를 해결할 수 있는 능력을 개발하도록 목적을 설정한다. 이러한 접근은 학생들이 과학과 기술을 사회적, 윤리적 맥락 안에서 이해하고 평가하는 능력을 키우며, 이 과정에서 지속적으로 정보에 기반한 선택을 할 수 있도록 격려한다.

IB MYP에서의 과학 교과군의 '목적'

MYP 과학은 학생이 다음을 수행하도록 장려하고 실현할 수 있도록 하는 것을 목적으로 합니다.

- 과학과 과학의 시사점을 이해하고 인정합니다.
- 과학을 혜택과 한계가 있는 인간의 노력으로 간주합니다.
- 질문을 제기하고 문제를 해결하고 설명을 구성하고 주장에 대해 판단을 내리는 분

석적, 탐구적이며, 유연한 정신을 기릅니다.
- 연구를 설계하고 수행하며, 증거를 평가하고, 결론에 도달하는 기능을 개발합니다.
- 효과적인 협력과 소통의 필요성에 대한 인식을 구축합니다.
- 다양한 실생활 맥락에서 언어 능력과 지식을 적용합니다.
- 생물과 무생물의 환경에 대해 감수성을 기릅니다.
- 학습 경험을 성찰하고 정보에 기반하여 선택합니다.

출처: IB MYP 과학 가이드(IBO, 2014)

이러한 명확한 목적 제시는 학생들이 학습 과정에서 구체적인 학습 목표에 도달하기 위한 경로를 명확히 이해하는 데 도움을 준다.

나 과학 교육 목표와 평가 기준

과학 교육의 목적과 목표로부터 평가 목표(criteria)와 세부 평가 기준(strands)을 설정하는 이유는, 수업과 평가의 일관성을 유지하고, 학생들이 자기주도적으로 학습에 참여하며 과학적 사고를 발전시키는 과정을 효과적으로 평가하기 위함이다. 이를 위해 평가 목표는 지식의 이해부터 지식의 적용과 창의적 문제 해결 및 실천까지 다양한 사고를 자극할 수 있도록 설계되었다. 세부 평가 기준이 다소 추상적이거나 지나치게 포괄적일 경우, 학생들이 이를 구체적으로 이해하지 못해 학습 동기가 저하되거나 평가의 신뢰도가 떨어질 수 있다. 반면, 세부 평가 기준이 명확하고 학생들의 수준과 학습 환경에 적합하게 설계될 경우, 학생들에게 자기주도적 학습 역량을 키울 수 있는 환경을 제공하고, 장기적으로 과학에 대한 흥미와 참여도를 높이며, 학습 동기를 지속적으로 유지하고 강화하는 효과를 기대할 수 있다.

IB MYP 과학 교과군에서는 목표와 평가 기준을 일치시키는 것을 중요시한다. MYP의 평가 기준은 학생들이 과학적 지식을 어떻게 이해하고 조사를 설계 및 수행하는지, 자료를 어떻게 처리하고 분석하는지, 그리고 결과를 어떻게 해석하고 평가하는지에 초점을 맞추고 있다. 이를 위해 교사들은 수업 계획과 평가 활동을 명확하게 연결하여, 교육 목표가 교육 내용에 구체적으로 반영되고 학생의 성취도를 엄격히 평가할 수 있도록 한다. IB MYP 과학 교과군에서 목표와 평가 기준의 일치는 학습의 일관성을 보장하고 교육의 효과를 극대화하며, 학생들이 과학적 사고와 문제 해결 능력을 키우는 데 중요한 역할을 하여 학생들의 전인적(holistic) 성장을 지원한다.

IB MYP 과학 교과군의 평가 기준은 목표와 직접적으로 연결되어 있어, 학생들이 과학적 지식을 어떻게 이해하고 활용하는지, 연구를 어떻게 설계하고 수행하는지, 그리고 결과를 어떻게 처리하고 평가하는지에 대해 구체적으로 측정한다. 이러한 평가 기준은 학생들이 과학 교육을 통해 필요한 지식과 기술을 실제적으로 어떻게 활용하는지를 명확하게 보여주며, 교사들이 수업 계획을 효과적으로 설계하고 평가 활동과 연결할 수 있게 한다. IB MYP 과학 교과군의 평가 기준은 네 가지 주요 영역으로 나뉘어 있으며, 각 영역은 학생들이 과학적 탐구 과정에서 필요한 다양한 기술과 능력을 개발할 수 있도록 설계되어 있다. 이러한 평가 기준은 학생들에게 과학을 더 깊이 이해하고, 그 지식을 실제 생활에 적용할 수 있는 능력을 키우는 데 기여한다.

IB MYP 평가 기준

- **평가 기준 A. 지식과 이해**

i. 과학적 지식을 설명합니다.

ii. 익숙한 상황과 익숙하지 않은 상황에서 설정된 문제를 해결하기 위해 과학적 지식과 이해를 적용합니다.

iii. 과학적 근거가 있는 판단을 내리기 위해 정보를 분석하고 평가합니다.

- **평가 기준 B. 탐구 및 설계**

i. 과학적 연구로 검증할 문제나 질문을 설명합니다.

ii. 검증 가능한 가설을 세우고(명확히 표현하고) 과학적 추론을 사용해 이를 설명합니다.

iii. 변수 조작 방법과 데이터 수집 방법을 설명합니다.

iv. 과학적 연구를 설계합니다.

- **평가 기준 C. 처리와 평가**

i. 수집하고 변형한 데이터를 제시합니다.

ii. 데이터를 해석하고 과학적 추론을 사용해 결론을 설명합니다.

iii. 과학적 연구의 결과를 토대로 가설의 타당성을 평가합니다.

iv. 연구 방법의 타당성을 평가합니다.

v. 연구 방법의 개선 또는 확장 방안을 설명합니다.

• **평가 기준 D. 과학의 영향에 관한 성찰**

i. 특정한 문제나 이슈를 다루기 위해 과학이 적용되고 사용되는 방식을 설명합니다.

ii. 특정한 문제나 이슈를 해결할 때 과학의 사용과 적용이 갖는 다양한 시사점에 관해 논하고 평가합니다.

iii. 과학적 언어를 효과적으로 적용합니다.

iv. 타인의 작업과 사용한 정보의 출처를 문서화합니다.

출처: IB MYP 과학 가이드(IBO, 2014)

IB MYP의 평가 기준은 명확하고 체계적인 접근법으로 인정받고 있으며, 이를 참조하여 2022 개정 과학과 교육과정의 과학 교육 목표에서 평가 기준을 추출하는 작업은 여러 가지 이점을 제공한다. 다음은 필자가 2022 개정 과학과 교육과정의 과학과 교육 목표로부터 추출한 평가 기준이다.

표 V-1 **2022 개정 과학과 교육과정 교육 목표에서 평가 기준 추출하기**

과학 교육 목표		평가 기준 추출
(1) 자연 현상과 일상생활에 대한 흥미와 호기심을 바탕으로, 개인과 사회의 문제를 인식하고 과학적으로 해결하려는 태도를 기른다. (2) 과학의 탐구 방법을 이해하고 자연 현상과 일상생활의 문제를 과학적으로 탐구하는 능력을 기른다. (3) 자연 현상과 일상생활을 과학적으로 탐구하여 과학의 핵심 개념을 이해한다. (4) 과학과 기술 및 사회의 상호 관계를 이해하고, 개인과 사회의 문제해결에 민주 시민으로서 참여하고 실천하는 능력을 기른다.	⇨	**A. 과학적 탐구 태도** i) 자연 현상과 일상생활에 대한 흥미와 탐구 의지를 표현하기 ii) 개인과 사회의 문제 상황을 분석하기 **B. 과학 탐구 방법의 이해 및 적용** i) 과학의 탐구 과정을 설계하기 ii) 새로운 문제 상황에서 과학적 탐구 방법을 적용하기 **C. 과학 개념의 이해** i) 과학 개념을 정의하기 ii) 과학의 핵심 개념을 일상 생활에 연결지어 적용하기 **D. 과학 · 기술 · 사회의 관계 이해 및 실천** i) 과학 · 기술 · 사회의 상호 관계에 의한 영향 분석하기 ii) 과학적 접근을 통해 개인과 사회 문제에 대한 실질적인 해결책 제안하기

전략 1 **과학 교육 목표에서 평가 기준 추출하기**

- 교육 목표와 평가 목표를 일관되게 정렬하여 수업과 평가의 연계를 강화하기
- 구체적이고 측정 가능한 목표로 세분화하여 평가의 신뢰도를 높이고 실질적인 학습 성과를 평가하기
- 과정 중심의 평가 기준을 통해 탐구 기반 학습과 삶과 연계된 실제적 문제 해결 능력 강조하기
- 학생 수준과 학습 환경에 적합한 평가 목표를 설계하여 평가 목표를 학생들이 쉽게 이해하고 참여할 수 있도록 명확하게 설계하기

국가 수준 교육과정에서 과학 교육의 목표를 분석하여 측정 가능한 평가 기준으로 세분화하는 과정은 학습과 평가의 연계를 강화하는 데 중요한 단계이다. 이러한 과정을 통해 2022 개정 과학과 교육과정의 과학 교육 목표에서 핵심 요소들을 추출하여, A부터 D까지의 측정 가능한 형태의 평가 기준을 설정했다. 이러한 방식은 교육 목표가 넓은 범주에서 구체적인 평가 기준(criteria)으로 세분화되며, 다시 세부 평가 기준(strands)으로 나누어짐으로써 학습자들이 도달해야 할 구체적인 학습 성과를 명확하게 설정하는 데 도움이 된다.

'과학적 태도'라는 교육 목표는 '탐구 의지'를 평가하는 기준으로 연결되었고, '탐구 방법의 이해'는 과학적 문제 해결 능력을 평가하는 기준으로 이어졌다. 이런 명확한 연계는 학생들의 학습 성과를 보다 엄격하게 평가할 수 있게 하며, 목표 달성 여부를 명확하게 파악할 수 있게 한다. 이러한 연결과 해석은 필자의 주관적인 관점에서 제시된 것이며, 다른 관점에서도 고려될 수 있음을 유의해야 한다.

평가 기준은 수행 지시어(command terms)를 활용하여 각 평가 목표를 구체적이고 측정 가능한 형태로 설정했다. 예를 들어, 평가 기준 'A. 과학적 탐구 태도'의 '탐구 의지를 표현하기'나 평가 기준 'C. 과학 개념의 이해'의 '과학 개념을 정의하기'와 같은 세부 목표(strands)는 학생들이 학습을 통해 실제로 성취해야 할 구체적 행위 동사로 연결된다. 이처럼 자칫 추상적일 수 있는 교육 목표는 구체적이고 측정 가능한 평가 기준으로 변환하여 평가의 타당도를 높일 수 있다. 평가 기준 'D. 과학 · 기술 · 사회의 관계 이해 및 실천'에서는 탐구 기반 학습과 실제적 문제 해결을 강조하기 위하여, 학생들이 실제로 과학을 활용해 사회적 문제를 비

판적으로 사고하고 해결하는 능력을 평가하는 항목을 포함하였다.

이처럼 교육 목표와 평가 목표가 일관되게 유지될 수 있도록 하는 것이 중요하다. 교육 목표와 평가 목표 간의 정렬이 잘 이루어질 때, 학생들의 학습 성과를 보다 연계성 있게 평가할 수 있으며, 학습 목표 달성 여부를 명확히 파악할 수 있다.

하지만, 2022 과학과 교육과정의 과학 교육목표를 기반으로 평가 목표를 추출하다 보니, 다소 전통적인 '이해하기' 중심의 평가 목표가 빈번히 나타나는 경향을 발견했다. 이에 반해 IB(국제 바칼로레아) MYP 과학 가이드(IBO, 2014)에 나타난 과학 교육의 목적은 비판적 사고, 실생활 적용, 환경 감수성, 협력과 소통, 성찰 등 다양한 역량을 종합적으로 포함하고 있다.

IB MYP 과학에서는 비판적 사고와 문제 해결(예: 질문하기, 설명 구성, 주장 판단)과 같은 상위 사고 과정이 평가 목표에 포함되어 있다. 또한, 생물과 무생물 환경에 대한 감수성, 협력과 소통의 중요성, 학습 경험에 대한 성찰 및 정보에 기반한 과학적 판단을 강조하고 있다.

이처럼, 과학 교육의 평가 목표를 상위 사고 기능을 평가할 수 있도록 실생활 문제 해결, 환경 감수성, 협력적 학습, 그리고 성찰을 강화함으로써 현대 과학 교육의 요구를 효과적으로 반영할 수 있도록 수정 및 보완해야 할 필요를 느낀다.

이러한 접근은 전통적인 '이해하기' 중심의 평가 목표를 넘어서, IB MYP가 강조하는 비판적 사고, 실생활 적용, 환경 감수성, 협력과 소통, 성찰 등을 포함하는 종합적인 역량을 강화할 수 있다. 이는 현대 과학 교육이 요구하는 상위 사고 기능을 평가할 수 있도록 하며, 학생들이 협력적으로 학습하고, 그 학습 경험을 성찰하는 과정을 통해 과학적 판단을 내릴 수 있도록 한다. 이를 통해 과학 교육의 평가가 단순히 지식의 습득을 넘어서 학생들의 종합적인 능력 개발로 이어질 수 있음을 보여준다.

이에, 2022 개정 과학과 교육과정의 과학 교육 목표에서 추출한 평가 기준에 세 가지의 세부 평가 기준을 추가하여 최종 평가 기준을 다음과 같이 발전시켜 볼 수 있을 것이다.

전략 2 **평가 기준 발전시키기**

A. 과학적 탐구 태도

ⅰ) 자연 현상과 일상생활에 대한 흥미와 탐구 의지를 표현하기

ⅱ) 개인과 사회의 문제 상황을 분석하기

ⅲ) 과학적 대화에 참여하여 논의하기(추가)

B. 과학 탐구 방법의 이해 및 적용

ⅰ) 과학의 탐구 과정을 설계하기

ⅱ) 새로운 문제 상황에서 과학적 탐구 방법을 적용하기

ⅲ) 탐구 결과를 비판적으로 분석하기(추가)

C. 과학 개념의 이해

ⅰ) 과학 개념을 정의하기

ⅱ) 과학의 핵심 개념을 일상 생활에 연결 지어 적용하기

ⅲ) 과학 개념을 종합하여 융합적인 문제 해결하기(추가)

D. 과학 · 기술 · 사회의 관계 이해 및 실천

ⅰ) 과학 · 기술 · 사회의 상호 관계에 의한 영향 분석하기

ⅱ) 과학 · 기술의 발전과 연결된 사회적 이슈에 대해 평가하기(추가)

ⅲ) 과학적 접근을 통해 개인과 사회 문제에 대한 실질적인 해결책 제안하기

다 교육 목표와 핵심역량 및 인간상

1) 2022 개정 과학과 교육과정 설계의 개요

과학과 교육과정은 미래 사회를 살아갈 시민으로서 '과학적 소양을 갖추고 더불어 살아가는 창의적인 사람'을 육성하는 것을 목적으로 한다. 과학과 교육과정에서는 과학 지식·이해, 과정·기능, 가치·태도가 복합적으로 발현되어 나타나는 총체적인 능력인 역량을 함양하고자 한다. 과학과 교육과정에서는 자기관리, 지식정보처리, 창의적 사고, 심미적 감성, 협력적 소통, 공동체 역량 등과 같은 범교과적이고 일반적인 총론의 역량과 연계하여 과학적 탐구와 문제 해결 능력, 과학적 의사 결정 능력 등을 기르는 데 초점을 둔다. 이를 위해 과학과 교육과정은 생태 소양, 민주 시민의식, 디지털 소양을 갖추고, 첨단 과학기술을 기반으로 융복합

영역을 창출하는 미래 사회에 유연하게 대응할 수 있는 과학적 소양을 갖춘 사람을 양성하는 것을 목표로 한다(교육부 고시 제2022-33호 [별책 9] 과학과 교육과정, 2022).

그림 V-2 과학과 교육과정 설계의 개요

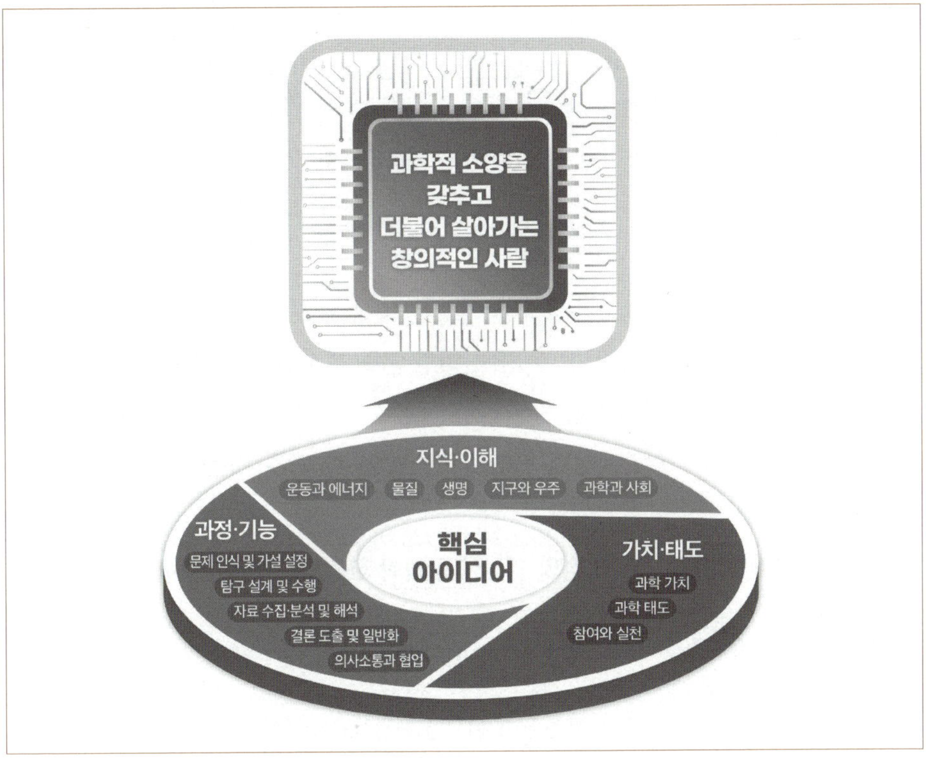

2) 과학과 교육 목표와 핵심 역량 및 인간상 연계하기

과학은 삶의 일부분으로, 학생들이 단순히 지식을 암기하는 것을 넘어 과학적 개념과 원리를 실생활 문제 해결에 적용할 수 있도록 돕는 교육 철학을 담고 있다. 학생들은 삶과 연계된 문제를 해결하는 과정을 통해 깊이 있는 과학적 이해를 바탕으로 비판적 사고와 문제 해결 능력을 키우며, 더 나아가 교양 있는 사람, 창의적 사고를 하는 사람, 공동체에서 더불어 사는 사람 등으로 성장할 것이다. 과학 교육은 이러한 인간상을 수업의 탐구 과정과 연결하여 학생들이 현실 세계에서 주체적으로 살아갈 수 있도록 도울 것이다.

인간상과의 관계

John Dewey(1897)는 "교육은 삶을 준비하는 것이 아니라, 교육은 삶 그 자체이다(Education is not preparation for life; education is life itself)"라고 말했다. 과학 교육은 이러한 교육 철학을 바탕으로 과학과 기술의 혁신을 삶과 연결 짓는 강력한 탐구 렌즈를 제공한다.

개념 기반 탐구 학습에서는 학생들이 단순한 지식 암기를 넘어서, 과학적 개념과 원리를 깊이 이해하고 이를 실제 문제 해결에 적용하는 능력을 기를 수 있다. 과학 교육의 목표와 인간상을 구체적인 수업 과정과 연결하여 실천하며, 학생들의 과학적 사고력과 탐구 역량을 강화하는 '탐구가 살아있는 수업', '삶과 연계된 수업'을 설계할 수 있다.

2022 개정 교육과정은 포용성과 창의성을 갖춘 주도적인 사람을 기르는 것을 목표로 하며, 〈표 V-2〉와 같이 네 가지 인간상을 제시한다. 과학 교과는 '과학적 소양을 갖추고 더불어 살아가는 창의적인 사람'을 육성하는 것을 목표로 하며, 다음과 같은 요소에서 2022 개정 교육과정의 인간상과 연결 지을 수 있다.

표 V-2 2022 개정 교육과정의 인간상과 과학 교과의 특성 연계하기

2022 개정 교육과정의 인간상	과학 교과의 특성 연결하기
자기주도적인 사람	과학 탐구를 통해 문제를 해결하고, 과학적 지식과 기술을 활용하여 스스로 문제를 탐색하는 태도를 기름
창의적인 사람	과학의 기본 개념을 익히고 다양한 상황에서 과학적 원리를 적용하여 새로운 아이디어를 창출하는 능력을 기름
교양 있는 사람	자연과학적 사고를 통해 세상을 이해하고, 과학적 소양을 바탕으로 기술과 사회의 관계를 이해함
더불어 사는 사람	과학적 의사결정을 통해 사회적 문제를 해결하고, 지속 가능한 발전과 기후변화 대응 등 공동체적 문제 해결에 기여하는 태도를 기름

또한, 과학 교육의 목표와 핵심 역량은 IB 학습자상과도 깊은 연관이 있다. 과학 교육이 강조하는 비판적 사고와 문제 해결 능력은 IB 학습자상의 '탐구하는 사람(Inquirers)', '사고하는 사람(Thinkers)'과 맞닿아 있으며, 과학 지식을 이용하여

삶과 연계된 문제를 해결하기 위해 '지식이 풍부한 사람(Knowledgeable)'과도 연결될 수 있다. 또한, 공동체와 더불어 살아가는 인간상을 지향하는 과학 교육의 철학은 IB 학습자상의 '배려하는 사람(Caring)'과 '균형 잡힌 사람(Balanced)'의 가치를 반영한다. John Dewey의 철학처럼 과학 교육은 '삶과 연계된 학습'을 통해 학생들이 현실 세계에서 주체적으로 살아갈 수 있는 역량을 강화하며, 이는 IB 학습자상이 추구하는 '반성하는 사람(Reflective)'과 '도전하는 사람(Risk-takers)'과도 연결된다. 따라서 과학 교육과 IB 학습자상은 학생들이 단순한 지식 전달을 넘어 주체적이고 균형 잡힌 학습자로 성장할 수 있는 기반을 마련하는 데 중요한 역할을 한다.

핵심 역량과의 관계

"과학과 교육과정에서는 자기관리, 지식정보처리, 창의적 사고, 심미적 감성, 협력적 소통, 공동체 역량 등과 같은 범교과적이고 일반적인 총론의 역량과 연계하여 과학적 탐구와 문제해결 능력, 과학적 의사결정 능력 등을 기르는 데 초점을 둔다"(교육부 고시 제2022-33호 [별책 9] 과학과 교육과정). 과학 교육은 학생들이 과학적 탐구 능력을 기르고, 협력과 소통을 통해 문제를 해결하는 경험을 제공함으로써, 핵심 역량을 자연스럽게 함양하도록 설계되어 있다. 핵심 역량은 지식정보처리 능력, 창의적 사고, 협력적 소통 등 여러 범교과적인 역량을 포함하며, 이러한 역량은 학생들이 미래 사회에서 과학과 기술의 혁신에 주도적으로 참여할 수 있게 하는 필수적인 능력이다. 예를 들어, 탐구 활동을 통해 학생들은 문제 인식, 가설 설정, 자료 분석 및 해석, 결론 도출 및 일반화의 과정을 경험하며 과학적 사고력과 창의적 문제 해결 능력을 키운다. 이러한 탐구 기반 학습은 자연스럽게 핵심 역량을 발달시키는 데 기여한다.

2022 개정 교육과정은 핵심 역량 함양을 강조하며, 과학 교육에서도 이를 실현하기 위해 지식·이해, 과정·기능, 가치·태도의 내용체계로 구성되어 학생들이 각 요소별 핵심 역량을 기를 수 있도록 하고 있다. 교육 목표는 학생들이 배워야 할 지식, 기능, 태도 등을 총체적으로 포괄하며, 이로부터 어떤 역량을 함양할 수 있을지를 예측할 수 있다.

가치·태도 측면에서는 과학의 가치(심미적 감수성과 과학적 감수성), 과학적 태도(창의성, 유용성, 윤리적 사고, 개방성), 참여와 실천(과학 문화 향유, 안전한 생활, 지속 가능한 사회 기여)이 포함되어 과학적 사고와 행동을 통해 핵심 역량을 함양할 수 있도록 구성된다. 이에, 교육 목표와 교육과정에서 제시된 성취 기준을 바탕으로, 학생들이 함양해야 할 구체적인 역량을 추출하고 이를 명시적으로 가르칠 수 있는 전략을 사전에 계획해야 한다. 예를 들어, 2022 개정 교육과정에서는 다양한 상황에서 독창적 아이디어 생성하기, 발산적 사고로 다각적 접근 시도하기 등이 제시되어 있으며, 이와 같은 '창의적 사고' 역량을 개발하기 위해 학생들에게 제공할 구체적인 학습 활동 또는 학습 결과물을 계획하고, 이 과정에서 요구되는 사고 과정과 문제 해결 방법을 사고 루틴(하버드 프로젝트 ZERO, Thinking routines) 등을 이용하여 구체적이며 명시적인 전략을 수립할 수 있다.

또한, 추출된 핵심 역량이 제대로 함양되었는지를 평가할 수 있는 방법을 제시해야 한다. 역량 기반의 평가는 단순한 지식 암기를 평가하는 것을 넘어서 학생들이 실제로 역량을 활용하여 문제를 해결하는 과정을 평가할 수 있다. 교육 목표에서 핵심 역량을 도출하는 과정은 목표와 역량 간의 관계를 명확히 하고, 이를 바탕으로 구체적인 학습 활동과 평가 방법을 설계하는 데 필수적이다.

전략 3 **과학 교육 목표와 핵심 역량 및 인간상 연결하기**

- 각 교육 목표에 맞는 핵심 역량을 설정하고, 해당 역량을 기를 수 있는 인간상을 연결하기
- 각 교육 목표의 구체적인 성취를 위한 평가 기준을 인간상의 특징과 연결시키기
- 목표와 핵심 역량, 인간상 간의 일관성을 유지하기 위해 각 목표의 실제적 적용 가능성을 고려하기
- 학습자가 실생활에서 적용할 수 있는 과학적 사고와 문제 해결 능력을 강조하여 인간상과 연계하기

IB(국제 바칼로레아)에서는 핵심 역량을 '학습접근방법: ATL(Approaches to Learning)'으로 제공하여, 학생들이 학습의 과정에서 필요한 기능을 체계적으로 함양할 수 있게 한다. ATL은 크게 다섯 가지 영역으로 구성된다(IBO, 2014).

- 사고 기능(Thinking Skills)
- 조사 기능(Research Skills)
- 의사소통 기능(Communication Skills)

• 대인 관계 기능(Social Skills)
• 자기관리 기능(Self-Management Skills)

IB의 ATL(Approaches to Learning) 학습 접근 방법은 학습 과정에서 학생들에게 필요한 기능을 명시적으로 가르치고 연습시키는 체계를 제공한다. 교사는 유닛 설계 단계에서 IB의 ATL 학습 접근 방법의 암시적 또는 명시적 접근 방법을 설계하여, 학생들이 해당 영역의 역량을 개발할 수 있도록 노력한다. 이를 통해 실제 문제 상황에 효과적으로 적용하여 역량 중심 교육과정의 목표를 실현할 수 있도록 지원하는 것이다.

표 V-3 과학 교육 목표와 핵심 역량·인간상의 연결

과학 교육 목표	핵심 역량	인간상	관련 이유
(1) 자연 현상과 일상생활에 대한 흥미와 호기심을 바탕으로, 개인과 사회의 문제를 인식하고 과학적으로 해결하려는 태도를 기른다.	공동체 역량, 자기관리 역량	자기주도적인 사람	학생들이 자신들의 주변 환경을 관찰하고, 관련 문제를 해결하기 위해 공동체와 협력하며, 자신의 학습을 효과적으로 관리하는 능력을 개발할 수 있다.
(2) 과학의 탐구 방법을 이해하고 자연 현상과 일상생활의 문제를 과학적으로 탐구하는 능력을 기른다.	창의적 사고 역량	창의적인 사람	과학은 자연 현상과 일상생활에서 발생하는 문제들을 창의적인 방법으로 해결할 수 있는 방법을 탐구하게 하며, 예상치 못한 결과를 해석하고, 그것을 바탕으로 새로운 질문을 제기하는 과정을 통해 창의적인 사고를 기르게 한다.
(3) 자연 현상과 일상생활을 과학적으로 탐구하여 과학의 핵심 개념을 이해한다.	지식정보처리 역량	교양 있는 사람	학생들은 복잡한 정보를 수집하여, 과학적 탐구 방법을 실제 생활에 적용하는 방법을 배운다. 일상생활에서 과학적 원리를 적용하고, 정보를 비판적으로 분석하며, 지식을 깊이 있게 이해하는 교양을 갖춘 인간으로 성장할 수 있다.

과학 교육 목표	핵심 역량	인간상	관련 이유
(4) 과학과 기술 및 사회의 상호 관계를 이해하고, 개인과 사회의 문제 해결에 민주 시민으로서 참여하고 실천하는 능력을 기른다.	협력적 소통 역량, 공동체 역량	더불어 사는 사람	다양한 관점을 이해하며, 과학적 지식을 실생활 맥락에 적용하여 사회적 문제를 해결한다. 이를 위해 과학적 아이디어를 설득력 있게 전달하는 방법을 배우며, 더 나은 사회를 만드는 데 필요한 공동체적 가치를 추구할 수 있다.

2022 개정 교육과정에서 제시하는 핵심 역량과 IB의 ATL(Approaches to Learning, 학습접근방법)은 학생들이 미래 사회에서 요구되는 기술과 태도를 개발하도록 돕는다는 공통된 목표를 가진다. 앞서 말한 바와 같이 IB의 ATL은 이를 효과적으로 가르치기 위해 단원 계획서(unit planner)에 암시적 또는 명시적으로 전략을 나타내며, 교사들이 수업 과정에서 구체적으로 적용할 수 있도록 설계되어 있다. 이에 따라, 2022 개정 교육과정의 핵심 역량도 IB의 ATL처럼 수업 계획에서 암시적 또는 명시적으로 적용하고 지도할 수 있는 구체적인 교수·학습 방안 및 수업 활동 예시를 제안하고자 한다.

① 공동체 역량과 대인 관계 기능(Social Skills)

공동체 역량은 협력, 책임, 사회적 역할을 이해하고 실천하는 능력을 의미하며, ATL의 대인 관계 기능과 직접적으로 연결될 수 있다. IB에서는 ATL 클러스터를 상세화하여 협력, 조정, 갈등 해결, 공감 등의 기술을 학생들에게 체계적으로 가르친다.

(예시) 토론과 피드백: 학생들 간의 토론을 통해 다양한 관점을 이해하고, 피드백을 통해 갈등을 해결하며 협력의 중요성을 배우게 한다.

② 공동체 자기관리 역량과 자기관리 기능(Self-Management Skills)

자기관리 역량은 목표 설정, 시간 관리, 정서 조절 등의 능력을 포함하며, ATL의 자기관리 기능과 일치한다.

(예시) 성찰 일지: 학습 과정에서의 성과와 개선점을 기록하도록 하여 자기주도적 학습 습관을 기르게 한다.

③ 창의적 사고 역량과 사고 기능(Thinking Skills)

창의적 사고 역량은 새로운 아이디어를 생성하고 문제를 다양한 관점에서 해결하는 능력으로, ATL의 사고 기능 중 창의적 사고와 비판적 사고 기술과 연결된다.

(예시) 사고 루틴 활용: 하버드 프로젝트 제로의 SEE-THINK-WONDER와 같은 사고 루틴을 적용하여 학생들이 문제를 깊이 있게 탐구하고 다양한 해결 방법을 제안하도록 한다.

문제 기반 학습(PBL): 실생활 문제를 해결하기 위해 다양한 접근 방식을 시도하게 하고, 창의적인 아이디어를 도출하도록 독려한다.

④ 지식정보처리 역량과 조사 기능(Research Skills)

지식정보처리 역량은 데이터를 분석하고 필요한 정보를 효과적으로 탐색하는 능력이며, ATL의 조사 기능과 연결된다.

(예시) 정보 출처 평가: 학생들에게 다양한 정보의 출처를 기록하게 하고, 신뢰성과 관련성을 평가하도록 지도한다.

⑤ 협력적 소통 역량과 의사소통 기능(Communication Skills)

협력적 소통 역량은 효과적인 의사소통과 경청을 통해 타인과의 협력을 도모하는 능력으로, ATL의 의사소통 기능과 밀접하게 연결된다.

(예시) 프레젠테이션 발표: 과학 프로젝트 결과를 동료들에게 발표하고 피드백을 주고받는 활동을 통해 의사소통 능력을 발전시킨다.

지금까지 과학 교육의 목적과 목표, 핵심 역량 및 인간상을 2022 개정 교육과정과 IB MYP 과학 교과군을 연결 지어 설명하였다. 다음으로는 이러한 이론적 배경을 바탕으로 과학과 개념 기반 단원 설계의 실제 사례를 소개하고자 한다. 개념 기반 단원 설계는 과학 교육에서 학생들이 개념과 맥락을 연결하여 심층적인 학습을 이루도록 하는 핵심 전략이다. 앞서 논의한 내용을 실제 단원 설계에 적용하여, 개념 기반 탐구 학습이 학습자가 지식을 넘어 스스로 학습하는 방법을 익히고 자기주도적인 평생 학습자로 성장하도록 어떻게 지원하는지 보여주고자 한다.

02 과학과 개념 기반 유닛 설계의 실제

과학과 핵심 아이디어는 과학 영역별로 주요 개념과 일반화된 지식을 중심으로 구성하였다. 운동과 에너지, 물질, 생명, 지구와 우주, 과학과 사회 등 과학의 영역별로 주요 과학 개념과 원리의 일상생활 적용과 통합·융합 교육을 체험할 수 있도록 과학의 지식·이해, 과정·기능, 가치·태도를 종합하여 핵심 아이디어를 도출하였다(교육부 고시 제2022-33호 [별책 9] 과학과 교육과정, 2022).

2022 개정 과학과 교육과정에 제시된 '핵심 아이디어'는 학생들이 단순히 개별 과학 개념을 학습하는 것이 아니라, 보다 넓은 맥락에서 개념을 연결하고 활용할 수 있도록 돕는 데 초점을 둔다. 즉, 학습자가 과학·기술의 본질적 의미와 가치를 깊이 탐구하고, 이를 다양한 맥락에서 응용할 수 있도록 진술된 일반화된 문장이다. 이는 학생들에게 단순 지식 암기를 넘어 더 광범위한 원리와 개념으로 확장된 사고를 할 수 있게 한다.

'핵심 아이디어'는 학습자가 과학적 지식과 기술을 탐구하고, 이를 다양한 맥락에서 적용하며, 그 의미를 자신의 삶에 전이(transfer)할 수 있도록 설계되었다. 특히, 2022 개정 과학과 교육과정의 '과학과 사회' 단원의 '핵심 아이디어'는 다른 단원에 비하여 좀 더 포괄적인 일반화 문장으로 제시가 되어 있어서 '개념적 이해(conceptual understanding)'를 추출하기가 용이하다.

다음은 '과학과 사회' 단원의 '핵심 아이디어'에 따른 '개념적 이해' 문장을 추출한 예시이다.

전략 4 '핵심 아이디어'에서 '개념적 이해' 추출하기

- (핵심 아이디어) "과학 탐구를 통해 얻은 과학기술은 질병의 발생 원인 규명과 예방법 마련 등 인류 복지에 기여하고, 인류가 처한 여러 가지 재난 상황 극복에 활용된다." (교육부 고시 제2022-33호, [별책 9] 과학과 교육과정)
  - 과학기술은 인간의 복지 증진을 위한 도구로 작용한다.
  - 과학적 탐구는 인류가 직면한 복잡한 문제를 해결하는 데 기여한다.
- (핵심 아이디어) "과학기술의 발달은 미래 사회의 모습과 직업에 영향을 미치며, 개인은 이러한 미래 사회의 모습과 새로운 진로를 탐색하며 자신의 삶을 준비한다." (교육

부 고시 제2022-33호, [별책 9] 과학과 교육과정)
- 과학기술의 진보는 사회 구조와 직업의 변화를 가져온다.
- 인간은 과학기술의 변화를 기반으로 미래를 계획하고 준비할 수 있다.

하지만 '과학과 사회' 단원을 제외하고는 2022 개정 과학과 교육과정에 제시된 '핵심 아이디어'가 포괄적이기보다는 주제어(topic) 중심의 사실(facts)과 맥락(contexts)으로 구체화된 문장들이 많다. 또한, 내용 체계표에서도 초등학교 3학년부터 중학교 3학년까지 '운동과 에너지, 물질, 생명, 지구와 우주 및 과학과 사회'의 5개 영역에서 각 영역별로 3~6가지의 핵심 아이디어를 제공한다. 이에 교사들은 총합 22개밖에 안 되는 핵심 아이디어로 7년의 과정을 지도해야 하는 어려움이 따른다. 이에, [전략 3]에서 보여준 예시처럼 하나의 '핵심 아이디어'에서 유닛의 설계 의도에 따른 '개념적 이해'를 몇 가지로 추출해보는 것을 추천한다. 자세히 살펴보면 2022 교육과정의 핵심 아이디어에는 내용(contents)뿐만 아니라 맥락(contexts)도 보이기에 교사의 수업 의도에 맞추어 오히려 여러 가지로 변형이 가능한 탄력성 있는 '개념적 이해'가 도출될 수 있다.

다음의 수업 설계 예시에서는 2022 개정 과학과 교육과정의 '내용 체계' 표에서 '수권과 수자원'이 '지구와 우주'에 분류되어 있으나, '지속 가능한 사회'와 수자원의 연결성을 탐구하기 위해 '과학과 사회' 단원에서 핵심 아이디어를 추출했다.

1 탐구하기

가 핵심 아이디어로 유닛 설계 시작하기

표 V-4 **핵심 아이디어로 유닛 설계 시작하기(과학과)**

유닛명	자원으로서의 물의 가치	학교급/학년	중/2
핵심 아이디어	과학기술은 자원과 에너지 등의 효율적 이용 방안을 제공하여 지속가능한 사회에 기여한다.		
성취기준 (2022 개정 교육과정)	[9과18-01] 수권에서 해수, 담수, 빙하의 분포와 활용 사례를 조사하고, 자원으로서 물의 가치에 대해 토론할 수 있다.		

범주	지식·이해	과정·기능	가치·태도
	• 과학적 탐구 방법 • 과학기술의 영향 • 과학과 지속가능한 사회	• 융합적 사고, 수학적 사고와 컴퓨터 등을 활용해 자료를 분석·평가·추론하기 • 결론을 도출하고, 결론의 사회적 가치를 판단하여 과학·기술·사회의 문제 해결 상황에 적용·설명하기 • 타당한 근거에 기초하여 자신의 주장을 펼치고 실천적 대안 마련하기	• 과학 문제 해결에 대한 개방성 • 과학 문제 해결의 학문 간 융합적 접근 • 안전·지속가능 사회에 기여

나 핵심 아이디어 재구조화와 탐구 질문 만들기

표 V-5 핵심 아이디어 재구조화와 탐구 질문 예시(과학과)

<table>
<tr><td rowspan="3">유닛의 성격</td><td colspan="3">이 유닛은 학생들이 수권에서 해수, 담수, 빙하 등의 자원의 종류를 이해하고 이들의 분포와 활용 사례를 통해 자원으로서의 물의 가치를 인식하게 한다. 과학기술을 이용한 자원과 에너지의 효율적 활용 방안을 학습하여 지속 가능한 사회의 중요성을 깨닫기를 기대한다. 이를 통해 학생들은 (1) 과학적 탐구 방법, 과학기술의 영향, 과학과 지속가능한 사회의 특징에 대해서 알고, (2) 자료를 분석하며, 타당한 결론을 도출하는 능력 및 문제 해결을 위한 실천적 대안을 마련할 수 있다. (3) 학생들은 과학적 탐구 방법과 과학기술의 영향, 지속 가능한 사회에 대한 이해를 심화시키고, 안전하고 지속 가능한 사회에 기여할 수 있는 태도를 기른다.</td></tr>
<tr><td>주요 개념</td><td>관련 개념</td><td>실제적 맥락</td></tr>
<tr><td>관계</td><td>발전, 환경</td><td>세계화와 지속 가능성
(천연자원)</td></tr>
<tr><td rowspan="2">재구조화된 핵심 아이디어</td><td>개념적 이해</td><td colspan="2">환경에 대한 이해는 인간과 환경이 맺고 있는 관계를 발전시킨다.</td></tr>
<tr><td>탐구 진술</td><td colspan="2">천연 자원의 지속가능한 이용은 환경과 인간 간의 상호적 관계를 발전시킨다.</td></tr>
</table>

탐구 질문	사실적 질문	- **환경**을 구성하는 요소는 무엇인가? - **천연 자원**의 지속가능한 이용 방안은 무엇인가?
	개념적 질문	- **지속가능한 자원** 관리는 공동체의 **발전**에 어떻게 기여할 수 있을까? - **천연 자원** 배분에 의한 갈등은 **환경**에 어떤 영향을 미칠까?
	논쟁적 질문	- **자원**은 누구의 소유인가? - **자원** 이용에 관한 국가 간의 협력적 **관계**는 평등할 수 있을까?

'과학기술은 자원과 에너지 등의 효율적 이용 방안을 제공하여 지속가능한 사회에 기여한다'는 2022 개정 과학과 교육과정의 핵심 아이디어는 과학기술이 환경 문제 해결과 지속가능성에 기여한다는 점을 강조한다. 특히, '환경에 대한 이해'는 과학기술을 효과적으로 활용하기 위한 기초적인 출발점이 된다. 이번 유닛에서는 '환경에 대한 이해는 인간과 환경이 맺고 있는 관계를 발전시킨다'라는 '개념적 이해'로 핵심 아이디어를 재구조화하여, 인간이 환경을 더 잘 이해하면, 과학기술의 발전과 함께 인간과 환경 사이의 관계도 긍정적으로 발전할 수 있음을 진술하고자 한다.

1) 탐구 진술 만들기

탐구 진술은 크게 다음의 두 단계로 만들어진다.

[1단계] 주요 개념과 관련 개념을 결합하여 '개념적 이해' 만들기

① 주요 개념(넓은 범위) 및 관련 개념(학문적 깊이)을 하나의 문장으로 병합한다.

② 학생들이 도달하기를 바라는 '빅 아이디어'를 표현한다.

③ 주제별(topic specific)보다는 일반적(general)이어야 한다.

그림 V-3 '개념적 이해'의 도식화

주요 개념과 관련 개념이 단순히 더해지는 (+) 관계가 아니라, 서로 영향을 주고받으며 상호작용한다는 점을 강조하기 위해 위의 그림과 같이 '개념적 이해'의 진술을 도식화하였다. 주요 개념과 관련 개념의 이러한 상호작용을 통해 학습자는 개념적 이해에 도달한다. 주요 개념과 관련 개념은 독립적으로 존재하는 것이 아니라, 서로 역동적인 상호작용을 통해 관계를 형성한다.

[2단계] '개념적 이해'를 '탐구 진술'로 맥락화하기

① '개념적 이해'에 '실제적 맥락(탐구 예시)'을 결합하여 구체화한다.

② 탐구의 명확하고 의미 있는 목적을 표현한다.

③ 총괄 평가와 직접적으로 연결되게 한다.

이때, 작성 시 유의점은 '학생들은, 그들은, 나는' 등의 대명사 사용은 지양하고, 되도록 현재 시제를 사용하여 전이 가능하게 진술한다. 필요한 경우 '종종, 자주, ~일지도 모른다. ~할 수도 있다.'라는 구문 사용도 가능하다(IBO, MYP 원리부터 실천까지 일부 발췌).

주요 개념과 관련 개념을 단순히 더하는 방식으로 결합하면, 개념 사이의 깊은 연결고리나 본질적인 의미를 충분히 이해하지 못한 채 학습자가 표면적인 관계만 이해하고 심화된 학습에 도달하지 못할 가능성이 있다. 따라서, 개념들을 연결할 때 이러한 연결이 학습자에게 실질적으로 어떤 의미가 있는지를 명확히 하고, 개념 간의 상호작용을 탐구해야 한다. 이에 주요 개념과 관련 개념 간의 관계를 역동적인 상호작용의 관계로 진술한 '개념적 이해'에 실제적 맥락이라는 상황을 구체화하여 진술하면, 학습자는 이 지식을 현실 문제 해결에 활용할 수 있는 유의미한 지식으로 발전시켜 '보편적 가치'에 도달할 수 있다.

그림 V-4 **실제적 맥락으로 구체화된 탐구 진술**

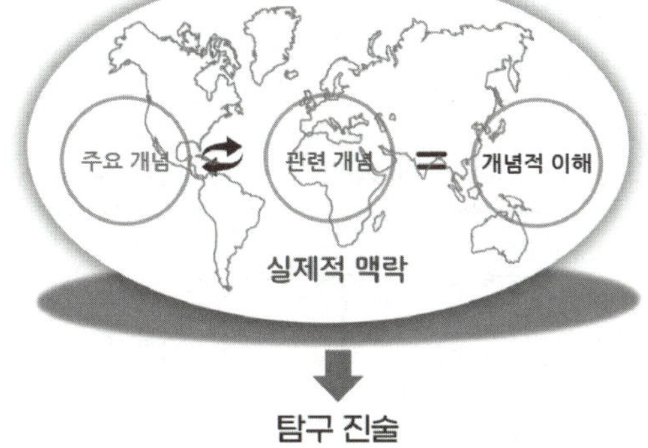

참고: 2022 개정 교육과정의 '삶과 연계된 학습'을 바탕으로,
'실제적 맥락'이라는 용어를 새롭게 명명하여 사용함.

과학과 개념 기반 수업 설계에서 '실제적 맥락[8]'은 학습자의 과학적 개념과 원리를 실생활과 연결하여 학습의 의미와 동기를 높이는 데 중요한 역할을 한다. 특히, 이 단원에서는 물 자원의 활용과 지속 가능성이라는 현실적이고 긴급한 주제를 다룸으로써 학생들이 과학적 탐구 방법과 기술의 가치를 이해하고, 안전하고 지속 가능한 사회를 만드는 데 기여할 수 있는 태도를 기를 수 있게 한다. 이를 통해 학생들은 단순히 이론적 지식을 습득하는 데 그치지 않고, 삶과 연결된 실제적 문제를 탐구하고 해결할 수 있는 역량을 기를 수 있게 한다.

문제 중심 학습(PBL, Problem-Based Learning) 및 탐구 기반 학습(IBL), IB MYP에서도 '맥락' 설정을 강조한다. [그림 V-5]의 '우산 모델(Adams, C., & Pierce, R., 2016)'은 '맥락' 설정의 중요성과 실제 생활의 문제를 해결하기 위해 관련된 범교과적인 주요 개념(cross-cutting concept)이 과정과 내용의 상호 보완적인 관계를 통해 어떻게 발전할 수 있는지 도식적으로 잘 보여주는 예시이다.

---

8 (1) 삶의 맥락은 『탐구-실행-성찰과정 프레임워크 2.0』(경기도교육청, 2024)에서 다음과 같이 제시된다. ① 개인과 사회 공동의 행복 ② 정체성과 자기주도성 ③ 보편적 사회복지 ④ 포용력과 이해 ⑤ 공감과 상호 협력 ⑥ 생태전환과 기후변화 ⑦ 디지털 전환과 AI ⑧ 책임 있는 민주시민
(2) 세계적 맥락은 『중등교육 프로그램: 원리부터 실천까지』(IBO, 2014)에서 다음과 같이 제시된다. ① 정체성과 관계 ② 시공간의 방향성 ③ 개인적·문화적 표현 ④ 과학과 기술의 혁신 ⑤ 세계화 및 지속 가능성 ⑥ 공정과 발전

그림 V-5 A model for concept development with processes and content (Adams, C., & Pierce, R., 2016)

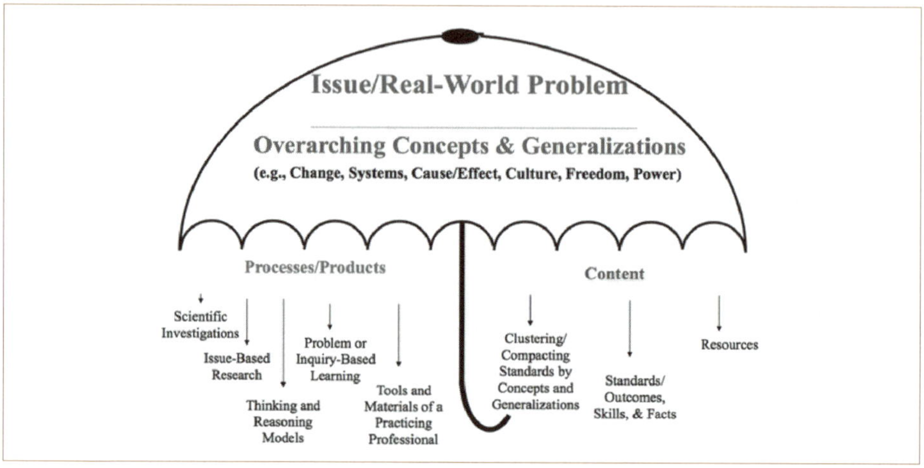

학습의 중심에는 "실제 세계의 문제(Issue/Real-World Problem)"가 놓여 있으며, 이는 학습자들이 현실 세계에서 접할 수 있는 구체적이고 실질적인 도전 과제를 상징한다. 이러한 문제는 학습자에게 단순한 지식 습득을 넘어, 비판적 사고와 창의적 문제 해결 능력을 요구한다. 이를 해결하기 위해 학습자는 개념적 일반화(Overarching Concepts & Generalizations)와 학문적 지식을 활용해야 한다. 이 모델은 학습 과정에서 "과정과 산출물(Processes/Products)"과 "내용(Contents)"의 두 축이 균형 있게 작동해야 함을 강조한다. 필자가 설계한 '자원으로서의 물의 가치' 유닛에서는 '세계화와 지속 가능성(천연 자원)'이라는 IB MYP의 세계적 맥락(Global contexts)의 탐구 예시(exploration examples)에서 추출했다. 이 단원에서 '세계적 맥락'이라는 용어 대신 '실제적 맥락'이라는 용어를 사용한 이유는 학생들에게는 좀 더 개개인의 삶에 밀접한 학습 환경을 조성하며, 이를 통해 우리 주변의 문제 상황에 관심을 가지고 이를 해결할 수 있는 교육의 실질적 효과를 거둘 수 있다. '실제 세계의 문제(Issue/Real-World Problem)'와 유사하게 '실제적 맥락'이라는 용어를 사용하여 학생들이 현재 살아가는 환경, 지역사회, 그리고 개인적 경험과 밀접하게 연관되게 하였다.

2022 개정 교육과정에서 강조하는 '삶과 연계된 학습'은 학생들이 실질적으로 마주하는 환경과 사회적 상황에 대해 학습하면서, 이를 통해 개인적 성찰과 사회

적 실천을 가능하게 한다. 이는 학생들에게 단순히 학문적 지식을 습득하는 것에서 나아가, 배운 내용을 실생활에 적용할 수 있는 힘을 길러줄 수 있다. 이와 같은 방향은 삶의 맥락을 무시한 학습은 학생들에게 동기와 흥미를 줄 수 없으며, 미래 사회의 복잡한 문제를 해결하는 데 효과적이지 않다는 점에서 출발한다. 따라서 탐구 기반 수업은 학습자가 직면할 다양한 실제적 상황과 연계되어야만 실질적인 학습의 효과를 기대할 수 있다.

전략 5 **'개념적 이해'를 '탐구 진술'로 맥락화하기**

- "과학 탐구를 통해 얻은 과학기술은 질병의 발생 원인 규명과 예방법 마련 등 인류 복지에 기여하고, 인류가 처한 여러 가지 재난 상황 극복에 활용된다."

※ 교육부 고시 제2022-33호 [별책 9] 과학과 교육과정 내 핵심 아이디어에서 필자가 추출한 개념적 이해를 이용하여 작성한 탐구 진술(IB MYP 과학과 주요 개념, 관련 개념 이용)

예시 1 **개념적 이해: 과학기술은 인간의 복지 증진을 위한 도구로 작용한다.**

▸ 주요 개념: 변화

▸ 관련 개념: 발전, 시스템

▸ 실제적 맥락: 과학과 기술의 혁신(생물학적 혁명)

▸ 탐구 진술: 생물학적 혁명은 전염병 예방 기술의 발전을 통해 인간 복지와 공중보건 체계를 혁신적으로 변화시킨다.

예시 2 **개념적 이해: 과학적 탐구는 인류가 직면한 복잡한 문제를 해결하는 데 기여한다.**

▸ 주요 개념: 시스템

▸ 관련 개념: 발전, 전이

▸ 실제적 맥락: 개인적 문화적 표현(기업가 정신)

▸ 탐구 진술: 기업가 정신에 의한 과학적 탐구는 시스템을 발전시켜 다양한 상황에서 전이 가능한 지식으로 작용한다.

2) 탐구 질문 만들기

이 유닛에서 설정된 '탐구 질문'은 학습자들이 주요 개념과 관련 개념을 깊이 이해하고, 이를 다양한 맥락에 전이할 수 있도록 돕는 중요한 도구이다. 특히, 이번 단원에서 설정된 탐구 질문은 '천연 자원의 지속 가능한 이용과 환경 간의 상호작용'이라는 핵심 주제를 기반으로, 학생들이 사실적, 개념적, 논쟁적 관점에서 자원과 지속 가능성을 탐구할 수 있도록 설계되었다.

탐구 질문은 탐구 진술에서 도출되어 탐구 진술을 구체화하고 심화된 논의를 이끌어내는 데 활용된다. 교사와 학생은 이러한 질문을 중심으로 학습 목표를 보다 깊이 탐구하며, 이를 통해 학습자가 폭넓고 심도 있는 사고를 발전시킬 수 있도록 돕는다.

Miguel Kagan(1999)은 그의 저서 "Higher-Level Thinking Questions: Personal & Social Skills"에서 질문의 유형을 '저차원적 질문(Low Order Thinking)'과 '고차원적 질문(High Order Thinking)'으로 구분하였다.

저차원적 질문은 학습자가 기억하거나 기본적인 이해 수준에서 사고하도록 유도하는 질문이다. 이 질문은 주로 정보 회상이나 사실 확인에 초점을 맞추며, 학습자가 이미 알고 있는 내용을 단순히 떠올리거나 설명하도록 한다. 이러한 질문은 Bloom의 인지적 교육 목표 분류에서 지식, 이해 등의 저차원의 사고를 유도하는 수준에 해당하므로 학습자의 사고를 심화시키는 데는 한계가 있다. 고차원적 질문은 학습자가 분석(Analysis), 종합(Synthesis), 평가(Evaluation), 창조(Create)와 같은 고차원적 사고를 하도록 유도한다. 이 질문은 기존 지식을 활용하여 새로운 아이디어를 생성하거나, 문제를 해결하기 위한 논리를 발전시키는 데 초점을 둔다. 질문은 학습자의 사고를 이끄는 중요한 도구이다. 이와 같은 질문은 학습자가 비판적 사고를 통해 자신의 사고를 확장하고, 창의적인 문제 해결 능력을 개발할 수 있도록 돕는다.

본 유닛에서는 사실적, 개념적, 논쟁적 질문의 세 가지 질문 형태로 설정했지만 이 외에도 안내 질문, 열린 질문, 핵심 질문 등 질문은 그 특징에 따라 사용법과 종류가 훨씬 다양하다. 질문의 종류에 대해 여러 분류 방법이 존재하며, 각각의 질문은 상황과 목적에 따라 다르게 활용될 수 있다. 그러나 중요한 것은 질문을 단순히 유형별로 구분하는 것에서 그치지 않고, 질문의 본질과 그것이 학습자에게 미치는 영향을 깊이 있게 고민하는 것이다.

질문은 단순히 정보를 확인하거나 학습의 방향을 설정하기 위한 도구가 아니라, 학습자와 교사 간의 상호작용의 핵심 요소이다. 즉, 질문 자체가 학습 과정의 촉매제가 되어 학생들의 사고를 자극하고 대화를 이끌어내는 것이 중요하며, 이를 통해 학생들이 사고를 확장하여 더 발전된 추가 질문을 이끌어 낼 수 있게 학습 과정을 지원하는 것이 교사의 역할이다. 이번 유닛에서 학생들과의 의미 있는 학습 여정을 만들어가기 위해 '탐구 질문'을 연속적으로 설정한 의도는 다음과 같다.

전략 6 **'탐구 질문'을 연속적으로 설정하기**

- "환경을 구성하는 요소는 무엇인가?"
  - 학생들이 자원의 분포와 활용, 지속 가능성을 탐구하기 위한 기초적 이해를 갖추도록 한다.
- "천연 자원의 지속 가능한 이용 방안은 무엇인가?"
  - 학생들이 천연 자원의 효율적 이용 방안과 지속 가능성이라는 용어를 탐구하게 한다.
- "천연 자원 배분에 의한 갈등은 환경에 어떤 영향을 미칠까?"
  - 학생들이 자원의 불평등한 분배가 환경 파괴, 자원 고갈, 또는 생태계 붕괴로 이어질 수 있음을 이해할 수 있게 한다.
- "지속 가능한 자원 관리는 공동체의 발전에 어떻게 기여할 수 있을까?"
  - 학생들이 지속 가능한 자원 관리가 공동체의 발전에 미치는 긍정적인 영향을 탐구하도록 한다.
- "자원은 누구의 소유인가?"
  - 학생들이 자원의 소유와 관리라는 철학적, 사회적 문제를 비판적으로 토론하게 한다.
- "자원 이용에 관한 국가 간의 협력적 관계는 평등할 수 있을까?"
  - 학생들이 자원 이용 문제를 글로벌 이슈로 확장하여, 국가 간 협력과 갈등의 맥락에서 지속 가능성을 논의하도록 한다.

본 유닛의 탐구 질문은 학습자가 자원과 환경에 대한 깊이 있는 이해를 점진적으로 심화하며 탐구할 수 있도록 설계되었다. 첫째, 기초적 이해에서 시작하여 점진적으로 심화된 탐구로 이어지는 구조는 학생들에게 자원과 환경에 대한 기본 개념을 이해하게 하고, 이를 바탕으로 복잡한 문제를 탐구할 수 있는 기초를 마련한다. 둘째, 지속 가능성이라는 주제를 다각적 관점에서 다루며, 과학적, 사회적, 윤리적 맥락에서 문제를 분석하고 해결책을 모색하게 한다. 이 과정은 지역적 맥락에서 시작해 글로벌 협력의 관점으로 확장되며, 학생들이 지역적 문제와 글로벌 이슈 간의 연관성을 이해하도록 한다. 더불어, 철학적이고 윤리적인 질문을 포함하여 사회적 정의와 책임에 대한 비판적 사고를 유도할 수 있다.

그림 V-6 유닛 구조화 '유닛 그물'

3) 유닛 구조화 '유닛 그물'

과학과에서 설정한 유닛 그물은 효과적인 학습 설계를 위해 필수적인 과정으로, 목표와 평가, 수업 활동이 일관되게 연결된 학습 환경을 설계하는 데 초점을 맞추었다. 이를 위해 포괄적 일반화(Overarching Generalization)와 핵심 질문(Essential Question), 개념적 렌즈, 마이크로 개념(MC), 지식의 일반화(KU)와 과정의 일반화(PU)를 설정하여 학습자에게 명확한 방향성과 의미 있는 학습 경험을 제공하며, 구체적인 경험에서 추상적 개념으로 사고를 확장할 수 있게 한다. 특히, 유닛 그물에서는 국가 수준 교육과정의 성취기준을 활용하여 학습 내용을 구조화하고, 중단원별 마이크로 개념에 맞춘 실제적 맥락과 학생의 흥미에 맞는 유연한 수업 설계가 가능하게 했다.

유닛을 구조화하지 않으면 자칫 수업이 단순한 내용의 나열이나 연계성 없는 활동 중심으로만 구성될 위험이 있지만, 아래 표와 같이 유닛 그물을 통해 학습을 핵심 질문 중심으로 조직하고, 구체적인 경험에서 일반화로 학습 여정을 단계적으로 계획할 수 있다.

표 V-6 유닛 구조화의 흐름

탐구 시작	문제 탐구	문제 해결	일반화 도달
수권과 해양 환경에 대한 이해(S1, S2).	수자원 활용과 기술적 해결책(S3).	지속 가능한 활용과 환경 보호 방안(S4).	'지속가능성은 환경과 인간의 관계를 변화시킨다.'

S1, S2, S3, S4와 같은 학습 주제별 스트랜드(세부 목표)를 설정한 이유는 학습 내용을 단계적으로 구조화하여, 학습자가 주제를 체계적으로 탐구하고 주요 개념에 대한 깊이 있는 이해에 점진적으로 다가가게 하기 위함이다. 스트랜드는 각 단원이 다루는 주제를 세분화하여 구체적인 학습 목표와 활동으로 연결되도록 설계되었으며, 이는 학습의 깊이를 더하고 학습자에게 명확한 학습 경로를 제공한다. 스트랜드를 설정한 또 다른 이유는 국가 수준 교육과정과의 연계성을 강화하기 위해서이다. 각 스트랜드는 교육과정에서 제시된 중단원의 학습 목표를 구체적으로 실현하는 데 도움을 준다. 예를 들어, 중학교 과학의 "물의 순환과 자원

의 활용"이라는 주제를 다룰 때, "수권의 분포와 특징"에서 시작해 "물의 보호와 지속 가능한 활용"으로 발전하는 단계적 학습을 설계할 수 있다. 이러한 설계를 통해 학생들은 단순한 정보 전달을 넘어 체계적으로 조직된 학습 경험을 누릴 수 있다.

유닛 그물에서 설정한 핵심 질문(Essential Question)은 단원의 전체적인 학습 방향을 설정하는 본질적인 질문으로, 학습자가 유닛을 통해 반드시 탐구하고 이해해야 할 포괄적 일반화와 방향성을 같이 한다. 예를 들어, "지속 가능한 자원으로서의 물의 가치를 어떻게 향상시킬 수 있을까?"라는 핵심 질문은 단원 전체를 아우르는 본질적인 문제를 제시하며, 학습자들이 이를 중심으로 다양한 학습 활동을 연결하도록 유도한다.

탐구 질문은 핵심 질문을 구체적인 학습 단계로 풀어내는 역할을 한다. 사실적, 개념적, 논쟁적 질문으로 구성된 탐구 질문은 학습자가 핵심 질문에 답하기 위해 필요한 정보를 습득하고, 개념 간의 관계를 이해하며, 다양한 관점을 통해 문제를 분석하도록 돕는다.

이처럼 핵심 질문과 탐구 질문은 상호 보완적인 관계를 가진다. 핵심 질문은 학습자가 단원 전체에서 추구해야 할 방향성을 제시하며, 탐구 질문은 이 방향성을 구체화하여 학습 과정에서 학습자의 사고와 활동을 이끌어간다. 따라서 유닛 그물에서는 단원의 전체적인 맥락과 목표를 설정하는 핵심 질문을 중심에 두고, 유닛 설계서에서는 학습자가 핵심 질문의 목표에 궁극적으로 도달하기 필요한 구체적 탐구 과정을 설계하기 위해 탐구 질문을 사용한다. 이 두 질문 유형이 상호 보완적으로 함께 작동할 때 학습자가 단원을 통해 지식과 과정을 상보적으로 습득하고 의미 있는 학습 경험을 쌓을 수 있다.

이 과정에서 마이크로 개념(MC), 지식의 일반화(KU)와 과정의 일반화(PU)의 역할도 중요하다. 마이크로 개념(MC)은 학습자가 각 스트랜드(S1, S2, S3, S4)에서 다루는 핵심 주제를 구체적으로 이해할 수 있도록 학습 초점을 명확히 제공한다. 지식의 일반화(KU)는 학습자가 구체적인 사례에서 출발하여 추상적인 개념을 이해하도록 돕는다. 지식의 일반화는 학습자가 개별 지식을 넘어 보편적인 원리나 개념으로 사고를 확장하도록 지원하며, 다양한 상황에서 지식을 적용할 수 있는 능력을 키우는 데 핵심적인 역할을 한다. 과정의 일반화(PU)는 학습자가 지식을 활용하여 탐구하거나 문제를 해결하는 방법을 익히도록 돕는다. 과정의 일반화는 학습자가 탐구 과정을 체험하며 지식을 실질적으로 적용할 수 있는 능력을 기르도록 지원하며, 이는 비판적 사고와 창의적 문제 해결 능력을 키우는 데 중요한 역할을 한다. 이처럼 마이크로 개념(MC), 지식의 일반화(KU), 과정의 일반화(PU)는 상호 보완적으로 작동하며, 학습자가 구체적인 지식에서 시작해 추상적 개념으로 사고를 확장하고, 실제 문제를 해결할 수 있는 역량을 갖추게 된다.

(생각 나누기) DVDM을 활용하여 유닛 설계 및 구조화에 대한 자신의 생각을 공유해 봅시다.

Definition(정의)	Value(가치)
Q 마이크로 개념(MC), 지식의 일반화(KU), 과정의 일반화(PU)가 각각 어떤 역할을 하는가? A ____________	Q 핵심 질문(Essential Question)과 탐구 질문(Inquiry Questions)은 학습에서 어떤 가치를 가지는가? A ____________
Difficulty(어려움)	**Method(해법)**
Q 유닛 그물을 설계할 때, 국가 수준 교육과정과 개념 기반 탐구 학습의 요구를 조화시키는 데 가장 큰 도전은 무엇인가? A ____________	Q 유닛 그물의 설계 과정에서 교육과정의 목표를 반영하고 학습자의 흥미를 고려하기 위해 어떤 전략을 사용할 수 있는가? A ____________

개념 기반 탐구 수업을 구현하는 데에는 여러 도전 과제가 따른다. 국가 수준 교육과정에서는 학생들이 도달해야 할 표준화된 지식과 이해를 강조하는 반면, 개념적 탐구 학습을 통해 학습자의 비판적 사고와 문제 해결 능력을 심화하려면 충분한 시간과 자원이 필요하다. 그러나 실제 교육 현장에서는 이러한 조건을 충분히 확보하는 데 어려움이 따를 수 있다.

이를 해결하기 위한 전략은 다음과 같다. 우선, 학습자 중심의 접근을 통해 학습자의 흥미와 배경 지식을 사전에 조사하고 이를 유닛 설계에 반영하는 것이 필요하다. 이를 통해 학습자가 주도적으로 참여하고 몰입할 수 있는 환경을 조성할 수 있다. 또한, 지역과 학생의 맥락 분석을 통해 학습자가 처한 지역적 특성과 문화적 배경을 고려하는 것이 중요하다. 지역 사회에서 직면하는 문제나 학생들이 실제로 경험하는 상황을 학습에 통합하면 학습의 의미와 관련성을 높일 수 있다.

교육과정 목표와 탐구 학습을 융합한 학습 설계도 필요하다. 표준화된 내용과 비판적 사고를 동시에 강화할 수 있는 활동을 포함하여 교육과정의 요구를 충족하는 동시에 학생의 탐구와 참여를 촉진할 수 있다. 예를 들어, 프로젝트 기반 학습을 활용하되, 국가 수준 교육과정에서 요구하는 성취기준과 연결된 문제를 제시할 수 있다.

유연한 질문 활용은 학습자의 수준에 맞는 핵심 질문과 탐구 질문을 통해 학습자의 흥미를 유지하고 몰입을 유도할 수 있는 또 다른 효과적인 방법이다. 이와 더불어, 다양한 평가 도구를 사용하여 형성 평가와 과정 중심 평가를 병행함으로써 학습자가 학습 과정에서 성취감을 느낄 수 있도록 한다. 마지막으로, 실생활과의 연결을 통해 학습 내용을 학생들이 실제로 경험하거나 해결할 수 있는 문제와 관련지음으로써 학습의 의미를 높인다. 예를 들어, 지역 사회에서 발생하는 환경 문제를 다룰 때 이를 해결하기 위한 아이디어를 학생들이 탐구하도록 유도할 수 있다.

이러한 전략은 지역과 학생의 맥락을 반영하며, 국가 수준 교육과정의 요구를 충족하면서도 개념적 탐구 학습의 장점을 살리는 데 효과적이다.

IB MYP 총괄평가에서 주로 사용하는 GRASPS(Goal, Role, Audience, Situation, Product/Performance, Standards for Success)는 유닛 설계 단계에서 설정된 교육과정 목표와 탐구 학습의 요구를 평가 과제와 자연스럽게 연결할 수 있는 모델이다. 학습자는 GRASPS를 통해 자신의 역할과 상황을 구체적으로 파악하며, 주어진 과제를 해결하기 위해 필요한 사고 과정과 행동을 체계적으로 계획할 수 있다.

이 모델은 유닛 그물을 기반으로 지역과 학생의 맥락을 반영한 총괄 평가 과제 설계에 특히 유용하다. GRASPS에서 제시하는 과제는 학습자가 자신의 지역적, 문화적 배경 속에서 실제로 경험하거나 해결할 수 있는 문제를 기반으로 설계될 수 있다. 이는 학습 내용과 실생활 간의 연계를 강화하고, 학습자가 학습 과정에서 의미와 성취감을 느낄 수 있도록 돕는다.

앞으로 소개할 총괄 평가 과제 예시에서처럼 GRASPS는 학습자가 유닛 설계에서 강조된 개념과 탐구 질문을 평가 과제에서 적용하고 통합할 수 있도록 한다. 이는 과학 교육의 목표인 비판적 사고력과 창의력을 촉진하며, 학생들이 단순히 지식을 습득하는 것을 넘어 실제 문제를 해결하는 능력을 개발하는 데 기여한다. GRASPS 모델은 유닛 설계와 평가가 일관성을 가지며 학습자가 학습의 전체 과정을 주도적으로 탐구할 수 있는 환경을 제공하여, 개념 기반 탐구 학습의 방향을 효과적으로 실현하는 도구로 기능할 수 있다.

4) 탐구 진술에 따른 총괄평가 과제 개발하기

이 유닛의 핵심은 학생들이 단순히 지식을 배우는 것을 넘어, 자신이 배운 내용을 현실 문제에 적용하고 이를 통해 실질적인 변화를 만들어낼 수 있는 능력을 갖추는 데 있다. 이를 효과적으로 평가하기 위해, 탐구 진술과 긴밀히 연결된 총괄 평가 과제가 필요하다. 탐구 진술에 기반한 총괄 평가 과제 개발은 학생들의 '개념적 이해'를 확인하기 위해, 총괄 과제를 탐구 진술과 관련지어 설계하고, 학생들이 학습한 개념과 원리를 얼마나 깊이 이해하고 있는지를 평가한다.

표 V-7 탐구 진술에 따른 총괄평가 과제 개발(과학과)

탐구 진술과 총괄 평가의 관련성	총괄 평가 과제 개발
지속 가능한 수자원의 이용 방안을 제안하기 위하여 수자원 환경 전문가가 되어, 관심 국가 또는 지역의 수자원 현황을 조사하는 활동을 한다. 각 지역 및 국가의 현존하는 문제점을 조사를 하고 난 후 국가적, 사회적, 개인적 차원의 해결 방안을 제시하여 사람들이 지역 및 세계의 환경과 맺고 있던 관계를 발전시킬 수 있는 경험을 하게 한다.	**G(목적):** 지구 환경 위기를 극복하기 위해 자원으로서의 물의 가치를 인식하고, 수자원 이용과 관련된 현안 문제를 해결하기 **R(역할):** 수자원 환경 전문가 **A(청중):** 수자원 학회에 참석한 청중 **S(상황):** 수자원 이용 실태를 조사하기 위해 관심 국가 또는 지역을 선정하고, 해당 국가 또는 지역의 수자원 현황에 대해 검증된 데이터를 이용하여 과학적으로 서술한다. 자원으로서 물의 가치를 높이는 문제에 대하여 과학의 사용으로 해결될 수 있는 시사점을 논하고, 국가적, 사회적, 개인적 해결 방안을 과학적 근거를 들어 분석적으로 제안한다.

탐구 진술과 총괄 평가의 관련성	총괄 평가 과제 개발
이를 통해 천연 자원의 보존과 관련된 세계화와 지속 가능성의 실질적 맥락 속에서 자연 환경을 둘러싼 관계를 이해하고, 분석된 현안 문제를 해결하기 위하여 다른 상황에서도 전이 가능한 해결 방안을 도출함으로써 실생활 문제를 해결할 수 있게 한다.	**P(결과물):** (1) PPT 슬라이드: 서론-상황 분석(SWOT), 본론-해결 방안(Take Action), 결론-제안점(Suggestion) (2) 산출물: 표와 그래프를 이용한 데이터 분석, 수자원 오염 사진을 이용한 실태 분석을 포함한 인포그래픽 형식의 "Glocal 수자원 MAP" (3) 출처 및 성찰 일지 **S(평가 기준):** D (all strands) 과학, 기술, 사회의 관계 이해 및 실천

5) 지식 · 이해, 과정 · 기능, 가치 · 태도 평가하기

과학 교육은 단순히 과학적 지식을 전달하는 데 그치지 않고, 학생들에게 지식, 기능, 태도를 균형 있게 습득하도록 돕는 것을 목표로 한다. 과학적 소양(scientific literacy)은 과학을 이해하고 활용하며, 이를 바탕으로 책임감 있는 결정을 내리는 데 필요한 종합적인 역량으로, 이는 단순한 지식 암기에서 끝나는 것이 아니라, '무엇을(what) 이해하고, 어떻게(how) 탐구하며, 왜(why) 책임감 있게 행동해야 하는지'를 학습하는 전인적(holistic) 과정을 포함한다. 따라서 평가에서도 지식, 기능, 태도를 균형 있게 다루어야 학생들이 과학적 소양을 효과적으로 함양할 수 있도록 설계한다.

현대 사회에서 과학적 지식은 윤리적, 환경적, 사회적 영향을 동반한다. 과학적 지식과 기능을 책임감 있게 활용하려면 올바른 가치와 태도가 반드시 필요하다. 과학 교육은 학생들에게 과학·기술의 윤리적, 환경적 영향을 평가할 수 있는 능력을 배양하고, 협력적 태도와 지속 가능성을 고려한 책임감 있는 과학 활용을 장려한다. 이러한 과정은 학생들이 과학적 문제 해결에 있어 개인적 성취뿐만 아니라 공동체적 책임을 인식하게 한다. 특히, 21세기에는 기후 변화, 에너지 부족, 팬데믹 등 복잡한 문제가 점차 부각되고 있다. 이러한 문제를 해결하기 위해서는 과학적 지식과 기능뿐만 아니라 윤리적 판단과 사회적 책임을 포함한 가치와 태도의 평가가 더욱더 필요하다. 과학적 선택은 종종 윤리적, 환경적, 사회적 영향을 동반하기 때문에, 학생들이 단순히 지식을 습득하는 것을 넘어 이러한 영향을 고려하며 문제를 해결할 수 있는 역량을 갖추는 것이 중요하다.

가치·태도의 평가는 학생들이 과학·기술의 사용 과정에서 생길 수 있는 윤리적 딜레마와 환경적 부작용을 인식하고, 책임감 있는 결정을 내릴 수 있도록 돕는다. 예를 들어, 기후 변화 문제에서 온실가스 배출을 줄이기 위한 기술적 방안을 모색하는 동시에, 그 방안이 경제적 형평성이나 지역 사회에 미칠 영향을 평가하는 것이 요구된다. 이러한 과정에서 과학·기술의 사회적 가치를 평가하는 태도가 필요하며, 이를 통해 학생들은 개인적 선택이 공동체에 미칠 영향을 고려하는 능력을 기르게 된다.

따라서, 과학 교육에서 가치·태도를 평가하는 것은 학생들에게 과학적 사고와 함께 책임감 있는 행동을 실천하는 데 필요한 도덕적 기준과 사회적 감수성을 길러주는 필수적인 요소라 할 수 있다. 이는 미래 사회에서 학생들이 복잡한 문제를 해결하는 데 기여할 수 있는 전인적 역량을 갖추도록 하는 데 기여한다. 2022 개정 과학과 교육과정에서는 지식·이해, 과정·기능, 가치·태도를 과학 교육의 핵심 요소로 제시하고 있다. 이 세 가지 요소를 균형 있게 평가함으로써 수업, 학습, 평가 간의 일관성을 유지하고, 과학 교육의 본질을 충실히 반영할 수 있을 것이다.

전략 7 **'지식·이해, 과정·기능, 가치·태도' 평가 예시**

- 주제: 지구온난화 위기
  - 지식·이해: 온실효과의 원리를 명확히 이해하고, 온실가스의 종류와 그 영향을 설명할 수 있다.
  - 과정·기능: 공공 데이터베이스(예: NASA, IPCC)에서 과거와 현재의 기온 변화 및 온실가스 농도 데이터를 수집하여, 데이터 분석 결과를 그래프로 나타낼 수 있다.
  - 가치·태도: 환경 보호를 위해 실천 가능한 방안을 구체적으로 제안하고, 해당 방안의 실현 가능성과 기대 효과를 평가한다.
- 주제: 핵에너지의 사용
  - 지식·이해: 핵분열의 원리를 설명하고, 에너지 생성 과정에서 발생하는 방사선의 특징과 안전 관리 방법을 이해한다.
  - 과정·기능: 핵폐기물에 의한 오염 피해 사례를 조사하고, 신뢰성 있는 자료를 수집하여 원인과 영향을 분석한다.
  - 가치·태도: 핵에너지 사용의 이점과 한계를 균형 있게 평가하며, 환경적·윤리적 측면에서 핵에너지의 활용 여부에 대한 개인적 입장을 정리하고 근거를 제시한다.

■ 2022 개정 교육과정 수행평가 평가 기준표 개발하기

표 V-8 수행평가 평가 기준표 예시(과학과)

<table>
<tr><td colspan="2">평가영역</td><td>자원으로서의 물의 가치 토론하기</td><td>영역만점</td><td>20점</td></tr>
<tr><td colspan="2">교육과정
성취기준</td><td colspan="3">[9과18-01] 수권에서 해수, 담수, 빙하의 분포와 활용 사례를 조사하고, 자원으로서 물의 가치에 대해 토론할 수 있다.</td></tr>
<tr><td rowspan="5">성취 수준</td><td>A</td><td colspan="3" rowspan="2">수권에서 해수, 담수, 빙하의 분포와 활용 사례를 조사하고, 자원으로서 물의 가치에 대해 토론하는 활동을 통해 수자원의 중요성을 인식하며, 지속가능한 수자원 활용을 위한 수자원 보존 방안을 수립할 수 있다.</td></tr>
<tr><td>B</td></tr>
<tr><td>C</td><td colspan="3" rowspan="2">수권에서 해수, 담수, 빙하의 활용 사례를 이해하고, 자원으로서 물의 가치를 조사할 수 있다.</td></tr>
<tr><td>D</td></tr>
<tr><td>E</td><td colspan="3">수권에서 담수, 해수, 빙하의 분포를 말할 수 있다.</td></tr>
<tr><td colspan="2">평가요소</td><td colspan="2">수행 진술</td><td>배점</td></tr>
<tr><td rowspan="4">지식
이해</td><td rowspan="4">수권과 해수의 특성 설명하기 (8점)</td><td colspan="2">해수, 담수, 빙하의 분포와 활용 사례를 조사하여 수권의 특성을 과학적 원리에 적용하여 명확하게 설명할 수 있다.</td><td>8</td></tr>
<tr><td colspan="2">해수, 담수, 빙하의 분포와 활용 사례를 조사하여 수권의 특성을 과학적 원리에 적용하여 부분적으로 설명할 수 있다.</td><td>6</td></tr>
<tr><td colspan="2">해수, 담수, 빙하의 분포와 활용 사례를 조사하여 수권의 특성을 과학적 원리에 적용하여 부분적으로 설명하지만, 과학적 원리의 적용이 미흡하다.</td><td>4</td></tr>
<tr><td colspan="2">해수, 담수, 빙하의 분포와 활용 사례를 조사하여 수권의 특성을 제한적으로 설명하고, 과학적 원리에 적용하지 못한다.</td><td>2</td></tr>
<tr><td rowspan="4">과정
기능</td><td rowspan="4">지속 가능한 수자원 이용 방안 제안하기 (8점)</td><td colspan="2">지속 가능한 수자원 이용 방안을 명확하고 논리적으로 제안하며, 과학적 근거를 일관성 있게 제시하고, 다양한 요인과의 상호작용을 구체적으로 토론했다.</td><td>8</td></tr>
<tr><td colspan="2">지속 가능한 수자원 이용 방안을 일부 제안했으나, 과학적 근거가 충분하지 않고 토론 내용이 구체적이지 않다.</td><td>6</td></tr>
<tr><td colspan="2">지속 가능한 수자원 이용 방안을 제한적으로 제안했으며, 근거가 미흡하고 설명이 불명확하다.</td><td>4</td></tr>
<tr><td colspan="2">지속 가능한 수자원 이용 방안을 제안하지 못했다.</td><td>2</td></tr>
</table>

평가요소		수행 진술	배점
가치 태도	출처 기록하기 (4점)	수자원 관련 데이터를 명확하게 분석하고, 모든 출처를 정확하게 기록했다.	4
		수자원 관련 데이터를 때때로 분석했으며, 출처를 대체로 올바르게 기록했다.	3
		수자원 관련 데이터를 미흡하게 분석했고, 출처 기록이 불완전하다.	2
		출처 기록이 부족하거나 부정확하다.	1
		기본 점수	5
		장기 미인정 결석자	4

6) 2022 개정 과학과 교육과정과 MYP 과학의 수행 지시어 비교하기

2022 개정 과학과 교육과정과 IB MYP 과학 수행 지시어를 비교·분석하여 두 교육 체계의 평가 방식과 학습 목표의 차이를 평가하고자 한다. 2022 개정 교육과정에서 사용된 성취 기준의 지시어와 MYP 과학 지시어를 비교하는 것은 고차원적 사고를 자극할 수 있는 과정 중심 평가 방식을 설계하는 데 유익한 통찰을 제공할 것이다. 두 체계 간 지시어의 구체성, 평가의 명료성, 학습 목표 전달 방식의 차이를 분석함으로써, 평가 요소 설계 및 학습자 중심 평가 방식에 대한 통찰을 얻을 수 있을 것이다.

2022 개정 과학과 교육과정의 중학교 과학(1~3학년) 성취기준에서 추출된 수행 지시어는 총 133회로, 이 중 '이해하다'(33회)와 '설명하다'(32회)가 가장 높은 빈도를 차지하며 전체 수행 지시어의 절반 이상을 차지하고 있다. 이러한 결과는 교육과정이 개념 학습과 내용 전달에 중점을 두고 있음을 시사한다. 반면, '추론하다'(7회), '분석하다'(4회), '설계하다'(2회)와 같은 고차원적 사고를 요구하는 지시어는 상대적으로 빈도가 낮았다. 특히, Bloom의 교육 목표 분류표에서 '창조하기' 단계에 해당하는 지시어는 '만들다'(1회)로 극히 제한적이었다. 다음으로 IB MYP 과학(1~5년차) 지시어와의 비교를 통해, 학습 목표와 평가 방식의 균형을 찾고, 고차원적 사고와 창의적 문제 해결을 중심으로 평가 기준 및 요소 설정의 방안을 고민해보고자 한다.

MYP 과학 교과군 수행 지시어는 '평가하다'와 같은 비판적 평가와 논리적 사고를 요구하며, 고차원적 사고력을 강조한다. 또한, 학습자들이 창의적 활동을 통해 문제를 해결할 수 있도록 독려하는 구조를 갖추고 있다. '평가하시오'는 분석을 바탕으로 결론을 도출하도록 요구하며, 고차원적인 인지 능력을 측정하는 데 중점을 둔다. 반면, 2022 과학과 교육과정의 수행 지시어는 기본 개념 학습과 실생활 적용과 탐구 중심 학습을 강조한다. '이해하다'는 학습자들이 기본 개념을 충실히 습득하도록 유도하며, 과학적 사고의 기초를 다지게 한다. '조사하다', '실천하다'와 같은 수행 지시어는 실제 경험과 문제 해결 과정을 학습 목표로 설정한다.

표 V-9 2022 개정 과학과 교육과정 중학교(1~3학년) 성취기준 수행 지시어 분석

단계	수행 지시어(빈도수)	비율(%)
기억하기 (Remembering)	찾다(4회), 알다(16회)	15.04
이해하기 (Understanding)	설명하다(32회), 인식하다(3회), 관찰하다(4회), 이해하다(33회)	54.12
적용하기 (Applying)	실천하다(3회), 계획하다(2회), 소통하다(1회), 세우다(1회), 표현하다(7회)	10.53
분석하기 (Analyzing)	추론하다(7회), 비교하다(3회), 분석하다(4회), 분류하다(4회), 구분하다(1회), 예측하다(1회), 이끌어내다(1회)	15.79
평가하기 (Evaluating)	제안하다(1회), 토의하다 (1회), 토론하다(1회)	2.26
창조하기 (Creating)	만들다(1회), 설계하다(2회)	2.26
총	133회	100

표 V-10 IB MYP 과학 교과군 평가 기준(1~5년차)에 제시된 수행 지시어 분석

단계	수행 지시어(빈도수)	비율(%)
기억하기 (Remembering)	요약하다(5회), 간추리다(2회)	14.89
이해하기 (Understanding)	서술하다(7회), 설명하다(8회)	31.91
적용하기 (Applying)	적용하다(6회), 제시하다(3회)	19.15
분석하기 (Analyzing)	해석하다(1회), 분석하다(2회), 논하다(4회)	14.89
평가하기 (Evaluating)	평가하다(4회)	8.51
창조하기 (Creating)	설계하다(2회), 문서화하다(3회)	10.65
총	47회	100

이 두 체계는 평가의 목적과 초점에서 뚜렷한 차이를 보인다. 2022 개정 과학과 교육과정은 실생활과 연계된 교육 및 기초 학습 능력 배양에 강점을 가지지만, 비판적 사고력과 창의적 사고력 배양 요소가 부족하다. MYP 과학 지시어는 국제적 표준과 학문적 사고를 강조하며, 학생들이 글로벌 환경에서 요구되는 비판적 사고와 논리적 사고를 기르도록 지원한다. 두 교육 체계는 각각의 장단점을 가지고 있으며, 이를 비교함으로써 보다 효과적인 과학 교육 방안을 도출할 수 있다. 2022 개정 과학과 교육과정을 교수하기 위해서는 학습자들에게 비판적 사고와 창의적 문제 해결 능력을 기를 수 있도록 성취 기준을 재구조화할 필요가 있다. 이는 '창조하기'와 '평가하기'와 같은 고차원적 사고를 요구하는 지시어를 추가함으로써 가능하다. 또한, MYP 과학과 2022 개정 과학과 교육과정의 장점을 결합한 교과 통합적 접근을 통해, 실생활 문제 해결과 비판적 사고력을 동시에 배양하는 교육 모델을 개발할 필요가 있으며, 과정 중심 평가를 통해 학생들이 고차원적 사고 과정을 경험할 수 있도록 평가 체계를 보완해야 한다.

그림 V-7 **2022 과학과 교육과정(좌)과 IB MYP 과학 수행 지시어(우) 비율**

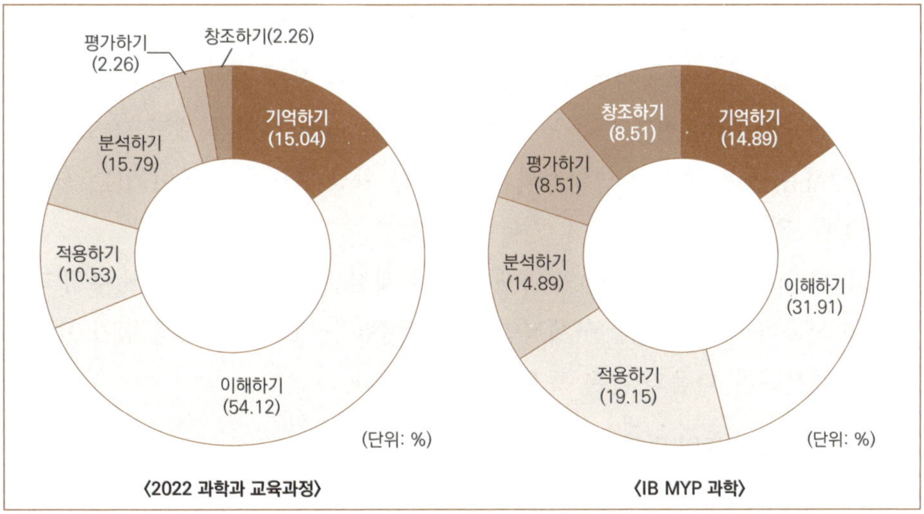

[그림 V-7]은 2022 개정 과학과 교육과정과 IB MYP 과학 수행 지시어의 비율 비교를 시각적으로 보여준다. 이는 IB MYP 프로그램의 평가 구조가 다양한 사고 과정을 어떻게 반영하는지 명확히 이해할 수 있게 한다. 이와 연계하여, 다음에서 보여줄 IB MYP 총괄 평가 과제별 평가 채점표(TSC, Task-Specific

Clarification) 예시는 실제 MYP 과학 평가 기준 D에 따라 구성된 채점 요소와 성취 수준을 보여준다. 해당 채점표는 학생들의 성찰 능력, 과학적 사고력, 그리고 의사소통 기술을 구체적으로 평가하는 방식과 그 기준을 제시한다.

7) IB의 과제별 평가 채점표(TSC) 분석하기

21세기 교육은 단순한 지식 전달을 넘어, 학생들이 사고하고 탐구하며 사회적 책임을 갖춘 시민으로 성장할 수 있도록 돕는 방향으로 변화하고 있다. 이러한 맥락에서, IB(International Baccalaureate)의 과제별 평가 채점표(TSC, Task-Specific Clarifications)는 개념 기반 탐구 학습을 효과적으로 평가하기 위해 각 과제에 맞는 구체적인 평가 기준을 제공한다. 과제별 평가 채점표(TSC)는 단순한 정답 확인이 아니라, 학생들이 개념을 깊이 이해하고 이를 다양한 상황에 적용할 수 있는지를 평가하도록 설계되었다. 이를 통해 교사는 학생들의 사고 과정과 탐구 능력을 명확하게 측정하고, 학생들은 평가 기준을 명확히 이해하여 자기 주도적 학습을 강화할 수 있다. IB의 TSC는 단순히 결과를 평가하는 것이 아니라, 과제를 수행하는 과정과 학생의 사고 과정을 종합적으로 평가하여 진정한 학습 성취를 확인할 수 있다.

이에 2022 개정 교육과정의 성취기준과 성취 수준을 기반으로 한 수행평가 채점 기준표와 IB의 평가 기준을 엄격히 적용한 과제별 평가 채점표(TSC)를 비교·분석하는 것은 평가의 명확성과 학습의 질 향상 측면에서 의미 있는 시사점을 제공할 것이다.

IB(International Bacalaureate)의 과제별 평가 채점표(TSC)는 특정 과제 수행 과정에서 학생들이 성취해야 할 구체적인 성취 기준(Level Descriptors)과 평가 요소를 명확히 제시하며, 다음과 같은 특징을 가지고 있다.

첫째, 평가의 기준이 명확하다.

TSC는 IB에서 교과별 목표와 일치하는 평가 기준(A,B,C,D 기준) 아래 세부 항목(i, ii, iii, iv 등)으로 나누어, 각 항목에서 학생들이 수행해야 할 활동과 성취 수준을 명확히 제시한다. 이러한 세분화는 평가자가 학생의 성취도를 체계적으로 판단할 수 있도록 돕는다.

둘째, 성취 수준(Level Descriptor)을 단계적으로 구분한다.

TSC는 성취 수준을 0~8단계로 구분하며, 각 수준을 2개씩 묶어서 4단계로 구분하고, 각 수준에서 요구되는 성취도를 점진적으로 높여간다. 이를 쉽게 이해하기 위해 4단계로 구분된 단계별 특징을 과학과 평가 기준 D(과학의 영향에 관한 성찰)를 예시(MYP 과학 3년차 평가 기준)를 들어 설명하면 다음과 같다.

① 1단계(제한적인 수행: limited performance): 1-2점 → 특정 문제를 단순히 명시하는 수준이며, 과제의 전반적인 요구 사항을 충분히 충족하지 못한다.

- 과학적 사고: 특정한 문제나 이슈를 해결하기 위해 과학이 사용되는 방식과 과학을 사용하여 어떠한 요인과 상호작용할 때 갖는 시사점을 명시했으나, 과학적 언어와 논리적 전개는 제한적이다.
- 문제 해결: 해결 방안 제시는 미흡하거나 구체적이지 않다.
- 출처 기록: 제한적으로 이루어지며, 기록의 신뢰성이 낮다.

② 2단계(적절한 수행: adequate performance): 3-4점 → 특정 문제를 간단히 요약하며, 과학적 언어를 때때로 적용하여 이해한 내용으로 소통한다.

- 과학적 사고: 특정한 문제나 이슈를 해결하기 위해 과학이 사용되는 방식과 과학을 사용하여 어떠한 요인과 상호작용할 때 갖는 시사점을 요약했으나, 간헐적으로 과학적 언어를 사용해 의미를 전달한다.
- 문제 해결: 과학적 언어를 때때로 적용하여 제한된 해결 방안을 제시하며, 관련 요인을 깊이 탐구하지 않는다.
- 출처 기록: 자료 출처를 때때로 올바르게 기록하나, 완전하지 않다.

③ 3단계(실질적 수행: substantial performance): 5-6점 → 특정 문제를 체계적으로 간추리고 서술하며, 과학적 언어를 대체로 명확하게 사용한다.

- 과학적 사고: 특정한 문제나 이슈를 해결하기 위해 과학이 사용되는 방식을 간추리고, 과학을 사용하여 어떠한 요인과 상호작용할 때 갖는 시사점을 서술한다.
- 문제 해결: 과학적 언어를 일반적으로 적용하여 이해한 내용을 명확하고 정확하게 소통한다.

• 출처 기록: 자료 출처를 대체로 올바르게 기록하며, 신뢰성을 높인다.

④ 4단계(우수한 수행: excellent performance): 7-8점 → 특정 문제를 심층적으로 논하고 분석하며, 과학적 언어를 일관되고 정확하게 적용한다.

• 과학적 사고: 특정한 문제나 이슈를 다루기 위해 과학이 적용되고 사용되는 방식을 서술하고, 특정한 문제나 이슈를 해결하기 위해 과학을 사용하고 적용하는 것이 어떠한 요인과 상호작용할 때 갖는 시사점을 논하고 분석한다.
• 문제 해결: 과학적 언어를 일관성 있게 적용하여 이해한 내용을 명확하고 정확하게 소통한다.
• 출처 기록: 자료와 출처를 완전하게 기록하며, 학문적 윤리를 철저히 준수한다.

이처럼 과제별 평가 채점표(TSC)는 학생들의 사고 수준, 과학적 언어 사용, 데이터 활용 능력 및 윤리적 태도 등의 발전 과정을 명확히 평가할 수 있으며, 학습자 개개인의 강점과 약점을 파악하여 맞춤형 피드백을 제공할 수 있는 장점이 있다.

셋째, 다양한 방식으로 평가한다.

과제별 평가 채점표(TSC)는 단순히 결과만 평가하는 것이 아니라 과정, 성과물, 과학적 의사소통, 출처의 적합성 등을 종합적으로 평가한다. 예시는 다음과 같다.

• 과정: "SWOT 분석"과 "해결 방안 제시"를 통해 사고의 깊이를 평가
• 성과물: 창의적 표현력을 강조하는 "인포그래픽" 산출물 평가
• 의사소통: 과학적 의사소통 능력을 평가 가능한 발표 평가
• 출처 기록: 정보의 신뢰성과 윤리적 사용에 관한 태도를 평가

넷째, 가치·태도를 평가한다.

과제별 평가 채점표(TSC)는 학생들이 과학적 지식을 학습하는 데 그치지 않고, 윤리적 판단과 사회적 책임을 포함한 태도까지 평가한다. 이는 학생들이 과학적 문제를 단순히 이해하는 데서 나아가, 이를 실질적이고 책임감 있게 활용할 수 있도록 유도한다.

다섯째, 지시어 기반으로 평가한다.

과제별 평가 채점표(TSC)는 MYP 평가 기준 및 수행 지시어(Command Terms)를

기반으로 작성된다. 예를 들어, "분석하시오", "요약하시오", "논하시오" 등의 용어를 통해 과제 수행에 필요한 구체적인 수행을 제시한다. 이는 학생들에게 학습 목표와 기대 수준을 명확히 전달하여 자기주도적 학습을 촉진하게 한다.

다음에서 제시될 IB MYP 총괄 평가 과제별 평가 채점표(TSC, Task-Specific Clarification)는 과학 평가 기준 D를 중심으로 구성된 평가 항목과 성취 수준을 구체적으로 작성해 보았다. 이를 통해 학생들이 과제를 수행하는 과정에서 요구되는 구체적 성취 요소와 평가 방식의 특징을 이해할 수 있다.

TSC는 단순한 결과 평가를 넘어 과정 중심의 평가를 강조하며, 학습자의 비판적 사고와 과학적 의사소통 능력을 심화하는 데 중점을 둘 수 있다. 또한 학생들의 눈높이에 맞는 명확하고 구체적인 '학생 친화형 과제별 평가 채점표(Student-friendly TSC)'도 예시를 연속적으로 제시하고자 한다.

■ IB MYP 총괄 평가 과제별 평가 채점표(TSC) 예시

표 V-11 MYP 과학 평가 기준(D) 과제별 평가 채점표(TSC) 예시

성취 수준	평가 기준(Level descriptor)	과제별 평가 채점표(TSC)	레벨
N	장기결석 등으로 미응시	미응시자 점수는 학업성적관리 규정에 따름	N
0	학생은 아래 기술어에서 명시한 기준 중 어느 기준도 충족하지 **못합니다.**	학생은 아래 기술어에서 명시한 기준 중 어느 기준도 충족하지 **못합니다.**	0
1-2	i. 특정한 문제나 이슈를 다루기 위해 과학이 사용되는 방식을 **명시합니다.** ii. 특정한 문제나 이슈를 해결하기 위해 과학을 사용하는 것이 어떠한 요인과 상호작용할 때 갖는 시사점을 **명시합니다.** iii. 과학적 언어를 **적용**하여 이해한 내용을 소통하지만 **제한적인 성과**를 거둡니다. iv. 출처를 기록하지만 **제한적인 성과**를 거둡니다.	i. 국가 또는 지역마다 자원으로서의 물의 가치가 다르게 나타남을 과학적으로 분석하여 **명시합니다.** ii. 지속가능한 수자원의 이용 방안을 과학적으로 제시하고, 이는 어떠한 요인과 상호작용할 때 가장 효과적인지 시사점을 **명시합니다.** iii. 수자원 관련 데이터를 과학적 언어로 **적용**하여 이해한 내용을 소통하지만 **제한적인 성과**를 거둡니다. iv. 출처를 기록하지만 **제한적인 성과**를 거둡니다.	1 2

성취 수준	평가 기준(Level descriptor)	과제별 평가 채점표(TSC)	레벨
3-4	ⅰ. 특정한 문제나 이슈를 다루기 위해 과학이 사용되는 방식을 **요약합니다.** ⅱ. 특정한 문제나 이슈를 해결하기 위해 과학을 사용하는 것이 어떠한 요인과 상호작용할 때 갖는 시사점을 **요약합니다.** ⅲ. 과학적 언어를 **때때로 적용**하여 이해한 내용을 소통합니다. ⅳ. **때때로** 출처를 **올바르게** 기록합니다.	ⅰ. 국가 또는 지역마다 자원으로서의 물의 가치가 다르게 나타남을 과학적으로 분석하여 **요약합니다.** ⅱ. 지속가능한 수자원의 이용 방안을 과학적으로 제시하고, 이는 어떠한 요인과 상호작용할 때 가장 효과적인지 시사점을 **요약합니다.** ⅲ. 수자원 관련 데이터를 과학적 언어로 **때때로 적용**하여 이해한 내용을 소통합니다. ⅳ. **때때로** 출처를 **올바르게** 기록합니다.	3 4
5-6	ⅰ. 특정한 문제나 이슈를 다루기 위해 과학이 적용되고 사용되는 방식을 **간추립니다.** ⅱ. 특정한 문제나 이슈를 해결하기 위해 과학을 사용하고 적용하는 것이 어떠한 요인과 상호작용할 때 갖는 시사점을 **서술합니다.** ⅲ. 과학적 언어를 **일반적으로 적용**하여 이해한 내용을 **명확하고 정확하게** 소통합니다. ⅳ. **일반적으로** 출처를 **올바르게** 기록합니다.	ⅰ. 국가 또는 지역마다 자원으로서의 물의 가치가 다르게 나타남을 과학적으로 분석하여 **간추립니다.** ⅱ. 지속가능한 수자원의 이용 방안을 과학적으로 제시하고, 이는 어떠한 요인과 상호작용할 때 가장 효과적인지 시사점을 **서술합니다.** ⅲ. 수자원 관련 데이터를 과학적 언어로 **일반적으로 적용**하여 이해한 내용을 **명확하고 정확하게** 소통합니다. ⅳ. **일반적으로** 출처를 **올바르게** 기록합니다.	5 6
7-8	ⅰ. 특정한 문제나 이슈를 다루기 위해 과학이 적용되고 사용되는 방식을 **서술합니다.** ⅱ. 특정한 문제나 이슈를 해결하기 위해 과학을 사용하고 적용하는 것이 어떠한 요인과 상호작용할 때 갖는 시사점을 **논하고 분석합니다.** ⅲ. 과학적 언어를 **일관성 있게 적용**하여 이해한 내용을 **명확하고 정확하게** 소통합니다. ⅳ. 출처를 **완전하게** 기록합니다	ⅰ. 국가 또는 지역마다 자원으로서의 물의 가치가 다르게 나타남을 과학적으로 분석하여 **서술합니다.** ⅱ. 지속가능한 수자원의 이용 방안을 과학적으로 제시하고, 이는 어떠한 요인과 상호작용할 때 가장 효과적인지 시사점을 **논하고 분석합니다.** ⅲ. 수자원 관련 데이터를 과학적 언어로 **일관성 있게 적용**하여 이해한 내용을 **명확하고 정확하게** 발표합니다. ⅳ. 출처를 **완전하게** 기록합니다.	7 8

■ 평가 세부 기준(Student-friendly TSC) 예시(MYP 과학 평가 기준 D)

표 V-12 MYP 학생 친화형 평가 세부 기준(TSC) 예시

성취 수준	평가 세부 기준	레벨
N	미응시자 점수는 학업성적관리 규정에 따름	N
0	학생은 아래 기술어에서 명시한 기준 중 어느 기준도 충족하지 **못합니다.**	0
1-2	i. 관심 국가 또는 지역의 수자원의 실태에 관하여 강점, 약점, 기회, 위협적 요인을 상황 분석(SWOT)하여 자원으로서의 물의 가치가 국가 또는 지역마다 다르게 나타남을 과학적으로 **명시합니다.** ii. 지속가능한 수자원의 이용 방안을 국가적, 사회적, 개인적 차원에서 과학적으로 제시하고, 이는 어떠한 요인과 상호작용할 때 가장 효과적인지 시사점을 **명시합니다.** iii. 인포그래픽 형식의 글로컬(glocal) 수자원 지도를 제작하고, 표와 그래프 등 수자원 관련 데이터를 과학적 언어로 **적용**하여 이해한 내용을 소통하지만 **제한적인 성과**를 거둡니다. iv. 출처를 기록하지만 **제한적인 성과**를 거둡니다.	1 2
3-4	i. 관심 국가 또는 지역의 수자원의 실태에 관하여 강점, 약점, 기회, 위협적 요인을 상황 분석(SWOT)하여 자원으로서의 물의 가치가 국가 또는 지역마다 다르게 나타남을 과학적으로 **요약합니다.** ii. 지속가능한 수자원의 이용 방안을 국가적, 사회적, 개인적 차원에서 과학적으로 제시하고, 이는 어떠한 요인과 상호작용할 때 가장 효과적인지 시사점을 **요약합니다.** iii. 인포그래픽 형식의 글로컬(glocal) 수자원 지도를 제작하고, 표와 그래프 등 수자원 관련 데이터를 과학적 언어로 **때때로 적용**하여 이해한 내용을 소통합니다. iv. **때때로** 산출물에 사용된 모든 사진, 표, 그래프, 인용글, 동영상의 출처를 **올바르게** 기록합니다.	3 4
5-6	i. 관심 국가 또는 지역의 수자원의 실태에 관하여 강점, 약점, 기회, 위협적 요인을 상황 분석(SWOT)하여 자원으로서의 물의 가치가 국가 또는 지역마다 다르게 나타남을 과학적으로 **간추립니다.** ii. 지속가능한 수자원의 이용 방안을 국가적, 사회적, 개인적 차원에서 과학적으로 제시하고, 이는 어떠한 요인과 상호작용할 때 가장 효과적인지 시사점을 **서술합니다.** iii. 인포그래픽 형식의 글로컬(glocal) 수자원 지도를 제작하고, 표와 그래프 등 수자원 관련 데이터를 과학적 언어로 **일관성 있게 적용**하여 이해한 내용을 **명확하고 정확하게** 소통합니다. iv. **일반적으로** 산출물에 사용된 모든 사진, 표, 그래프, 인용글, 동영상의 출처를 **올바르게** 기록합니다.	5 6

성취 수준	평가 세부 기준	레벨
7-8	i . 관심 국가 또는 지역의 수자원의 실태에 관하여 강점, 약점, 기회, 위협적 요인을 상황 분석(SWOT)하여 자원으로서의 물의 가치가 국가 또는 지역마다 다르게 나타남을 과학적으로 **서술합니다.** ii . 지속가능한 수자원의 이용 방안을 국가적, 사회적, 개인적 차원에서 과학적으로 제시하고, 이는 어떠한 요인과 상호작용할 때 가장 효과적인지 시사점을 **논하고 분석합니다.**	7
	iii . 인포그래픽 형식의 글로컬(glocal) 수자원 지도를 제작하고, 표와 그래프 등 수자원 관련 데이터를 과학적 언어로 **일관성 있게 적용**하여 이해한 내용을 **명확하고 정확하게** 발표합니다. iv . 산출물에 사용된 모든 사진, 표, 그래프, 인용글, 동영상의 출처를 **완전하게** 기록합니다.	8

2 실행하기

가 수업 활동 구성

표 V-13 **유닛 설계 수업 활동 구성(과학과)**

단계	안내질문	학습 경험	교수학습 전략	평가와의 연계성
관계 맺기	수권의 환경은 무엇으로 구성되는가?	HeadLine 생각 열기, 해수와 담수 구분하기	THINK-PAIR-SHARE, 개념 사분면	동료 피드백
집중 하기	천연 자원의 지속가능한 이용 방안은 무엇인가?	'수질 오염과 공중 보건'의 관계 분석하기	SEE-THINK-WONDER	자기 평가
조사 하기	지속가능한 자원 관리는 공동체의 발전에 어떻게 기여할 수 있을까?	수자원의 종류와 특징을 나타낸 지역별 SWOT 분석	SWOT 분석	형성 평가
조직 및 정리 하기	천연 자원 배분에 의한 갈등은 환경에 어떤 영향을 미칠까?	글로컬 수자원 지도 인포그래픽 제작	4C's (연관성, 도전, 개념, 변화) 사고 전략	

단계	안내질문	학습 경험	교수학습 전략	평가와의 연계성
일반화 하기	자원은 누구의 소유인가?	자원으로서의 물의 가치를 높일 수 있는 PPT 발표	세상을 바꾸는 5분	총괄 평가
전이 하기	자원 이용에 관한 국가 간의 협력적 관계는 평등할 수 있을까?	GPGP 섬 쓰레기 문제 전이 활동	천사-악마 토론	동료 평가
성찰 하기	지속가능한 자원으로서의 물의 가치를 어떻게 향상시킬 수 있을까?	마무리 성찰 활동	예전 생각, 지금 생각	실천 의지 성찰 일치 (가치 태도 평가)

나 상세 수업 활동 구성

<table>
<tr><th>단원 주제</th><td colspan="2">자원으로서의 물의 가치</td></tr>
<tr><th>탐구 진술</th><td colspan="2">천연 자원의 지속가능한 이용은 환경과 인간 간의 상호적 관계를 발전시킨다.</td></tr>
<tr><th rowspan="2">단계</th><th colspan="2">교수·학습 활동</th></tr>
<tr><th>탐구 질문</th><th>학습 경험 및 수업 과정</th></tr>
<tr><td>관계 맺기
[1차시]
Engage</td><td>• 수권의 환경은 무엇으로 구성되는가?</td><td>• 해양 박물관 포스터의 HeadLine으로 생각 열기
"Regional waters connect us to the world."
- 지역의 수자원이 전 세계와 어떻게 연결되는 자기 생각을 짝과 나누기(Think-Pair-Share)
• 수자원의 종류와 그 특징을 이해하기: 수권을 구성하는 3가지의 예시와 1가지의 비예시를 구분하여 수권의 특징 이해하기

◎ 개념 사분면(Concept Quadrant): 해수와 담수 구분하기
‣ 수자원을 나타내는 사진 A~D를 준비
‣ 각 사진의 특징을 토의하고, 나머지 세 가지와 성질이 다른 하나를 선택하여 그 이유를 설명하기
‣ 사진 A(빙하): 담수, B(하천수): 담수, C(지하수): 담수, D(해수): 해수

• 수권의 분포 벤 다이어그램을 분석하여 해수와 담수의 구성 비율 이해: 담수 자원의 제한성과 중요성 인식</td></tr>
</table>

집중하기 [2차시] Focus	• 천연 자원의 지속가능한 이용 방안은 무엇인가?	• SEE-THINK-WONDER: 전 세계의 대표적 수질 오염 사례-미국 플린트 지역의 오염된 수도관 사진 1. See: “이 사진에서 무엇을 볼 수 있나요?” 2. Think: “이 파이프들은 왜 이렇게 변했을까?”, “파이프의 상태는 무엇을 의미할까?” 3. Wonder: “이 사진을 보고 궁금한 점이 있나요?” • ‘수질 오염’의 피해와 ‘공중 보건’ 간의 상관성을 보이는 사례를 찾아 그 원인을 분석하기 • 공동체의 지속 가능한 자원 이용 사례 살펴보기 **◎ SEE-THINK-WONDER:** 미국 플린트 지역의 오염된 수도관  (출처: https://www.materialsperformance.com/)
조사하기 [3~4차시] Investigate	• 지속가능한 자원 관리는 공동체의 발전에 어떻게 기여할 수 있을까?	• **자신(Personal)의 SWOT 분석하기** ※ 자신의 강점과 약점을 이해하고, 기회와 위협에 대응하는 전략을 세우기. **◎ 자신(Personal) SWOT 분석법** ‣ 강점(S): 내가 잘하는 것, 나의 장점이나 능력 파악하기 ‣ 약점(W): 내가 부족한 점이나 개선해야 할 부분을 분석하기 ‣ 기회(O): 나에게 도움이 될 수 있는 외부의 기회 찾기 ‣ 위협(T): 나의 목표를 방해할 수 있는 외부의 위협 요소를 파악하기 • 지속 가능한 자원 관리: 사례로 보는 지속 가능한 자원 관리 공동체 발전 방안 탐구 ※ **4C's(연관성, 도전, 개념, 변화)** 사고 전략 1. Connection(연관성): 학습 내용과 자신, 세계와의 연결. 2. Challenge(도전): 문제를 비판적으로 분석하고 해결책 모색.

		3. Concept(개념): 중심 개념을 도출하고 정리. 4. Change(변화): 실질적인 해결 방안 제시 및 실천. 문제를 분석하여 사고를 구조화하고, 현황을 비판적으로 분석하여, 실천 방안 제안하기. **【Connection: 연관성】** '자신의 삶, 그리고 세계와의 연결성' 발견하기 • "우리는 물을 어떻게 사용하고 있나?" • "우리 지역의 수자원 문제는 무엇인가?" • "우리 지역의 물 문제는 전 세계의 수자원과 어떻게 연결될까?" **【Challenge: 도전】** 수자원 문제를 SWOT 분석으로 비판적으로 분석하고 해결책 모색 ※ 자기 자신의 SWOT 분석 방법을 적용하여, **글로컬 지역의 수자원의 실태 SWOT 분석하기** ◎ **수자원 글로컬 SWOT 분석:** 수자원 환경 전문가가 되어, 관심 국가 또는 관심 지역의 수자원 현황 분석 ▸ 강점(S): 해당 지역의 수자원이 가진 물리적·경제적 이점 ▸ 약점(W): 수자원 관리의 한계 및 문제점 ▸ 기회(O): 글로벌 및 지역(local) 수준에서의 수자원 개발 기회 ▸ 위협(T): 수자원의 지속 가능한 이용을 방해하는 위험 요소
조직/정리 하기 [5~6차시] Organize	• 천연 자원 배분에 의한 갈등은 환경에 어떤 영향을 미칠까?	**【Concept: 개념】 중요 개념 조직화 및 정리** ※ 해수의 특성과 해류의 순환 개념도 작성 (실험) 깊이에 따른 해수의 연직 수온 분포 (해석) 염분비 일정의 법칙 자료 해석 (분석) 대기 대순환과 해양 표층 순환 간의 관계 **【Change: 변화】** 국가적, 사회적, 개인적 차원에서 실질적인 행동 변화나 해결 방안 정리 • 국가적 차원: 정책 제안(예: 수도관 교체 프로그램, 물 절약 캠페인). • 사회적 차원: 지역 사회 기반의 물 관리 협력(예: 주민 참여 모니터링 시스템). • 개인적 차원: 가정에서의 물 절약 실천(예: 물 재사용, 샤워 시간 줄이기). ※ **'글로컬 수자원 지도'** 제작 활동 지역과 글로벌 문제 통합 분석: 지역적(Local)과 글로벌(Global) 문제를 시각적으로 표현

일반화 하기 [7~8차시] Generalize	• 자원은 누구의 소유인가?	**【PPT 발표】 세상을 바꾸는 5분** ◎ **총괄 평가:** 모둠 발표하기 ‣ 문제점 분석: 자신들이 탐구한 사례의 핵심 내용 설명하기 •지역 문제: 강수량 부족, 노후화된 수도관 등 •글로벌 문제: 기후 변화, 플라스틱 쓰레기와 해양 생태계 파괴 등 ‣ 일반화된 원칙: 사례를 바탕으로 도출된 자원 관리의 일반적 원칙 설명하기 ‣ 해결 방안 제시: 국가적, 사회적, 개인적 차원의 해결 방안 발표하기 ‣ 행동 제안: 학생들이 세계 시민으로서 실천할 수 있는 행동 방안 **【피드백 제공】** 학생들의 발표 내용을 바탕으로 피드백 제공: 자원의 공공성, 사유화, 지속 가능성 간의 균형을 강조
전이하기 [9차시] Transfer	• 자원 이용에 관한 국가 간의 협력적 관계는 평등할 수 있을까?	**【태평양 거대 쓰레기 섬: GPGP】 영상 시청** - 국가 간 자원 이용의 협력적 관계의 공정성과 평등성을 탐구 GPGP(Great Pacific Garbage Patch, **태평양 거대 쓰레기 섬)** 문제를 중심으로 수질 오염의 글로벌 영향과 국가 간 책임을 분석하여 문제 해결을 위한 글로벌 협력 방안 토론 ※ **천사 악마 토론:** 국가 간 책임과 공정성이라는 주제를 설명하며, 찬성과 반대 입장(천사와 악마)의 역할을 안내 및 토론 • **천사(찬성):** 선진국이 더 큰 책임을 져야 한다. • **악마(반대):** 모든 국가가 동등한 책임을 져야 한다.
성찰하기 [10차시] Reflect	• 지속가능한 자원으로서의 물의 가치를 어떻게 향상시킬 수 있을까?	**【예전 생각 vs 지금 생각】 성찰 활동** - 자원으로서 물의 가치와 지속 가능성에 대한 자신의 관점 변화 성찰하기 **【마무리 성찰 질문】** - 이번 유닛은 내 일상에 어떤 영향을 미칠 것 같나요? - 학교와 지역 사회에서 물의 가치를 향상시키기 위해 내가 할 수 있는 일은 무엇인가요?

로고 이미지 출처: https://professionallearninginternational.com/

3 성찰하기

가 탐구 질문 성찰하기

'탐구 질문 성찰하기'는 단원의 탐구 진술을 깊이 이해하고, 이를 기반으로 학생의 생각을 발전시키는 중요한 학습 도구이다. 사실적, 개념적, 논쟁적 질문은 단계적으로 연속성을 가지며, 학생들이 단순한 지식 습득에서 벗어나 점진적으로 사고를 확장할 수 있도록 돕는다. 사실적 질문은 탐구의 기초를 형성하며, 물 자원의 구성 요소와 이용 방안 같은 구체적인 사실을 파악하는 데 초점을 맞춘다. 이를 바탕으로 개념적 질문에서는 자원의 분배와 관리가 환경과 공동체에 미치는 영향을 분석하고, 이를 통해 보다 폭넓은 이해를 도모한다. 마지막으로, 논쟁적 질문은 학습자들이 자원의 소유권이나 국가 간 협력과 같은 복잡하고 다차원적인 문제를 탐구하며, 다양한 관점에서 깊이 있는 사고를 하도록 유도한다. 이러한 연속적인 질문 구조를 기반으로 '더 깊은 질문'을 만들어 보는 과정의 의의는 학생들이 단순히 답을 찾는 데 그치지 않고, 질문 자체를 발전시킴으로써 새로운 탐구의 방향을 열어가는 데 있다.

표 V-14 탐구 질문 답변과 더 깊은 질문 예시(과학과)

탐구 질문 성찰	발견한 답변	더 깊은 질문 적기
사실적 질문: • **환경**을 구성하는 요소는 무엇인가? • **천연 자원**의 지속 가능한 이용 방안은 무엇인가?	• 지구의 수권은 해수, 담수, 빙하, 지하수 등으로 구성되며, 각각의 물리적 특성과 분포에 따라 환경의 균형에 영향을 미친다. • 지속 가능한 이용 방안으로는 물 절약 기술(예: 담수화 기술), 자원 재활용, 물 오염 방지 정책 등이 있다.	• 수권의 변화가 지역별로 환경에 미치는 구체적 영향은 무엇인가? • 수권의 구성 요소는 기후 변화에 따라 어떤 방식으로 변화할 수 있는가? • 지속 가능한 수자원 관리에서 기술 혁신의 역할은 무엇인가?

탐구 질문 성찰	발견한 답변	더 깊은 질문 적기
개념적 질문: • **천연 자원** 배분에 의한 갈등은 **환경**에 어떤 영향을 미칠까? • **지속가능한** 자원 관리는 공동체의 **발전**에 어떻게 기여할 수 있을까?	• 갈등은 자원의 불평등한 이용, 환경 파괴, 지역 간의 협력 약화로 이어질 수 있으며, 이는 환경 변화와 기후 위기를 악화시킬 수 있다. • 자원의 효율적 관리와 보존은 공동체의 경제적 안정과 환경적 지속 가능성을 지원하며, 건강한 생태계를 유지함으로써 지역 주민의 삶의 질을 향상시킬 수 있다.	• 자원 분배 갈등을 완화하기 위한 지역 간 협력 모델은 무엇이 될 수 있는가? • 공동체 발전과 지속 가능성을 동시에 달성하기 위해 필요한 정책적 접근법은 무엇인가? • 경제적 관점에서 지속 가능한 자원 관리가 가져오는 혜택과 한계는 무엇인가?
논쟁적 질문: • **자원**은 누구의 소유인가? • **자원** 이용에 관한 국가 간의 협력적 **관계**는 평등할 수 있을까?	• 자원은 국가 또는 지역 사회의 소유로 간주되지만, 국제적으로는 자원의 공정한 이용과 관리가 강조된다. • 협력은 국가 간 경제력과 기술력 차이, 정치적 이해관계로 인해 불평등할 수 있으며, 이를 해결하기 위해서는 국제 규범과 협력 시스템의 강화가 필요하다.	• 글로벌 자원 소유와 관리에서 경제적·정치적 갈등을 해결하는 공정한 기준은 무엇인가? • 자원 이용의 평등성을 보장하기 위한 국제 협력 모델은 무엇인가? • 세계적으로 공유 자원(예: 바다, 대기, 극지방)의 소유권과 관리 방안을 결정하는 공정한 원칙은 무엇이어야 하는가?

나 핵심 역량 성찰하기(학생용)

본 유닛인 '자원으로서의 물의 가치'는 지속 가능한 자원 관리와 환경 문제 해결을 중심으로 학습자들이 과학적 사고와 실제 문제 해결 역량을 개발하도록 설계되었다. '핵심 역량의 성찰 과정'이 필요한 이유는, 학생들이 단순히 지식을 배우는 것을 넘어, 학습한 내용을 통해 성장하고 실제 문제 해결 능력을 키울 수 있기 때문이다. 성찰을 통해 자신의 성과(ROSE)와 어려움(THORN)을 돌아보고, 이를 바탕으로 개선 방향(BUD)을 설정하면서 더욱 심화된 학습과 사고 확장이 가능해진다. 이는 학습을 삶과 연계하고, 지속 가능한 사회를 위한 실천적 역량을 키우는 데 핵심적인 역할을 한다.

표 V-15 핵심 역량 성찰하기(예시)

핵심 역량	창의적 사고 역량	지식정보처리 역량
ROSE(장미): 성장한 것	• 수자원의 특성을 분석하여 인포그래픽 제작. • 다양한 매체 활용을 통해 수자원 데이터를 시각화. • 문제 상황에 대한 과학적 해결 방안을 제안.	• 수권(해수, 담수, 빙하 등)의 분포와 활용 사례를 분석하고 적용 성공. • 데이터 기반의 발표자료 제작 능력 향상. • 자원 분배와 관련된 국제적 데이터 비교 및 통합 분석.
THORN(가시): 어려운 점	• 수자원의 지속 가능한 활용 방안 설계 과정에서 갈등 해결 방법 도출의 어려움. • 역할극 준비 중 다양한 관점 조율의 복잡성 경험.	• 실험 설계 과정에서 조작 변수와 통제 변수 구분의 어려움. • 출처 관리 및 과학적 문서화 과정에서 미숙함. • 전문 자료 해석 시 어려운 과학 용어의 이해 부족.
BUD(꽃봉오리): 발견한 가능성	• 더 정교한 문제 해결 방안을 개발하기 위한 협력적 프로젝트 기회. • 다양한 지역 사례를 비교하여 해결책 확장 가능.	• 데이터 분석 및 시각화를 더욱 전문적으로 발전시킬 가능성. • 출처 문서화와 과학적 언어 사용의 숙련도 향상. • 정교한 자료 분석 방법과 시각화 기술 학습 가능성.

다 탐구 수업 성찰하기(교사용)

표 V-16 탐구 수업 성찰하기(예시)

단원 교수 전	단원 교수 중	단원 교수 후
• 지구 환경 위기에 관하여 학생들은 어느 정도의 사전 지식이 있다. 하지만, 지구 환경 위기의 해결 방법을 찾기 위하여 자신이 관심 있어 하는 특정 국가와 지역의 수자원을 집중적으로 분석해 본 경험은 없을 것이다. 이 단원은 수자원 환경 전문가가 되어 직접 특정 국가나 지역의 물 부족 현황 및 수자원 활용 실태를 조사하고, 이에 대한 구체적인 해결 방안을 제안해보는 활동을 통해 글로컬 창의융합 인재의 역량을 함양할 수 있다. • 이 단원에서 학생들은 IB 학습자상 중에서 탐구하는 사람과 소통하는 사람의 자질을 개발할 기회를 가진다. 자신이 관심 있어 하는 지역을 선정하기 위하여 자기 자신의 SWOT(강점, 약점, 기회, 위협) 분석을 먼저 실시한다. 상황 분석인 SWOT 분석법을 경험하여 국가 또는 지역의 수자원에 대한 SWOT 분석을 실시한다. 연구 보고서, 논문, 신문기사 등의 자료 조사 활동을 통해 탐구하는 사람으로서 역량을 키우고, 국가적,	• 자원으로서의 물의 가치를 다룰 때 지하수의 가치와 활용 방안 예시를 포함하여 다룬다. • 단원 또는 총괄 평가를 마무리하는 동안 겪었던 어려웠던 점은 학생들이 연구 보고서를 찾는 방법, 출처를 다는 방법 등에 대한 사전 지식과 경험이 부족하는 점이다. 이에, 좋은 선행 연구를 찾고, 과학 탐구 보고서를 작성하는 방법에 대한 꾸준한 훈련이 필요하다는 것이다. • 실제적 맥락 속에서 다루는 이슈인 만큼 UN 환경 보고서가 도움이 많이 되었으며, 각 지역별 수자원 현황에 대한 정책연구소 또는 정부기관의 자료가 필요했다. • 학생들은 자신이 관심 있어 하는 국가 또는 지역의 선택에서부터 자주성을 보장받기 때문에 열린 탐구가 가능했다. 하지만, 탐구 보고서를 작성하는 방법에는 아직 미숙했다. • 짝발표 및 역할극 등 학생의 참여가 활발하게 일어났다. • 실험 설계를 할때 조작 변인, 통제 변인, 종속 변인을	• 이 단원의 학습 성과는 역량 향상과 세계적 맥락에서 탐구 문제를 발견하고 이를 해결하려는 실천적 방안의 모색 과정을 학생들이 경험할 수 있다는 것이다. 이를 통해 지역 사회와 전 세계에서 일어나는 문제 상황에 대해 관심을 가지고, 더 나은 세상을 만드는 것에 기여할 수 있다는 성취감을 느낄 수 있었다. • 총괄 평가에서 성취 단계를 구분하기 위하여 TSC표를 상세화시켰으며, 추가로 유의점을 명시하여 학생들이 탐구 진술 및 총괄 평가에 대한 이해를 돕기 위해 노력했다. • 학생이 가장 높은 성취 단계에 도달할 수 있을 만큼 과제는 도전적이었다. 처음으로 연구 보고서를 읽어본 학생도 있었으며, 지역 사회의 수질 문제에 대하여 심층적으로 분석해볼 수 있는 기회였다. • 파악할 수 있는 학습의 증거 및 결과물은 역할극 연극 대본, 탐구 실험 계획서 및 포스터, 수자원 지도이다. • 학생의 관심사와 생각을 이끌어 내는 여러 가지 전략

단원 교수 전	단원 교수 중	단원 교수 후
사회적, 개인적 해결 방안을 제안하는 활동을 통해 소통하는 사람의 역량을 기를 수 있다. • 그래프, 사진 등을 포함한 인포그래픽 형식의 지도 제작 활동은 산출물 제작, 통계 분석 등 미술, 수학 과목과 교과 통합 수업이 가능하다. • 이 단원은 자기 지역의 수자원 실태 분석 및 지속가능한 수자원의 활용 방안에 대한 캠페인 활동 등 공동체 프로젝트에 영감을 줄 수 있다. • 지역 사회의 하천을 정화하기 위한 수질 개선 환경 캠페인 등의 봉사학습과도 연계 가능하다.	설계하는 방법, 그래프 분석 및 표 제작 방법 등에 관해서는 학생별 편차가 컸다. 이에, 지도가 더 필요한 학생을 위해 초보적 단계의 실험 설계 훈련이 필요하다. • 이 단원에서 학습 및 교수는 현재 세상에서 일어나고 있는 일과 밀접하게 연관되어 있다. 이에, 학습 경험이 탐구 진술과 부합될 수 있도록 꾸준히 성찰을 해야 한다.	중에 짝발표(PAIR PRESENTATION)가 효과적이었다. 왜냐하면 동료의 발표를 분석적으로 듣고 다시 전달하는 활동을 통해 의사소통 능력 및 분석적 사고력을 키울 수 있었다. 경청의 자세를 배울 수 있었다. • 놀라운 점은 모든 학생들이 각자의 수준에 따라 지도를 제작한다는 것이다. 이에 타인과의 비교가 아닌 자신의 역량 강화를 위해 필요한 수업 설계였다. • 글로컬(Glocal) 이슈를 분석해 보는 활동을 다음 단원에서도 계획하고 실천해 보고 싶다.

SWOT 분석 학생 결과물 공유하기

[학생 작품 1] 자기 SWOT 분석표
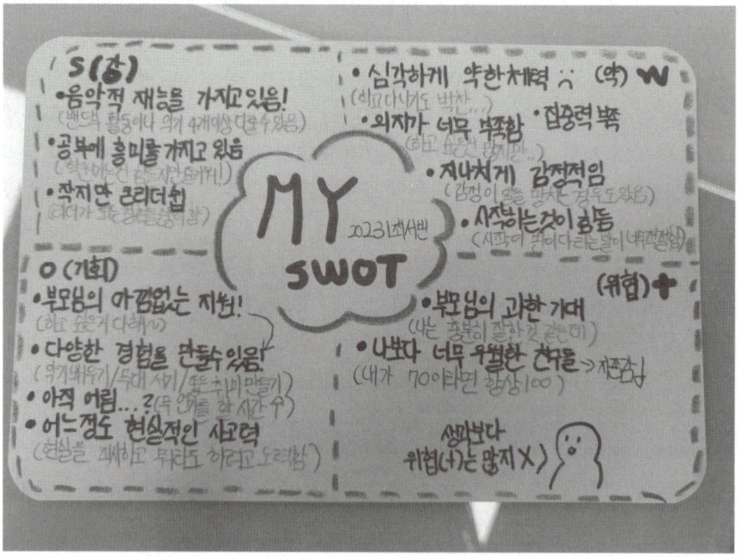
(설명) 자신의 강점(S), 약점(W), 기회(O), 위협(T)을 분석하기

[학생 작품 2] 수자원 SWOT 분석표
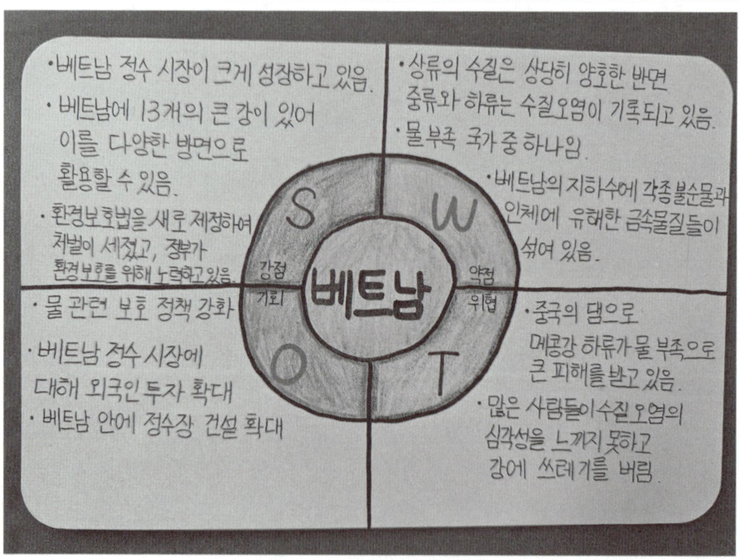
(설명) 관심 지역 또는 관심 국가의 SWOT 분석하기

글로컬 수자원 지도 학생 결과물 공유하기

[학생 작품 3] 지역의 글로컬 수자원 지도

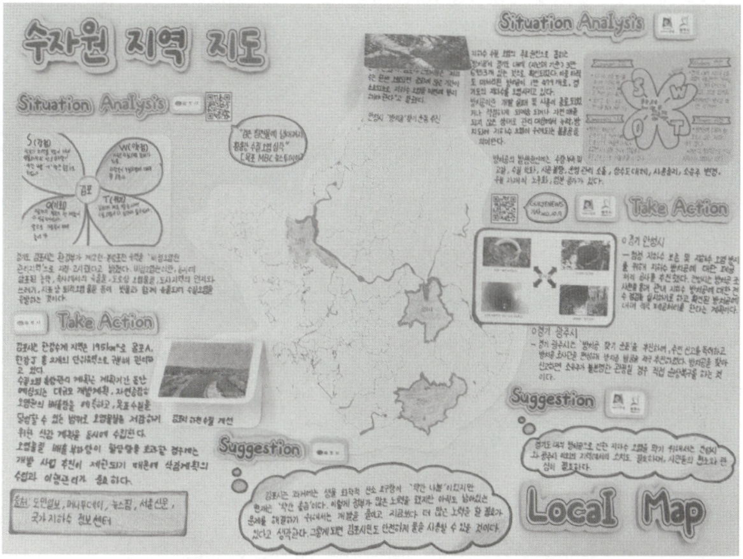

(설명) 안성, 광주, 김포 지역의 수자원 지도

[학생 작품 4] 세계의 글로컬 수자원 지도

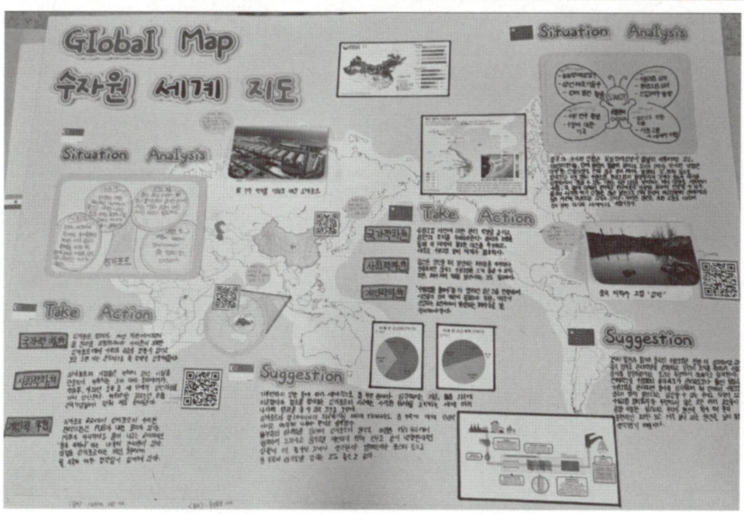

(설명) 싱가포르와 중국의 수자원 지도

VI

국어과 개념 기반 수업 설계의 실제

VI 국어과 개념 기반 수업 설계의 실제

01 국어 교육의 목적·목표·인간상

가 국어 교육의 목적과 목표

국어 교육의 목적

국어 교육은 학생들이 세상을 이해하고 자신의 삶을 구성하는 데 있어 중요한 토대를 마련해 준다. 사람은 언어를 통해 사고하고, 감정을 표현하며, 타인과 관계를 맺는다. 국어는 의사소통의 도구만이 아니라, 인간을 인간답게 만드는 본질적인 힘이며, 자신의 정체성을 탐색하고 타인과 소통하는 과정에서 필수적인 역할을 한다.

국어를 배운다는 것은 곧 자신을 이해하는 과정이기도 하다. 우리는 언어를 통해 내면의 생각과 감정을 정리하고, 이를 세상에 표현하며, 타인의 말을 듣고 공감하는 법을 배운다. 학생들은 국어를 배우며 자기 자신을 탐구하고, 다양한 목소리를 경청하며, 세상을 다채로운 시선으로 바라보는 능력을 기르게 된다. 말과 글을 통해 자신의 삶을 설계하고, 타인의 경험을 이해하며, 공존하는 법을 배운다.

국어 교육은 학생들에게 삶을 살아가는 데 필수적인 언어 능력을 길러준다. 읽기와 쓰기를 통해 생각을 정리하고 표현하는 힘을 키우고, 듣기와 말하기를 통해 타인과 소통하며 협력하는 방법을 익힌다. 문법을 배우며 국어의 구조와 원리를 탐구하고, 문학을 통해 인간의 삶을 언어로 형상화하는 방식을 경험한다. 매체를 활용한 학습을 통해 정보의 흐름을 이해하고, 다양한 맥락에서 의미를 창출하며, 디지털 시대에 필요한 비판적 사고력을 갖춘다. 국어의 여섯 개 영역은 각각 따로 존재하는 것이 아니라 유기적으로 연결되어 있으며, 이를 통해 학생들은 언어를 사고의 도구이자 문화의 매개체로 활용하는 방법을 익힌다.

학생들은 국어를 배우며 비판적으로 사고하는 힘을 기른다. 작품을 분석하고 해석하며, 저자의 의도를 파악하고 사회적 맥락 속에서 의미를 확장하는 과정은 세상을 바라보는 시야를 넓히는 기회가 된다. 국어 교육은 학생들이 당연하다고 여겨온 것들을 다시 질문하게 하고, 새로운 시선으로 문제를 바라볼 수 있도록 돕는다. 창의적 사고를 통해 기존의 틀을 깨고 새로운 가능성을 탐색하며, 논리적 사고를 바탕으로 자신의 생각을 명확하고 설득력 있게 표현하는 능력을 갖추게 한다.

또한 국어 교육은 학생들이 사회 속에서 책임 있는 시민으로 성장할 수 있도록 돕는다. 국어를 배우는 교실은 민주적 가치와 공동체 의식을 배우는 공간이 된다. 학생들은 서로 다른 의견을 존중하고 경청하며, 토론을 통해 합리적인 결론을 도출하는 경험을 쌓는다. 다양한 작품을 읽고 분석하며, 시대적 맥락과 사회적 의미를 탐색하면서 공감 능력을 키우고, 타인의 삶을 이해하는 법을 배운다. 이를 통해 학생들은 자신만의 목소리를 내면서도 타인과 조화롭게 살아가는 방법을 익히고, 세상을 변화시키는 힘을 가진다.

국어 교육은 문화적 감수성을 키우고, 세계를 깊이 이해하는 능력을 기르는 과정이기도 하다. 문학 작품, 영화, 음악, 신문 기사, 다양한 디지털 콘텐츠 등을 경험하며 학생들은 시대와 세대를 초월한 인간의 삶을 들여다보는 기회를 갖는다. 국어 교육은 우리 안의 감성을 일깨우고, 낯선 타인의 삶을 공감할 수 있는 시야를 제공하며, 서로의 경험을 공유하고 연결하는 장을 만들어 준다. 학생들은 다양한 작품을 해석하며 자신의 정체성을 확립하고, 문화적 다양성을 존중하는 태도를 기른다.

이 모든 과정을 통해 국어 교육은 학생들에게 자기 자신을 성찰하고 성장할 기회를 제공한다. 학생들은 자신의 언어적 습관을 점검하며 보다 정교하고 명료한 표현 방식을 익히고, 타인과의 대화를 통해 보다 넓고 깊은 사고를 할 수 있게 된다. 국어 교육은 개인의 의사소통 능력을 높이는 것에서 나아가 공동체의 언어문화를 건강하게 유지하고 발전시키는 데 기여한다.

국어 교육은 학생들에게 삶을 살아가는 방향과 가치를 제시하는 역할을 한다. 국어 교육을 통해 학생들은 자신을 탐색하고, 타인을 이해하며, 더 나은 세상을 만들기 위한 언어적·사고적 역량을 키운다. 국어는 한 개인의 성장뿐만 아니라 사회 전체의 발전을 위한 필수적인 요소이며, 국어 교육은 학생들이 평생 학습자로서 자기 성장과 발전을 추구하게 하며, 세상을 더 나은 방향으로 변화시키는 주체로 성장하도록 돕는 길잡이가 된다.

국어과 교육과정은 '듣기·말하기, 읽기, 쓰기, 문법, 문학, 매체'의 여섯 개 영역으로 구성되어 있다. 이 여섯 개 영역은 각각 독립적인 것이 아니라 유기적으로 연결되어 있으며, 학생들이 국어를 사고와 소통의 도구로 활용할 수 있도록 돕는 역할을 한다.

듣기·말하기는 언어, 준언어, 비언어적 요소 및 매체를 활용하여 사고를 공유하고 감정을 교류하는 과정이다. 이는 의사소통의 가장 기초적인 능력이며, 학생들이 사회적 관계를 형성하고 협력하는 데 필수적인 역할을 한다. 읽기는 독자가 자신의 배경지식과 경험을 바탕으로, 언어와 다양한 기호 및 매체를 해석하며 의미를 구성하는 능동적 과정으로 비판적·창의적 사고력을 기르는 핵심 요소이다.

쓰기는 개인의 생각과 감정을 언어를 비롯한 다양한 기호나 매체를 활용하여 타인과 공유하는 창조적 활동이다. 이는 학습자의 자기 표현 능력을 길러주며, 설득력 있는 논리적 글쓰기와 창의적 글쓰기를 통해 사회적 참여의 기회를 제공한다. 문법은 국어의 구조와 원리를 탐구하는 영역으로, 이를 통해 학생들은 언어의 규칙과 체계를 이해하고 논리적 사고력을 키우고 언어를 분석하고 활용하는 능력을 기른다.

문학은 인간의 삶을 언어로 형상화한 작품을 감상하며, 타자의 경험과 감정을 공감하는 과정이다. 문학 교육을 통해 학생들은 다양한 시대와 문화 속에서 인간이 직면한 문제를 이해하고, 자신의 가치관을 확립하는 기회를 갖는다. 매체는 현대 사회에서 필수적인 의사소통 도구로 정보를 해석하고 비판적으로 수용하며, 창의적으로 생산하는 과정을 포함한다. 학생들은 매체 교육을 통해 디지털 환경에서 능동적이고 책임 있는 태도를 기르게 된다.

국어 교육은 삶을 탐구하고 타인과 소통하며 공동체 속에서 자신의 역할을 찾는 과정이다. 듣기·말하기, 읽기, 쓰기 영역은 학생들의 전인적 성장을 촉진하며, 다른 교과와 실생활에서도 활용될 수 있는 필수적인 역량을 제공한다. 문법 교육은 우리말에 대한 이해를 심화하고, 국어 문화에 대한 자긍심을 형성하며, 창조적인 언어 사용을 가능하게 한다. 문학 교육은 학생들이 다양한 사고를 경험하고, 감성을 함양하며, 비판적 해석 능력을 갖출 수 있도록 한다. 매체 교육은 정보가 넘쳐나는 현대 사회에서 매체의 영향력을 이해하고, 건강한 소통 공동체를 형성하는 능력을 기르도록 한다.

국어 교육은 학생들이 자신의 언어 능력을 성찰하고, 그것을 삶에 적용하며 발전시킬 기회를 제공한다. 이를 통해 학생들은 자신의 의견과 감정을 보다 정교하고 설득력 있게 표현할 수 있으며, 타인과의 대화를 통해 더욱 깊이 있는 사고를 할 수 있게 된다. 국어 교육은 학생들이 사회적 책임을 인식하고 민주적 소통을 실천하며, 타인의 가치관과 문화를 존중하는 태도를 기르는 과정이다.

국어 교육은 학생들이 평생 국어를 통해 사고하고 소통하며, 개인의 성장과 사회의 발전에 기여할 수 있도록 돕는 길잡이가 된다. 이를 통해 학생들은 세상을 비판적으로 바라보는 힘을 기르고, 공감과 협력을 바탕으로 더 나은 사회를 만들어가는 주체로 성장할 수 있을 것이다.

나 국어 교육 목표와 평가 기준

2022 개정 교육과정에서는 국어과 총괄 목표와 다섯 가지 세부 목표를 다음과 같이 제시하고 있다.

국어 의사소통의 맥락과 요소를 이해하고 다양한 의사소통의 과정에 협력적으로 참여하면서 언어생활을 성찰하고 국어문화를 향유함으로써 미래 사회에서 요구되는 높은 수준의 국어 능력을 기른다.

(1) 다양한 유형의 담화, 글, 국어 자료, 작품, 복합 매체 자료를 비판적으로 이해하고 자신의 생각을 창의적으로 표현한다.

(2) 다양성에 대한 이해를 바탕으로 타인의 의견과 감정, 가치관을 존중하면서 협력적으로 의사소통한다.

(3) 민주시민으로서 의사소통에 적극적으로 참여하여 개인과 공동체의 문제를 해결한다.

(4) 공동체의 언어문화를 탐구하고 자신의 언어생활을 성찰하고 개선한다.

(5) 다양한 사상과 정서가 반영되어 있는 국어문화를 감상하고 향유한다.

표 VI-1 **2022 개정 교육과정 국어과 교육 목표에서 평가 기준 추출하기**

국어 교육 목표		평가 기준 추출
(1) 다양한 유형의 담화, 글, 국어 자료, 작품, 복합 매체 자료를 비판적으로 이해하고 자신의 생각을 창의적으로 표현한다. (2) 다양성에 대한 이해를 바탕으로 타인의 의견과 감정, 가치관을 존중하면서 협력적으로 의사소통한다. (3) 민주시민으로서 의사소통에 적극적으로 참여하여 개인과 공동체의 문제를 해결한다. (4) 공동체의 언어문화를 탐구하고 자신의 언어생활을 성찰하고 개선한다. (5) 다양한 사상과 정서가 반영되어 있는 국어문화를 감상하고 향유한다.	⇨	**A. 이해하기** • 다양한 유형의 담화, 글, 국어 자료, 작품, 복합 매체 자료에서 주제와 내용을 파악하기 • 언어와 매체의 맥락을 이해하고, 작품의 구조와 의미를 분석하기 • 자신의 배경지식과 경험을 바탕으로 글의 의미를 능동적으로 구성하기 • 작품을 해석하고 감상하며, 비평적 관점에서 분석하기 **B. 표현하기** • 다양한 형식으로 자신의 의견을 효과적으로 구조화하여 표현하기 • 독창적인 아이디어와 감정을 글이나 말로 나타내어 독자의 공감을 끌어내기 • 상황에 따라 적절한 언어적 표현과 문체를 선택하여 전달하기 • 글쓰기 과정에서 문법, 구문, 표현이 올바른지 점검하고 고쳐쓰기 **C. 의사소통하기** • 자신의 의견을 명확하고 논리적으로 전달하고, 타인의 의견을 경청하는 태도 지니기 • 적절한 의사소통 수단을 활용하여 내용을 효과적으로 전달하기 • 다양한 매체를 사용하여 의사소통을 시도하고, 그 효과를 평가하기 • 개인과 공동체의 문제를 해결하는 과정에서 협력적으로 의사소통하기 **D. 언어문화 탐구하기** • 언어문화에 대한 흥미와 이해를 바탕으로 탐구하기 • 문법적 원리와 규칙의 이해를 바탕으로 올바른 언어 사용 및 표현을 실천하기 • 언어문화에 나타나는 다양한 사상과 정서를 분석하기 • 공동체의 가치와 이념을 탐구하고, 자신의 정체성을 확립하는 과정에서 자기 성찰하기

국어 교육은 학생들이 국어를 통해 사고하고 소통하며 자신의 정체성을 형성하는 과정이다. 국어는 인간의 사고를 확장하고 사회적 관계를 형성하는 중요한 도구이며, 이를 효과적으로 활용할 수 있도록 돕는 것이 국어 교육의 목표다. 따라서 국어과의 평가 기준 역시 학습자가 국어를 통해 의미를 구성하고, 창의적으로 표현하며, 타인과 소통하고, 언어문화를 탐구하는 종합적인 능력을 평가하는 방향으로 설정되어야 한다.

이번 평가 기준은 2022 개정 교육과정의 목표를 바탕으로 도출되었으며, IB 교육과정에서 강조하는 비판적 사고, 창의적 표현, 상호 소통, 문화적 탐구 등의 요소를 반영하여 구성되었다. 특히, 평가 기준을 '이해하기, 표현하기, 의사소통하기, 언어문화 탐구하기'의 네 가지로 구분한 것은 국어 교육의 목표를 평가에서 실질적으로 반영하기 위함이다. 이를 통해 학생들은 국어를 학습하는 데 그치지 않고, 자신의 삶과 연결하여 능동적으로 활용하는 평가 경험을 갖게 된다.

'이해하기'는 작품의 의미를 능동적으로 구성하고 비판적으로 해석하는 과정까지 포함한다. 학생들은 다양한 유형의 작품을 읽으며 의미를 분석하고, 사회적·문화적 맥락을 고려하며 해석하는 능력을 길러야 한다. 현대 사회에서는 정보 수용을 넘어, 정보를 비판적으로 분석하는 능력이 필요하다. 또한, 국어 교육은 학생들이 자신의 경험과 배경지식을 활용하여 작품의 의미를 구성할 수 있도록 해야 하며, 작품 감상과 비평 능력을 통해 다양한 관점을 이해하고 사고를 확장할 수 있도록 해야 한다. 따라서, 학생들이 다양한 담화, 글, 국어 자료, 작품, 복합 매체 자료를 분석하고 주제를 파악할 수 있는지, 작품의 구조를 분석하고 저자의 의도와 사회적 맥락을 이해할 수 있는지, 배경지식과 경험을 바탕으로 글의 의미를 능동적으로 구성할 수 있는지를 평가 기준으로 설정하였다.

'표현하기'는 학생들이 자신의 사고를 정리하고 논리적이면서도 창의적으로 표현하는 능력을 평가하는 영역이다. 국어 교육은 문법적 정확성을 배워, 자신의 감정과 생각을 효과적으로 전달하는 능력을 키우는 것을 목표로 한다. 논리적인 의사 표현 능력은 학생들이 다양한 맥락에서 효과적으로 소통하는 데 필요한 요소이며, 창의적인 글쓰기는 학생들이 자신만의 목소리를 찾고, 다양한 형식으로 사고를 표현하는 능력을 키울 수 있도록 한다. 또한, 문법적 정확성과 언어적 표현의 정교함을 갖추는 것은 국어 능력의 기본적인 요소이므로, 학생들이 다양한 형식의 글을 효과적으로 구조화하여 표현할 수 있는지, 창의적인 아이디어와 감정을 글과 말로 표현하며 독자의 공감을 이끌어낼 수 있는지, 상황과 대상에 맞는 적절한 언어적 표현과 문체를 선택할 수 있는지, 글쓰기 과정에서 문법, 구문, 표현을 점검하고 고쳐 쓰는 과정을 수행할 수 있는지를 평가 요소로 포함하였다.

'의사소통하기'는 학습자들이 타인과 효과적으로 소통하고, 협력하여 문제를 해결하는 데 필요한 역량을 평가하는 영역이다. 자신의 의견을 정확하게 표현하고, 타인의 의견을 경청하고 조율하며, 다양한 매체를 활용하여 의미를 전달하는 능력이 포함된다. 학생들은 논리적으로 자신의 생각을 전달하는 동시에, 타인의 의견을 존중하며 경청하는 태도를 길러야 한다. 또한, 현대 사회에서는 다양한 매체를 활용한 의사소통이 필수적이며, 학생들이 디지털 리터러시를 갖출 수 있도록 해야 한다. 협력적 의사소통은 학생들이 민주시민으로서 공동체의 문제 해결에 적극적으로 참여할 수 있도록 하는 중요한 능력이므로, 학생들이 자신의 의견을 명확하고 논리적으로 전달하며 타인의 의견을 경청할 수 있는지, 말하기와 글쓰기를 할 때 적절한 의사소통 수단을 활용하여 효과적으로 표현할 수 있는지, 다양한 매체를 활용하여 정보를 전달하고 의사소통할 수 있는지, 개인과 공동체의 문제를 해결하는 과정에서 협력적으로 소통할 수 있는지를 평가 기준으로 설정하였다.

마지막으로, '언어문화 탐구하기'는 학생들이 국어의 본질을 탐구하고 언어문화를 이해하며, 자기 성찰을 통해 자신의 언어생활을 개선할 수 있도록 돕는 영역이다. 국어의 문법적 원리와 규칙을 이해하는 것은 올바른 언어 사용과 표현을 실천하는 데 필수적이며, 언어문화에 반영된 다양한 사상과 정서를 탐구하는 것은 학생들의 감수성을 키우고 문화적 다양성을 이해하는 데 기여한다. 또한, 공동체 속에서 국어의 역할을 이해하고 자신의 정체성을 형성하는 과정은 국어 교육이 갖는 중요한 의미 중 하나다. 이에 따라, 학생들이 국어 문법과 언어적 규칙을 이해하고 이를 실제 언어생활에서 활용할 수 있는지, 다양한 언어문화를 분석하여 언어적 표현이 반영하는 사회적, 문화적 의미를 탐구할 수 있는지, 공동체의 가치와 이념을 탐구하며 자신의 언어생활을 성찰하고 개선할 수 있는지, 자신의 정체성을 확립하고 타인의 문화를 존중하는 태도를 기를 수 있는지를 평가 기준으로 설정하였다.

이번 평가 기준은 국어 교육의 목표를 평가에서 실질적으로 반영하고, 국어를 통해 사고하고 소통하며 성장하는 과정 자체를 평가에 담아내려는 시도다. '이해하기, 표현하기, 의사소통하기, 언어문화 탐구하기'라는 네 가지 평가 기준은 국어 교육의 핵심 요소를 반영하면서도, 실제 수업에서 실천 가능하도록 구체화된 형태로 구성해 보았다.

평가 기준을 설정하는 과정은 국어 교육의 목표를 깊이 들여다보고, 국어 수업에서 평가가 어떤 역할을 해야 하는지를 고민하는 과정이다. 이러한 평가 기준을 참고하며, 학생들의 사고력과 표현력을 길러줄 수 있는 평가 방안을 모색해 보고, 나아가 국어 교육이 실생활과 어떻게 연결될 수 있는지 함께 성찰해 보는 과정도 뜻깊을 것이다. 국어 교육과정과 교육 목표를 분석하고, 이를 바탕으로 평가 기준을 도출하는 과정 자체가 의미 있는 작업이며, 이를 통해 국어 평가의 방향을 함께 탐색해 나갈 수 있기를 기대한다.

다 국어 교육 목표와 핵심 역량 및 인간상

2022 개정 교육과정에서 국어과 공통 교육과정의 설계 개요를 다음 그림과 같이 나타내고 있다.

이 설계 개요에서 제시하고 있듯이 2022 개정 국어과 교육과정에서는 '의사소통 역량, 디지털·미디어 역량, 문화 향유 역량, 비판적·창의적 사고 역량, 자기성찰·계발 역량, 공동체·대인관계 역량'을 국어과 역량으로 설정하였다. 국어과 역량을 통해 기르고자 하는 인간상은 다음과 같다.

그림 VI-1 국어과 교육과정 설계의 개요

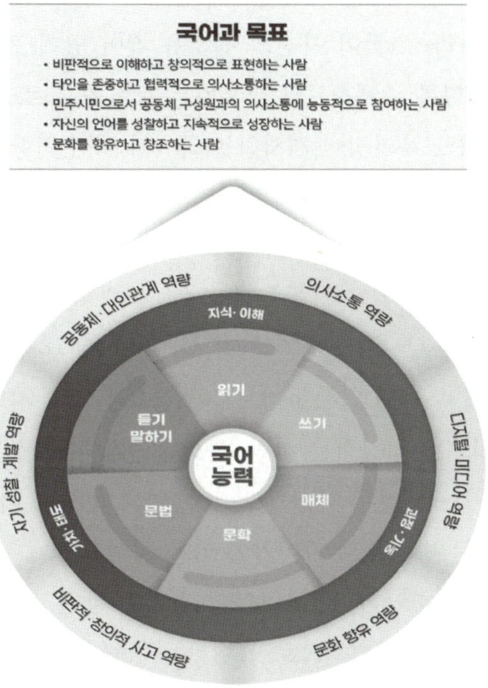

표 VI-2 국어 교육 목표와 핵심 역량 및 인간상 연결

국어 교육 목표	인간상
다양한 유형의 담화, 글, 국어 자료, 작품, 복합 매체 자료를 비판적으로 이해하고 자신의 생각을 창의적으로 표현한다.	비판적으로 이해하고 창의적으로 표현하는 사람
다양성에 대한 이해를 바탕으로 타인의 의견과 감정, 가치관을 존중하면서 협력적으로 의사소통한다.	타인을 존중하고 협력적으로 의사소통하는 사람
민주시민으로서 의사소통에 적극적으로 참여하여 개인과 공동체의 문제를 해결한다.	민주시민으로서 공동체 구성원과의 의사소통에 능동적으로 참여하는 사람
공동체의 언어문화를 탐구하고 자신의 언어생활을 성찰하고 개선한다.	자신의 언어를 성찰하고 지속적으로 성장하는 사람
다양한 사상과 정서가 반영되어 있는 국어문화를 감상하고 향유한다.	문화를 향유하고 창조하는 사람

국어는 사고의 도구이자 소통의 수단이며, 문화를 창조하고 향유하는 기반이다. 따라서 국어 교육의 목표는 학생들에게 문자를 해독하고 문법을 익히게 하는 데 그치는 것이 아니라, 그들이 자신의 생각을 깊이 있게 표현하고 타인과 협력적으로 소통하며, 문화를 주체적으로 향유하는 능력을 기르도록 돕는 데 있다. 이는 2022 개정 국어과 교육과정이 제시하는 국어과 핵심 역량을 통해 구체화된다.

국어과 교육과정은 학생들이 의사소통 역량, 디지털·미디어 역량, 문화 향유 역량, 비판적·창의적 사고 역량, 자기 성찰·계발 역량, 공동체·대인관계 역량을 갖춘 인간으로 성장할 수 있도록 돕는다. 이를 통해 길러야 할 인간상은 비판적으로 사고하고 창의적으로 표현하는 사람, 타인을 존중하며 협력적으로 의사소통하는 사람, 공동체 구성원과 능동적으로 소통하는 민주시민, 자신의 언어생활을 성찰하며 지속적으로 성장하는 사람, 문화를 향유하고 창조하는 사람이다. 이와 같은 인간상을 기르는 것은 국어 교육이 개인의 성장과 더불어 사회와 공동체의 발전에도 기여하는 방향으로 나아가야 함을 의미한다.

국어 교육의 목표를 하나하나 살펴보면, 그 안에 담긴 가치들이 더욱 분명해진다. 비판적으로 이해하고 창의적으로 표현하는 능력은 국어 교육의 핵심적인 기능이다. 학생들은 다양한 담화와 작품 등을 비판적으로 해석하고, 이를 바탕으로 자신의 생각을 논리적이고 창의적으로 구성할 수 있다. 이는 스스로 사고하고 판단하는 힘을 길러주는 교육이 되어야 함을 시사한다.

또한 타인을 존중하며 협력적으로 의사소통하는 능력은 인간관계를 형성하고 유지하는 데 중요한 요소다. 국어 교육은 자신의 생각을 분명하게 표현하고, 타인의 의견과 감정을 존중하고 경청하는 태도를 기르는 과정이기도 하다. 민주사회에서 필요한 소통 능력을 기르기 위해 학생들은 다양한 관점을 이해하고, 협력적으로 문제를 해결하는 경험을 쌓아야 한다.

국어 교육이 나아가야 할 방향을 더욱 확장해 보면, 민주시민으로서 공동체의 문제를 해결하는 능력이 중요한 의미를 갖는다. 의사소통은 개인을 넘어 공동체 속에서 이루어지며, 국어 교육은 학생들이 사회적 의사소통에 능동적으로 참여하도록 돕는다. 학생들은 자신의 의견을 설득력 있게 제시하고, 다양한 시각을 고려하며 토론할 수 있어야 한다. 이러한 과정 속에서 그들은 비판적 사고력을 기르고, 타인과 협력하여 공동체의 문제를 해결할 수 있는 능력을 갖추게 된다.

국어는 우리의 정체성이며, 우리가 속한 공동체의 문화다. 자신의 언어생활을 성찰하고 지속적으로 성장하는 능력은 학생들이 자신의 국어 사용을 점검하고 개선하는 태도를 기르는 과정이다. 언어는 고정된 것이 아니라 변화하는 것이며, 학생들은 국어를 활용하면서도 그 변화를 인식하고 조정할 수 있어야 한다. 이를 위해 국어 교육은 학생들이 국어문화를 탐구하고, 국어에 대한 깊은 이해와 애정을 가질 수 있도록 도와야 한다.

문화를 향유하고 창조하는 능력은 국어 교육이 학생들에게 제공할 수 있는 소중한 경험이다. 문학을 읽고 감상하는 것, 자신의 감정을 언어로 표현하는 것, 다양한 매체를 통해 창조적인 결과물을 만들어내는 것 모두가 국어 교육의 영역에 포함된다. 이러한 경험들은 삶을 더욱 풍요롭게 만들고, 언어와 문학을 통해 감성을 기르고, 타인의 경험을 공감하며, 새로운 가치를 창조할 수 있도록 이끌 수 있다.

이러한 국어 교육의 목표와 핵심 역량은 우리가 어떤 인간을 기르고자 하는가에 대한 고민과 연결된다. 국어 교육은 학생들이 세상과 소통하는 방식을 익히고, 자신의 생각을 표현하며, 공동체 속에서 의미 있는 역할을 해 나갈 수 있도록 돕는 길잡이가 될 수 있다. 이를 통해 국어 교육이 더 나은 사회를 만들어 가는 데 의미 있는 역할을 할 수 있을 것이다.

국어 교육 목표와 핵심 역량을 실제 수업 속에서 어떻게 구현할 수 있을지 고민해 보아야 한다. 국어 수업이 학생들에게 진정한 성장의 기회가 되려면, 교사 스스로 국어 교육의 의미를 성찰하고, 학생들의 삶과 연결되는 방식으로 수업을 설계해 보는 것도 의미 있는 접근이 될 것이다. 국어 교육이 학생들에게 삶을 바라보는 방식이 되고, 세상과 소통하는 힘이 될 수 있기를 기대해 본다.

02 국어과 개념 기반 유닛 설계의 실제

1 탐구하기

가 핵심 아이디어로 유닛 설계 시작하기

표 VI-3 핵심 아이디어로 유닛 설계 시작하기(국어과)

유닛명		책은 조용하지 않다 -서평 쓰기-	학교급/ 학년	중/3
2022 개정 교육과정 핵심 아이디어	읽기	• 읽기는 독자가 자신의 배경지식이나 경험을 활용하여 언어를 비롯한 다양한 기호나 매체로 표현된 글의 의미를 능동적으로 구성하는 행위이다. • 독자는 다양한 상황 맥락과 사회·문화적 맥락 속에서 자신의 읽기 목적을 달성하기 위하여 다양한 유형의 글을 읽는다. • 독자는 읽기 과정을 점검·조정하며 읽기 과정에서 부딪히는 문제를 해결하기 위해 적절한 읽기 전략을 사용하여 글을 읽는다. • 독자는 읽기 경험을 통해 읽기에 대한 긍정적 정서를 형성하고 삶과 공동체의 문제 해결을 위해 공동체 구성원과 함께 독서를 통해 소통함으로써 사회적 독서 문화를 만들어 간다.		
	문학	• 문학은 인간의 삶을 언어로 형상화한 작품을 통해 즐거움과 깨달음을 얻고 타자와 소통하는 행위이다. • 문학 작품을 통한 소통은 작품의 갈래, 작가와 독자, 사회와 문화, 문학사의 영향 등을 고려하며 이루어진다. • 문학 수용·생산 능력은 문학의 해석, 감상, 비평, 창작 활동을 통해 향상된다. • 인간은 문학을 향유하면서 자아를 성찰하고 타자를 이해하며 공동체의 일원으로 성장한다.		
	쓰기	• 쓰기는 언어를 비롯한 다양한 기호나 매체를 활용하여 인간의 생각과 감정을 글로 표현함으로써 의미를 구성하는 행위이다. • 필자는 상황 맥락 및 사회·문화적 맥락 속에서 자신의 의사소통 목적을 달성하기 위하여 다양한 유형의 글을 쓴다. • 필자는 쓰기 과정에서 부딪히는 문제를 해결하기 위하여 적절한 쓰기 전략을 사용하여 글을 쓴다. • 필자는 쓰기 경험을 통해 언어 공동체의 구성원으로 성장하고, 쓰기 윤리를 갖추어 독자와 소통함으로써 바람직한 의사소통 문화를 만들어 간다.		

<table>
<tr><td>성취기준
(2022 개정 교육과정)</td><td colspan="3">[9국02-01] 읽기는 사회·문화적 맥락에서 의미를 구성하는 과정임을 이해하며 사회적 독서에 참여하고 사회적 독서 문화 형성에 기여한다.
[9국05-08] 근거를 바탕으로 작품을 해석하고, 다른 해석들과 비교하여 자신의 해석을 평가한다.
[9국03-09] 언어 공동체의 구성원인 필자로서 자신에 대해 성찰하며, 윤리적 소통 문화를 형성하는 데에 기여한다.</td></tr>
<tr><td rowspan="2">범주</td><td>지식·이해</td><td>과정·기능</td><td>가치·태도</td></tr>
<tr><td>• (맥락) 상황 맥락, 사회·문화적 맥락, 작가 맥락, 독자 맥락</td><td>• 글의 관점이나 주제 파악하기
• 읽기 목적과 글의 구조를 고려하며 내용 요약하기
• 드러나지 않은 의도나 관점 추론하기
• 사회·문화적 상황을 생각하며 읽기
• 근거를 바탕으로 작품 해석하기
• 다양한 해석 비교·평가하기
• (계획하기) 언어 공동체 고려하기
• (내용 생성하기) 자료를 활용하여 내용 생성하기
• (내용 조직하기) 글 유형을 고려하여 내용 조직하기
• (표현하기) 다양하게 표현하기
• (고쳐쓰기) 독자를 고려하여 고쳐쓰기
• (공유하기) 쓴 글을 함께 읽고 반응하기
• (점검과 조정) 쓰기 과정과 전략에 대해 점검·조정하기</td><td>• 읽기에 대한 성찰
• 사회적 독서 문화 형성
• 문학을 통한 자아 성찰 및 타자 이해
• 문학을 통한 공동체 문제에의 참여
• 문학의 가치 내면화
• 쓰기에 대한 성찰
• 윤리적 소통 문화 형성</td></tr>
</table>

나 핵심 아이디어 재구조화와 탐구 질문 만들기

표 VI-4 핵심 아이디어 재구조화와 탐구 질문 예시(국어과)

<table>
<tr><td rowspan="3">유닛의 성격</td><td colspan="3">읽기는 공동체 구성원들이 사회·문화적 맥락 속에서 의미를 형성하며 소통하는 과정이다. 독자는 자신의 배경지식과 경험을 바탕으로 작품을 해석하며, 같은 작품이라도 시대적 흐름과 개인의 상황에 따라 다양한 관점이 형성될 수 있다. 이러한 해석 과정은 개인적 사고를 거쳐, 공동체 구성원 간의 대화를 통해 더욱 확장된다. 사회적 독서 문화는 이러한 상호작용 속에서 형성되며, 공동체가 공유하는 가치와 통찰을 발견하는 기회를 제공한다.
독서는 정보를 수용하는 데 그치지 않고, 해석과 비판, 창조의 과정으로 확장된다. 독자는 글을 읽으며 저자의 의도를 파악하고, 작품의 구조와 맥락을 분석하며, 자신의 가치관과 결합해 의미를 구성한다. 이 과정에서 독자는 능동적인 해석자로서 자신의 관점을 정립하고, 타인의 해석과 조화롭게 소통하는 법을 익힌다. 특히 사회적 독서를 통해 다양한 시각을 교환하며, 공동체의 관점 속에서 자신의 해석을 점검하는 기회를 갖는다.
독자의 해석은 다양한 맥락을 고려할 때 더욱 깊이 있는 의미를 지닌다. 작품의 내용적·형식적 요소뿐만 아니라 사회·문화적 배경, 작가의 의도, 시대적 흐름까지 아우르는 폭넓은 이해가 필요하다. 작품 해석이 개인의 경험과 가치관에 따라 달라질 수 있지만 타당한 근거를 바탕으로 논리적인 해석을 제시하는 과정이 중요하다. 이러한 점검을 통해 독자는 자신의 해석을 더욱 정교하게 다듬으며, 서평을 작성하는 과정에서 필자로서의 역할을 수행하게 된다.
서평 쓰기는 독자가 필자로서 자신의 생각을 논리적으로 정리하고, 타인과 소통하는 중요한 과정이다. 독자는 자신의 독서 경험을 바탕으로 비판적·창의적 사고를 확장하며, 공동체 구성원들과 의미 있는 대화를 형성한다. 또한 서평을 통해 독자는 언어 공동체의 일원으로서 책임 있는 의사소통 문화를 형성하고, 다양한 관점이 공존하는 사회에서 열린 태도를 기를 수 있다.
따라서 서평 쓰기를 통해 독자는 상황 맥락, 사회·문화적 맥락, 작가 맥락, 독자 맥락을 종합적으로 고려하며 독서 경험을 더욱 풍부하게 만들어 갈 수 있다. 독자는 자신의 해석을 글로 표현하고, 이를 바탕으로 공동체와 소통하며 사회적 독서 문화를 형성하는 데 기여한다. 이러한 과정 속에서 독자는 타인의 해석을 존중하고, 자신의 관점을 발전시키며 공동체의 발전을 위한 의사소통자로 성장해 나간다.</td></tr>
<tr><td>주요 개념</td><td>관련 개념</td><td>실제적 맥락</td></tr>
<tr><td>의사소통</td><td>관점, 해석</td><td>공동체</td></tr>
</table>

<table>
<tr><td rowspan="2">재구조화된 핵심 아이디어</td><td>개념적 이해</td><td>독자는 의사소통을 통해 관점과 해석을 공유하며 의미를 구성한다.</td></tr>
<tr><td>탐구 진술</td><td>독자는 의사소통을 통해 관점과 해석을 공유하며 공동체에 영향을 미친다.</td></tr>
<tr><td rowspan="3">탐구 질문</td><td>사실적 질문</td><td>• 맥락이 읽기의 의미 구성에 어떻게 영향을 미치는가?
• 작품을 해석하는 데 사용되는 주요 방법에는 무엇이 있는가?
• 언어 공동체에서 자신의 글쓰기를 성찰하는 과정에서 요구되는 역량은 무엇인가?</td></tr>
<tr><td>개념적 질문</td><td>• 가치관, 경험, 맥락과 어떻게 상호작용하며 작품을 해석하는가?
• 자신의 해석을 어떻게 서평으로 발전시키며, 그 과정에서 어떤 의미가 확장되는가?
• 서평을 통해 공동체와 어떻게 소통하며, 공동체의 가치와 문화에 어떤 영향을 미칠 수 있는가?</td></tr>
<tr><td>논쟁적 질문</td><td>• 공동체의 다양한 관점을 존중하면서도 독자는 자신의 해석적 주체성을 어떻게 유지할 수 있는가?
• 작품에 대한 비판적이거나 부정적인 해석이 공동체의 담론 형성에 미치는 영향은 무엇인가?
• 사회적 통념에 반하거나 가치 편향적인 서평을 어떻게 해석하고 수용할 것인가?</td></tr>
</table>

국어 교육에서 중요한 목표 중 하나는 학생들이 의미를 구성하고 자신의 사고와 가치를 형성하며 공동체와 소통하는 경험을 하는 것이다. 이를 실현하기 위해 개념 기반 교육과정에서는 학습자들이 개념을 이해하고 다양한 맥락에서 적용하고 전이할 수 있도록 돕는다. 이러한 관점에서 유닛의 목표를 명확히 하고 학습자들이 의미 있는 탐구를 수행할 수 있도록 구조화하는 설계는 중요하다.

이번 유닛에서 설정한 개념적 이해 진술인 '독자는 의사소통을 통해 관점과 해석을 공유하며 의미를 구성한다.'는 독서와 글쓰기가 개인적 경험을 넘어 사회적 상호작용 과정이라는 점을 강조한다. 독자는 작품을 읽으며 정보를 받아들이며 자신의 경험과 가치관을 바탕으로 능동적으로 해석하고 의미를 구성한다. 또한 이러한 해석 과정이 다른 독자들과 공유되는 과정에서 더욱 확장될 수 있다는 점을 보여준다. 독서는 공동체와의 소통 과정 속에서 의미를 형성하고 발전하는 활동임을 이해하는 것이 중요하다.

탐구 진술인 '독자는 의사소통을 통해 관점과 해석을 공유하며 공동체에 영향을 미친다.'는 서평 쓰기가 개인의 감상을 표현하는 것에서 끝나는 것이 아니라 공동체와의 관계 속에서 의미를 형성하고 변화를 유도하는 과정임을 강조한다. 독자는 서평을 통해 자신의 해석을 논리적으로 정리하고, 이를 다른 사람들과 공유하는 과정에서 다양한 관점이 교차하고 조화를 이루며 공동체의 문화가 형성된다. 서평은 독자의 생각을 정리하고 발전시키는 동시에 공동체에 새로운 시각을 제공하고 담론을 확장하는 역할을 수행한다.

이러한 개념적 이해와 탐구 진술을 도출하는 과정에서 '의사소통'을 주요 개념으로 설정하였다. 독서와 글쓰기가 본질적으로 타인과의 소통을 통해 의미를 구성하는 과정이기 때문이다. 독자는 작품을 개인적으로 해석하는 데서 멈추지 않고 다른 독자들과 소통하며 자신의 해석을 점검하고 확장할 수 있다. 읽기와 쓰기가 사회적 맥락 속에서 의미를 형성하고 공유하는 과정임을 고려할 때, 의사소통은 학습자들이 성장하는 데 핵심적인 역할을 한다.

'관점'과 '해석'을 관련 개념으로 설정한 것은 독서와 글쓰기가 주체적인 관점으로 해석하는 활동이라는 점을 반영한 것이다. 독자는 자신의 배경지식과 경험을 바탕으로 작품을 해석하며, 때로는 다른 해석과 충돌하거나 조화를 이루는 과정에서 더욱 깊은 사고를 하게 된다. 작품을 해석할 때 개인적 느낌을 넘어 논리적인 근거를 바탕으로 설득력 있는 해석을 제시할 수 있어야 한다는 점에서 관점과 해석이 중요한 역할을 한다.

'공동체'를 실제적 맥락으로 설정한 이유는 서평 쓰기가 사회적 의미를 가지는 활동이기 때문이다. 학생들은 서평을 통해 자신의 관점을 타인과 공유하고, 공동체의 가치와 문화에 영향을 미칠 수 있는 능동적인 참여자로 성장하게 된다. 이러한 과정은 공동체 구성원으로서의 역할을 성찰하고 사회적 소통 능력을 기르는 기회가 된다.

탐구 질문을 설정하는 과정에서도 이러한 개념과 실제적 맥락을 고려하였다. 사실적 질문은 학습자가 기본 개념과 정보를 명확하게 이해하도록 돕고, 개념적 질문은 상황에서 개념이 어떻게 적용되는지를 탐구하게 한다. 논쟁적 질문은 학습자들이 다양한 관점을 고려하고 자신의 입장을 정리할 수 있도록 하는 역할을 한다. 예를 들어, '맥락이 읽기의 의미 구성에 어떻게 영향을 미치는가?'와 같은 사실적 질문은 학습자들이 읽기 과정에서 다양한 맥락이 의미 형성에 미치는 영향을 탐색하도록 한다. '독자는 자신의 해석을 어떻게 서평으로 발전시키며, 그 과정에서 어떤 의미가 확장되는가?'라는 개념적 질문은 학생들이 자신의 해석 과정이 어떻게 이루어지는지 성찰하고, 이를 글쓰기 과정과 연결할 수 있도록 유도한다. '공동체의 다양한 관점을 존중하면서도 독자는 자신의 해석적 주체성을 어떻게 유지할 수 있는가?'라는 논쟁적 질문은 학생들이 타인의 의견을 존중하면서도 자신의 해석을 정립하는 방법을 고민하도록 돕는다.

이러한 탐구 질문을 통해 학생들은 서평 쓰기가 감상문 작성이 아니라 의미를 구성하고 타인과 공유하며 공동체 내에서 가치를 창출하는 활동임을 이해할 수 있다. 또한 질문을 바탕으로 학습자들은 비판적 사고력을 기르고, 논리적 사고와 글쓰기 역량을 동시에 키울 수 있다.

이 유닛은 개념 기반 교육과정의 핵심 요소를 반영하여 학습자들이 서평 쓰기를 통해 수동적 독자가 아니라 의미를 구성하고 공유하는 능동적인 참여자로 성장할 수 있도록 하기 위한 과정이다. 따라서 이 유닛을 통해 학습자들이 자신의 해석적 관점을 탐색하고, 타인과 소통하며, 공동체의 가치 형성에 기여하는 경험을 할 수 있도록 설계하였다. 서평 쓰기는 독자로서의 역할을 확장하여 공동체 구성원으로서 적극적으로 참여하는 과정임을 깨닫게 하는 중요한 학습 경험이 될 것이다.

1) 유닛 구조화

그림 VI-2 유닛 구조도

유닛명:
책은 조용하지 않다
–서평 쓰기–

개념적 렌즈:
주요 개념: 의사소통
관련 개념: 관점, 해석
실제적 맥락: 공동체

포괄적인 일반화:
독자는 의사소통을 통해 관점과 해석을 공유하며 공동체에 영향을 미친다.

핵심 질문:
독자는 다양한 관점을 바탕으로 작품을 해석하고, 공동체와 소통하며 어떤 변화를 만들어낼 수 있을까?

1. 다양한 맥락에서 의미를 구성하고 소통하며 읽기

읽기는 상황 맥락, 사회 · 문화적 맥락, 작가 맥락, 독자 맥락에서 어떻게 의미를 구성하며, 공동체의 독서 문화 형성에 어떤 기여를 할 수 있을까?

지식·이해	과정·기능	가치·태도
• 상황 맥락, 사회 · 문화적 맥락, 독자 맥락, 작가 맥락을 고려하여 읽는 방법 알기	• 상황 맥락, 사회 · 문화적 맥락, 독자 맥락, 작가 맥락을 고려하여 읽기	• 읽기에 대한 성찰 • 사회적 독서문화 형성

2. 근거를 바탕으로 작품을 해석하고 다양한 관점을 탐색하기

다양한 관점에서 작품을 해석하고 평가할 때 어떤 근거와 방법을 활용할 수 있을까?

지식·이해	과정·기능	가치·태도
• 작품 속의 내용적 · 형식적 근거나 작품 밖의 맥락적 근거 등을 토대로 하여 작품을 해석하는 방법 알기 • 다른 사람들의 해석과 비교하며 해석의 적절성을 검토하는 방법 알기	• 근거를 바탕으로 작품을 해석하고, 다른 해석들과 비교하여 자신의 해석 평가하기	• 문학을 통한 자아 성찰 및 타자 이해 • 문학을 통한 공동체문제에의 참여 • 문학의 가치 내면화

3. 공동체와 소통하는 서평 쓰기

독자는 서평을 통해 공동체와 어떻게 소통하며 영향을 주고받을 수 있을까?

지식·이해	과정·기능	가치·태도
• 서평 쓰는 방법 알기 • 언어 공동체의 개념 이해하기 • 윤리적 소통 문화의 특성과 필요성 이해하기	• 서평 쓰는 방법과 자신의 쓰기 과정 및 결과를 성찰하며 책임감 있게 글 쓰는 방법 적용하여 서평 쓰기	• 쓰기에 대한 성찰 • 윤리적 소통 문화형성

2) 탐구 진술에 따른 총괄평가 과제 개발하기

표 VI-5 **탐구 진술에 따른 총괄평가 과제 개발(국어과)**

탐구 진술과 총괄평가의 관련성	총괄평가 과제 개발
• 탐구 진술: 독자는 의사소통을 통해 관점과 해석을 공유하며 공동체에 영향을 미친다. • 탐구 진술과 총괄평가의 관련성 이 유닛의 목표는 학습자들이 독서를 통해 의미를 구성하고, 자신의 해석을 공유하며 공동체와 소통하는 능력을 기르는 데 있다. 학생들은 작품을 읽으며 상황 맥락, 사회·문화적 맥락, 작가 맥락, 독자 맥락을 고려하여 의미를 탐색하고, 다양한 관점을 수용하며 자신의 해석을 형성한다. 이러한 과정에서 학생들은 공동체 속에서 자신의 해석을 공유하고 논의하며, 독자로서 적극적으로 사고하고 표현하는 경험을 하게 된다. 서평 쓰기 활동은 학생들이 독자로서 작품을 분석하고, 자신의 해석을 논리적으로 정리하며 타인과 소통하는 기회를 제공한다. 학생들은 서평을 통해 작품의 주제를 분석하고, 작가의 의도와 작품이 전달하는 메시지를 탐구하며, 자신의 관점을 근거를 바탕으로 정교하게 다듬는다. 또한 다양한 해석이 존재할 수 있음을 이해하며 비판적 사고력을 기른다. 이러한 과정은 사회적 독서 문화를 형성하고, 윤리적이고 책임 있는 의사소통 태도를 함양하는 데 기여한다. 총괄평가 과제는 학생들이 자신의 해석을 논리적으로 구성하고 공동체와 소통하는 역량을 평가하는 데 중점을 둔다. 학생들은 독자로서 작품을 분석하고, 이를 정리하여 서평을 작성한 후, 온라인 서점이나 독서 커뮤니티에서 공유하는 실천적 경험을 하게 된다. 이를 통해 학습자들은 정보 소비자만이 아니라 의미를 생산하고 공유하는 능동적인 독자로 성장하도록 돕는다.	• 서평 쓰기 - 목적(Goal): 여러분은 작품을 읽고 근거를 바탕으로 다양한 관점에서 해석하며, 이를 서평이라는 글 형식으로 정리하여 다른 독자들과 소통하는 경험을 하게 됩니다. 서평을 작성함으로써 자신의 해석을 논리적으로 구성하고, 독자에게 유익한 정보를 제공하며, 공동체 내에서 의미 있는 독서 문화를 형성하는 데 기여할 수 있습니다. - 역할(Role): 여러분은 작품을 분석하고 평가하는 서평가로 활동합니다. 서평가는 작품의 핵심 주제와 의미를 논리적으로 해석하여 독자들에게 전달하는 역할을 합니다. 따라서 작품을 비판적으로 읽고, 자신의 해석을 논리적으로 구성하여 독자의 사고를 확장할 수 있도록 돕습니다. - 청중(Audience): 여러분의 서평을 읽을 독자는 온라인 서점이나 독서 커뮤니티를 방문하는 사람들입니다. 이들은 아직 해당 작품을 읽지 않았거나, 작품을 읽고 난 후 다른 독자들의 해석과 평가를 참고하려는 독자들입니다. 여러분의 서평은 독자들이 작품을 선택하는 데 참고할 수 있도록 돕고, 작품에 대한 다양한 해석을 공유하는 역할을 합니다. - 상황(Situation): 온라인 서점이나 독서 커뮤니티를 방문한 독자들은 다양한 서평을 탐색하면서 작품의 내용을 파악하고, 작품이 자신에게 적합한지 여부를 결정하려 합니다. 여러분의 서평은 독자들이 작품에 대한 기대를 형성하고, 작품을 선택하는 데 영향을 미치는 중요한 요소가 됩니다.

탐구 진술과 총괄평가의 관련성	총괄평가 과제 개발
이러한 경험은 학생들이 평생 독자로서 비판적 사고력을 유지하고, 자신의 생각을 책임감 있게 표현하는 능력을 기르는 데 중요한 역할을 한다. 서평 작성 활동을 통해 학생들은 독자로서뿐만 아니라 필자로서도 성장하며, 공동체 내에서 지속적으로 소통하는 주체적인 학습자로 자리 잡게 된다. 이 총괄평가는 학습자들이 독서와 글쓰기를 통해 공동체와 연결되고, 사회적 영향력을 발휘할 기회를 제공하며, 책임감 있는 의사소통자로 성장하도록 이끈다.	- 결과물(Product): 여러분은 한 편의 서평을 작성하여 온라인 서점이나 독서 커뮤니티에 게시합니다. 서평에는 핵심 내용을 요약하고, 작가의 의도와 작품이 전달하려는 메시지를 분석하는 내용 등을 포함합니다. 또한 작품을 다양한 관점에서 해석하고, 자신의 관점을 논리적 근거와 함께 제시하며, 해당 작품을 추천하는 이유나 비판적 평가를 담습니다. 독자들에게 제공할 수 있는 통찰이나 시사점을 포함하여 서평을 구성합니다. - 평가 기준(Standards): 이해하기, 표현하기

3) 총괄평가에 따른 채점기준표 개발하기

국어 교육의 목표는 학생들이 국어를 활용해 의미를 구성하고, 타인과 소통하며 공동체 속에서 사고를 확장하는 것이다. 이에 따라 평가 기준을 '이해하기, 표현하기'로 설정하였으며, 이를 서평 쓰기의 평가 요소와 연계하여 '작품 이해하고 해석하기', '근거를 바탕으로 관점 형성하기', '명확하고 효과적으로 표현하기', '다른 독자와 소통하며 설득력 있게 전달하기'로 구체화하였다. 이러한 평가 요소는 서평 쓰기의 본질과 국어 교육의 방향성을 반영한 것이며, 학생들이 서평을 통해 의미를 구성하고 공동체 내에서 능동적으로 사고를 확장할 수 있도록 돕는다.

총괄평가는 학생들이 작품을 분석하고 해석하며, 자신의 관점을 형성하고 논리적으로 표현하는 능력을 얼마나 효과적으로 발휘했는지를 평가하는 과정이다. 이는 학생들이 비판적 사고를 통해 독자로서 성장하고, 공동체와 소통하는 역량을 길렀는지를 종합적으로 평가하는 데 초점을 둔다. 따라서 학습을 통해 얻은 개념적 이해와 서평 쓰기 역량을 실제적으로 적용하고 전이할 수 있는지를 측정하는 중요한 과정이다.

서평 쓰기는 독자가 의사소통을 통해 다양한 관점과 해석을 공유하며 의미를 구성하는 과정이다. 분석적이고 비판적인 글쓰기 활동으로 독자의 해석이 사회·문화적 맥락 속에서 형성되고 확장된다. 이에 따라 평가 요소를 선정할 때 서평의 본질과 학습 목표를 반영하는 것이 중요했다. 이를 바탕으로 서평 쓰기 평가에서 고려해야 할 네 가지 요소를 설정하였다.

첫째, '작품 이해하고 해석하기'는 학생이 작품의 주제, 핵심 내용, 작가의 의도 등을 얼마나 깊이 있게 분석하고 다양한 맥락을 반영하여 해석하는지를 평가한다. 작품의 의미는 내용 이해에 그치는 것이 아니라 상황 맥락, 사회·문화적 맥락, 독자 맥락, 작가 맥락과 연결될 때 더욱 확장될 수 있다. 이를 위해 학생들이 작품을 다층적으로 해석하고 의미를 구성할 수 있도록 평가 요소를 설정하였다.

둘째, '근거를 바탕으로 관점 형성하기'는 학생이 자신의 관점을 명확히 설정하고, 이를 적절한 근거와 예시를 통해 논리적으로 발전시키는지를 평가한다. 서평은 독자와의 대화를 전제로 하는 글쓰기이므로 학생들이 자신의 해석을 뒷받침할 수 있도록 논리적이고 타당한 근거를 제시하는 것이 중요하다.

셋째, '명확하고 효과적으로 표현하기'는 서평을 논리적이고 체계적으로 구성하여 적절하게 전달하는지를 평가하는 요소이다. 서평이 독자에게 설득력을 가지려면 문장이 명확해야 하며, 글의 구조가 논리적이고 일관성 있게 구성되어야 한다. 이를 통해 학생들은 독자 친화적인 글쓰기를 익히고, 자신의 생각을 효과적으로 전달하는 능력을 기를 수 있다.

마지막으로 '다른 독자와 소통하며 설득력 있게 전달하기'는 서평이 독자와의 소통을 고려하고, 공감을 끌어내며 설득력 있게 구성되었는지를 평가하는 요소이다. 서평은 개인적인 감상을 나열하는 것이 아니라 공동체 내에서 다양한 해석을 공유하고 논의하는 글쓰기이다. 따라서 학생들이 독자의 입장을 고려하고, 자신의 해석을 보다 설득력 있게 전달할 수 있도록 평가 기준을 설정하였다.

수행 수준을 설정할 때 중점을 둔 부분은 형성적 피드백 기능의 강화였다. 학생들이 채점기준표를 활용하여 자신의 강점과 개선점을 명확히 이해할 수 있도록 하고, 이를 바탕으로 자기 성찰을 통해 서평을 보완할 수 있도록 유도하는 것이 중요했다. 이를 통해 평가 자체가 학습 과정의 일부가 될 수 있도록 하였다.

이 채점기준표는 서평 쓰기 평가의 신뢰도를 높이고, 학생들이 평가 기준을 이해하는 과정 자체가 학습으로 이어질 수 있도록 돕는다. 교사는 채점기준표를 활용하여 평가의 일관성을 유지하고, 학생들에게 명확한 피드백을 제공할 수 있으며, 학생들은 채점기준표를 참고하여 자기 평가 및 동료 피드백을 통해 서평을 개선할 수 있는 방향을 스스로 파악할 수 있다. 이를 통해 서평 쓰기는 작품을 분석하고 해석하며 자신의 관점을 형성하고 타인과 소통하는 과정으로 자리 잡을 수 있다. 또한 사회적 독서 문화를 형성하고, 공동체와의 소통을 통해 의미를 구성하는 능동적인 학습자로 성장할 수 있을 것이다.

표 VI-6 총괄평가 채점기준표 예시(국어과)

평가명	서평 쓰기	배점	20점
교육과정 성취기준	[9국02-01] 읽기는 사회·문화적 맥락에서 의미를 구성하는 과정임을 이해하며 사회적 독서에 참여하고 사회적 독서 문화 형성에 기여한다. [9국05-08] 근거를 바탕으로 작품을 해석하고, 다른 해석들과 비교하여 자신의 해석을 평가한다. [9국03-09] 언어 공동체의 구성원인 필자로서 자신에 대해 성찰하며, 윤리적 소통 문화를 형성하는 데에 기여한다.		
탐구 진술	독자는 의사소통을 통해 관점과 해석을 공유하며 공동체에 영향을 미친다.		
평가 요소	수행 수준		배점
작품 이해하고 해석하기	작품의 주제, 핵심 내용, 작가의 의도 등을 깊이 있고 체계적으로 분석함. 다양한 맥락을 폭넓게 고려하여 작품을 해석함. 작품의 의미를 심층적으로 탐구하고, 이를 일관성 있게 정리하여 논리적으로 설명함.		5
	작품의 주제, 핵심 내용, 작가의 의도 등을 파악하고 요약하여 설명함. 작품을 해석할 때 일부 맥락을 고려하지만, 해석이 깊이 있거나 일관성 있게 정리되지 않음. 논리적인 전개가 부분적으로 이루어졌으나, 분석이 다소 표면적이며 일부 설명이 부족함.		3
	작품의 주제나 핵심 내용을 단순히 나열함. 작가의 의도를 파악하려는 시도가 부족하거나, 해석이 단편적이고 피상적임. 작품의 의미를 심층적으로 탐구하지 않고, 내용 정리가 일관되지 않으며 논리적인 설명이 부족함.		1

평가 요소	수행 수준	배점
근거를 바탕으로 관점 형성하기	자신의 관점을 명확하게 설정하고, 작품 및 관련 맥락을 고려하여 근거를 적절하고 타당하게 제시함. 제시된 근거가 자신의 해석을 효과적으로 뒷받침하며, 독자가 충분히 공감할 수 있도록 서술됨. 적절한 예시나 인용을 활용하여 자신의 관점을 깊이 있게 드러내며, 서평의 논지를 강화함.	5
	자신의 관점을 설정하려는 시도가 보이며, 근거를 제시하려 하지만 일부 부족하거나 명확하지 않음. 근거가 해석을 뒷받침하고 있으나, 타당성이 다소 약하거나 독자가 충분히 공감하기 어려운 부분이 있음. 예시나 인용을 활용하려는 노력이 보이지만, 서평의 핵심 논지를 보완하는 데 충분하지 않음.	3
	자신의 관점이 명확하지 않거나 불분명함. 근거가 부족하거나 제시되지 않아 자신의 해석이 뒷받침되지 않음. 예시나 인용이 미흡하고, 사용하더라도 자신의 관점과 연계되지 않아 서평의 설득력이 떨어짐.	1
명확하고 효과적으로 표현하기	서평을 논리적이고 체계적으로 구성하여 독자가 이해하기 쉬움. 문장이 명확하고 일관되며 표현이 자연스럽고 적절함. 어휘와 문장이 서평의 목적과 독자에 적합하며, 문법과 맞춤법 오류가 없음. 적절한 연결어를 활용하여 문장의 흐름이 매끄럽고 논리적으로 전개됨.	5
	서평을 기본적인 구조에 맞게 구성했으나, 일부 문장이 모호하거나 표현이 명확하지 않음. 문장 간 연결이 부족하여 논리적 흐름이 다소 어색함. 어휘 선택이 다소 단조롭거나 서평의 목적과 독자에 적절하지 않은 부분이 있음. 문법과 맞춤법 오류가 일부 존재하여 가독성이 다소 저하됨.	3
	서평의 논리적 구조가 부족하여 내용이 체계적으로 정리되지 않음. 문장이 명확하지 않고 표현이 어색하거나 모호하여 독자가 이해하기 어려움. 어휘 선택이 부정확하거나 적절하지 않으며, 문법과 맞춤법 오류가 많아 독자가 내용을 명확히 이해하는 데 어려움이 있음. 문장 간 연결이 자연스럽지 않아 논리적인 흐름이 단절됨.	1

평가 요소	수행 수준	배점
다른 독자와 소통하며 설득력 있게 전달하기	독자의 관심과 공감을 효과적으로 유도할 수 있도록 논리적 근거와 정서적 요소를 균형 있게 활용함. 다양한 해석을 고려하며 공동체 내 논의를 촉진할 수 있도록 깊이 있는 시각을 제공함. 서평을 읽은 독자가 작품에 대해 새로운 시각을 가질 수 있도록 영향력 있는 글을 구성함.	5
	논리적 근거와 정서적 요소를 부분적으로 활용하였으나, 독자의 관심과 공감을 충분히 끌어내는 데 다소 부족함. 독자와의 소통을 시도했지만, 논리적 전개가 부족하거나 해석의 범위가 제한적이어서 설득력이 충분하지 않음. 서평을 읽은 독자가 작품에 대해 흥미를 가질 가능성은 있지만, 깊이 있는 해석을 유도하는 데는 미흡함.	3
	근거가 부족하고 정서적인 요소 활용이 미흡하여 독자의 관심과 공감을 이끌어내기 어려움. 공동체 내 논의와 연결되는 부분이 부족하며, 설득력이 낮아 독자가 서평을 읽고도 작품에 대한 흥미나 새로운 시각을 얻기 어려움. 서평이 단순한 감상 수준에 머물러 있으며, 독자와의 소통 목적이 명확하게 드러나지 않음.	1

2 실행하기

가 수업 활동 구성

표 VI-7 수업 활동 구성(국어과)

단계	안내 질문	학습 경험	교수·학습 전략	평가와의 연계성
관계 맺기	• 서평이란 무엇인가? • 서평을 왜 쓰는가?	• 다양한 서평을 분석하여 서평의 목적과 기능 탐색하기 • 서평의 구성 요소(작품 이해, 관점 형성, 표현, 소통) 확인	• SEE-THINK-WONDER 전략 • 모둠 토론(Think-Pair-Share)	• 학습 전 서평에 대한 사전 이해 점검 • 학생들이 기존 서평을 분석한 후, 서평의 핵심 요소를 정리하여 발표

단계	안내 질문	학습 경험	교수·학습 전략	평가와의 연계성
집중하기	• 어떻게 작품을 읽을 것인가? • 맥락이 읽기의 의미 구성에 어떻게 영향을 미치는가?	• 학생들이 개별적으로 서평을 작성할 작품을 선정(자율 선택) • 읽기 전략 활용하여 책 읽기	• SQ3R 전략(훑어보기-질문하기-읽기-되새기기-복습하기) • 비판적 읽기 전략(작품 내적 분석 & 작품 외적 분석) • KWL 차트 활용(알고 있는 것-궁금한 것-배운 것 정리) • 마인드맵을 활용한 핵심 내용 정리	• 학생들이 책을 읽고, 핵심 내용을 정리한 독서일지 작성 • 독서일지 구성요소(줄거리 요약, 인상 깊은 구절, 핵심 메시지, 질문 정리) • 읽기 전략 활용 과정에 대한 자기 평가
조사하기	• 가치관, 경험, 맥락과 어떻게 상호작용하며 작품을 해석하는가? • 해석을 어떻게 서평으로 발전시키며, 그 과정에서 어떤 의미가 확장되는가? • 공동체의 다양한 관점을 존중하면서도 독자는 자신의 해석적 주체성을 어떻게 유지할 수 있는가?	• 작품의 내적 근거(줄거리, 인물, 주제, 구성 등)와 외적 근거(사회·문화적 배경, 작가의 생애, 독자 반응 등) 탐색 • 마인드맵 및 개념도를 활용하여 작품 분석 • 다양한 시각에서 작품을 바라보며, 다른 독자의 해석과 비교하기 • 작품 간 비교를 통해 작품의 의미 확장	• 마인드맵 • 개념도 작성 • PMI 전략(긍정, 부정, 흥미 요소 분석) • 4C's 사고 전략(연관성, 도전, 개념, 변화) • 텍스트 간 비교 분석 • 비판적 사고 토론	• 작품 해석 결과를 개별 또는 모둠 발표 • 다양한 관점에서 분석한 내용 공유 및 피드백

단계	안내 질문	학습 경험	교수·학습 전략	평가와의 연계성
조직 및 정리하기	• 서평의 논리적 구성을 어떻게 만들 것인가? • 서평의 각 요소(소개-해석-평가)가 어떻게 유기적으로 연결될 수 있을까?	• 서평 예시(우수 서평 vs 보완할 서평) 비교 분석 후, 자신의 서평 기획하기 • 3단 구성 서평(소개-해석-평가) 초안 작성	• 서평 예시 분석(Compare & Contrast 전략 활용) • 서평 개요 작성(그래픽 오거나이저 활용: 서평 구조도, 벤 다이어그램 등) • 텍스트 재구성 전략(기존 서평을 변형하여 자신의 서평 개요 조직하기)	• 서평 개요 작성 후 동료 피드백 • 루브릭을 활용하여 피드백 제공 및 보완 • 교사는 개별 피드백을 제공하여 논리적 흐름 점검 및 조언 제공
일반화하기	• 서평을 독자가 공감하고 신뢰할 수 있도록 구성하려면 어떻게 해야 할까? • 작품에 대한 비판적이거나 부정적인 해석이 공동체의 담론 형성에 미치는 영향은 무엇인가? • 사회적 통념에 반하거나 가치 편향적인 서평을 어떻게 해석하고 수용할 것인가?	• 자신의 서평에 대해 동료 피드백과 교사 피드백 받기(피드백 루브릭 활용) • 다양한 시각에서 서평 수정(논증적 서평 vs 감상 중심 서평 비교, 자기 점검 체크리스트 활용) • 피드백을 반영하여 서평 완성	• 쓰기 워크숍(과정 중심 글쓰기) • 동료 평가 & 자기 점검 활용 • 텍스트 재구성 전략(기존 서평을 개선하면서 논리적 흐름 강화)	• 서평 평가 루브릭 활용(논리적 전개, 설득력, 표현의 적절성 등 평가)
전이하기	• 독자 반응을 통해 서평을 더 발전시킬 수 있을까?	• 완성된 서평을 온라인 서점, 독서 커뮤니티 등에 게시하여 독자 반응을 확인하고, 이를 분석하여 공유하기	• 서평 공유 및 독자 피드백 분석(온라인 독자 반응 조사, 댓글 분석) • 서평 수정 및 발전시키기(독자 반응 반영하여 서평 보완)	• 독자 반응 분석 보고서 작성(서평이 독자들에게 미친 영향 정리) • 서평 수정 후 피드백 반영 여부 확인

단계	안내 질문	학습 경험	교수·학습 전략	평가와의 연계성
전이하기	• 서평을 통해 공동체와 어떻게 소통하며, 공동체의 가치와 문화에 어떤 영향을 미칠 수 있는가?	• 독자 피드백을 수집하고 이를 바탕으로 서평 수정 방향 설정 • 다른 교과 및 일상생활에서 서평 활용 방법 탐색	• 사회적 소통 전략 학습(서평을 통해 토론·대화 유도하는 방법 모색)	• 서평을 기반으로 한 온라인 소통 경험 공유 및 성찰하기
성찰하기	• 서평을 통해 사고방식이나 글쓰기 태도는 어떻게 변화했나? • 언어 공동체에서 자신의 글쓰기를 성찰하는 과정에서 요구되는 역량은 무엇인가?	• 서평 쓰기 전후의 변화 점검 • 서평을 통해 공동체 내에서 독자로서 역할을 수행하는 경험 공유 • 서평 쓰기의 의미와 배운 점 정리	• 자기 점검 질문 활용 • K-W-L(알고 있는 것-궁금했던 것-배운 것) 정리 • 자기 평가 루브릭 활용 • 협력적 성찰 활동(공유와 피드백) • 성찰 일지 활동	• 성찰 일지 작성 • 피드백 루브릭 활용(자기 평가 및 동료 평가) • 메타인지적 피드백 활동(앞으로 글쓰기 개선 방향 설정)

나 상세 수업 활동 구성

표 VI-8 **상세 수업 활동 구성(국어과)**

단계	세부 교수·학습 활동
관계 맺기	1. 도입: 서평에 대한 사전 개념 활성화 • 교사의 발문을 통해 서평 개념 확인: 학생들에게 서평을 들어본 경험이 있는지 질문하고, 서평이 무엇인지 자유롭게 떠올려 보도록 한다. • 학생들의 사전 경험 공유: 책을 읽은 후 감상을 정리해 본 경험이나 다른 사람의 책 추천을 받아 본 경험을 짝과 나누도록 한다. • 서평 예시 분석을 통한 개념 탐색: 다양한 유형의 서평(온라인 서점, 신문, 블로그 서평)을 제시하고, 공통적인 요소를 찾아본다. 2. SEE-THINK-WONDER 전략을 활용한 서평 분석 1) SEE 단계: 서평의 형태와 구성 파악 • 제공된 서평을 읽으며, 서평이 어떤 방식으로 구성되어 있는지 파악한다. • 서평의 필수 요소(작품 소개, 핵심 내용, 평가 등)를 찾아 정리한다.

단계	세부 교수·학습 활동
관계 맺기	2) THINK 단계: 서평의 목적과 기능 탐색 • 서평이 독자에게 어떤 정보를 제공하는지 생각해 본다. • 서평이 감상만이 아닌 작품을 분석하고 해석하는 글임을 이해하도록 한다. 3) WONDER 단계: 서평을 읽으며 생긴 궁금증 정리 • 서평을 더 설득력 있게 만들기 위해 보완해야 할 요소는 무엇인지 질문을 정리한다. • 서평에서 더 알고 싶은 점이나 개선점이 무엇인지 공유한다. 3. 모둠 토론(Think-Pair-Share)을 활용한 서평 개념 정리 1) Think 단계: 개인 생각 정리 • 서평의 역할과 중요성에 대해 각자 자신의 생각을 정리한다. • 서평의 핵심 요소(작품 이해, 관점 형성, 표현, 소통)를 자신의 언어로 표현해 본다. 2) Pair 단계: 짝과 의견 나누기 • 짝과 서평의 개념과 역할에 대해 이야기하고 서로의 의견을 비교하며 조정한다. • 서평이 단순한 감상문과 어떻게 다른지 의견을 나눈다. 3) Share 단계: 모둠별 발표 및 전체 정리 • 모둠별로 서평의 개념과 중요성에 대해 발표한다. • 교사는 학생들의 발표 내용을 종합하여 최종적으로 서평의 개념을 정리한다. 4. 마무리: 서평 개념 정리 및 학습 활동 평가 • 서평의 개념 정리 및 도출: 서평이란 무엇인지 한 문장으로 정리하고, 서평의 핵심 요소를 개념적으로 정리한다. • 학습 활동 평가 및 피드백: 오늘 활동에서 배운 점을 공유하고, 다음 활동(서평을 위한 작품 선정 및 읽기)과 연결하여 마무리한다.
집중하기	1. 도입: 작품 선정 및 읽기 전략 안내 • 교사의 발문을 통해 작품 선정의 중요성 안내 - 학생들에게 "서평을 작성할 작품을 선택할 때 고려해야 할 요소는 무엇일까요?"라는 질문을 던진다. - 학생들이 자유롭게 의견을 나누도록 유도한 후, 흥미, 난이도, 관심 분야 등의 기준을 정리한다. • 학생들의 개별 작품 선정 및 공유 - 각자 서평을 작성할 작품을 선정하고, 제목, 저자, 장르, 선택한 이유 등을 간단히 발표하도록 한다. - 짝과 토론하며 서로의 작품을 비교하고, 작품을 선택한 이유를 공유하는 활동을 진행한다. • 서평 작성을 위한 효과적인 읽기 전략 안내 - SQ3R 전략과 비판적 읽기 전략을 설명하며, 학생들이 책을 읽을 때 이를 활용하도록 안내한다.

단계	세부 교수·학습 활동
집중하기	- 교사는 읽기 전략이 서평의 질을 높이는 데 중요한 역할을 한다는 점을 강조한다. 2. SQ3R 전략을 활용한 읽기 과정 1) 훑어보기(Survey): 전체적인 구조 파악 • 학생들에게 책의 표지, 제목, 차례, 서문을 살펴보도록 한다. • "이 책의 핵심 주제는 무엇일까요?"라는 질문을 던지고, 주요 키워드를 정리하도록 한다. • 책의 목차를 분석하며 어떤 내용이 다루어질지 예측해 본다. 2) 질문하기(Question): 핵심 질문 설정 • 책을 읽으며 핵심 질문을 스스로 설정하고, 그 질문이 작품 해석에 어떤 도움을 줄지 생각하도록 한다. • 작품 내적 요소(줄거리, 인물, 배경, 주제)와 작품 외적 요소(사회적 배경, 작가의 의도, 독자의 반응)를 고려하여 5가지 질문을 만든다. • 모둠별로 질문을 공유한 후, 공통된 질문과 각 모둠이 독창적으로 설정한 질문을 비교하고 분석한다. 3) 읽기(Read): 분석하며 읽기 • 비판적 읽기 전략을 활용하여 작품의 주요 장면, 중심 내용, 핵심 메시지를 정리하도록 한다. • 마인드맵을 활용하여 등장인물 관계도, 사건 전개 방식, 핵심 사건을 정리하도록 한다. • 학생들은 자신이 설정한 질문에 대한 답을 찾으며, 답을 찾지 못한 질문은 표시해 둔다. 4) 되새기기(Recite): 핵심 내용 정리 • KWL 차트(알고 있는 것-궁금한 것-배운 것)를 활용하여 내용을 정리한다. • 자신이 설정한 질문에 대해 찾아낸 답을 정리하고, 여전히 해결되지 않은 궁금증을 표시한다. • 각자가 이해한 내용을 짝과 공유하며 부족한 부분을 보완한다. 5) 복습하기(Review): 정리 및 피드백 • 개별적으로 작성한 핵심 내용 요약을 짝과 공유하고 피드백을 주고받는다. • 교사는 학생들이 작성한 독서일지를 검토하며 추가적인 피드백을 제공한다. • 서평을 위한 핵심 자료를 정리하는 과정이 중요함을 강조하며 마무리한다. 3. 모둠 토론을 통한 작품 해석 비교 1) 모둠 구성 및 토론 주제 설정 • 같은 책을 읽은 학생들끼리 모둠을 구성하여 다음 질문에 대해 토론한다. - 이 책에서 가장 중요한 장면은 무엇인가? - 작품이 전달하려는 핵심 메시지는 무엇인가? - 서로 다른 해석이 가능한 부분은 어디인가? 등

단계	세부 교수·학습 활동
집중하기	2)모둠별 발표 및 피드백 제공 • 모둠별로 토론한 내용을 정리하여 간단히 발표한다. • 교사는 다양한 해석이 가능함을 강조하며, 작품을 깊이 있게 탐구하는 태도를 기르도록 유도한다. 4. 마무리: 읽기 활동 성찰 및 정리 1) 읽기 전략 활용 성찰 • 책을 읽으며 가장 도움이 되었던 전략은 무엇이었나요? • 앞으로 서평을 쓰기 위해 어떤 부분을 더 깊이 탐구해야 할까요? • 위와 같은 질문을 활용하여 학생들은 자신이 활용한 읽기 전략을 평가하고, 개선할 점을 성찰하는 시간을 가진다. 2) 독서일지 최종 정리 및 제출 • 학생들은 자신의 독서일지를 최종 정리하여 제출하고, 짝과 교환하여 피드백을 제공한다. • 교사는 학생들의 독서일지를 확인하며 다음 단계로 연결될 수 있도록 안내한다.
조사하기	1. 도입: 작품 해석을 위한 사전 탐색 활동 1) 교사의 발문을 통한 작품 해석 방향 설정 • 교사는 학생들에게 다음과 같은 질문을 던져 작품 해석의 필요성을 환기한다. - 우리는 같은 작품을 읽어도 왜 다르게 해석할까요? - 작품을 해석할 때 어떤 요소를 고려해야 할까요? - 서평을 쓰기 위해 작품의 어떤 요소를 분석해야 할까요? • 학생들은 짝 또는 소그룹으로 토론하며 작품 해석의 중요성과 다양한 해석 가능성을 탐색한다. 2) 작품 해석을 위한 핵심 요소 확인 • 교사는 작품을 해석할 때 고려해야 할 내적 요소(줄거리, 인물, 주제, 구성)와 외적 요소(사회·문화적 배경, 작가의 생애, 독자 반응 등)를 정리하여 제공한다. • 학생들은 이를 참고하여 자신의 작품을 해석할 때 주목할 요소를 선정한다. 2. 작품 내적 요소 분석: 마인드맵 및 개념도 활용 1) 마인드맵을 활용한 작품 분석 • 학생들은 자신이 선정한 작품의 주요 요소(주제, 등장인물, 사건, 구성, 배경 등)를 마인드맵으로 정리한다. • 마인드맵을 확장하며 다음과 같은 질문을 탐구하도록 유도한다. - 작품의 핵심 사건은 무엇이며, 그것이 어떻게 전개되는가? - 등장인물 간의 관계는 어떠한가? - 작품이 전달하려는 주요 메시지는 무엇인가? • 학생들은 마인드맵을 모둠 내에서 공유하며 서로의 분석을 비교하고 피드백을 주고받는다.

단계	세부 교수·학습 활동
조사하기	2) 개념도를 활용한 작품 구조 분석 • 개념도를 활용하여 작품의 구조(서사 구조, 사건의 흐름, 인물의 변화 등)를 체계적으로 정리한다. • 학생들은 개념도를 작성하면서 다음을 포함할 수 있도록 안내한다. - 인물 간의 관계도 - 주요 사건과 그에 따른 인물의 변화 - 작품의 시점과 서술 방식 - 상징적 요소 및 의미 분석 • 완성된 개념도를 모둠 내에서 발표하고 서로 피드백을 교환한다. 3. 작품 외적 요소 분석: PMI 전략 및 4C's 사고 전략 활용 1) PMI 전략(긍정, 부정, 흥미 요소 분석)을 활용한 비판적 작품 분석: PMI 전략을 활용하여 작품을 비판적으로 분석, 각 모둠은 PMI 분석 결과를 발표하고, 발표 후에는 전체 피드백 • P(Positive, 긍정적 요소): 작품에서 긍정적으로 평가할 부분을 찾고 그 이유를 설명한다. • M(Minor, 부정적 요소): 작품에서 아쉬운 점이나 개선할 부분을 탐색한다. • I(Interesting, 흥미로운 요소): 작품에서 독특하거나 인상 깊었던 점을 정리한다. 2) 4C's 사고 전략을 활용한 작품 해석: 다음 네 가지 사고 질문을 통해 작품의 외적 요소를 분석하고, 4C's 질문에 대한 답변을 작성하고 모둠별로 토론 • 연관성(Connection): - 이 작품이 나의 경험이나 현재 사회와 어떤 관련이 있는가? - 이 작품이 현대 사회에서 여전히 유효한 메시지를 전달하는가? • 도전(Challenge): - 이 작품에서 도전적인 부분은 무엇이며, 이를 어떻게 해석할 수 있는가? - 작가의 관점에 동의하는가? 혹은 비판할 수 있는가? • 개념(Concept): - 이 작품이 다루는 핵심 개념은 무엇이며, 어떤 방식으로 전달되는가? - 이 작품이 문학적으로 중요한 이유는 무엇인가? • 변화(Change): - 이 작품이 발표된 당시와 지금, 그 의미가 어떻게 달라질 수 있는가? - 내가 이 작품을 읽고 생각이 변화한 부분이 있는가? 4. 작품 간 비교 분석을 통한 해석 확장: 다른 작품과 비교하여 의미 탐색 • 동일한 주제를 다루는 다른 작품과 비교하여 작품의 해석을 확장하도록 한다. • 교사는 다음과 같은 질문을 던져 비교 분석을 유도한다. - 이 작품과 유사한 주제를 가진 다른 작품은 무엇이 있는가?

단계	세부 교수·학습 활동
조사하기	- 이 작품은 다른 작품과 어떻게 다르며, 그 차이점이 의미하는 바는 무엇인가? - 이 두 작품이 사회적·문화적 맥락에서 어떤 공통점과 차이를 가지고 있는가? - 두 작품에서 공통적으로 드러나는 주제는 무엇인가? - 이 두 작품이 같은 주제를 다루지만, 다른 방식으로 전달하는 요소는 무엇인가? - 이 두 작품을 함께 읽었을 때 새롭게 발견되는 의미가 있는가? • 학생들은 비교 분석한 내용을 발표하고, 다른 작품과 연결하여 해석할 수 있도록 유도한다. 5. 마무리: 작품 해석 결과 정리 및 발표 1) 작품 해석 결과 정리 • 학생들은 마인드맵, 개념도, 4C's 전략, PMI 전략을 활용하여 정리한 작품 해석 내용을 한눈에 볼 수 있도록 재구성한다. • 교사는 학생들이 개념 간의 관계를 명확하게 파악할 수 있도록 피드백을 제공한다. 2) 개별 또는 모둠 발표 및 피드백 제공 • 학생들은 비교 분석한 내용을 발표하며, 다양한 관점에서 작품을 해석하는 과정을 경험한다. • 피드백 방식 - 발표 후 동료 학생들은 정해진 피드백 루브릭을 활용하여 서로의 작품 해석을 평가하고, 추가적인 해석 가능성을 제안한다. - 교사는 작품 해석의 다양한 가능성을 인정하고, 보다 정교한 해석이 가능하도록 안내한다.
조직 및 정리하기	1. 도입: 서평 구조 탐색 및 논리적 구성 이해 1) 교사의 발문을 통한 서평 구조 탐색 • 교사는 학생들에게 다음과 같은 질문을 던지며 서평의 논리적 구조를 이해하도록 유도한다. - 완성도 높은 서평이 되려면 어떤 요소를 갖추어야 할까요? • 학생들은 짝과 의견을 나누고, 서평 수정의 필요성과 효과를 논의한 후 발표한다. 2) 우수 서평 vs 보완할 서평 비교 분석 • 교사는 우수 서평과 개선이 필요한 서평을 제시하고, 학생들에게 비교 분석할 기회를 제공한다. • 분석 활동 - 벤 다이어그램을 활용하여 두 서평의 공통점과 차이점을 비교 - 서평의 논리적 전개 방식과 설득력을 평가하는 기준 탐색 • 토론 활동 - 논리적 흐름이 매끄러운 서평은 어떤 특징이 있는가? - 서평의 각 요소(소개-해석-평가)가 유기적으로 연결되려면 어떻게 해야 하는가?

단계	세부 교수·학습 활동
조직 및 정리하기	- 학생들은 각 서평의 논리 구조를 분석한 후, 효과적인 서평 작성 전략을 도출한다. 2. 서평 개요 작성: 논리적 흐름 정리 및 시각화 1) 서평 개요 작성(그래픽 오거나이저 활용) • 학생들은 서평의 논리적 구조를 시각적으로 정리하기 위해 서평 개요 틀을 작성한다. • 활동 예시 - 벤 다이어그램을 활용하여 작품 내적 요소와 외적 요소 정리 - 서평 구조도 작성 → 서평의 각 부분을 논리적으로 배열하여 전체 흐름 구성 - 마인드맵 활용 → 작품에 대한 핵심 논지를 중심으로 서평의 흐름 정리 • 질문을 통한 유도 - 서평의 시작 부분에서 독자의 관심을 끌려면 어떻게 해야 할까? - 해석 부분에서 작품의 주제를 명확히 전달하려면 어떤 전략을 사용할까? - 평가 부분에서 작품의 장점과 한계를 균형 있게 설명하려면 어떻게 해야 할까? 2) 작품 재구성 전략을 활용한 서평 개요 수정 • 기존 서평을 변형하여 새로운 논리적 흐름을 만들어보는 활동을 진행한다. • 활동 방법 - 기존 서평을 제공하고, 논리적 전개 방식의 문제점을 찾아보도록 유도한다. - 학생들이 서평의 일부를 수정하여 논리적 흐름을 더 강화하도록 지도한다. - 다양한 서평 구조(문제제기형, 비교형, 평가 중심형 등)를 탐색하고 적용한다. • 토론 활동 - 이 서평에서 논리적 흐름이 약한 부분은 어디인가? - 어떤 방식으로 개요를 수정하면 더 설득력 있는 서평이 될까? 3. 서평 개요 피드백 및 보완 1) 서평 개요 공유 및 동료 피드백 루브릭 활용 • 학생들은 작성한 서평 개요를 짝과 공유하며 피드백을 주고받는다. • 교사는 피드백 루브릭을 제공하여 학생들이 다음 항목을 중심으로 피드백하도록 유도한다. - 논리적 흐름이 매끄럽게 전개되는가? - 각 요소(소개-해석-평가)가 적절하게 연결되어 있는가? - 작품의 핵심 주제와 메시지가 명확하게 드러나는가? - 독자를 설득할 수 있는 충분한 근거가 제시되었는가? - 학생들은 피드백을 반영하여 서평 개요를 수정하고 발전시킨다. 2) 교사의 개별 피드백 제공 • 교사는 개별적으로 학생들의 서평 개요를 검토하며 논리적 흐름이 적절한지 확인하고, 보완할 부분을 조언한다.

단계	세부 교수·학습 활동
조직 및 정리하기	• 필요할 경우, 모범적인 개요 예시를 제시하여 학생들이 논리적 구조를 보다 명확하게 이해할 수 있도록 지도한다. 4. 마무리: 서평 개요 최종 정리 및 다음 단계 안내 1) 서평 개요 정리 및 제출 • 학생들은 최종적으로 보완한 서평 개요를 정리하여 제출한다. • 교사는 학생들이 개념 기반으로 논리를 조직하는 과정이 효과적으로 이루어졌는지 점검한다. 2) 다음 활동과의 연결(서평 초안 작성) • 교사는 학생들에게 다음 활동(서평 초안 작성)과의 연결성을 강조하며 마무리한다. • 발문을 통한 유도 - 이제 우리가 정리한 개요를 바탕으로 본격적으로 서평을 작성해 볼까요? - 서평을 초안으로 작성할 때, 개요에서 보완해야 할 부분은 무엇일까요? • 학생들은 자신이 작성한 개요를 바탕으로 서평의 첫 문장을 시도해 보고, 다음 단계에서 다듬어 나갈 방향을 설정한다.
일반화하기	1. 도입: 서평 수정의 필요성 인식 및 피드백 과정 안내 1) 교사의 발문을 통한 서평 수정 방향 설정 • 교사는 학생들에게 다음과 같은 질문을 던져 서평 수정의 중요성을 환기한다. - 초고를 그대로 제출하기 전에, 독자의 입장에서 다시 읽어보는 것이 왜 중요할까요? - 서평을 수정하면 어떤 점이 좋아질까요? • 학생들은 짝과 의견을 나누고, 서평 수정의 필요성을 인식한다. 2) 서평 수정 과정 및 피드백 방향 안내 • 교사는 서평을 효과적으로 수정하는 방법과 피드백을 주고받는 과정에 대해 설명한다. • 쓰기 워크숍의 주요 절차를 소개한다. - 초고 완성 → 동료 피드백 → 자기 점검 → 교사 피드백 → 수정 및 보완 • 수정의 초점: 논리적 흐름, 설득력, 표현의 명확성, 독자의 이해 가능성 2. 동료 피드백 & 자기 점검을 통한 서평 수정 1) 동료 피드백: 피드백 루브릭 활용 • 학생들은 친구들과 서평을 교환한 후, 교사가 제공한 피드백 루브릭을 활용하여 동료의 글을 평가한다. • 피드백 루브릭 예시 - 서평이 논리적으로 전개되었는가? - 서평의 각 요소(소개-해석-평가)가 유기적으로 연결되어 있는가? - 작품의 핵심 주제와 메시지가 명확하게 드러나는가? - 독자를 설득할 수 있는 충분한 근거가 제시되었는가?

단계	세부 교수·학습 활동
일반화하기	- 서평의 표현이 명확하고 이해하기 쉬운가? • 학생들은 루브릭을 바탕으로 동료에게 구체적인 피드백을 제공한다. - 예시: 이 부분에서 작품의 주제가 더 강조되면 좋을 것 같아. - 예시: 이 문장에서 독자의 관심을 끌 수 있도록 더 구체적인 표현을 사용할 수 있을까? 2) 자기 점검: 서평 자기 평가 체크리스트 활용 • 학생들은 자신의 서평을 다시 읽으며 다음 체크리스트를 활용하여 자기 점검을 진행한다. • 자기 점검 체크리스트 예시 - 서평의 핵심 메시지가 명확하게 전달되었는가? - 논리적 전개가 자연스럽고 설득력이 있는가? - 독자가 이해하기 쉽도록 표현이 명확한가? - 서평의 내용이 일관성 있게 연결되었는가? 3. 논리적 흐름 강화 및 서평 수정하기 1) 텍스트 재구성 전략을 활용한 서평 보완 • 논리적 흐름 점검: 서평을 문단 단위로 나누어 논리적 전개 방식이 자연스러운지 확인한다. • 표현 보완: 불명확한 문장을 수정하고, 보다 정확한 표현을 사용하도록 유도한다. • 내용 강화: 작품의 내적 요소와 외적 요소를 균형 있게 반영하도록 수정한다. • 문장 다듬기: 교사는 학생들에게 불필요한 반복을 줄이고, 문장을 명확하고 간결하게 다듬는 방법을 지도한다. 2) 모둠 토론을 통한 서평 수정 방향 논의 • 학생들은 모둠을 구성하여 서로의 서평을 비교하면서 수정 방향을 논의한다. - 어떤 서평이 더 설득력 있고 논리적인가? - 다른 사람의 피드백을 반영했을 때 서평이 어떻게 개선되었는가? • 교사는 서평 수정 과정에서 학생들이 서로의 의견을 경청하고, 다양한 관점을 반영할 수 있도록 안내한다. 4. 서평 완성 및 최종 점검 1) 서평 최종 수정 및 완성 • 학생들은 동료 피드백과 자기 점검을 반영하여 서평을 최종 수정한다. • 교사는 개별적으로 학생들의 서평을 검토하며 최종적인 피드백을 제공한다. 2) 서평 발표 및 공유 • 학생들은 완성된 서평을 발표하거나, 모둠별로 공유하는 시간을 가진다. • 발표 방식 - 랜덤 피드백: 학생들이 무작위로 발표자를 선정하여 서평을 공유한다. - 소그룹 토론: 비슷한 작품을 선정한 학생들끼리 서평을 비교 분석한다.

<table>
<tr><th>단계</th><th>세부 교수·학습 활동</th></tr>
<tr><td>일반화하기</td><td>• 교사는 학생들이 작품을 해석하는 다양한 방식을 존중하고, 설득력 있는 서평의 특징을 강조한다.

5. 마무리: 서평 작성 과정 성찰 및 피드백 제공
1) 서평 작성 과정 성찰
• 교사는 학생들에게 서평을 작성하면서 배운 점을 돌아볼 수 있도록 질문을 던진다.
- 서평을 작성하는 과정에서 어려웠던 점은 무엇이었나요?
- 수정 과정에서 서평이 어떻게 발전했나요?
- 동료 피드백이 어떻게 도움이 되었나요?
• 학생들은 자신의 성찰을 글로 정리하고, 서평 작성 경험을 공유한다.
2) 교사의 종합 피드백 제공
• 교사는 서평 작성 과정과 최종 결과물을 종합적으로 평가하며 학생들에게 피드백을 제공한다.
• 피드백 내용
- 논리적 전개 방식이 효과적인가?
- 서평의 설득력이 충분한가?
- 독자가 읽기에 적절한 표현과 구조를 갖추었는가?</td></tr>
<tr><td>전이하기</td><td>1. 도입: 서평의 사회적 역할 탐색 및 공유 활동 안내
1) 교사의 발문을 통한 서평 공유의 의미 탐색
• 교사는 학생들에게 다음과 같은 질문을 던져 서평의 사회적 역할과 공유의 의미를 탐색하도록 유도한다.
- 서평을 다른 사람과 공유하면 어떤 의미가 있을까요?
- 서평을 통해 다른 사람들과 소통하는 것이 왜 중요할까요?
- 여러분이 쓴 서평을 누군가 읽고 책을 선택하거나, 새로운 생각을 하게 된다면 어떤 기분이 들까요?
• 학생들은 짝과 의견을 나누고, 서평을 공유하는 목적과 기대 효과를 정리한다.
2) 서평 공유 및 독자 피드백 활동 안내
• 교사는 서평을 온라인 서점, 독서 커뮤니티 등에 공유하는 방법을 안내한다.
- 온라인 플랫폼의 서평 게시 방식
- 서평 게시 시 고려해야 할 점(가독성, 핵심 메시지 강조, 독자 친화적 표현)
• 교사는 서평을 공유한 후 독자의 반응을 분석하고, 이를 반영하여 서평을 발전시키는 과정을 설명한다.

2. 서평 공유 및 독자 반응 분석
1) 서평 온라인 공유 및 피드백 수집
• 학생들은 자신의 서평을 온라인 서점, 독서 커뮤니티 등에 게시하거나 학급 내에서 공유하는 활동을 진행한다.</td></tr>
</table>

단계	세부 교수·학습 활동
전이하기	• 서평을 게시한 후, 일정 기간 동안 독자들의 반응(댓글, 추천, 질문 등)을 확인하며, 서평이 어떻게 받아들여지는지 분석한다. 2) 독자 반응 분석 및 피드백 정리 • 학생들은 독자 반응을 분석하는 활동을 수행한다. • 분석할 내용 - 독자들이 서평을 통해 책에 대해 새롭게 알게 된 점은 무엇인가? - 서평에서 인상 깊었던 부분은 무엇인가? - 서평에서 보완할 점이 있는가? • 학생들은 수집한 피드백을 정리하여 발표하거나 글로 정리한다. 3. 서평 발전을 위한 피드백 반영 1) 서평 수정 방향 설정 • 학생들은 독자의 피드백을 반영하여 서평을 수정할 방향을 설정한다. • 교사는 학생들이 다음 질문을 통해 서평을 수정할 부분을 찾도록 유도한다. - 독자들이 공감했던 부분은 무엇인가? - 독자들이 추가로 알고 싶어 한 내용은 무엇인가? - 더 설득력 있는 서평이 되려면 어떤 부분을 보완해야 할까? • 학생들은 동료와 함께 서평의 수정 방향을 논의한 후, 자신이 반영할 내용을 결정한다. 2) 서평 보완 및 최종 수정 • 학생들은 독자 피드백과 교사의 조언을 반영하여 서평을 보완한다. • 수정할 내용: - 논리적 전개 보완(더 명확한 근거 추가, 서평의 구조 정리) - 설득력 강화(작품 해석의 타당성 높이기, 예시 보완) - 문장 표현 개선(독자가 이해하기 쉽게 가독성 높이기) • 수정된 서평을 다시 공유하거나, 학급 내에서 최종 발표하는 시간을 갖는다. 4. 서평의 사회적 영향 탐색 및 성찰 1) 서평을 통한 독자와의 소통 경험 공유 • 학생들은 서평을 공유한 후 독자와 소통한 경험을 글로 정리하거나 발표한다. • 교사는 다음과 같은 질문을 통해 서평의 사회적 영향과 의미를 성찰하도록 유도한다. - 자신의 서평을 본 독자들의 반응은 어땠나요? - 독자와의 소통 과정에서 어떤 점을 배웠나요? - 앞으로 서평을 쓸 때 어떤 점을 더 고려하면 좋을까요? • 학생들은 자신의 서평이 독자에게 미친 영향을 분석하여 서평의 역할을 이해하고, 앞으로의 글쓰기 방향을 고민한다.

단계	세부 교수·학습 활동
전이하기	2) 서평을 활용한 실생활 적용 탐색 • 교사는 학생들에게 서평이 다양한 방식으로 활용될 수 있음을 안내한다. - 다른 교과에서 서평 활용하기(역사책, 과학책 서평 쓰기 등) - 독서 토론 자료로 활용하기 - 도서 추천 활동에 활용하기 • 학생들은 서평을 다른 맥락에서도 활용할 수 있는 방안을 토의하고 발표한다. 5. 마무리: 서평 공유 활동 정리 및 독자와의 소통 성찰 • 서평 공유 후 느낀 점 정리 - 학생들은 서평을 공유한 후, 독자의 반응을 분석한 내용을 종합하여 정리한다. - 교사는 서평이 실제 독자들에게 어떻게 영향을 미쳤는지를 학생들이 깊이 생각할 수 있도록 유도한다. • 서평 공유 활동 마무리 및 피드백 - 학생들은 서평 공유 과정에서 얻은 것을 나누고, 다음 글쓰기에서 반영할 점을 정리한다. - 교사는 학생들이 서평 공유 과정을 통해 의미 있는 경험을 했음을 강조하며 피드백을 제공한다.
성찰하기	1. 도입: 서평 쓰기 과정에서의 변화 탐색 및 성찰 방향 설정 1) 교사의 발문을 통한 성찰 유도 • 교사는 학생들에게 서평 쓰기를 통해 경험한 변화를 돌아볼 수 있도록 다음과 같은 질문을 던진다. - 서평을 쓰기 전과 후, 자신의 글쓰기 태도나 방식이 어떻게 변했나요? - 서평을 통해 내 생각이 어떻게 확장되었나요? - 서평을 공유하면서 다른 사람과 소통하는 경험이 나에게 어떤 의미였나요? - 앞으로 서평을 더 발전시키기 위해 어떤 점을 보완하고 싶은가요? • 학생들은 짝과 의견을 나누고, 자신이 변화한 부분과 앞으로의 학습 방향에 대해 간단히 정리한다. 2) 성찰 활동 및 평가 기준 안내 • 교사는 학생들이 성찰 과정에서 자신의 성장과 학습 경험을 효과적으로 정리할 수 있도록 평가 기준을 안내한다. - 서평을 쓰면서 변화한 점을 구체적으로 서술할 수 있는가? - 서평 쓰기의 과정에서 얻은 교훈을 명확하게 정리했는가? - 앞으로의 개선 방향을 설정하고 있는가? • 학생들에게 성찰 활동의 목표를 설명하고, K-W-L 차트 및 성찰 일지 작성 방법을 안내한다.

단계	세부 교수·학습 활동
성찰하기	2. 서평 쓰기 전후의 변화 점검 1) K-W-L 차트 활용한 자기 점검 • 학생들은 K-W-L 차트를 활용하여 서평을 쓰기 전과 후의 변화를 점검한다. • 학생들은 개별적으로 K-W-L 차트를 완성한 후, 짝과 공유하며 서평을 쓰기 전후의 변화에 대해 이야기한다. 2) 성찰 일지 작성 • 학생들은 서평을 작성하는 과정에서 자신이 배운 점과 느낀 점을 성찰 일지에 정리한다. • 성찰 일지 작성 예시 - 서평을 쓰면서 가장 인상 깊었던 순간은? - 내가 극복한 어려움과 해결 과정은? - 내가 서평을 통해 전달하고 싶었던 핵심 메시지는 무엇이었나? - 독자와 소통하는 과정에서 가장 의미 있었던 점은? • 학생들은 성찰 일지를 작성한 후, 짝과 비교하며 서로의 학습 경험을 공유한다. 3. 공동체 내에서 독자로서 역할 수행 경험 공유 1) 협력적 성찰 활동(공유와 피드백) • 교사는 학생들에게 서평이 공동체에서 어떤 역할을 했는지 성찰하도록 유도한다. - 서평을 통해 독자들에게 어떤 영향을 주었는가? - 다른 사람들과 독서 경험을 공유하는 것이 어떤 의미가 있었는가? - 앞으로 어떤 방식으로 독서 문화를 만들어 갈 수 있을까? • 학생들은 소그룹 토론을 진행하며, 자신의 서평이 공동체 내에서 수행한 역할에 대해 의견을 나눈다. 2) 성찰 내용 발표 및 공유 • 학생들은 모둠별로 논의한 내용을 정리하여 발표한다. • 발표 후, 교사는 학생들에게 다음과 같은 질문을 던지며 피드백을 제공한다. - 독자로서의 역할을 수행하면서 가장 기억에 남는 순간은 무엇인가? - 서평을 쓰기 전과 후, 독서에 대한 태도가 어떻게 변화했는가? - 앞으로 독서 및 서평 활동을 어떻게 지속할 것인가? 4. 서평 쓰기의 의미 정리 및 최종 성찰 1) 성찰 일지 작성 • 학생들은 서평 쓰기 경험을 짧은 에세이 형식으로 정리한다. • 성찰 일지 작성 예시 - 서평을 쓰면서 가장 의미 있었던 경험을 서사적으로 정리하기 - 서평을 통해 얻은 교훈과 성장한 점 정리 - 앞으로 글쓰기를 어떻게 발전시킬 것인지 계획 작성

단계	세부 교수·학습 활동
성찰하기	• 학생들은 성찰 일지를 작성한 후, 서로 공유하고 피드백을 주고받는다. 2) 자기 평가 루브릭 활용 • 학생들은 자기 평가 루브릭을 활용하여 자신의 성찰 내용을 점검한다. 5. 마무리: 성찰 결과 공유 및 격려 1) 성찰 내용 최종 발표 • 학생들은 자신의 성찰 내용을 한 문장으로 요약하여 발표한다. "나는 서평을 통해 __________을 배웠다." • 학생들은 짝과 성찰 내용을 공유하며 서로 피드백을 주고받는다. 2) 교사의 종합 피드백 및 격려 • 교사는 학생들이 성찰한 내용을 바탕으로 종합적인 피드백을 제공한다. • 교사는 학생들이 서평을 통해 성장한 점을 강조하며 격려한다. • 교사는 학생들이 자신의 서평 활동을 지속할 수 있도록 독서 및 글쓰기 활동과 연결할 방법을 안내한다.

3 성찰하기

가 탐구 질문 성찰하기

표 VI-9 탐구 질문 답변과 더 깊은 질문 예시(국어과)

탐구 질문 성찰	발견한 답변	더 깊은 질문 적기
사실적 질문 • 맥락이 읽기의 의미 구성에 어떻게 영향을 미치는가? • 작품을 해석하는 데 사용되는 주요 방법에는 무엇이 있는가? • 언어 공동체에서 자신의 글쓰기를 성찰하는 과정에서 요구되는 역량은 무엇인가?	• 작품을 읽을 때 다양한 맥락을 고려하면 특정 사건이나 캐릭터의 행동이 작품에서 어떻게 해석되는지를 더 잘 이해할 수 있다. 예를 들어, 역사적 배경이나 사회적 이슈를 알고 있으면 문장의 의미가 깊어질 수 있다. • 사회·문화적 맥락과 독자 맥락은 독자가 작품을 해석하는 데 큰 영향을 미친다. 독자가 어떤 문화적 배경을 가지고 있느냐에 따라 작품의 주제나 메시지를 다르게 받아들일 수 있다. • 작품을 읽으며 중요한 장면이나 인물의 행동에 주목하고, 그에 대한 자신의 생각과 느낌을 기록하는 것이 도움이 된다. 그런 다음 그에 대한 근거를 찾아 서평을 통해 주체적인 해석을 제시할 수 있다.	

<table>
<tr><th>탐구 질문 성찰</th><th>발견한 답변</th><th>더 깊은 질문 적기</th></tr>
<tr><td></td><td>• 다른 사람의 해석과 비교하여 자신이 느낀 감정이나 생각을 근거로 삼아 주체적인 관점을 더 확실히 할 수 있다. 이렇게 하면 자신의 해석이 더 풍부하고 깊이 있는 내용을 담을 수 있다.
• 자기 성찰 능력은 효과적인 글쓰기의 중요한 요소로 작용한다. 필자는 자신의 표현 방식과 글의 내용을 분석하여 개선할 부분을 찾아야 한다.
• 타인의 피드백을 수용하는 태도도 매우 중요하다. 다른 독자의 의견에 귀 기울이고, 그것을 통해 자신을 발전시킴으로써 언어 공동체의 일원으로 성장할 수 있다.</td><td rowspan="2">• 특정 작품이 특정 사회·문화적 맥락에서 어떻게 해석될 수 있는지, 그 해석이 독자에게 미치는 영향은 무엇인가?
• 작품의 해석적 관점은 개인적 배경이나 경험에 어떻게 영향을 받는가?
• 서평에서 주체적인 해석이 공동체의 가치관 형성과 어떻게 연관될 수 있는가?
• 서평에서 감정이 주관적으로 드러날 때, 독자에게 긍정적 또는 부정적 영향을 미칠 수 있는가?
• 서평을 작성하는 과정에서 자신의 가치관을 강하게 드러낼 경우, 독자의 독서 경험에 어떤 영향을 미칠 수 있는가?</td></tr>
<tr><td>개념적 질문
• 가치관, 경험, 맥락과 어떻게 상호 작용하며 작품을 해석하는가?
• 자신의 해석을 어떻게 서평으로 발전시키며, 그 과정에서 어떤 의미가 확장되는가?
• 서평을 통해 공동체와 어떻게 소통하며, 공동체의 가치와 문화에 어떤 영향을 미칠 수 있는가?</td><td>• 다양한 관점을 고려하는 것이 중요하다. 여러 해석과 자료를 검토함으로써 다면적인 관점을 형성할 수 있으며, 이를 통해 자신의 해석이 더욱 설득력이 있게 된다.
• 서평을 통한 해석적 관점은 독자의 경험과 접목되어 상호작용한다. 독자는 서평을 통해 새로운 통찰을 얻고, 자신의 생각과 연결하여 더 깊은 이해를 하게 된다.
• 독자들은 서평에 대해 피드백을 제공하며 각자의 해석을 교환한다. 이 과정에서 대화가 이루어지며, 서로의 생각을 통해 새로운 관점이 형성된다.
• 주체적인 해석은 독자가 작품을 통해 더 넓은 시각을 가지게 하여 공동체 내에서 다양한 가치관이 존중받도록 하는 데 기여한다.
• 서평이 독자에게 긍정적인 영향을 미치면 독자는 그 해석을 바탕으로 서로 다른 문화적 배경을 이해하고, 상호 존중하는 태도를 형성하게 된다.</td></tr>
</table>

탐구 질문 성찰	발견한 답변	더 깊은 질문 적기
논쟁적 질문 • 공동체의 다양한 관점을 존중하면서도 독자는 자신의 해석적 주체성을 어떻게 유지할 수 있는가? • 작품에 대한 비판적이거나 부정적인 해석이 공동체의 담론 형성에 미치는 영향은 무엇인가? • 사회적 통념에 반하거나 가치 편향적인 서평을 어떻게 해석하고 수용할 것인가?	• 서평을 통한 주체적인 관점이 독자들에게 다양하고 새로운 시각을 제공하여 서로 다른 의견에 대한 이해를 증진하고, 이를 통해 공동체의 논의가 풍부해질 수 있다. • 지나치게 개인적인 관점이 강조될 경우 특정 집단이나 개인의 의견이 과도하게 반영되어 공동체 내에서 의견 충돌이나 갈등을 초래할 수 있다. • 부정적인 해석이 공동체 문화에 부정적인 영향을 미칠 수 있으며, 특정 작품이나 주제에 대한 편견을 강화하고, 그로 인해 특정 집단이나 의견이 소외될 수 있다. • 다양한 관점을 통한 해석은 비판적 사고를 촉진하여 공동체가 더 건전하게 발전하도록 유도할 수도 있다. 부정적인 해석이란 비판을 통해 더 나은 이해와 토론을 끌어내는 기회로 작용할 수 있다. • 상식에 반하거나 가치 편향적인 서평을 비판적으로 분석하고, 비합리적이거나 편향된 해석을 명확히 지적해야 한다. 이를 통해 올바른 정보와 건전한 토론 문화를 유지할 수 있다. • 다양한 관점을 고려하여 다루는 것이 중요하다. 상식에 반하는 주장을 가진 서평에 대해 반대 의견을 통해 건강한 논의를 촉진하고, 공동체 내에서의 가치관 균형을 유지하도록 해야 한다.	

나 핵심 역량 성찰하기(학생용)

서평 쓰기는 국어과의 핵심 역량을 기르는 중요한 활동이다. 특히 의사소통 역량, 비판적·창의적 사고 역량, 공동체·대인관계 역량은 서평 작성 과정에서 함양할 수 있다.

첫째, 의사소통 역량은 서평 쓰기를 통해 명확하고 효과적으로 자신의 감상 및 해석을 다른 독자와 공유하는 능력을 기르는 데 중요하다. 학생들은 상대방이 이해할 수 있도록 서평의 구조와 문장을 조정하며, 자신의 의견을 효과적으로 전달하는 데 필요한 언어 능력을 실습하게 된다.

둘째, 비판적·창의적 사고 역량은 학생들이 작품을 분석하고 해석하는 과정에서 중요한 역할을 한다. 학생들은 다양한 관점을 고려하여 자신의 주체적 관점을 형성하고, 다른 해석과 비교함으로써 깊이 있는 사고력을 발휘한다. 이러한 비판적 사고는 학생들이 독서 경험을 더욱 풍부하게 하고, 창의적인 서평을 작성하는 토대를 마련한다.

셋째, 공동체·대인관계 역량은 서평 작성 과정에서 타인의 의견을 존중하고, 자신의 관점을 효과적으로 전달하는 데 도움을 준다. 학생들은 동료의 서평을 읽고 피드백을 주며 협력적으로 학습하게 된다. 이러한 상호작용은 공동체 내에서의 관계를 강화하고, 서로의 의견을 존중하는 윤리적 소통 문화를 형성하는 데 유익하다.

따라서 서평 쓰기는 의사소통 역량, 비판적·창의적 사고 역량, 공동체·대인관계 역량을 동시에 기를 기회를 제공한다. 학생들은 이러한 역량을 통해 독서와 쓰기 능력을 향상하며, 언어 공동체의 일원으로서의 책임감을 느낀다. 서평 쓰기를 통해 학생들은 지속 가능한 발전을 위한 기초를 마련하고, 더 나은 독서와 소통의 문화를 형성하도록 촉진한다.

표 VI-10 **핵심 역량 성찰하기(예시)**

핵심 역량	의사소통 역량	비판적·창의적 사고 역량	공동체·대인관계 역량
ROSE(장미): 성장한 것	• 서평을 작성하며 내 생각을 명확히 전달하는 능력이 향상되었다. 다양한 의견과 피드백을 통해 효과적인 의사소통 기술을 익히게 되었다. • 친구들과의 대화를 통해 다른 사람의 의견을 경청하며 적극적으로 소통하는 태도를 기를 수 있었다.	• 서평을 쓰면서 다양한 해석을 비교하는 과정에서 비판적으로 사고하는 능력이 많이 향상되었다. 여러 관점을 고려할 수 있게 되고, 좀 더 깊이 있는 분석이 가능해졌다. • 작품의 주제를 새롭게 바라보게 되면서 창의적인 해석이 가능해졌다. 이런 방식으로 생각하는 게 서평 작성을 더 재미있고 의미 있게 만들어 주었다.	• 서평을 작성하고 서로의 의견을 나누며, 다양한 관점을 존중하는 태도가 향상되었다. 이는 친구들과의 소통을 더 원활하게 만들어 주었다. • 모둠 활동을 통해 다른 친구들과 협력하여 서평을 작성하는 과정에서 협력 중요성을 깨달았다.

핵심 역량	의사소통 역량	비판적·창의적 사고 역량	공동체·대인관계 역량
THORN(가시): 어려운 점	• 서평 작성 중 내 의견을 분명히 표현하기가 어려웠고, 다른 사람의 피드백을 수용하는 데 부담을 느꼈다. 수용과 표현의 균형을 맞추는 것이 힘들었다. • 타인의 의견과 내 의견을 조화롭게 통합하는 과정에서 갈등이 생겨 혼란스러웠고, 다양한 의견을 존중하면서도 신중하게 소통해야 한다는 부담이 있었다.	• 작품 해석 시 여러 관점을 동시에 고려하는 것이 어려웠다. 다양한 해석을 조화롭게 연결하는 데 여전히 많은 고민이 필요했다. • 비판적으로 생각하려고 할 때 자신만의 주장을 확립하는 게 힘들었다. 논리적 근거 마련이 부족해 자신감을 잃기도 했다.	• 서평 작성 시 친구들의 의견을 수용하면서도 나의 의견을 유지하는 것이 어려웠다. 타인의 의견을 존중하면서도 내 생각을 확실히 표현하는 데 어려움을 느꼈다. • 모둠 활동 중 피드백을 주고받을 때, 비판적이고 건설적인 의견을 전달하는 것이 힘들었다.
BUD(꽃봉오리): 발견한 가능성	• 상대방의 다양한 의견을 수용하면서, 내 생각도 더 발전시킬 가능성을 발견했다. 이를 통해 서로의 시각을 넓힐 수 있음에 대한 기대감이 생겼다. • 서평을 통해 나의 개인적 경험을 공유함으로써 다른 독자들과 깊이 있는 소통을 끌어낼 수 있는 능력이 있음을 알게 되었다.	• 다양한 작품에 대해 지속적으로 분석하고 토론함으로써 더욱 깊이 있는 해석 능력을 기를 수 있을 것이다. 이러한 경험으로 비판적 사고를 더욱 발전시킬 수 있다. • 서평 작성 과정을 통해 나의 의견을 보다 명확히 표현할 수 있는 기회를 만들 수 있으며, 이를 통해 창의적인 사고를 바탕으로 더 풍부한 글쓰기가 가능해질 것이다.	• 서평을 작성하면서 내 생각과 해석을 다른 사람과 공유하는 경험을 통해 서로 다른 의견이 모여 풍부한 이해를 이루는 기회를 가졌다는 깨달음이 있었다. • 나의 서평이 다른 독자에게 새로운 통찰을 제공하거나 독서에 대한 흥미를 불러일으킬 수 있다는 사실을 알게 되었고, 이를 통해 공동체의 독서 문화 형성에 도움을 줄 수 있다는 자신감을 느끼게 되었다.

다 탐구 수업 성찰하기(교사용)

표 VI-11 탐구 수업 성찰하기(예시)

유닛 실행 전	유닛 실행 중	유닛 실행 후
• 서평 쓰기는 책을 읽고 사고하며 다양한 관점에서 자신의 해석을 구성하는 과정이다. 학생들이 작품을 분석하고 논리적으로 표현하는 힘을 기를 수 있을 것이다. • 학생 스스로 탐구하고 사고하는 과정이 강조되는 만큼 시행착오가 있을 수 있다는 생각이 들었다. 하지만 학생들이 질문하고 탐구하는 주체로 성장하도록 촉진하는 것이 교사의 역할이라고 본다. • 수업이 개별 활동의 연속이 아닌 하나의 흐름 속에서 의미 있게 전개될 수 있도록 구성하는 것이 중요하다. 따라서 교수·학습 전략을 철저히 계획하고, 학생들의 사고를 확장할 발문을 준비했다.	• 처음에는 서평이 어렵다고 느꼈던 학생들도 작품을 분석하고 논리적으로 정리하는 과정을 통해 점점 자신감을 보였다. 특히 다양한 해석이 등장하고 토론이 활발해지는 순간 학생들의 사고가 확장되는 것이 느껴졌다. • 필요할 때 직접 가르치기보다 학생들이 스스로 답을 찾아가도록 기다리고 질문을 던지는 역할을 수행했다. 때로는 개입을 조절하는 것이 쉽지 않았지만 학생들이 사고를 확장하도록 돕는 것이 핵심임을 다시 깨달았다. • 학생들이 서평을 쓰면서 "이제 책을 다르게 읽을 수 있을 것 같아요."라고 말할 때, 수업의 의미를 다시 확인할 수 있었다. 스스로 사고하고 글로 표현하는 과정이 학생들에게 가치 있는 경험이 되었다는 점에서 보람을 느꼈다.	• 학생들이 작품을 분석하고 비판적으로 사고하는 과정 자체를 즐기게 되었다. 스스로의 해석을 논리적으로 정리하고, 타인과 공유하는 경험이 자신감을 키우는 계기가 되었다. • 피드백을 주고받는 과정에서 시간이 부족했던 점을 보완하여 다음에는 충분한 피드백 시간을 확보해야겠다. 서평을 보다 체계적으로 구조화할 수 있도록 논리적 글쓰기 전략을 더 강조할 필요가 있다고 느꼈다. • 학생들이 스스로 질문하고 사고하는 힘을 기를 수 있도록 촉진하는 것이 교사의 중요한 역할임을 다시금 깨달았다. 개념 기반 탐구 수업이 학생들에게 깊이 있는 배움을 제공할 수 있다는 확신을 가지게 되었고, 앞으로 더 발전시켜 나가고 싶다.

Ⅶ

영어과 개념 기반 수업 설계의 실제

VII 영어과 개념 기반 수업 설계의 실제

01 영어 교육의 목적·목표·인간상

가 영어 교육의 목적과 목표

영어 교육의 목적

국가 수준 교육과정에서 제시된 영어 교과의 목표는 **다변하는 미래 사회를 대비하여 언어와 문화의 배경이 다른 세계인과 영어로 의사소통하는 역량을 기르는 것이다.**[9] 그러면 의사소통 역량을 기르는 궁극적 이유는 무엇인가? 그것은 단순히 이해하고 표현하는 기능을 넘어 언어는 개인의 삶과 사회적 환경에서 더 나은 인간관계를 형성하고, 문제를 해결하며, 자신의 가능성을 확장하는 중요한 역량이기 때문이다. 따라서 급격히 변화하는 미래 사회에서 영어를 배운다는 것은 학생들이 실생활에서 영어로 표현된 다양한 형태의 정보를 습득하고, 영어로 자신의 생각과 감정을 자유롭고 창의적으로 표현하며, 영어 사용 공동체 참여자들과 **협력하여 상호 작용**하는 것을 의미한다. 이것이 영어 교육의 궁극적 목적이 되어야 한다.

학습을 통해 교육이 지향하는 궁극적인 방향성은 어떤 역량과 태도를 갖춘 인재를 육성할 것인가와 밀접히 연결되어 있다. 교육은 단순히 교과 지식을 습득하는 것을 넘어, 이를 활용해 문제를 해결하고, 타인과 협력하며 효과적으로 소통할 수 있는 인재로 성장하도록 돕는 데 중점을 둔다. 명확한 교육 목표(학습 목표)

9 교육부 고시 제2022-33호 [별책 14] 영어과 교육과정

를 바탕으로 평가 기준을 개발하면 수업과 평가 간의 일관성을 유지하며 학생 역량을 체계적으로 길러낼 수 있다. 즉, 수업과 평가의 일관성을 유지하려면 일반적인 역량을 교과 역량으로, 교과 역량을 학습 목표로 구체화하고 이를 평가 기준에 반영하는 설계가 필수적이다. 이 과정을 통해 교사는 효과적인 단원 설계를 수립할 수 있을 뿐만 아니라, 궁극적으로 학생의 역량 개발에 기여하고 교사에게도 체계적이고 명확한 수업 방향을 제공할 수 있다.

이처럼 교사가 유닛(Unit) 설계 시 유념해야 할 것은 해당 교과의 성격(nature)과 목적(aims), 목표(objectives)를 분명히 인식하고 유닛을 계획하는 일이다. 이러한 방향성과 철학이 없다면, 소재 수준을 통합한 교과 지식과 분절적 기능(skills)을 길러주는 유닛 설계에 머무를 가능성이 높다. 따라서 본 설계에서는 영어 교과의 성격과 본질에 대해 먼저 질문하고, 2022 개정 영어과 교육과정의 교과 목적과 목표를 살펴볼 것이다. 이후 영어 교과의 교육 목표와 핵심 역량 간의 상호 관련성을 찾아보고자 한다.

우선, 2022 영어과 개정 교육과정에서 밝힌 영어 교과의 성격은 다음과 같다. 영어는 '현재 국제적으로 가장 널리 통용되고 있는 언어로서 서로 다른 언어 및 문화 배경을 가진 사람 사이의 주요한 의사소통 수단'이다. 교육과정 문서에 진술된 영어로 의사소통한다는 의미는 실생활 맥락에서 영어로 표현된 다양한 형태의 정보를 이해하여 활용하고, 자신의 생각과 감정을 창의적으로 표현하고, 영어 사용 공동체의 일원으로서 협력적으로 소통하는 것이다. 더불어 영어가 사용되는 우리나라 상황에서는 기술 발전에 따라 변화된 의사소통 방식을 반영하여 다양한 매체의 디지털 지식 정보를 활용하는 학교 영어 교육이 필요함을 강조하고 있다.

반면, 우리나라 영어 교과에 해당하는 IB MYP 프로그램(2020)의 언어습득(Language Acquisition)교과 안내서에서는 언어습득 교과의 성격을 다음과 같이 밝히고 있다.

> *Learning to speak another's language means taking one's place in the human community. It means reaching out to others across cultural and linguistic boundaries. Language is far more than a system to be explained. It is our most important link to the world around us.*

Language is culture in motion. It is people interacting with people.

- Savignon(1983)

다른 언어를 학습한다는 것은 단순히 언어로 의사소통한다는 일차원적 의미가 아니라, 자기 자신이 인류 공동체 안에 소속되어 있음을 인지하는 것이다. 즉, 개인이 인류 공동체의 일원으로서 문화적 언어적 경계를 넘어 서로 협력하여 상호작용하는 것을 의미한다. 이는 전 세계적으로 연결된 시대에 언어적 다양성과 문화 간 의사소통이 중요한 역량이고 이것이 언어습득 교과의 성격이 되어야 함을 강조하고 있다.

위에서 제시한 바와 같이 다른 언어를 학습한다는 것은 학생들이 말과 글, 그리고 시각적으로 교류하는 의사소통 과정에서 언어와 문화적 장벽을 넘어 서로를 이해하고, 자신의 생각과 감정을 표현하며 상호작용하는 과정에 적극적으로 참여토록 하는 것이다. 이러한 능숙한 언어 상호작용 과정은 점진적으로 이루어지며, 친숙하거나 그렇지 않은 실생활 맥락에서 이루어진다. 이 과정에서 타인과 관계를 형성하고, 자신의 경험을 다른 사람과 연결하며, 메시지를 효과적으로 전달하기 위해 의미를 수용하고, 구성하며 창조하고 공유하게 된다. 이처럼 우리는 언어를 통해 다양한 맥락에서 여러 청중을 고려하며 소통하고자 하는 메시지의 목적을 성공적으로 달성하려고 한다. 언어 상호작용은 화자의 일방적 전달이 아닌 청중과 맥락을 신중하게 고려하며 협력적으로 이루어져야 한다는 점을 분명히 인식해야 한다.

요약하면 2022 개정 영어과 교육과정의 '성격(nature)'에서 영어를 '다양한 언어 및 문화 배경을 가진 사람들의 주요 의사소통 수단이 되는 언어'로 규정하고 있다. 영어 교과의 목표(objectives)는 다변하는 미래 사회를 대비하여 언어와 문화의 배경이 다른 세계인과 영어로 의사소통하는 역량을 기르는 것이다. 그러나 아쉽게도 이러한 목표는 영어를 학습함으로써 개인적 또는 사회적 측면에서 달성해야 할 궁극적 목적(aims)에 가깝게 진술되어 있다. 교과 학습 목표(objectives)는 곧 평가 목표로서 영어과 목적을 실현하기 위한 구체적 방법이 되어야 하며, 평가 목표와 긴밀하게 연결된 평가 기준은 수업과 평가의 일관된 방향을 안내할 수 있는 나침반이 되어야 한다.

나 영어 교육 목표와 평가 목표

1) 영어과 교육 목표와 평가 목표의 연계성

국가 수준 교육과정의 영어과 교육 목표(학습 목표)에서 평가 목표(평가 기준)를 추출하는 과정은 평가와 수업의 연계성을 높이고, 학생들이 학습 목표에 더 명확히 접근할 수 있도록 돕는 중요한 과정이다. 그러나, 교육과정에서 영어과 교육 목표는 제시되어 있지만 포괄적 학습 목표라기보다 목적(aims)에 가깝고, 이를 실현할 평가 목표(Objectives)는 명시적으로 제공하지 않아 수업의 방향성을 안내할 평가 목표 수립은 온전히 교사 몫이 되고 있다. 영어 교육 목표에서 포괄적 평가 기준을 도출하고, 이를 바탕으로 세부적 평가 기준을 설정하는 것은 유닛 설계에서 중요한 영향을 미친다. 첫째, 평가 기준은 유닛 설계의 시작점으로 학습 활동, 평가 과제, 교수 전략을 연결하며, 수업과 평가의 일관성을 유지할 수 있다. 둘째, 학습의 방향을 제시한다. 학습 목표를 평가 기준과 일치시키면 학습자가 도달해야 할 구체적인 결과를 명확히 설정할 수 있다. 셋째, 평가 기준은 학습 과정에서 학생의 학습 단계를 파악하고, 이를 바탕으로 효과적인 교수·학습 비계 설정을 하거나, 피드백을 제공할 수 있는 기준이 될 수 있다. 넷째, 궁극적으로 학습 목표에 근거한 평가 기준은 유기적 연결성에 있어 신뢰성과 타당성을 확보할 수 있다.

그러나 영어과 교육과정에서 제시하고 있는 「내용 체계 및 성취 기준」을 통해 교사가 무엇을 평가할 것인가에 대한 구체적인 평가 목표를 제공받지 못한다. 또한 2022 개정 교육과정에서 제시하고 있는 핵심 아이디어 진술 형태는 평가와의 직접 연계가 쉽지 않다. 2022 개정 교육과정의 내용 체계에서 제시된 '핵심 아이디어'는 '각 영역을 관통하며 일반화할 수 있는 내용'이라고 제시하고 있다. 그러나, 제시된 '핵심 아이디어'는 총괄평가를 통해 학습의 전이가 되었는지를 판단하는 교과의 개념적 이해의 진술이 아니다. 이에 따라 실제 수업을 설계할 때 교사들은 이를 재진술하거나 보충해야 하는 어려움이 있다.

따라서 본서에서는 영어과 역량의 개념, 영어과 교육 목표, 내용 체계 및 성취 기준을 분석하여 일반적 영어과 평가 목표를 추출하기 위한 과정을 시도해 보고자 한다. 이것이 정답은 아닐지라도 최소한 개별 영어과 교사로서 학습 목표, 평가 기준과 일관된 유닛을 설계하고자 하는 노력과 고민의 출발점으로 여겨주길 바란다.

전략 영어 교육 목표에서 평가 기준 추출하기

- 영어과 역량, 교육 목표, 내용 체계 및 성취기준을 분석하여 개념 추출하기
- 지식·이해, 과정·기능, 가치·태도의 측면을 고루 포괄하여 기술하기
- 평가 목표에 따른 포괄적 평가 기준 설정하기
- 개별 평가 과제에서 포괄적 평가 기준으로부터 세부적 평가 기준 상세화 설정하기

2) 영어 교육 목표에서 평가 목표와 평가 기준 추출하기

표 VII-1 2022 개정 교육과정 영어과 교육 목표에서 평가 기준 추출하기

영어 교육 목표		평가 기준 추출
(1) 친숙한 일반적 주제에 대하여 **협력적 태도**로 자신의 참여 **목적**과 **상황**에 맞게 영어로 **의사소통**한다. (2) 영어 학습에 대한 지속적인 동기를 가지고 효과적인 **학습 전략**을 사용하여, 자신의 진로에 적합한 영어 학습을 수행하고 스스로 평가한다. (3) 지역·국가·세계 공동체의 구성원으로서 공감, 배려와 관용, 문화 정체성, 언어 및 문화적 **다양성에 대한 이해** 및 **포용 능력**을 갖추고 영어를 통해 공동체의 문제 해결에 적극적으로 참여한다. (4) **비판적 사고**를 바탕으로 하여 영어로 전달되는 다양한 분야의 지식, **정보**, 기술, 경험 등을 융합적으로 활용하고, 자신의 생각을 **창의적**으로 **표현**한다. (5) 영어로 표현된 다양한 자료와 작품 등을 통해 인간에 대한 **공감적 이해**와 심미적 감수성을 기르고 이를 바탕으로 삶의 의미와 가치를 발견하고 향유한다. (6) 영어로 표현된 다양한 **매체**의 디지털 **지식 정보**를 자신의 목적에 맞게 검색, 수집, 이해, 분석, 평가, **활용**한다.	⇨	**A. 이해(읽기와 듣기)** ⅰ. 다양한 단어와 어구를 이해하기 ⅱ. 다소 복잡하고 다양한 구조의 문장을 분석하기 ⅲ. 다양한 장르별 글의 특성과 논리적 관계 분석하기 ⅳ. 대상과 목적을 고려하여 맥락에 따른 적절한 읽기 또는 듣기 전략 활용하기 **B. 표현(쓰기와 말하기)** ⅰ. 적절하고 다양한 단어와 어구 사용하기 ⅱ. 다소 복잡하고 다양한 구조의 문장 사용하기 ⅲ. 다양한 장르별 글의 목적에 맞게 적절한 구조와 형식으로 조직하기 ⅳ. 대상과 목적을 고려하여 맥락에 따른 적절한 쓰기 또는 말하기 전략 활용하기 **C. 상호작용** ⅰ. 목적과 상황에 맞게 협력적 태도로 의사소통하기 ⅱ. 언어 및 문화적 다양한 관점에 대한 포용적 태도로 표현하기 ⅲ. 다양한 매체의 지식 정보를 활용하여 창의적 문제 해결하기

우선 평가를 하기 위해서는 영어과의 교육 목표에 근거하여 학습자의 핵심 역량을 길러내고자 하는 것이기에 영어과 교육 목표를 분석하고 다음과 같은 핵심어를 선별하여 평가 목표를 추출하고, 영어과 역량 및 영역 구성을 바탕으로 평가 기준을 개발하는 과정을 거쳤다.

그림 VII-1 영어과 역량 및 영역 구성

출처: 2022 개정 영어 교육과정(2022)

표 VII-2 영어과 교육 목표에서 추출한 핵심어

• 협력적 태도 • 목적, 상황 • 의사소통	• 이해, 포용 • 문화, 다양성 • 지식정보, 매체	• 창의적 표현 • 활용, 학습 전략 • 비판적 사고

2022 개정 교육과정에 따르면 지금까지 듣기, 말하기, 읽기, 쓰기의 네 가지 언어 기능 관점으로 교육 내용의 영역을 분류하던 기존 방식에서 탈피하여 언어의 사회적 목적 관점에 따라 이해(reception)와 표현(production)의 두 가지 영역을 설정하였다. 따라서 영역 구성에 제시된 이해(듣기, 읽기, 보기), 표현(말하기, 쓰기, 제시하기), 사용자 간 상호작용을 평가 기준으로 하여 3개의 평가 목표로 추출하였는데, 그것이 바로, A.이해, B.표현, 그리고 C.상호작용 영역이다. 특히 언어로 의사소통한다는 것은 이해 영역과 표현 영역이 독자적인 영역으로 기능하기보다 두 영역의 결합된 형태로 영어 사용자 간 협력적 상호작용이 일어날 때 진정한 의사소통이 된다는 점을 생각하면, 상호작용은 영어 교육에서 상당히 중요한 평가 목표라 할 수 있다.

3) 평가 기준으로서 상호작용 영역의 필요성

Michael Halliday(1975)는 언어의 7가지 기능 중 상호작용적 기능을 통해 언어가 사회적 관계를 형성하고 유지하며, 그룹 활동을 수행하고 발전시키며 상호작용을 가능하게 한다고 설명했다. 이러한 기능은 단순히 정보를 전달하는 것에서 나아가 역할극, 협력 활동, 문화 교류 등 다양한 상호작용 맥락에서 언어가 사용된다는 점을 강조하는 것이다. 2022 개정 교육과정에서는 이해와 표현의 영역에 대해서만 성취 기준을 제시하였고, 사용자 간 상호작용이 어떻게 성취될 수 있는지 다루고 있는 성취 기준은 없다. 따라서 이에 대한 평가 기준을 만들 때 상호작용 부분을 가장 고민하였고, 영어 교과 본연의 교과 특성인 청중과의 의사소통이라는 큰 개념적 렌즈를 통해 평가 목표를 추출하고 세부 평가 기준을 마련하였다.

사실 평가 기준에 상호작용 영역의 추가는 영어 교과의 개념적 이해에 큰 영향을 미친다. 먼저 상호작용 영역은 단순한 이해와 표현 능력을 넘어 언어 사용 능력을 촉진한다. 그룹 토의나 역할극을 통해 학생들은 서로의 의견을 듣고 반응하며, 자연스럽게 자신의 생각을 표현하는 연습을 하면서 실제적인 언어 사용에 대한 자신감이 생길 것이다. 둘째, 상호작용은 학생들이 언어의 의미와 맥락을 깊이 이해하는 데 도움을 준다. 언어는 문화와 사회적 배경에 따라 의미가 달라질 수 있기에 특정 주제에 대해 의견을 교환하면서 학생들은 다양한 관점을 갖게 되고, 이를 통해 주제의 복잡성과 뉘앙스를 이해하게 될 것이다. 셋째, 상호작용 영역이 포함되면 서로 다른 의견을 표현하고 이에 대해 반박하거나 추가 설명을 요구하는 과정을 통해 비판적 사고 능력을 키우고 체계적인 사고를 발전시킬 수 있을 것이다. 넷째, 상호작용은 학생들이 서로의 의견을 존중하며 소통하는 과정에서 대화의 전략을 학습하게 되고 언어를 사용할 때 상대방과의 관계를 고려하여 그에 맞는 언어적 선택을 하게 된다. 이렇듯 평가 기준에 상호작용 영역이 추가되면 영어 교과의 개념적 이해에 이를 수 있는 기반이 마련될 것이다. 이는 학생들의 의사소통 능력, 비판적 사고, 사회적 상호 작용을 모두 포괄한 언어 사용 능력을 발전시킬 수 있는 기회를 제공한다.

4) 포괄적 평가 기준의 구체화

이러한 평가 목표를 평가 기준으로 수립하는 과정에서 교육과정상의 내용 체계 및 성취 기준에 제시된 핵심 아이디어와 내용 요소에 근거하여 이들을 조합하였다. 각 영역의 포괄적 평가 기준은 구체적으로 아래와 같이 설정하였다.

A. 이해(읽기와 듣기)

i. 다양한 단어와 어구를 이해하기

ii. 다소 복잡하고 다양한 구조의 문장을 분석하기

iii. 다양한 장르별 글의 특성과 논리적 관계 분석하기

iv. 대상과 목적을 고려하여 맥락에 따른 적절한 읽기 또는 듣기 전략 활용하기

첫째, 평가 기준 A. 이해는 담화와 글, 다중 매체 등이 다양하게 결합된 방식으로 제공되는 영어 지식을 이해하고 파악하는 영역이다. 공통영어 1의 내용 체계표에 따르면 지식·이해에서는 언어와 맥락으로 구분하여 학습 내용을 제시하고 있다. 영어과에서의 지식은 언어적 지식뿐만 아니라 영어가 사용되는 사회·문화적 상황인 맥락 또한 학습의 중요한 내용 요소다. 여기서 언어는 어휘, 의사소통 기능, 언어 형식, 담화 및 글의 유형이고, 맥락은 영어 사용의 문제 해결에 필요한 구체적인 상황, 주제 및 문화적 배경을 포함한다. 이에 근거하여, 첫째, 평가 기준 A-i는 맥락을 고려한 다양한 단어나 어구에 관한 지식과 이해이다. 평가 기준 A-ii는 맥락을 고려한 다소 복잡하고 다양한 구조의 문장을 분석하는 문장의 구조에 관한 지식과 이해이다. A-iii는 다양한 장르별 글의 특성과 논리적 관계 분석하기이다. 청자나 독자는 담화나 글이 구성된 형식이나 틀을 이해하고, 내용을 효과적으로 전달하기 위해 문단의 구성 체계나 내용의 전개 방식을 분석한다. 문단 내 문장의 기능을 포함하여 내용의 일관성을 유지하기 위한 언어 장치와 연결 관계를 주목하며 글이 전개되는 구성의 틀을 이해하게 된다. A-iv는 대상과 목적을 고려

한 구체적인 실생활 맥락에서 적절한 듣기 또는 읽기 전략을 활용함으로써 영어를 내재화하는 과정과 기능을 평가 기준으로 설정하였다.

B. 표현(쓰기와 말하기)

ⅰ. 적절하고 다양한 단어와 어구 사용하기

ⅱ. 다소 복잡하고 다양한 구조의 문장 사용하기

ⅲ. 다양한 장르별 글의 목적에 맞게 적절한 구조와 형식으로 조직하기

ⅳ. 대상과 목적을 고려하여 맥락에 따른 적절한 쓰기 또는 말하기 전략 활용하기

둘째, 평가 기준 B. 표현은 다양한 매체를 통해 말, 글, 시청각 이미지 등을 활용하여 자신의 느낌, 생각, 의견 등을 전달하는 역량을 평가한다. 평가 기준 A. 이해와 마찬가지로 평가 기준 B-i는 맥락을 고려한 다양한 단어나 어구를 사용하는 것에 관한 지식과 이해이다. 둘째, B-ii는 맥락을 고려한 다소 복잡하고 다양한 구조의 문장을 사용하는 것과 관련한 지식과 이해이다. 셋째, B-iii는 다양한 장르별 글의 목적에 맞게 적절한 구조와 형식으로 조직하기이다. 담화나 글이 구성된 형식이나 틀을 이해하고 내용을 효과적으로 전달하기 위해 화자나 필자는 말과 글을 일관된 형식과 구성 체계를 갖추어 조직한다. B-iv는 지식과 이해 영역에서 학습한 언어 요소를 목적과 맥락에 맞게 유의미하게 상호작용하면서 영어를 내재화하는 과정과 기능의 말하기 또는 쓰기 전략 활용하기를 평가 기준으로 설정하였다. A-iii와 B-iii의 평가 기준은 개별 평가 과제에 따라 평가 기준 상세화[10] 부분에서 다양한 과정·기능 전략의 수행 지시어로 변화시켜 사용할 수 있다.

10 IB에서는 수행 과제에 비추어 평가 목표를 과제의 내용에 비추어 무엇을 평가할지 결정하고, 학생들의 평가지에는 문항뿐만 아니라 채점 기준까지 제시하게 된다. 이렇게 상세화된 채점 기준을 Task-Specific Clarification(TSC)이라고 한다. TSC는 교사가 개발한 수행 과제별로 개발되며 학생들이 TSC를 만드는 과정에 참여할 수 있다. 과제에 첨부된 채점 기준은 학생들이 자신이 원하는 점수를 받기 위해서 어떻게 답안을 작성해야 하는지를 숙지한 상태에서 과제를 해결하도록 안내하는 역할을 하는 것이다.
출처: IB MYP를 활용한 미래역량 중심 중학교 교육과정 수업평가 운영방안 연구(2023)

예시) B. 표현-iii. 다양한 장르별 글의 목적에 맞게 적절한 구조와 형식으로 조직하기

문체적 장치를 사용한 강조 기법 사용하기	은유, 대조 반복의 구조를 포함한 다양한 문장 구조를 정확하게 사용함.
	일부 은유, 대조, 반복의 구조를 사용했으나, 부분적으로 비문을 사용함.
	은유, 대조, 반복의 구조의 사용 없이 단순하고 유사한 패턴의 문장 구조를 사용함.
	대부분 단순 문장에 의존하거나, 구 또는 단어 수준으로 표현됨.

C. 상호작용

ⅰ. 목적과 상황에 맞게 협력적 태도로 의사소통하기
ⅱ. 언어 및 문화적 다양한 관점에 대한 포용적 태도로 표현하기
ⅲ. 다양한 매체의 지식 정보를 활용하여 창의적 문제 해결하기

셋째, 평가 기준 C. 상호작용은 이해와 표현의 두 영역의 교차점으로 영어 사용자 간 협력적 상호작용이 이루어지는 곳이다. 교육과정 문서에서 상호작용은 대화, 토론, 문자 교환 등 참여자 간의 다양한 소통 방식으로 이루어질 수 있다고 하였다. 조금 더 구체적으로 학교 현장에서 일어날 수 있는 상황을 요약해 보면, 다음과 같이 다양한 상호작용의 형태 나타날 수 있다. 첫째, 토론, Role Play, 그룹 활동 등의 직접 대면 소통, 둘째, 이메일, 채팅, 에세이 작성 등 문자 기반 소통이 있다. 셋째, 온라인 토론 게시판, 소셜 미디어 메시지, 화상회의 등의 디지털 소통이 있다. 넷째, 이미지를 활용한 프레젠테이션, 그림 카드, 시각 자료 등을 활용한 시각적 소통이 있다. 다섯째, 전화 대화, 팟캐스트 청취 및 응답 등 음성을 활용한 소통으로 듣기와 말하기 능력을 강조하는 청각 기반 소통으로 분류해 볼 수 있다. 또는 일상적인 환경에서 자연스럽게 이루어지는 대화, 게임, 친구와의 소통 등 비형식적 소통과 발표, 공식 인터뷰, 연설 등 특정 목적이나 구조화된 환경에서 이루어지는 형식적 소통 방식이 있을 수 있다. 학기 단위 총괄평가를 실시할 경우, 짝 활동이나 개인 활동이 아닌 조금 더 장기적인 수준의 프로젝트 협업, 그룹 과제 수행 등 공동의 목표를 위해 이루어지는 소통으로 팀워크를 기반으로 하는 협력적 소통 등이 있을 수도 있다. 평가 기준 C. 상호작용은 이러한 다양한 형태의 상호작용 과정에서 어떻게 의미 있고 협력적인 의사소통을 완수할 수 있는가를 평가하는 지표이다.

따라서 C-i은 목적과 맥락에 맞게 협력적 태도로 의사소통하기로서 상호작용 중 오해를 해소하거나 의미를 명확히 하기 위한 협상 능력은 의사소통의 핵심이다. 이때 평가 요소는 상대방의 메시지를 명확히 하기 위한 질문을 사용하거나, 상대방의 반응이나 피드백을 적절히 반영하고, 언어적, 비언어적 신호를 통해 오해를 해결하거나 의도를 명확히 전달할 수 있을 것이다. C-ii는 언어 및 문화적 다양한 관점에 대한 포용적 태도이다. 언어는 문화적 맥락과 밀접하게 연결되어 있으며, 상호작용의 성공은 사회적 규범과 문화적으로 민감한 차이를 이해하고 적

용하는 역량에 달려 있다. 맥락에 맞는 언어를 사용한다는 것은 상황과 상대방에 따라 적합한 어조, 격식, 표현을 사용하고, 비언어적 의사소통의 적절성을 판단하는 것 등을 포함할 수 있다. 또한 상대방의 문화적 배경과 기대를 존중하며 소통한다면 지역·국가·세계 공동체의 구성원으로서 공감, 배려와 관용, 문화 정체성, 언어 및 문화적 다양성에 대한 이해 및 포용 능력을 갖추고 영어를 통해 공동체의 문제 해결에 적극적으로 참여할 수 있을 것이다. C-iii는 다양한 매체의 지식 정보를 활용하여 창의적 문제 해결하기이다. 디지털·인공지능 교육 환경으로의 변화로 의사소통 방식은 다변화되었다. 이때 영어로 표현된 다양한 매체의 디지털 지식 정보를 자신의 목적에 맞게 검색, 수집, 이해, 분석, 평가 및 활용할 수 있는지 파악함으로써 정보처리 역량 및 매체와 효과적으로 의사소통하는 역량을 평가할 수 있을 것이다.

다 영어교과 역량 및 인간상

1) 영어 의사소통 역량과 2022 개정 교육과정의 핵심 역량

핵심 역량과의 관계

영어과는 급격히 변화하는 미래 사회에서 요구되는 역량에 대해 그 개념과 구성 요소를 재정립할 필요성을 인식하고, 영어과의 총괄적, 궁극적 지향점을 '영어 의사소통 역량'으로 명명하였으며, 이를 새 교육과정 총론의 방향성과 연계하고 있다. '영어 의사소통 역량'이란 가장 널리 통용되는 소통의 수단인 영어로 제시된 다양한 정보를 습득하고, 문화적 산물을 향유하며, 영어로 자신의 생각을 창의적으로 표현하고, 영어 사용 공동체 참여자들과 협력적으로 상호 작용할 수 있는 역량을 말한다. **'영어 의사소통 역량'**은 2022 개정 교육과정의 총론에서 제시하고 있는 **여섯 가지 핵심 역량을 모두 포함**하고 있으며, 각 핵심 역량을 영어과의 관점에서 해석하고 구체화하여 교과 목표로 진술하였다.

출처: 교육부 고시 제2022-33호 [별책 14] 영어과 교육과정

영어 의사소통 역량은 2022 개정 교육과정의 총론에서 제시하고 있는 여섯 가지 핵심 역량[11]을 모두 포함하고 있으며, 각 핵심 역량을 영어과의 관점에서 구체화하고 해석하여 교과 목표로 제시하고 있다. 아래 표에서 연결한 것처럼 영어 교육 목표를 통해 영어과 역량을 키우고 궁극적으로 길러내고자 하는 인간상이 무엇인지 연결하여 정의하고자 한다. 이는 교과 목표와 교과 역량을 연결함으로써 관계를 명확히 하고, 구체적인 학습 활동과 평가 방법을 통해 궁극적으로 길러내고자 하는 학습자상 또는 인재상에 대한 가치 지향적 교육이 될 수 있다.

2) 영어 교육 목표와 핵심 역량 · 인간상 연결하기

표 VII-3 영어 교육 목표와 핵심 역량·인간상의 연결 예시

영어 교육 목표	핵심 역량	인간상	관련 이유
(1) 친숙한 일반적 주제에 대하여 협력적 태도로 자신의 참여 목적과 상황에 맞게 영어로 의사소통한다.	협력적 소통 역량	더불어 사는 사람	다른 사람의 관점을 존중하고 경청하는 가운데 자신의 생각과 감정을 효과적으로 표현할 줄 알아야 한다. 영어 사용 공동체 참여자들과 협력적으로 상호 소통하려는 삶의 태도를 기를 수 있다.
(2) 영어 학습에 대한 지속적인 동기를 가지고 효과적인 학습 전략을 사용하여, 자신의 진로에 적합한 영어 학습을 수행하고 스스로 평가한다.	자기관리 역량	자기주도적인 사람	영어에 대한 기초적인 소양을 함양한 후 자신의 학습 동기와 목표에 맞춰 지속적으로 학습할 수 있는 자기관리 역량과 연관된다. 자신의 학습 과정을 계획, 실행, 탐구, 성찰할 수 있는 자기 주도적 능력을 갖춘 평생 학습자로서의 태도를 기를 수 있다.

11 2022 개정 교육과정이 추구하는 핵심 역량 6가지: 자기관리 역량, 지식정보처리 역량, 창의적 사고 역량, 심미적 감성 역량, 협력적 소통 역량, 공동체 역량

영어 교육 목표	핵심 역량	인간상	관련 이유
(3) 지역·국가·세계 공동체의 구성원으로서 공감, 배려와 관용, 문화 정체성, 언어 및 문화적 다양성에 대한 이해 및 포용 능력을 갖추고 영어를 통해 공동체의 문제 해결에 적극적으로 참여한다.	공동체 역량	더불어 사는 사람	다른 문화와 언어적 차이를 깊이 있게 이해하고 공감하는 포용적 태도를 함양한다. 이는 영어를 통해 공동체가 직면한 문제를 해결하는 세계적 민주 시민으로서의 자질을 함양하는 데 핵심적인 역할을 한다.
(4) 비판적 사고를 바탕으로 하여 영어로 전달되는 다양한 분야의 지식, 정보, 기술, 경험 등을 융합적으로 활용하고, 자신의 생각을 창의적으로 표현한다.	창의적 사고 역량	창의적인 사람	창의적 사고 역량은 문화적 다양성을 이해하고 비판적 사고를 기르며, 다양한 매체의 지식 정보를 융합하여 창의적 문제 해결 능력을 함양하는 데 중추적인 역할을 한다.
(5) 영어로 표현된 다양한 자료와 작품 등을 통해 인간에 대한 공감적 이해와 심미적 감수성을 기르고 이를 바탕으로 삶의 의미와 가치를 발견하고 향유한다.	심미적 감성 역량	교양 있는 사람	기본적인 영어 능력을 바탕으로 작품에 반영된 다양한 사회 문화적 가치를 비판적으로 사고하고 자신의 삶과 연계하여 이해하는 교양 있는 사람으로 성장할 수 있다.
(6) 영어로 표현된 다양한 매체의 디지털 지식 정보를 자신의 목적에 맞게 검색, 수집, 이해, 분석, 평가, 활용한다.	지식 정보 처리 역량	자기 주도적인 사람	문제를 합리적으로 해결하기 위해 가장 널리 통용되는 소통의 수단인 영어의 글과 말로 제시된 다양한 매체의 디지털 지식 정보를 주체적으로 깊이 있게 이해하고 비판적으로 탐구하며 활용할 수 있다.

본 유닛(Unit)의 영어 교육 목표는 고등학교 1학년 공통영어 1,2를 기반으로 설계되었으며, 이를 기반으로 평가 목표를 도출하여 개념 기반 탐구 수업을 진행하는 것이다. 형성평가와 총괄평가를 통해 학습의 증거를 수집하고 학습의 최종 단계에서 개념의 전이가 일어날 수 있는 수업을 구안하고자 노력하였다. 본 유닛의 총괄평가를 통해 궁극적으로 영어 사용 공동체에서 더불어 사는 삶의 태도를 함양하고, 상호 소통과 협력의 역량을 기르고자 유닛을 설계하였다. 학생들은 친숙한 주제에 대해 협력적 태도로 영어로 의사소통하며, 다른 사람의 관점을 존중하고 경청하는 가운데 자신의 생각과 감정을 효과적으로 표현할 수 있을 것이다.

02 영어과 개념 기반 유닛 설계하기

가 2022 개정 영어 교육과정의 핵심 아이디어의 한계

2022 개정 교육과정의 방향은 깊이 있는 학습을 통해 역량을 함양할 수 있도록 교과 간 연계와 통합, 학생의 삶과 연계된 학습, 학습에 대한 성찰 등을 강화한다. 이를 영어 교과 교육에서 구현하기 위해 제시하고 있는 핵심 아이디어는 영어 학습을 통해 학습자가 함양해야 하는 영어 이해 및 표현 활동의 의사소통에 필요한 일반화된 내용이다. 그러나 교사로서 영어 교과에서 제시하는 '핵심 아이디어' 진술문은 깊이 있는 이해와 전이가 가능한 3차원의 개념 기반 단원 설계를 하기에는 어려움이 많았다. Erickson & Lanning(2014)은 개념적 관계를 이해하는 것은 학생들이 단순히 '행하는 것(doing)'에서 우리가 하는 것을 왜 하는지 '이해하는 것(understanding)'으로 이동시키는 데 도움을 준다고 설명한다. 예를 들어, '화자는 자신의 주장을 더욱 설득력 있게 하기 위해 구체적인 증거를 사용한다'는 것을 이해하는 학생들은 강력한 주장이 왜 중요한지 알고 그러한 주장을 만들 수 있기 때문에 설득적 말하기와 관련된 전략과 기능들을 새로운 상황으로 전이시킬 가능성이 매우 크다. 이러한 수업 설계를 위해서는 일반화된 개념적 이해에 대해 교사들의 깊은 이해가 선행되어야 한다. 그러나 교사가 의존할 수 있는 현재 교육과정 문서에는 '핵심 아이디어'의 진술 형태는 '능력을 함양한다', '의미를 파악하고 분석한다', '표현하거나 교환한다' 등의 학생들이 성취해야 할 학습 목표 정도로 기술되어 있다. 이러한 학습 행위가 왜 이 학습을 하는지 이해하는 단계로 이행되기가 어려운 지점이다.

Rafael(2024)은 〈*From Inception To Fruition*〉에서 실제 언어 의사소통 과정에서 총체적인 방식의 증거 수집의 중요성과 학생의 성장 발달을 위한 핵심 아이디어의 필요성을 다음과 같이 밝히고 있다.

> *Real communication goes beyond interactions that take thirty seconds or two minutes. Acquiring and eventually becoming fluent in a new language are slow and progressive learning processes. Capturing*

the essence for these processes in a curriculum is not an easy task. Morevover, measuring progress and collecting evidence that constitutes learning in a harmonised way need to be guided by big ideas so that learning does not feel coincidental. (J. Rafael Ángel, 2024:17)

실제 의사소통은 몇 초 또는 몇 분 만에 끝나는 상호작용을 넘어서는 것이기에 새운 언어를 유창하게 한다는 것은 느리고 점진적인 학습 과정이다. 더욱이, 이러한 학습 과정을 구현하기 위한 핵심을 파악하는 것은 상당히 어려운 과제이기에 총체적인 방식으로 학습의 증거를 수집하고 학생의 발달을 확인할 수 있는 빅 아이디어(Big idea)가 필요하다.

나 핵심 아이디어의 재구조화와 개념 기반 유닛 설계

본 유닛에서는 학습자의 깊이 있는 이해와 전이를 위한 개념 기반 유닛 설계를 위해 영어과 교육 목표에서 추출한 핵심어를 재구조화하여 개념적 이해를 재진술하고자 한다. 개념적 이해를 위한 진술문은 개념과 개념 간의 관계를 서술하는 3차원적 서술 방식이며 2022 개정 교육과정에서 제시하고 있는 핵심 아이디어도 3차원적인 진술을 하려고 노력했으나 영어 학습의 의미 있는 아이디어를 진술하지 못하고 있다. 왜 이 학습을 하는지에 관한 의미 있는 진술이라기보다는 다소 평범하고 진부한 아이디어로 진술되어 있어서 2022 영어과 개정 교육과정이 지향하는 영어 학습의 목적(aim)을 일관성 있게 담아내고 있지 못하다. 따라서 재구조화 과정 시 본 유닛 설계에서 범교과 개념은 IB의 주요 개념과 관련 개념을 참고하여 결정하였다. 그 개념을 중심으로 이와 관련 성취기준을 모아 유닛으로 구성하였다. 우리나라 고등학교 영어 1학년은 IB MYP phase 5~6단계에 해당한다. 언어습득 교과에 배당된 4가지 주요 개념 중 connection(연결)을 주요 개념으로 하였다. 관련 개념으로는 phase 5~6단계에 해당하는 12개의 개념에서 Argument(논증)와 Stylistic choice(문체적 선택)를 추출하였다.

표 VII-4 **IB MYP 언어습득 교과 주요 개념 및 관련 개념**

언어습득 교과 주요 개념					
communication	connection	creativity	culture		
5~6단계					
Audience	Context	Purpose	Empathy	Point of view	Idiom
Inference	Argument	Bias	Stylistic choice	Theme	Voice

출처: 경기도 교육청(2023). IB의 이해. 경기도: 경기도교육청.

다 깊이 있는 탐구와 전이를 위한 개념 도출

우선 청자와의 진정한 공감대를 형성하고 공감할 수 있게 한다는 면에서 연결(Connection)이라는 주요 개념을 설정하였다. 학습자는 상호작용 과정에서 핵심 단어 반복하기, 재구성하기, 우회적으로 표현하기, 쉬운 말로 대체하기, 질문하거나 환기하기, 예시나 근거 들기, 통계 자료 제시하기 등과 같이 다양하고 적절한 말하기 전략을 협력적으로 사용하며 성공적으로 소통하려 노력한다. 더 나아가 형식과 의미를 기준으로 말과 글을 구성하는 각 부분이 논리적으로 긴밀하게 연결되어 있는지 살피게 하고, 응집성과 논리성을 높일 수 있는 다양한 방법을 탐색하게 한다. 그 과정에서 문체적 선택(Stylistic choices)과 논증(Argument)의 중요성을 이해할 수 있는 개념적 전이가 일어날 수 있도록 관련 개념을 선정하였다. 더불어 언어가 활용되고 실제 전달되는 언어적 맥락은 학습자가 실제 경험하고 참여할 수 있는 실제 삶의 맥락을 고려하였다. 급격히 변화하는 미래 사회를 주도하는 과학과 기술의 혁신이 우리 삶에 어떻게 영향을 주고 있는가라는 과학과 기술의 발전에 대한 삶의 맥락을 선정하여 학습자가 습득하기를 기대하는 개념적 이해를 진술한 탐구 진술을 최종 작성하였다. 이러한 재구조화된 핵심 아이디어 설정을 통해 학습자가 학습의 과정을 통해 깊이 있게 탐구하여 개념적 이해에 도달하기를 기대한다.

특히 문체적 선택(Stylistic choices)은 작가, 연설가, 또는 창작자가 특정 메시지를 전달하기 위해 사용하는 언어적, 시각적, 수사학적 선택을 포함한다. 예를 들어, 언어적 선택으로는 목적과 대상에 따라 어휘(formal, informal, emotional language), 문법구조(간결하거나 복잡한 문장 구조), 문체(설득적, 설명적, 서사적)의 선택이 있을 수 있다. 문학적 장치로서는 비유법, 반복법, 대비와 대조, 수사적 질문, 음운적 요소 등을 활용하여 전달하려는 메시지를 강조할 수 있다. 시각적 장치로 글씨체, 레이아웃, 색상, 이미지 등을 다양하게 선택하여 메시지를 효과적으로 전달할 수 있다. 또한, 연설이나 설득적 글쓰기에 자주 사용하는 수사학적 장치인 경험을 바탕으로 주장하기(Ethos), 논증과 예시를 제시하기(Logos), 감정에 호소(Pathos)하기의 주요 3요소는 이 단원에서 학습하게 될 문체적 선택의 중요한 부분이다. 이러한 수사학적 장치를 사용함으로써 청중에게 미치는 영향을 이해하고 설득의 효과를 극대화할 수 있음을 탐구하게 될 것이다. 학생들이 이 단원 탐구의 종착점에서 목적과 맥락에 맞게 적절한 문체적 선택, 특히 수사학적 장치의 사용과 논증 구조를 갖춘 이야기는 더 큰 설득력을 주며, 청자와 화자가 공감대를 형성하여 서로 연결되는 지점을 마련할 수 있는 깊이 있는 성찰과 탐구의 여행이 되길 바란다.

1 탐구하기

가 2022 개정 교육과정의 핵심 아이디어로 유닛 설계 시작하기

표 VII-5 핵심 아이디어로 유닛 설계 시작하기(영어과)

유닛명 (Unit)	The Two Faces of Digital	학교급/학년	고/1학년
핵심 아이디어 (2022 개정)	다양한 말하기 전략의 활용은 표현 내용을 효과적으로 전달하거나 공유할 수 있도록 한다.		

<table>
<tr><td rowspan="1">성취기준
(2022 개정)</td><td colspan="3">[10공영1-02-04] 자신의 생각이나 의견, 감정, 감상 등을 표현한다.
[10공영1-02-06] 어휘나 표현을 점검하여 내용을 명확하게 전달한다.
[10공영1-02-07] 적절한 전략과 다양한 매체를 활용하여 상황과 목적에 맞게 말하거나 쓴다.
[10공영2-02-06] 다양한 소통의 목적에 맞게 말하거나 글로 표현한다.</td></tr>
<tr><td rowspan="2">범주</td><td>지식 · 이해</td><td>과정 · 기능</td><td>가치 · 태도</td></tr>
<tr><td>• 어휘 및 표현: 감정어휘, 디지털 기술, 아동권리, 중독 관련 어휘 및 표현
• 문장 구조: 설득을 위한 짧은 단문 반복, 은유, 대조, 리듬감 있는 문장
• 맥락: 디지털 기술 혁신에 관한 의견 전달 · 주장 목적의 글
• 수사적 장치 정의: 설득력 있는 연설에 필요한 수사적 장치(예: ethos, pathos, logos).
• 연설의 구성: 설득적 연설에서 사용하는 서론, 본론, 결론 구조.</td><td>• Hooking 사용하기
• 수사적 질문 사용하기
• 자신의 경험을 바탕으로 주장하기(Ethos)
• 논리적 증거와 예시 제시하기(Logos)
• 감정에 호소하여 공감과 연결 유도하기(Pathos)
• 음성적 단서(목소리 톤, 속도, 크기, 억양)에 집중하여 비언어적 표현 사용하기</td><td>• 자신의 생각이나 감정을 자신감 있게 표현하며 소통에 적극적으로 참여하는 태도
• 디지털 기기 사용의 장단점에 대한 관련 자료를 스스로 찾아 읽으며 지식을 심화 · 확장하려는 태도
• 배경이나 관점이 다른 청자 또는 독자와 열린 마음으로 소통하는 태도</td></tr>
</table>

나 재구조화된 핵심 아이디어와 탐구 질문 만들기

표 VII-6 핵심 아이디어 재구조화와 탐구 질문 예시(영어과)

<table>
<tr><td rowspan="3">유닛의 성격</td><td colspan="3">이 유닛에서는 논증과 문체적 선택의 중요성을 이해하고 설득력 있는 연설에 필요한 수사적 장치(예: ethos, pathos, logos)를 활용함으로써 자신의 생각과 감정을 청중에게 효과적으로 표현하는 방법에 관한 단원이다."일상화된 디지털 사용의 양면성과 건강한 생활"에 관한 주제로 자신의 의견을 청중에게 전달할 때 어휘 선택, 문장 구조, 수사적 기법, 시각적 기법과 같은 문체적 선택(Stylistic choices)을 알고 전략적으로 사용하는 것이 중요하다는 것을 이해할 것이다. 이를 위해서 수사적 기법이 가장 효과적으로 드러나는 광고와 연설문의 예시를 활용하여 개념적 이해에 접근해 갈 것이다. 듣기 활동에서는 다양한 광고를 시청하고 영상 속에 드러난 ethos, pathos, logos 설득 요소를 파악하고 분류하기, 또는 연설 스피치에 사용된 수사적 장치를 분석하고 사례 분석 및 토의하기, 둘째, 말하기 활동에서는 4명이 짝을 지어 '세상에서 가장 특별한 모자'를 주제로 수사적 장치를 활용한 설득적인 광고 만들어 소개하기, 셋째, 읽기 활동에서는 '선진국에서 발표된 디지털 기기 사용 금지'에 관한 기사를 읽고 분석하기 및 '당신이라면?' 논쟁적 질문을 통해 토론하기, 기사를 요약하고 자신의 생각을 언급한 카드 뉴스 만들기, 넷째, 쓰기 활동으로는 '3 Tips for Healthy Digital Habits in School'이란 인포그래픽 활동을 할 것이다. 마지막으로 총괄과제에서 이전 단계에서 사용했던 자료를 바탕으로 수사적 장치와 논증(예: ethos, pathos, logos) 구조를 적용하여 청중에게 자신의 생각을 설득적으로 표현하고 공감대를 이끌어내는 설득적 말하기를 할 것이다. 또한, 말하기 과정에서 비언어적 의사소통의 중요성을 이해하고 제스처와 시선 처리, 음성적 단서 등 효과적인 연설 기법의 중요성을 이해하게 될 것이다. 이 과정을 통해 화자는 자신의 의도를 논리적으로 설득하기 위해 언어, 문장 구조뿐만 아니라 경험을 바탕으로 주장하기(Ethos), 논증과 예시를 제시하기(Logos), 감정에 호소(Pathos)하기 등 수사학적 장치의 중요성을 이해하게 된다. 이러한 논증과 문체적 선택을 효과적으로 활용함으로써 청중과의 공감대를 형성할 수 있다는 것을 이해한다.</td></tr>
<tr><td>주요 개념</td><td>관련 개념</td><td>실제적 맥락</td></tr>
<tr><td>Connection</td><td>Stylistic choices, Arguments</td><td>Technological and scientific developments</td></tr>
</table>

<table>
<tr><td rowspan="4">재구조화된 핵심 아이디어</td><td colspan="2">개념적 이해</td></tr>
<tr><td colspan="2">문체적 선택과 논증 구조는 메시지를 더 설득력 있게 만들고 청중과 진정한 공감대를 형성한다.</td></tr>
<tr><td colspan="2">탐구 진술</td></tr>
<tr><td colspan="2">Stylistic choices and logical arguments effectively connect speaker's intention(message) with the audience, highlighting the need to raise awareness about indiscriminate digital use.
문체적 선택과 논리적 주장은 무분별한 디지털 사용에 대한 인식 개선의 필요성을 강조하는 화자의 메시지를 청중에게 효과적으로 전달함으로써 진정한 공감대를 형성한다.</td></tr>
<tr><td rowspan="3">안내된 탐구 질문</td><td>사실적 질문</td><td>• Stylistic choices란 무엇인가?
• 아이디어 간의 논리적 흐름을 강화하는 데 사용되는 연결어에는 무엇이 있는가?
• 연설 시 청중의 관심을 이끄는 도입 방식은 어떤 것들이 있는가?
• 설득 연설에서 자주 사용되는 수사적 장치는?</td></tr>
<tr><td>개념적 질문</td><td>• 신뢰할 만한 증거는 화자의 메시지를 발전시키는 데 어떻게 영향을 미치는가?
• 생각을 표현할 때, 청중과의 진정한 소통을 어떻게 효과적으로 구현할 수 있을까?
• 감정과 논리는 설득력 있는 메시지를 만드는 데 어떻게 기여하는가?
• 기술의 발전은 인간의 삶에 어떠한 영향을 미치는가?</td></tr>
<tr><td>논쟁적 질문</td><td>• 강력한 논증을 사용했더라도 화자의 의도를 전달하는 데 실패할 수 있을까?
• 논증이 약해도 감정적 호소가 강하면 아이디어는 설득력을 가질 수 있을까?</td></tr>
</table>

다 유닛 그물

그림 VII-2 유닛의 개념적 이해를 4개의 영역별로 나타낸 유닛 그물 예시(영어과)

Understanding Language

- 어휘: 감정, 디지털 기술, 스마트폰 중독, 건강과 관련한 어휘 및 표현
- 문장 구조: 반복, 은유, 대조, 수사적 질문 형식
- 시제: 미래, 의무와 당위성을 나타내는 조동사 활용
- 수사적 장치의 정의와 예시: ethos, pathos, logos

언어적 맥락과 문장 규칙은 텍스트의 메시지를 이해하는 것을 돕는다.	명시적 또는 함축적 정보를 파악할 수 있다.

Responding to Language

- 광고 듣기 및 반응 토론: 능동적 듣기, 주의집중, 질문하기
- 해석: 개인적 경험과 실생활 연결
- 논의: 인포그래픽 만들기 협력 활동
- 연결: '내가 만약 ~라면' 질문으로 다양한 관점 이해 반응

감정에 호소하는 전략은 청중과의 공감과 연결을 유도할 수 있다.	협력적 논의에 포용적 태도로 참여할 수 있다.

유닛 제목:
The Two Faces of Digital

개념적 렌즈
Connection

포괄적인 일반화

문체적 선택과 **논증** 구조는 메시지를 더 설득력 있게 만들고 청중과 진정한 **공감대를 형성한다.**

Producing Language

- 설득을 뒷받침하는 주장, 증거 사용
- 문단의 논리적 흐름
- 일관성과 유기적 구조
- 비언어적 요소(음성, 제스처, 표정, 톤, 속도, 강조)

설득을 뒷받침하는 주장과 증거의 사용은 설득을 강화한다.	수사적 장치(Ethos, Pathos, Logos)를 활용하여 청중과의 공감대를 형성할 수 있다.

Critiquing Language

- 어휘 선택의 명료성과 적합성 검토
- 인용 자료의 실재성 평가
- 논증 구조의 유기적 연결성 평가
- 청중의 심리적, 사회적 특성 파악
- 메시지의 효과 분석 및 조정: 청중의 피드백

특정 단어의 선택은 의미와 글의 논리에 영향을 준다.	수사적 장치와 문체 선택이 설득의 논리적 구조에 어떻게 기여하는지 평가할 수 있다.

출처: Lanning, 2013, p.57

라 탐구 진술에 따른 총괄평가 과제 개발하기

표 VII-7 탐구 진술에 따른 총괄평가 과제 개발(영어과)

탐구 진술과 총괄평가의 관련성	총괄평가 과제 개발
탐구 진술: **Stylistic choices** and logical **arguments** effectively **connect** with the audience, highlighting the need to raise awareness about indiscriminate **digital use**. 화자가 문체적 선택을 고려하여 논리적으로 구조화된 메시지를 전달할 때 청중은 메시지를 효과적으로 이해하고 공감할 수 있다. 학생들은 설득 연설 과정에서 효율적인 문체적 선택과 논증의 사용이 메시지와 청중 간 연결의 깊이에 어떤 영향을 미치는지를 탐구할 수 있다. 학생들은 연설문에 필요한 효과적인 감정 어휘와 문장의 구조를 선택하고, 설득하기 위한 논리적 증거와 수사 기법을 사용함으로써, 자신의 생각을 효과적으로 청중에게 전달하여 청중과의 공감대를 이끌어낼 수 있다.	• Goal: 문체적 선택과 논증의 방식을 고려하여 자신의 의견을 청중이 공감하고 이해할 수 있도록 설득력 있게 전달하는 3분 말하기 • Role: 온라인 국제교류 수업에서 상대국 학생들에게 한국 학생들의 디지털 기기 사용 실태와 학교 규칙의 필요성을 설득력 있게 전달하는 발표자 • Audience: 온라인 교류 프로그램에 참여하는 양측 학교의 학생 • Situation: 전 세계적으로 학교에서 청소년들의 무분별한 기기 사용에 대한 우려가 사회적 이슈로 떠오르고 있다. 이에 온라인 국제 교류 수업에서 한국 학교와 교류 학교에서 학생들의 디지털 기기 사용 실태를 비교하고 학교에서 기기 사용 규칙의 필요성에 대해 서로의 관점을 나누고, 올바른 학교 규칙의 필요성을 말하는 상황임. 학생들은 학교 안 디지털 기기 사용의 장단점을 논의하며, 학교 규칙의 필요성에 대한 자신의 입장(찬성 또는 반대를 설득력 있는 근거를 들어 발표해야 함)을 정해 발표함. • Product: 설득력 있는 3분 말하기(동영상 업로드, 또는 온라인 화상회의에서 발표하기 선택) • Standards: - B. 표현 ⅰ, ⅳ - C. 상호작용 ⅰ

마 총괄평가에 따른 채점기준표 개발하기

표 VII-8 총괄평가(설득 연설하기) 채점기준표 예시

<table>
<tr><th>평가영역</th><td colspan="2">설득 연설하기(구술형)</td><th>영역만점</th><td>20점</td></tr>
<tr><th>교육과정
성취기준</th><td colspan="4">[10공영1-02-04] 자신의 생각이나 의견, 감정, 감상 등을 표현한다.
[10공영1-02-06] 어휘나 표현을 점검하여 내용을 명확하게 전달한다.
[10공영1-02-07] 적절한 전략과 다양한 매체를 활용하여 상황과 목적에 맞게 말하거나 쓴다.
[10공영2-02-06] 다양한 소통의 목적에 맞게 말하거나 글로 표현한다.</td></tr>
<tr><th colspan="2">탐구 진술</th><th colspan="3">성취수준</th></tr>
<tr><td colspan="2" rowspan="5">문체적 선택과 논리적 주장은 무분별한 디지털 사용에 대한 인식 개선의 필요성을 강조하는 화자의 메시지를 청중에게 효과적으로 전달할 수 있다.</td><td>A</td><td colspan="2">문체에 적합한 어휘와 문장 구조와 상황과 목적에 맞는 설득 전략을 완벽히 활용하여 메시지를 매우 명확하게 전달할 수 있다.</td></tr>
<tr><td>B</td><td colspan="2">문체에 적합한 어휘와 문장 구조와 상황과 목적에 맞는 설득 전략을 주도적으로 활용하여 메시지를 비교적 명확하게 전달할 수 있다.</td></tr>
<tr><td>C</td><td colspan="2">문체에 적합한 어휘와 문장 구조와 상황과 목적에 맞는 설득 전략을 대략적으로 활용하여 메시지를 대체로 명확하게 전달할 수 있다.</td></tr>
<tr><td>D</td><td colspan="2">문체에 적합한 어휘와 문장 구조를 부분적으로 활용하여 메시지를 대략적으로 전달하지만, 명확성과 설득력이 떨어지며 상황과 목적에 맞는 설득 전략을 충분히 사용하지 못한다.</td></tr>
<tr><td>E</td><td colspan="2">문체에 적합한 어휘와 문장 구조를 제한적으로 활용하며, 메시지가 명확하지 않고 설득력이 부족하며, 상황과 목적에 맞는 설득 전략을 사용하지 못한다.</td></tr>
</table>

<table>
<tr><th colspan="3">평가요소</th><th>수행 수준</th><th>배점</th></tr>
<tr><td rowspan="10">B.
표현</td><td rowspan="5">지식
이해</td><td rowspan="5">B. i
문체에 적합한 어휘와 문장 구조(강조법) 사용하기
(5점)</td><td>청중과 목적에 맞는 적절하고 다양한 단어 및 어구와 은유, 대조 반복의 구조를 포함한 다양한 문장 구조를 사용하여 유창하고 정확하게 사용함.</td><td>5</td></tr>
<tr><td>청중과 목적에 맞는 적절하고 다양한 단어 및 어구와 은유, 대조 반복의 구조를 포함한 다양한 문장 구조를 사용하여 비교적 정확하게 사용함.</td><td>4</td></tr>
<tr><td>청중과 목적에 맞는 적절하고 다양한 단어 및 어구와 은유, 대조 반복의 구조를 포함한 다양한 문장 구조를 사용하여 대략적으로 사용함.</td><td>3</td></tr>
<tr><td>청중과 목적에 맞는 다양한 단어 및 어구와 은유, 대조, 반복의 구조 문장을 부분적으로 사용함.</td><td>2</td></tr>
<tr><td>청중과 목적을 부분적으로 고려하여 주어진 어휘와 제한된 언어 형식을 사용함.</td><td>1</td></tr>
<tr><td rowspan="5">과정
기능</td><td rowspan="5">B. iv
수사적 장치를 활용하여 의견 전달하기
(10점)</td><td>pathos, ethos, logos 전략을 매우 효과적으로 사용하여 청중의 감정적 반응을 적극적으로 유도하여 논리적으로 설득함.</td><td>10</td></tr>
<tr><td>pathos, ethos, logos 전략을 효과적으로 사용하여 청중의 감정적 반응을 유도하여 대체로 논리적으로 설득함.</td><td>8</td></tr>
<tr><td>pathos, ethos, logos 전략을 대략적으로 사용하여 청중의 감정적 반응을 유도하여 논리적으로 설득하려고 노력함.</td><td>6</td></tr>
<tr><td>pathos, ethos, logos 전략을 부분적으로 사용하여 청중의 감정적 반응을 유도하였으나 논리적 설득력이 부족함.</td><td>4</td></tr>
<tr><td>pathos, ethos, logos 전략을 제한적으로 사용하여 청중의 감정적, 논리적 반응 모두를 유도하는 데 어려움.</td><td>2</td></tr>
<tr><td colspan="2" rowspan="5">C.
상호
작용</td><td rowspan="5">C. i
목적과 상황에 맞게 협력적 태도로 의사소통하기
(5점)</td><td>상호작용 시 효과적인 목소리 톤과 속도 조절, 제스처와 표정, 시선처리를 통해 청중과 강한 유대감을 형성하고 공감대를 이끌어냄.</td><td>5</td></tr>
<tr><td>상호작용 시 목소리 톤과 속도 조절, 제스처와 표정, 시선처리를 정확히 수행하며 청중과 유대감을 형성함.</td><td>4</td></tr>
<tr><td>상호작용 시 목소리 톤과 속도 조절, 제스처와 표정, 시선처리를 대체로 수행하며 청중과 유대감을 형성하려고 노력함.</td><td>3</td></tr>
<tr><td>상호작용 시 목소리 톤과 속도 조절, 제스처와 표정, 시선처리가 부자연스러워 청중과 유대감 형성이 어려움.</td><td>2</td></tr>
<tr><td>상호작용 시 목소리 톤과 속도 조절, 제스처와 표정, 시선처리가 제한적으로 이루어져 청중의 집중을 방해함.</td><td>1</td></tr>
<tr><td colspan="4">본인의 의사에 의한 수행 평가 미응시자(최하점의 -1점)</td><td>3</td></tr>
</table>

바 최소성취수준을 위한 평가 고려 사항

- 최소성취수준 학습자가 수행을 완수하지 못하더라도 과정을 중시하는 형성평가를 통해 단계별 성취를 이룰 수 있도록 돕는다.
- 정확성보다는 이해가능한 정도의 발화나 쓰기를 강조하고 적절한 내용을 자신감을 가지고 말하거나 쓸 수 있는지에 중점을 두어 평가한다.
- 번역 앱 등 다양한 학습 지원 도구를 효과적으로 사용할 수 있게 하여 학습과 평가에 대한 부담을 덜어준다.
- 최소성취수준 진술문 및 평가 요소에 따른 수행 수준은 단계별 형성평가와 피드백을 통해 학생의 개념적 이해 수준을 확인하고 학생과 함께 설정한다.
- 평가에 학생을 참여하게 하는 방법은 학습의 책임감을 부여함으로써 학생의 주도성을 함양시킬 수 있다.

출처: 2022 개정 영어 교육과정(2022)

표 VII-9 최소성취수준 채점기준표 예시

<table>
<tr><th colspan="4">탐구 진술</th><th colspan="2">최소성취수준</th></tr>
<tr><td colspan="3">문제적 선택과 논리적 주장은 무분별한 디지털 사용에 대한 인식 개선의 필요성을 강조하는 화자의 메시지를 청중에게 효과적으로 전달함으로써 진정한 공감대를 형성한다.</td><td>E</td><td colspan="2">문체에 적합한 어휘와 문장 구조를 제한적으로 활용하며, 메시지가 명확하지 않고 설득력이 부족하며, 상황과 목적에 맞는 설득 전략을 사용하지 못한다.</td></tr>
<tr><td rowspan="2">B. 표현</td><td>지식 이해</td><td colspan="2">B. i 문체에 적합한 어휘와 문장 구조(강조법) 사용하기</td><td>청중과 목적을 부분적으로 고려하여 주어진 어휘와 제한된 언어 형식을 사용함.</td><td>1</td></tr>
<tr><td>과정 기능</td><td colspan="2">B. iv 수사적 장치를 활용하여 의견 전달하기</td><td>pathos, ethos, logos 전략을 제한적으로 사용하여 청중의 감정적, 논리적 반응 모두를 유도하는 데 어려움.</td><td>2</td></tr>
<tr><td colspan="2">C. 상호작용</td><td colspan="2">C. i 목적과 상황에 맞게 협력적 태도로 의사소통하기</td><td>상호작용 시 목소리 톤과 속도 조절, 제스처와 표정, 시선처리가 제한적으로 이루어져 청중의 집중을 방해함.</td><td>1</td></tr>
</table>

사 가치 · 태도 평가

2022 개정 교육과정의 영어 교과 내용 체계에 있는 가치·태도에서는 가치와 태도를 해당 영역의 학습을 통해 학생이 궁극적으로 함양할 것으로 기대하는 정의적인 내용으로 규정하고, 학습 결과 내면화할 수 있는 것을 영역별로 기술하고 있다.

이해 [10공영 1-01-08] 말이나 글에 다양한 관점이나 의견을 포용적인 태도로 분석한다.
표현 [10공영 1-02-08] 상대방의 생각이나 관점을 존중하고 언어 예절을 갖추어 표현한다.

평가의 핵심은 평가를 통해 학생을 통제하는 것이 아니라 학생의 성장을 돕는 것이다. 수업의 피드백을 통해 정의적 영역의 가치를 몸에 익힐 수 있도록 수업과 평가를 설계하는 것이 중요하다. 평가 목표에 따라 학습의 과정을 따라가면서 학습자 자기 피드백과 동료 피드백을 통해 궁극적으로 길러지길 기대하는 학습 태도를 스스로 성찰하고 역량을 키워가는 것을 제안한다. 따라서 평가 항목으로 선정하여 점수화하기보다 이번 유닛을 통해 중점적으로 학생들이 성장하기를 바라는 항목을 골라 관찰이 가능한 행동을 보여주는 자기 성찰 확인표를 제시하고 자기 평가 방식으로 점검하는 방식을 제안해 볼 수 있다. 다음은 토의 토론 과정에서 평가해 볼 수 있는 '협업'에 관한 역량을 위한 자기 평가표의 한 예시이다.

표 VII-10 **협업에 관한 자기 평가표 예시**

스킬/지식	탁월	숙달	기본	초보
생산적으로 작업하기	우리는 과제에 집중하고 요구되는 일을 해내기 위해 모든 시간을 효율적으로 사용했다. 각자 맡은 임무를 완수했고 가끔 그 이상을 했다.	우리는 협업을 잘 했으며, 대부분은 일이 끝날 때까지 과제에 집중했다. 각자 자신이 맡은 임무를 거의 수행했다.	우리는 가끔 협업을 했지만, 모두가 기여하고 자신이 맡은 일을 한 것은 아니기 때문에 일을 끝내기가 힘들었다.	우리는 그다지 협업을 잘하지 못했다. 과제에 집중하기보다는 각자 하고 싶은 대로 하면서 다른 사람들에게 명령하려고 했다.
존중하기	공유하는 아이디어에 대해 모두 존중하고 경청하며 토의했다.	대부분의 경우 팀원들은 존중하며 경청하고 상호 교류를 했다.	일부 팀원들은 다른 팀원들의 아이디어를 존중하는 데 어려움이 있었다.	팀원들은 다른 팀원의 말을 경청할 마음이 없었고, 팀원들끼리 언쟁을 했다.
양보와 타협하기	공동 목표를 달성하기 위해 모두 융통성 있게 협업했다.	우리는 일을 진척시키기 위해 대개 양보와 타협을 할 수 있었다.	더 많은 사람들이 양보와 타협을 했더라면, 일을 더 빨리 진척시킬 수 있었을 것이다.	의견 불일치가 많았고, 일부 팀원들은 자기 방식대로만 하고 싶어 했다.
공동 책임과 기여	각자 최선을 다했고, 과제를 완수했다.	대부분의 사람들이 자신의 역할을 완수했다.	각자 자신의 역할을 하도록 하기가 어려웠다.	우리는 각자 자신의 역할을 하리라고 믿고 의지할 수 없었다.

출처: 수업에 바로 쓸 수 있는 역량평가 매뉴얼(2022)

2 실행하기

가 수업 활동 구성

이 유닛은 총 13차시에 해당한다. 전체 유닛에 소요되는 시간은 16차시 정도이지만, 소요 전체 유닛 그물에서 Understanding language(언어 이해) 영역, Responding to Language(언어 반응), 그리고 Producing language(언어 표현) 영역으로 총괄평가를 하기 전, 설득 연설을 준비하기 위한 설득의 3가지 중요 요소에 대한 개념 학습 및 탐구 단계이다. 마지막 Critiquing language는 기말고사 후 남는 시간을 활용하여 계획해 보는 것을 제안한다. 학생들은 설득력 있는 연설의 구성 요소로 설득을 뒷받침하는 수사적 장치 ethos, pathos, logos에 대한 개념을 온전히 이해하고 실생활 맥락에서 적용할 수 있다. 설득력 있는 광고문을 작성하고 모의 발표를 진행하는 과정을 통해 설득의 3요소의 중요성을 이해하고 활용할 수 있도록 설계되었다.

단원 설계에서 사용한 탐구 기반 학습 모델은 7단계로, 관계 맺기(Engage)-집중하기(Focus)-조사하기(Investigate)-조직 및 정리하기(Organize)-일반화하기(Generalize)-전이하기(Transfer)-성찰하기(Reflect)로 이루어진 French & Marshall(2016)의 모델을 적용하였다. 물론 전이하기는 학급 내 단원을 넘어서 확장되고, 성찰하기는 탐구의 모든 단계에 포함되어 있다는 점을 분명히 한다.

표 VII-11 유닛 설계 수업 활동 구성(영어과)

단계	안내 질문	학습 경험	교수학습 전략	평가계획/개별화
관계 맺기	• 설득을 당해본 경험이 있는가? • 사람들은 왜 설득하려 하는가? • 설득을 잘하는 사람들은 어떤 전략을 사용하는가?	• 설득의 개념 도입 • 설득을 당했던 경험 공유하기	토큰 대화	동영상 학습 자료
집중하기	• 설득의 세 가지 요소(Ethos, Pathos, Logos)는 무엇이고 어떤 역할을 하는가?	수사학적 장치(ethos, pathos, logos)에 관한 개념 정의 및 예시 연결하기	결합하기	언어 수준별 동영상 제공

단계	안내 질문	학습 경험	교수학습 전략	평가계획/ 개별화
조사 하기	• 청중과의 신뢰는 어떤 방식으로 만들 수 있나? • 감정에 호소하면 설득에 있어 효과적인가? • 개인적 경험과 관련한 이야기는 설득에 어떤 영향을 미치는가?	광고 영상을 보고 사례 분석	네 모퉁이 토론	4개의 연설 동영상을 선택하여 청취 형성평가
조직 및 정리 하기	• 반복된 표현은 설득력을 어떻게 강화하는가? • 감정을 자극하는 은유를 사용할 때 청중이 더 쉽게 공감할 수 있는 이유는 무엇인가?	반복, 은유, 수사적 질문 등 문체적 장치가 어떻게 logos, pathos, ethos를 강화하는지 분석하기	그룹별 연설문 분석 워크숍	프레이어 모델
일반화 하기	• 감정과 논리는 설득력 있는 메시지를 만드는 데 어떻게 기여하는가?	ethos, pathos에 집중하여 개요 작성하고 발표하기	문장구조 프레임 출구티켓	동료평가
전이 하기	• 연설의 수사학적 장치가 없다면 설득력이 어떻게 달라질까?	고쳐쓰기 동료 피드백 해주기	창조하기	동료평가 교사평가
성찰 하기	• 연설의 개요를 작성하면서 사용한 설득 요소나 스타일적 장치를 효과적으로 활용하였는가?	성찰일지 작성하기	성찰하며 수업 정리하기	자기평가

나 상세 수업 활동 구성

표 VII-12 유닛 설계 수업 활동 구성(영어과)

단원 주제	The Two Faces of Digital		
탐구 진술	문체적 선택과 논리적 주장은 무분별한 디지털 사용에 대한 인식 개선의 필요성을 강조하는 화자의 메시지를 청중에게 효과적으로 전달함으로써 진정한 공감대를 형성한다.		
탐구단계	교수·학습 활동		
	안내 질문	학습 경험	평가계획/개별화
관계 맺기 [1차시] Engage	• 설득을 당해 본 경험이 있나요? • 설득을 잘하는 사람들은 어떤 전략을 사용하나요? • 사람들은 왜 설득을 하려 하는가?	• 학생에게 설득의 개념을 안내하기 위해 최근 상대방에게 설득당해 본 교사의 경험 이야기를 한다. • 학생들에게 비슷한 경험이 있는지 질문하고 설득당했던 이유를 디지털 도구 슬라이도(Slido)를 사용하여 설문 받기 https://app.sli.do/event/f9ZCnzP1CwJKzT4H2yoMps Have you ever been persuaded before? - 선거에서 투표를 다른 사람에게 함 - 학원을 변경 - 패스트푸드 광고에 영향을 받아 음식 구매 - 게임 내 아이템 구매 - 유명 유튜버의 제품 추천 - 친구의 권유로 특정 브랜드 옷 구매 • 슬라이도의 내용을 공유하고, 짝과 함께 자신의 경험을 아래 영어 문장 구조를 활용하여 질문하고 답한다. A: Have you ever been persuaded before? B: I was urge to...	【토큰대화】전략은 학급의 모든 학생이 돌아가며 자신의 생각을 공유함. 각 학생에게 토큰 3개를 나누어 주고 다 사용하게 되면 더 이상 말할 수 없다. 출처: 개념기반 탐구학습의 실천 (2021:104)

		Example: "I was encouraged to apply for the job by my mentor, who thought it would be a great opportunity." *- I was encouraged to...* *- I was convinced to...* *- I was advised to...* *- I was motivated to...* • 학생들은 수업에서 설득해야 했었던 자신의 경험을 공유한다. - 엄마에게 용돈을 올려 달라고 설득한 경험 - 교복 착용 규정을 개선하기 위해 주장했던 경험 - 친구들에게 지역사회 캠페인 프로젝트 참여 호소 - 학생 동아리 및 축제 참여 호소 - 친구의 오해를 풀기 위해 설득하려고 노력했던 경험 • 설득 경험이 있다면, 어떤 전략을 사용했는가? 설득이 성공했는가? 또는 실패했는가? 왜 그렇게 생각하는가? 등의 호기심을 촉발하는 질문에 4명이 짝을 지어 토론한다.	

집중하기 [3~5차시] Focus	• 설득의 세 가지 요소 (Ethos, Pathos, Logos)는 무엇이고 어떤 역할을 하는가?	• 강의: 설득의 3요소 논리, 감정 호소, 신뢰에 관한 영상 https://www.youtube.com/watch?v=MmLMf_0xydc • ethos, pathos, logos의 개념을 탐구하기 https://15worksheets.com/wp-content/uploads/2023/02/2-323.pdf • ethos, pathos, logos의 개념 탐구 활동 절차  Name ____ Ethos, Pathos, Logos **Ethos | Pathos | Logos** Write your own definition for each word using your own words. Write down an example of each concept. What is **ethos**? ____ Example: ____ What is **pathos**? ____ Example: ____ What is **logos**? ____ Example: ____ 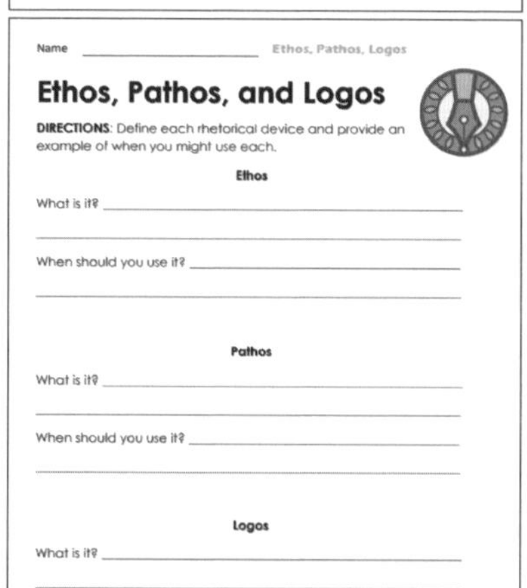 Name ____ Ethos, Pathos, Logos **Ethos, Pathos, and Logos** **DIRECTIONS**: Define each rhetorical device and provide an example of when you might use each. **Ethos** What is it? ____ When should you use it? ____ **Pathos** What is it? ____ When should you use it? ____ **Logos** What is it? ____ ① 개별적 개념 정의 작성: 3~5분간 강의에서 적은 메모 검토하여 학생들에게 ethos, pathos, logos 각 용어에 대한 개인적 정의를 개발하도록 요청	【결합하기】 전략은 학생 개인이 만들어 낸 개념 정의를 토대로 학급 전체가 개념의 정의를 반복적으로 개발하는 것 출처: 개념기반 탐구학습의 실천 (2021:138) 【개별화 전략】 개념 이해가 어려운 학생에게 추가 예시 자료 제공 【개별화 전략】 4개의 연설 중 자신이 좋아하는 연설을 선택한다. 동영상에서 자막의 도움을 받거나, 자막 없이 영상을 시청할 수 있도록 안내한다.

② 다른 학생의 정의와 결합: 각자 개발한 정의를 공유하고 공통점과 차이점을 찾아 종합하여 새로운 정의 결합

③ 소그룹으로 정의 결합: 2~3개의 그룹이 만나 정의의 중요한 특성에 대한 결정을 내리고 이를 결합하여 새로운 정의를 형성

④ 전체 학급 정의 공유: 각 ethos, pathos, logos의 정의를 수렴하고 청중을 설득하기 위해 이러한 기법들이 언제 왜 사용될 수 있는지 전체 토론

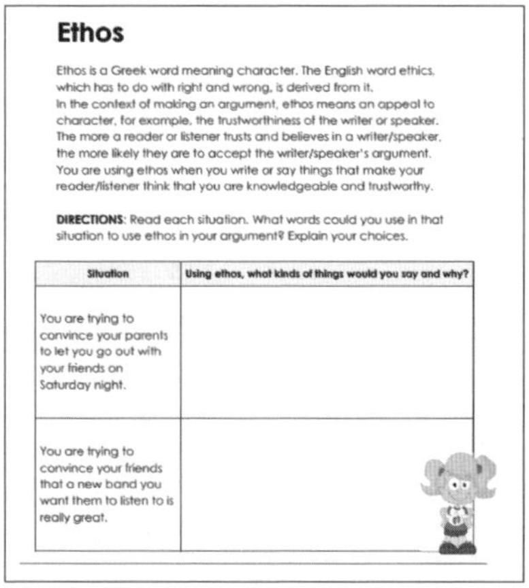

Ethos

Ethos is a Greek word meaning character. The English word ethics, which has to do with right and wrong, is derived from it.
In the context of making an argument, ethos means an appeal to character, for example, the trustworthiness of the writer or speaker. The more a reader or listener trusts and believes in a writer/speaker, the more likely they are to accept the writer/speaker's argument. You are using ethos when you write or say things that make your reader/listener think that you are knowledgeable and trustworthy.

DIRECTIONS: Read each situation. What words could you use in that situation to use ethos in your argument? Explain your choices.

Situation	Using ethos, what kinds of things would you say and why?
You are trying to convince your parents to let you go out with your friends on Saturday night.	
You are trying to convince your friends that a new band you want them to listen to is really great.	

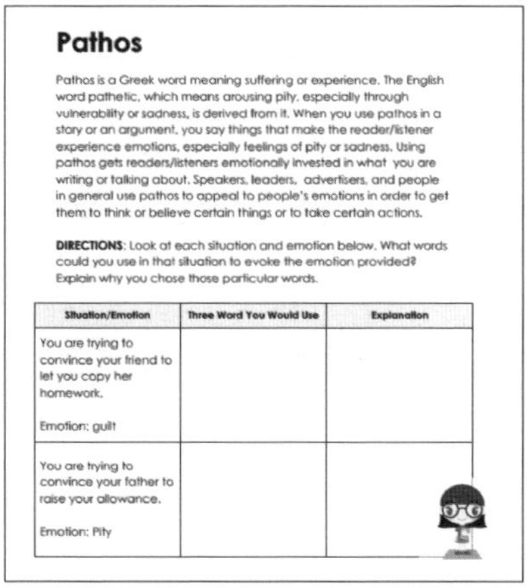

Pathos

Pathos is a Greek word meaning suffering or experience. The English word pathetic, which means arousing pity, especially through vulnerability or sadness, is derived from it. When you use pathos in a story or an argument, you say things that make the reader/listener experience emotions, especially feelings of pity or sadness. Using pathos gets readers/listeners emotionally invested in what you are writing or talking about. Speakers, leaders, advertisers, and people in general use pathos to appeal to people's emotions in order to get them to think or believe certain things or to take certain actions.

DIRECTIONS: Look at each situation and emotion below. What words could you use in that situation to evoke the emotion provided? Explain why you chose those particular words.

Situation/Emotion	Three Word You Would Use	Explanation
You are trying to convince your friend to let you copy her homework. Emotion: guilt		
You are trying to convince your father to raise your allowance. Emotion: Pity		

• ethos, pathos, logos의 개념을 적용한 상황 연기하기:
3명씩 그룹 지어 각각 ethos, pathos, logos 중 선택하고, 주어진 상황에서 일어날 수 있는 예시를 작성하고 상황 연기하기

| 조사하기
[5~7차시]
Investigate | • 청중과의 신뢰는 어떤 방식으로 만들 수 있나?

• 감정에 호소하면 설득에 있어 효과적인가?

• 개인적 경험과 관련한 이야기는 설득에 어떤 영향을 미치나요? | • 4 Corners 광고 시청하고 영상 속에 드러난 설득 요소 파악하기
• 광고를 분석하면서 광고주들이 소비자를 설득하고 영향을 미치기 위해 사용한 전략 분석하고 예시 찾기

Name ______ Ethos, Pathos, Logos
Advertising and Persuasion
Find an example or each rhetorical device, **ethos**, **pathos**, and **logos**, in advertisements. Draw a picture of each product, then briefly describe how the ad uses ethos, pathos, or logos.
ETHOS Example
PATHOS Example

1. Ethos(신뢰성)
- 예시: Nike의 "Just Do It" 캠페인 https://www.youtube.com/watch?v=fk4T2cgrwMs
- 광고 내용: Nike는 유명 운동선수(예: Michael Jordan, Serena Williams)를 통해 자신의 제품이 전문적이고 신뢰할 수 있다는 메시지를 전달.
- 활용된 설득 요소: 유명 인물의 권위와 신뢰성을 활용하여 브랜드에 대한 신뢰를 구축. 스포츠와 관련된 신뢰할 수 있는 이미지 강화. | 【4 Corners】 전략은 교실 내 4가지 영상의 선택지를 만들어 놓고, 좋아하는 그룹끼리 모여 해당 영상에 대해 자신이 생각한 분석 자료에 대해 의견 교환을 하며 내용을 함께 공유해보는 기회를 줌.

【개별화 전략】 각 학생이 광고를 시각적으로 재구성하거나 그림을 그리면서 자신만의 해석을 추가하도록 유도하여 개별적인 사고방식을 표현하도록 함. |

2. Pathos(감정 호소)

- 예시: Save the Children의 자선 광고 https://www.youtube.com/watch?v=LoEyd6_jztc
- 광고 내용: 기아에 시달리는 어린이들의 모습을 보여주며 후원을 요청.
- 예: "Join the Movement"
- 활용된 설득 요소: 연민과 동정심을 유발하여 관객이 행동을 취하도록 유도. 감정적인 음악과 강렬한 시각적 이미지를 사용.

3. Logos(논리적 근거)

- 예시: Apple의 iPhone 광고 https://www.youtube.com/watch?v=eDqfg_LexCQ
- 광고 내용: iPhone의 기능(배터리 수명, 카메라 성능, 보안 등)을 데이터와 비교를 통해 강조.
- 예: "Our new chip is 50% faster than the previous model."
- 활용된 설득 요소: 제품의 기술적 우월성을 논리적이고 객관적인 정보로 증명. 관객이 합리적이고 논리적인 결정을 내리도록 설득.

4. Pathos 중심의 유머 광고

- 예시: Old Spice의 "The Man Your Man Could Smell Like" 캠페인 https://www.youtube.com/watch?v=owGykVbfgUE
- 광고 내용: 유머를 사용하여 소비자에게 Old Spice 제품을 구매하도록 유도.
- 활용된 설득 요소: 유머를 통한 감정적 호소로 기억에 남는 광고를 만듦. "이 제품을 사용하면 이상적인 남성이 될 수 있다"는 암시적 메시지.

【개별화 전략】 전체 학급이 동시에 같은 동영상을 보는 대신 학생들이 자기주도형으로 동영상 자료를 사용하는 것이 좋다. 각자 원하는 속도로 시청하면서 학생들이 일시 중지, 반복, 건너뛰기, 또는 다시 보기 등의 기능을 사용하며 스스로 정보처리하는 시간을 갖기

		【형성평가】 3가지 설득 요소가 혼재된 동영상을 교사와 함께 보고 주어진 종이에 3가지 요소를 찾아 정리하기 **5. Ethos + Pathos + Logos (통합적 접근)** - 예시: Dove의 "Real Beauty" 캠페인 https://www.youtube.com/watch?v=YNM5sZZhOGA - 광고 내용: 다양한 연령, 체형, 인종의 여성들이 등장해 '진정한 아름다움'의 메시지를 전달. - 예: "You're more beautiful than you think." - 활용된 설득 요소: Ethos: Dove의 신뢰성 있는 브랜드 이미지. Pathos: 관객의 자존감을 고취하고 감정적으로 연결. Logos: 자연스러운 아름다움이 중요하다는 논리적 메시지.	【형성평가】 각자가 분석한 내용을 게시판에 붙이고 갤러리워크를 통해 동료 친구들의 분석에 댓글을 달아 피드백하기

<table>
<tr>
<td>조직 및
정리하기
[8~9차시]
Organize</td>
<td>• 설득 연설에서 자주 사용되는 수사적 장치와 그 효과는 무엇인가?

• 반복된 표현은 설득력을 어떻게 강화하는가?

• 감정을 자극하는 은유를 사용할 때 청중이 더 쉽게 공감할 수 있는 이유는 무엇인가?</td>
<td>• 영상 분석하여 정리하기: 4가지 연설의 일부분을 다시 들려주고 logos, pathos, ethos가 반영된 영어 문장의 예시와 비예시를 찾아 프레이어 모델 도구를 사용하여 분류하기

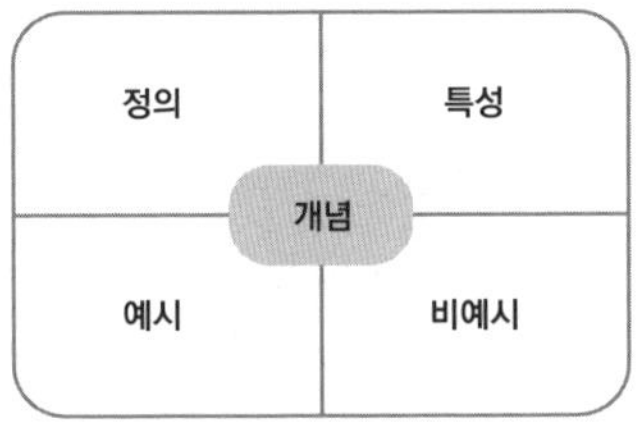

• 프레이어 모델: 그룹별 4개의 연설 중 1가지를 선택 듣기하고 조별로 배부된 커다란 A1 사이즈 전지에 프레이어 모델을 그리고 예시 분석하기

• 설득력 있는 연설 예시
‣ 말랄라 유사프자이의 UN연설 https://www.youtube.com/watch?v=AkH83ipU1wQ
‣ BTS 유엔 연설 https://www.youtube.com/watch?v=8VWSIoQfFWk
‣ Steve Jobs 스탠포드 졸업 연설 https://www.youtube.com/watch?v=UF8uR6Z6KLc
‣ Barak Obama 민주당 전당대회 기조연설 https://www.youtube.com/watch?v=t7pc2j5OGp8

① 정의(Definition): logos, pathos, ethos의 개념 정의
② 특성(Characteristics): 각 요소가 갖는 특징을 나열. 예) pathos의 경우 감정을 호소하고 청중의 감정을 자극한다는 특징을 포함
③ 예시(Examples): 연설에서 발견한 예시를 통해, 각 요소가 어떻게 나타났는지 구체적으로 적기
④ 비예시(Non-examples): 각 요소가 제대로 사용되지 않았거나 반대로 표현한 경우 찾아 예시 적기</td>
<td>【프레이어 모델】 연설을 듣고 logos, pathos, ethos에 대한 개념 정의, 특성, 예시, 비예시를 분류하여 차트로 표시하기

【그룹토론】 분류한 내용을 함께 토론하기

【개별화 전략】 4가지 언어 수준이 다른 동영상을 제공하고, 3가지 개념 중 1가지를 선택한다.</td>
</tr>
</table>

일반화하기 **[10차시]** Generalize	• 감정과 논리는 설득력 있는 메시지를 만드는 데 어떻게 기여하는가?	• 뉴스, 영상 분석하기: 자신이 관심 있는 뉴스나 광고, 영상을 보고 pathos(감정적 호소)와 ethos(신뢰성), logos(논리)의 효과성을 이해하고 일반화하기 ① **Ethos(Credibility)** "______ establishes their credibility through ______." *Example Sentence: This advertisement establishes its credibility by featuring a well-known celebrity. This leads consumers to trust the product more.* ② **Pathos(Emotional Appeal)** "______ uses ______ to emotionally engage the audience." *Example Sentence: This advertisement uses sad music and images of injured animals to emotionally engage the audience. This makes consumers feel the emotional need to purchase the product.* ③ **Logos(Logical Appeal)** "______ uses ______ to logically support their argument." *Example Sentence: This article uses statistical data to logically support its argument. By presenting the data, it strengthens the credibility of the topic.* ④ **Comprehensive Example:** "_____ persuades _____ through _____." *Example Sentence: This speaker persuades the audience by appealing to their emotions, supporting their claims with credible examples, and reinforcing their argument with logical evidence.*	【문장구조(프레임)】 전략은 학생의 사고를 스캐폴딩하고 일반화를 지원하는 가장 간단하고 빠른 방법 중 하나이다. 이 전략은 아이디어의 일부를 제공하여 인지 부하를 줄여준다. 학생들은 이전 단계에서 수집하고 정리한 정보를 바탕으로 자신의 생각으로 빈칸을 채워 문장을 완성한다. 출처: 개념기반 탐구학습의 실천 (2021:232) 【Exit ticket】(출구티켓): 일반화한 문장을 적고 제출하기

<table>
<tr>
<td>전이하기
[11~12
차시]
Transfer</td>
<td>• 연설에서 수사학적 장치가 없다면 설득력이 어떻게 달라질까?</td>
<td>활동명: The most __________ caps for sale!
• 도입(10분): 그룹 과제 설명
모자 디자인에 필요한 기본 요소(재료, 디자인, 윤리적 가치 등)에 대해 간단히 설명하고, logos, ethos, pathos 중 1~2가지 요소를 반드시 넣어 제작한 모자를 홍보하기
• 청중 분석(30분): 광고를 하고자 하는 청중을 분석하고 청중에 맞는 logos, pathos, ethos 전략 적용하기
• 설계(30분): 모둠별 모자 디자인하기
• 발표(20분): 학생들이 자신이 디자인한 모자와 그 디자인에 대한 설명을 실감 나게 발표하기
• 동료 피드백 및 토론(10분): 각 발표에서 logos, ethos, pathos를 어떻게 반영했는지 구체적으로 평가하기

【프로젝트 결과물 평가(동료평가)】
• 프로젝트 주제: 학생의 흥미와 관련한 것으로 조정(개별화)
• 동료 피드백: 동료 친구가 발표한 내용을 듣고, pathos, ethos의 효과성에 대해 피드백하기. 적절하지 않다면 어떤 부분에서 발전시킬 수 있는지 의견 주기
• 선정: 가장 매력적으로 홍보를 한 팀을 선정하기
• 제출 방식: 팀별 프로젝트 결과물은 사진을 찍어 패들렛에 올리기</td>
<td>【창조해 봐!】
전략을 통해 배운 내용을 다른 맥락(광고, 캠페인 등)에 어떻게 활용할 수 있을까? 광고 제작이나 캠페인 기획 과정을 통해 제품을 만들거나 수행을 통해 이해를 입증한다.

【총괄평가】
전이하기 단계에서 총괄평가를 해야 하지만, 연설하기 문단 구성에 관한 논리적 구조의 틀에 관한 수업을 몇 차시 더 기획하고 있으므로, 그 전에 유사한 형태의 주제를 흥미 있는 주제로 연습해 보는 것을 제안한다.</td>
</tr>
</table>

성찰하기 [13차시] Reflect	• 설득 요소나 스타일적 장치를 효과적으로 활용하였는가?	【성찰하며 수업 마무리하기】 • 이번 활동에서 가장 중요하게 배운 점은 무엇인가요? • 앞으로 여러분이 광고나 연설을 볼 때, 이 세 가지 요소를 어떻게 인식하고 활용할 수 있을까요? • 배운 내용을 실제 생활이나 다른 과목에서 어떻게 활용할 수 있을까요? 【피드백 제공 기회】 학생들이 벽에 종이 그리드를 만들고 위 질문에 대한 답변을 적어 메모를 붙일 수 있도록 기회를 제공한다. 차시 수업에서 적용할 수 있도록 참고한다. 【차시 예고】 논리적 구성을 조직하기 위한, 로고스를 발전시킬 수 있는 전략에 대해 예고하며 수업을 마무리한다.	【성찰하며 수업 마무리하기】 전략은 학생들이 현재 생각과 수업 내용을 연결하는 데 도움이 되는 쉬운 방법이다. 【개별화 전략】 개별 성찰 과제에서 다양한 표현 방식 허용

로고 이미지 출처: https://professionallearninginternational.com/

3 성찰하기

가 탐구 질문 성찰하기(기대되는 학생 성찰)

표 VII-13 영어과 탐구 질문 답변과 더 깊은 질문(예시)

탐구 질문 성찰	발견한 답변	더 깊은 질문 적기
사실적 질문	• Stylistic choices는 말하거나 글을 쓸 때 화자가 선택하는 특정 표현 방식, 어휘, 문체 등을 의미하며, 메시지의 명확성과 설득력을 높이기 위해 사용된다. • 흥미로운 이야기, 수사적 질문, 통계 자료, 개인적 경험 공유 등이 효과적이다.	• 어떤 Stylistic choice가 특정 청중에게 가장 효과적일까? • Stylistic choices가 문화적 맥락에 따라 어떻게 다르게 해석될 수 있을까? • 특정 도입 방식이 실패했을 때 이를 보완할 수 있는 방법은 무엇인가?
개념적 질문	• 논증 구조는 주장의 명확성, 증거의 신뢰성, 반박에 대한 대비로 구성된다. • 감정(pathos)은 청중의 공감을 이끌어내어 메시지를 기억에 남게 하고, 논리(logos)는 메시지의 신뢰성과 정당성을 높인다.	• 감정과 논리가 서로 충돌할 때, 청중은 무엇을 더 신뢰하는가? • 감정에 지나치게 의존하면 설득력에 어떤 위험이 따를까?
논쟁적 질문	• 강력한 논증은 설득력을 높이는 주요 요소이지만, 청중의 편견, 관심사, 문화적 맥락에 따라 성공 여부가 달라질 수 있을까? • 감정적 호소와 논리적 약점 사이의 균형을 어떻게 맞출 수 있을까?	• 강력한 논증보다 감정적 호소가 설득력에 더 큰 영향을 미치는 상황은 어떤 경우인가? • 청중의 가치관이 논증의 설득력을 완전히 무효화할 수 있는가?

나 핵심 역량 성찰하기

표 VII-14 영어과 핵심 역량 성찰하기(예시)

핵심 역량 / 성찰하기	창의적 사고 역량	지식정보처리 역량
ROSE(장미): 성장한 것	• 설득할 때 Ethos, Pathos, Logos 요소를 조합하여 아이디어를 제시하려고 노력함.	• 설득 요소를 기반으로 다양한 연설문과 광고를 분석하여 텍스트의 목적과 전략을 파악함.
THORN(가시): 어려운 점	• 논리적 데이터 활용보다 감정 호소에만 의존함. • 제한된 시간과 자료로 인해 아이디어를 발전시키기 어려움.	• 자료의 출처와 신뢰도를 평가하기 어려움. • 조사 과정에서 너무 많은 정보를 수집하여 핵심 내용 파악하기 어려움.
BUD(꽃봉오리): 발견한 가능성	• 팀 활동 시 친구들의 도움을 받아 새로운 설득 방법을 알게 됨. • 기존 사례를 분석해서 새로운 아이디어를 얻음.	• 발표 데이터를 시각화하여 설득력을 높일 계획임. • 단순 정보처리를 넘어 개별 정보 간의 논리를 이해하고 설득의 논거로 발전시켜야겠음.

다 탐구 수업 성찰하기(교사)

표 VII-15 탐구 수업 성찰하기(예시)

단원 설계 전	단원 교수 중	단원 교수 후
• 핵심 개념과 탐구 진술문의 연결이 잘 구현되었는가? • 학생들이 Ethos, Pathos, Logos라는 추상적 개념을 실질적으로 이해하도록 하기 위해 어떤 접근법이 가장 효과적일까? • 학습자의 수준과 배경을 고려했을 때, 단원 활동이 적절한가? • 학생들이 흥미를 느끼고 몰입할 수 있는 학습자료와 활동을 어떻게 구성할 수 있을까?	• 설득의 요소를 분석하는 단계에서 일부 학생들이 개념을 명확히 이해하지 못하는 모습을 보임. • 그룹 활동에서 발표 준비가 활발히 이루어지고 있으나, 내성적인 학생들이 적극적으로 참여하지 않는 경향이 보임. • 학생들의 광고 사례 발표는 예상보다 창의적이고, 실생활 맥락과 연결됨. • 평가 방법은 학생 발표와 연설문 작성에 초점을 맞추되, 과정 중심 평가도 포함함.	• 개념을 설명할 때 더 많은 시각적 자료와 구체적 사례를 제공해야 함. • 발표 전 리허설을 강화하는 활동이 필요함. • 광고와 연설 사례를 통해 학생들이 실생활에서 설득 요소를 발견함. • 추가적인 개별화 전략(예: 내성적인 학생들을 위한 발표 대체 활동)을 포함하고, 성찰 활동의 깊이를 더하는 것이 필요함.

✔ 평소 나의 수업 고민은?

수업은 학생과 교사의 상호작용이 활발히 일어나는 생동감 있는 현장이다. 그러나 언어 학습이라는 영어 교과의 본연의 성격을 잊은 채 그 언어의 단어적 의미와 문장 구조의 분석과 피상적 해석에 급급한 영어 수업이 되는 게 일상이었다. 주제 중심 또는 소재 중심에서 벗어나지 못하고, 학습의 최종 단계에서 학생이 개념적 이해에 도달했는지 확인 여부는 중요하지 않았다. 그러나 이번 유닛을 설계하면서 교과의 본질을 탐구하며 교과 목표를 되짚고 평가 목표를 추출하였다. 성취수준 정도에 해당되는 핵심 아이디어의 설정이 아닌, 영어 교과의 본질을 관통하는 개념적 렌즈로서 핵심 아이디어를 설정하고 탐구 진술과 수업의 과정 각 단계를 개념적 이해에 기반한 수업을 설계하는 일은 지극히 재미있는 여정이었다. 이전에도 실천했던 수업에서의 개별 활동들이 각각 의미가 있었지만, 하나의 흐름으로 연결하지 못한 점이 못내 아쉬웠다. 교육 목표와 평가 목표의 불일치 속에 평가를 위한 평가였다. 그것은 학생들이 도달해야 할 개념적 이해를 명확하게 설정하지 않았기 때문이다. 이번 탐구 여정 속에서 개념적 이해를 제대로 설정하고 개념적 이해의 습득을 포착할 수 있는 평가 기준을 추출하는 작업은 고된 일이었지만 그만큼 한 순간도 머릿속에서 영어과의 본질과 개념적 이해에 대한 고민을 놓을 수가 없었다. 다시 한번 이전 수업을 재구성하며 수업과 평가를 일치시키려고 노력하였다. 이러한 모든 과정이 학생의 삶과 연계한 실생활 맥락에서 영어로 표현된 다양한 형태의 정보를 습득하고 영어로 자신의 생각과 느낌을 자유롭고 창의적으로 표현하며 영어 사용 공동체 참여자들과 협력적으로 상호 작용할 수 있는 그러한 의사소통 역량을 기르는 본질적인 개념적 이해에 도달하는 영어 수업이 구현되길 바란다.

Ⅷ

수학과 개념 기반 수업 설계의 실제

Ⅷ 수학과 개념 기반 수업 설계의 실제

01 수학 교육의 목적·목표·인간상

가 수학 교육의 목적과 목표

수학 교육의 목적

수학과는 수학의 개념, 원리, 법칙을 이해하고 주변의 여러 가지 현상을 수학적으로 관찰하고 해석하며 논리적으로 사고하고 합리적으로 문제를 해결하는 능력과 태도를 기르는 교과이다. 수학은 오랜 역사를 통해 인류 문명 발전의 원동력이 되어 왔으며, 세계화·정보화가 가속화되는 미래 사회의 구성원이 지녀야 할 역량을 기르는 데 필수적이다.

수학은 기본적인 삶을 영위하고 일상생활을 포함한 다양한 맥락의 문제를 해결하는 데 도움이 되고 고등학교 수학뿐만 아니라 여러 교과 학습의 토대가 된다. 수학 학습은 자연과학, 공학, 의학뿐만 아니라 사회과학, 인문학, 예술 및 체육 분야 등 다양한 분야의 직업에서 요구하는 수학적 의사소통능력, 논리적이고 비판적인 사고능력, 실생활문제 해결능력을 형성하는 데 기초가 되며, 나아가 미래 사회를 주도할 창의성을 갖춘 사람으로 성장할 수 있는 기반을 제공한다.

학생들은 수학 학습을 통해 수학 지식을 이해하고 수학적 사고 과정과 기능을 형성하며 수학의 가치를 인식하고 바람직한 수학적 태도를 갖추어 수학 교과 역량을 함양할 수 있다. 또한 수학을 학습하는 과정에서 협력하여 문제를 해결하고 성찰하는 경험을 통해 다른 사람에 대한 포용성을 갖춘 민주 시민이자 인간과 환경의 공존 및 지속가능한 발전을 추구하는 세계 공동체의 일원으로 성장할 수 있다.

우리나라 교육과정에서는 수학의 개념, 원리, 법칙을 이해하고 수학의 가치를 인식하며 바람직한 수학적 태도를 길러 수학적으로 추론하고 의사소통하며 다양한 현상과 연결하여 정보를 처리하고 문제를 창의적으로 해결하는 수학 교과 역량을 함양하는 것을 목표로 한다.

이러한 점을 고려할 때, 우리나라 수학 교육의 목적에 따른 수업과 평가가 이루어지기 위해 교육현장에서 고려해야 할 현실적인 과제로 다음 세 가지를 들 수 있다.

첫째, 많은 학생들이 수학적 개념과 원리를 깊이 이해하기보다는 문제 풀이에 필요한 공식을 암기하는 방식에 치중하고 있다. 이는 수학적 사고력과 창의적 문제 해결 능력을 기르는 데에 한계를 초래하며, 학생들이 실생활에서 수학의 가치를 인식하고 활용하는 데 어려움을 겪게 하는 요소임에 분명하다.

둘째, 실제 문제 상황에 적용할 수 있는 사고력과 응용력을 키우기보다는 정형화된 문제 풀이 방식을 학습하는 경향이 강하다. 그 결과, 학생들은 다양한 현상과 연결하여 정보를 수학적으로 처리하거나 창의적으로 문제를 해결하는 능력을 충분히 기르기 어려운 현실이다.

셋째, 많은 학생들이 수학을 흥미롭거나 가치 있는 학문으로 여기기보다는 단순히 시험 준비를 위한 과목으로 인식하는 경우가 많다. 이러한 인식은 수학에 대한 긍정적인 태도를 형성하는 데 방해가 되며, 수학적 호기심과 자기주도적 학습을 저해한다. 그 결과, 장기적으로 학생들의 수학 학습 동기와 흥미가 크게 떨어질 수 있다. 무엇보다도 학생들이 수학을 실생활이나 다른 학문과 연결 짓는 데 어려움을 느끼는 점은 학습 동기나 흥미를 저하시킨다. 수학을 단순히 공식과 문제 풀이로만 인식하는 태도는 수학이 지닌 탐구적이고 창의적인 본질을 간과하게 하며, 이는 학생들이 수학의 가치를 깨닫지 못하게 하고 자발적인 참여와 지속적인 학습 동기를 약화시키는 요인이 된다.

따라서, 수학교육에서는 이러한 한계를 극복하기 위해 교수·학습 및 평가의 근본적인 전환이 필요하다. 학생들이 단순히 공식을 암기하는 데 그치지 않고, 수학적 개념과 원리를 깊이 탐구하며 이를 실생활 문제에 응용할 수 있는 능력을 기를 수 있도록 하는 데 초점을 맞추는 노력이 필요하다. 이를 통해서 학생들은 수학의 본질적 가치를 체감하고, 수학적 사고와 문제 해결력을 더욱 효과적으로 함양할 수 있을 것이다.

나 수학 교육 목표와 평가 목표

1) 수학교육의 핵심 목표: 개념적 이해와 문제 해결력 향상

수학 교육의 핵심 목표와 평가의 지향점은 학생들이 수학적 사고와 문제 해결 능력을 심화하고, 이를 통해 실생활 속에서 수학의 가치를 이해하고 활용할 수 있도록 돕는 데 있다. 특히, '공통수학1'과 '공통수학2'는 수학적 개념과 원리를 다양한 현상과 연결하여 실생활에서의 활용 가능성을 탐구하는 데 중점을 둔다. 이를 통해 학생들은 복잡한 데이터를 체계적으로 정리하고 분석하며, 수학적 사고를 활용해 문제 해결 방법을 창의적으로 도출할 수 있는 능력을 배양한다. 예를 들어, 함수와 그래프의 개념을 활용해 경제, 자연 현상, 물리적 관계 등을 모델링하거나, 확률과 통계의 원리를 이용하여 데이터 기반의 의사결정을 내리는 실습을 통해 수학적 역량을 실질적으로 체득하게 된다.

또한, 학생들은 수학적 추론을 통해 문제 상황의 본질을 이해하고, 이에 대한 해법을 단계적으로 구성하는 능력을 기른다. 이러한 과정은 단순히 정답을 찾는 데 그치는 것이 아니라, 수학적 추론 과정의 의미를 이해하고 이를 타인에게 명확히 설명할 수 있는 의사소통 능력을 함께 신장시킬 수 있다. 이를 통해 학생들은 수학의 논리적 구조를 탐구하며, 자신의 사고를 정리하고 타인의 아이디어를 수용하며 협력적으로 문제를 해결하는 과정을 경험한다.

그림 VIII-1 **수학과 교육과정 설계의 개요**

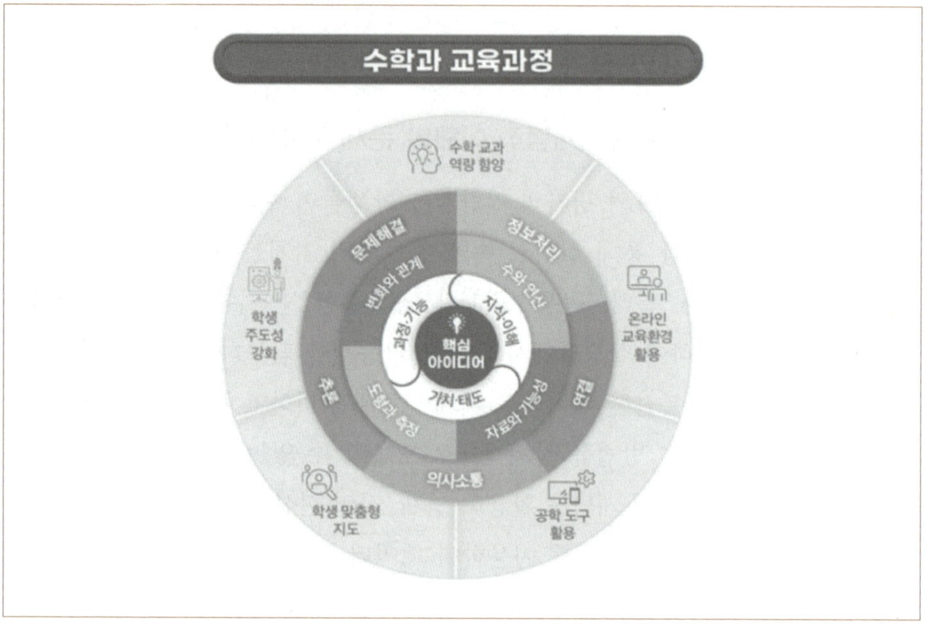

출처: 2022 개정 수학과 교육과정(2022)

2022 개정 교육과정에서는 자기관리, 지식정보처리, 창의적 사고, 심미적 감성, 협력적 소통, 공동체 역량을 강조하며, 기초 소양(수리, 디지털, 언어)을 함양하도록 설계되었다. 이에 따라 수학 교과에서는 문제해결, 추론, 의사소통, 연결, 정보처리를 핵심 역량으로 설정하였다. 수학 학습은 개념과 원리의 이해를 기반으로 논리적 사고를 기르고, 실생활 문제 해결력을 증진하는 방향으로 운영된다. 또한, 수학이 다양한 학문 및 실생활과 연결될 수 있도록 내용 체계를 구성하여 학습의 응용성을 높였다. 학생들이 협력적 사고와 성찰을 통해 수학적 사고력을 함양하고, 미래 사회에서 창의적으로 문제를 해결할 수 있도록 한다.

2) IB 교육과정의 평가 목표

모든 MYP 교과군의 목표에는 해당 과목에서 학습을 위해 설정된 구체적인 목표가 명시되고, 목표는 학생이 해당 과목을 학습한 결과로 성취하게 될 성과를 정의하고 있다. 우리나라의 고등학교 1학년 과정은 IB 교육과정의 MYP 4~5와

Pre-DP 과정에 해당되며 그 내용을 소개하고자 한다. 이에 따라, 해당 과정에서 적용되는 평가 기준(Criteria)을 제시하며 보다 구체적으로 탐구해 보고자 한다.

표 VIII-1 수학 교과군 목표

IB MYP 수학 평가 목표 (Criterion)
A 지식과 이해
지식과 이해는 수학 학습에 있어 근본적인 역할을 하며 개념을 탐구하고 기능을 개발할 기반을 형성합니다. 이러한 목표는 학생이 다양한 맥락의 익숙한 상황과 익숙하지 않은 상황 모두에서 문제를 해결하기 위해 수학을 선택하고 적용하는 정도를 평가합니다. i. 익숙한 상황과 익숙하지 않은 상황 모두에서 문제를 해결할 때 적절한 수학을 선택합니다. ii. 문제를 해결할 때 선택한 수학을 성공적으로 적용합니다. iii. 다양한 맥락에서 문제를 올바르게 해결합니다.
B 패턴분석
패턴 분석을 통해 학생은 수학적 발견의 즐거움과 만족감을 경험할 수 있습니다. 분석을 통한 작업은 학생이 도전하는 사람, 탐구하는 사람, 비판적으로 사고하는 사람이 되도록 장려합니다. i. 복잡한 패턴을 발견하기 위하여 수학적 문제 해결 기법을 선택하고 적용합니다. ii. 관찰결과와 일관되는 일반적인 규칙으로서 패턴을 서술합니다. iii. 일반적인 규칙을 증명 또는 입증 및 정당화합니다.
C 의사소통
수학은 강력한 공통 언어를 제공합니다. 학생은 구술과 서면 두 방식 모두를 사용하여 수학적 아이디어, 추론 및 관찰결과를 설명할 때 적절한 수학적 언어와 서로 다른 표현 형식을 사용할 것으로 기대됩니다. i. 구술과 서면 설명 모두에서 적절한 수학적 언어(표기법, 기호, 용어)를 사용합니다. ii. 정보를 제시하기 위하여 적절한 수학적 표현 형식을 사용합니다. iii. 서로 다른 수학적 표현 형식을 바꿔가며 사용합니다. iv. 수학적 정의(증명)를 완전하며, 일관적이고, 간결하게 소통합니다. v. 논리적인 구조를 사용하여 정보를 조직화합니다.
D 실생활 맥락에서의 적용
MYP 수학은 학생이 수학을 실제적인 실생활 맥락에서 문제를 해결하기 위한 도구로 간주하도록 장려합니다. 학생은 이론적인 수학적 지식을 실제 상황에 전이하고 적절한 문제 해결 전략을 적용하고, 타당한 결론을 도출하고, 결과를 성찰하도록 기대됩니다. i. 실제적인 실생활 맥락과 관련된 요소를 파악합니다. ii. 실제적인 실생활 맥락의 문제를 해결할 때 적절한 수학적 전략을 선택합니다.

ⅲ. 해결책에 도달하기 위하여 선택한 수학적 전략을 성공적으로 적용합니다.
ⅳ. 해결책의 정확도를 정당화합니다.
ⅴ. 해결책이 실제적인 실생활 맥락에 맞는지 정당화합니다.

출처: IBO(2014). Middle Years Programme Mathematics guide.

IB MYP에서는 지식과 이해(Criterion A), 패턴 분석(Criterion B), 의사소통(Criterion C), 실생활 맥락에서의 적용(Criterion D)을 주요 평가 목표로 삼고 있다. 이는 단순한 문제 해결을 넘어 패턴을 탐구하고, 논리적으로 소통하며, 실생활과의 연결성을 중시하는 점에서 더 우수하다. 특히, 한국의 수학 교육과정이 개념 학습과 문제 해결 중심이라면, IB MYP는 패턴을 발견하고 일반화하는 능력(Criterion B)을 강조하여 학생들이 새로운 문제에 대한 창의적 접근 방식을 기르도록 유도한다. 또한, 단순한 정보 전달이 아닌 수학적 의사소통을 체계적으로 평가(Criterion C)하며, 다양한 맥락에서 수학을 활용하도록 요구한다(Criterion D).

결국, IB MYP의 평가 방식은 학생들이 개념적 이해를 바탕으로 창의적이고 실질적인 문제 해결 능력을 기를 수 있도록 설계되어 있으며, 이는 단순한 연산 수행과 문제 풀이를 넘어 사고력 중심의 교육을 지향하는 점에서 효과적이라 할 수 있다.

표 VIII-2 수학 교과군 목표

IBDP 수학 평가 목표 (Criterion)
문제 해결은 수학학습활동의 근본입니다. 그리고 문제를 해결하기 위해서는 수학적인 기술과 개념을 폭넓은 상황에서 습득할 수 있어야 합니다. 여기에는 현실의 틀이 아닌 상황이나 일정한 답이 없는(open-ended) 상황도 포함됩니다. DP 수학과정을 이수한 학생들은 다음과 같은 측면에서 능력을 기르게 될 것입니다. 1. **지식과 이해:** 익숙하고 낯선 다양한 맥락에서 수학적 사실, 개념 및 기법의 지식을 기억하고 선택하고 사용합니다. 2. **문제 해결:** 추상적 맥락과 실제 상황 모두에서 문제를 해결하기 위하여 수학적 기술, 결과 및 모델의 지식을 소환할 수 있으며, 선택하고 사용할 수 있습니다.

IBDP 수학 평가 목표 (Criterion)
3. 의사소통과 해석: 일반적인 사실적 문맥을 수학으로 변환하고, 상황에 대하여 설명하고, 테크놀로지를 사용하여 수학적 도표, 그래프 또는 구조를 종이 위에 스케치하거나, 표준 표기법을 사용하여 방법, 해결책 및 결론을 기록하고, 적절한 기호 및 용어를 사용합니다.
4. 테크놀로지: 테크놀로지를 정확하게 사용하고, 적절하고 효율적으로 새로운 아이디어를 탐구하여 문제를 해결합니다.
5. 추론: 정확한 명제, 논리적인 연역과 추론 및 수식의 조작을 이용하여 수학적인 논의를 구축합니다.
6. 탐구 접근 방식: 미지의 대상에 대하여, 그 대상이 추상적이든 현실적이든, 이를 정리하고 분석하며, 추측하고, 결론을 도출하고, 그 결론의 타당성을 검토합니다.

출처: 오국환, 이창석, 이경원, 권오남(2021) ‘IBDP 수학과 교육과정 문서 체제의 일관성 분석 연구’

IBDP 수학은 〈표 Ⅷ-2〉에서 제시한 것과 같이 문제 해결을 핵심으로 하며, 학생들이 익숙한 맥락뿐만 아니라 개방형 문제 상황에서도 수학적 개념과 기술을 적용할 수 있도록 강조한다. 한국의 수학교육 역시 개념 학습과 문제 해결력을 중시하지만, 상대적으로 정형화된 문제 풀이 중심 위주의 학습이 이루어지고 있는 것이 현실이다. 특히, IBDP는 수학적 의사소통과 테크놀로지 활용을 통해 학생들이 문제를 다각도로 탐구하고 논리적으로 사고하는 능력을 기르도록 한다. 반면, 한국 교육과정에서는 개념과 기법의 숙달이 중요한 역할을 하지만, 탐구적 접근과 논리적 추론을 보다 체계적으로 경험할 기회는 상대적으로 제한적인 것이 사실이다. 따라서, 학생들이 실생활 기반의 문제 해결과 탐구적 사고를 보다 적극적으로 경험할 수 있도록 하는 것은 장기적으로 수학 교육이 나아가야 할 방향이며, 교육 현장에서 꾸준히 고민하고 실천해야 할 과제라고 생각한다.

3) 수학과 교육 목표에서 평가 기준 추출하기

수학과 교육 목표와 평가 기준 간의 정렬은 효과적인 수업과 평가 설계의 핵심이다. 2022 개정 교육과정의 수학 교육 목표는 학생들이 수학적 개념과 원리를 이해하고 이를 다양한 맥락에 적용하며, 창의적이고 논리적인 사고를 통해 문제를 해결하도록 돕는 데 중점을 둔다. 이를 평가 기준(Criteria)으로 변환하는 과정은 학습자들이 성취해야 할 구체적인 도달점을 명확히 하고, 평가의 신뢰성과 학습 성과를 높이는 중요한 단계이다. <표 Ⅷ-3>은 집필자가 2022 개정 교육과정의 수학과 목표를 기반으로 평가 기준을 새롭게 도출한 사례이다. 이 사례는 앞서 제시한 한국 수학교육과정과 IB 교육과정의 평가 목표를 종합적으로 고려하여, 수학과 평가 기준이 어떻게 설정될 수 있는지를 보여준다. 이를 통해 학습자가 학습 목표에 효과적으로 도달할 수 있도록 평가 기준을 체계적으로 연계하였음을 의미한다.

표 VIII-3 **2022 개정 수학과 교육과정의 평가 기준 사례**

수학 교육 목표		평가 기준 추출
(1) 수학적 지식을 이해하고 활용하여 적극적이고 자신감 있게 여러 가지 문제를 해결한다. (2) 수학적 사실에 대해 흥미와 관심을 갖고 추측과 정당화를 통해 추론한다. (3) 수학적 사고와 전략에 대해 의사소통하고 수학적 표현의 편리함을 인식한다. (4) 수학의 개념, 원리, 법칙 간의 관련성을 탐구하고 실생활이나 타 교과에 수학을 적용하여 수학의 유용성을 인식한다. (5) 목적에 맞게 교구나 공학 도구를 활용하며 자료를 수집하고 처리하여 정보에 근거한 합리적 의사 결정을 한다.	⇨	**A. 지식과 이해** • 수학적 지식을 이해하고 적절한 수학적 언어(표기, 기호, 용어)를 선택하기 • 수학적 개념과 원리에 대해 자신의 언어로 설명하기 **B. 문제해결** • 다양한 문제 상황에서의 해결 전략 계획하기 • 자신감을 가지고 창의적으로 문제를 해결하기 **C. 수학적 의사소통** • 수학적 표현을 효과적으로 활용하여 사고를 전달하기 • 수학적 전략을 타인과 원활하게 소통하기 • 실생활과 타 교과에 수학적 지식을 적용하기 **D. 수학적 탐구와 추론** • 수학적 사실에 대한 추측, 논리적 해석 정당화하기 • 비판적 사고를 통해 수학적 구조 논의하기

(저자가 수학과 교육목표에서 추출한 평가 기준의 '예'이다.)

이와 같이 저자가 추출한 평가 기준(Criteria)은 교육목표를 기반으로 네 가지 범주(A~D)로 나뉘며, 각각의 범주는 측정 가능한 수행 지시어(Command terms)를 통해 구체화된다. "지식과 이해(A)"는 수학적 개념, 원리, 법칙을 정확히 이해하고 다양한 맥락에서 수학적 표현을 사용하도록 하고, "문제해결(B)"은 창의적 전략을 세워 문제를 해결하는 능력을 측정한다. "수학적 의사소통(C)"은 수학적 표현을 효과적으로 활용하고, 타인과 협력하여 사고를 전달하는 역량을 측정하고, "수학적 탐구와 추론(D)"은 수학적 사실과 문제의 구조를 분석하여 논리적으로 정당화하는 능력을 평가한다. 이러한 평가 목표는 학생들의 학습 성과를 구체적이고 명확히 측정할 수 있도록 설계하였다.

이와 같은 수학과의 교육 목표와 평가 기준의 연계는 학습자들에게 명확한 학습 방향을 제시하고, 수학 학습의 실제적 가치를 인식시키는 데 기여한다. 평가 과정에서 학생들은 수학적 사고를 심화시키고, 자기 주도적 학습 역량을 발달시키며, 궁극적으로 실생활 문제 해결 능력을 갖춘 창의적 인재로 성장할 수 있도록 지원하고 수업과 평가를 통합적으로 설계하여 학습 목표 달성에 효과적인 도움을 준다.

전략 1 **수학 교육 목표에서 평가 목표**

- 수학의 개념과 원리를 이해하고, 이를 실생활과 타 교과에 적용할 수 있는 능력 평가하기
- 다양한 문제 상황에서 창의적이고 자신감 있게 해결 방안을 구사하며, 수학적 사실을 논리적으로 추론하는 능력 평가하기
- 수학적 표현을 효과적으로 활용하고 타인과 소통하여 수학적 사고와 전략을 공유하는 능력 평가하기

다 교육 목표와 핵심 역량 및 인간상

1) 2022 개정 수학과 교육과정의 핵심 역량과 인간상

수학과 교육과정은 학생들이 단순히 수학적 개념과 원리를 학습하는 것을 넘어, 실생활 문제 해결에 적용할 수 있는 능력을 기르는 데 중점을 둔다.

인간상과의 관계

개념기반 탐구학습은 수학교육에서 학생들이 단순히 지식을 암기하는 데 그치지 않고, 수학적 개념과 원리를 실생활 문제에 적용할 수 있는 깊은 이해를 추구한다. 비고스키(Lev Vygotsky)는 "학습은 인간 발달에서 가장 강력한 도구이며, 맥락과 사회적 상호작용을 통해 의미를 얻는다"고 주장하며, 학습이 현실 세계와의 맥락적 연결을 통해 이루어져야 한다고 강조했다. 비고스키(Lev Vygotsky)의 철학적 관점은 수학 교육의 목표와 밀접하게 연관되며, 학생들이 실생활 맥락에서 수학적 사고를 적용하여 창의적 문제 해결 능력을 개발하도록 돕는다. 이는 학생들을 창의적인 사고를 하는 사람으로 성장시키며, 현실 문제를 수학적 사고로 해결하는 역량을 길러준다. 이러한 학습 접근법은 비판적 사고와 문제 해결 능력을 발달시키며, 창의적이고 논리적으로 사고하는 인간상을 형성하는 데 중요한 역할을 한다. 개념기반 탐구학습을 통해 수학 개념 간의 관계를 이해하고 다양한 상황에서 지식을 통합적으로 활용하는 능력을 키우고, 탐구기반 학습은 학생들이 스스로 문제를 탐색하고 해결책을 모색하며 공동체와 협력하는 태도를 기르게 한다. 이러한 과정을 통해 수학교육은 교양 있고 창의적이며, 공동체에 기여할 수 있는 주체적인 시민을 양성하는 데 기여할 수 있도록 한다.

2022 개정 교육과정에서 수학 교육은 협력과 소통을 통해 공동체적 인간상을 형성하는 데 목적을 둔다. 학생들은 수학적 표현과 전략을 활용해 타인과 소통하고 협력하며 문제를 해결하는 과정에서 공동체 의식을 기른다. 이는 장자크 루소(Jean-Jacques Rousseau)의 교육철학과 연관되는데, 그는 "에밀(Emile)"에서 "인간은 타인과의 상호작용을 통해 성장한다"며 공동체 내 협력과 소통의 중요성을 강조했다. 수학 교육은 이러한 철학을 반영하여 학생들이 문제 해결 과정에서 협력하고 관점을 존중하며 아이디어를 조율하는 경험을 제공한다. 이를 통해 학생들은 사회적 책임감을 배우고, 더불어 살아가는 공동체의 구성원으로 성장하게 된다.

수학 교육은 논리적 사고와 비판적 사고를 발전시키는 협력의 장을 제공하며, 학생들이 공동의 목표를 달성하기 위해 책임을 공유하고 의견을 조율하는 경험을 쌓을 수 있도록 돕는다. 또한, 실생활 맥락에서 수학적 사고를 적용하는 능력을 키워 창의적이고 협력적인 시민으로 성장하도록 한다. 특히, 수학 교육은 개인의 성장을 넘어 사회적 책임과 협력의 가치를 강조하며, 학생들이 현실 문제를 해결하고 공동체의 일원으로 살아가는 데 필요한 역량을 기를 수 있도록 설계되어야 한다.

핵심 역량과의 관계

수학과 교육과정은 학생들이 자기관리, 지식정보처리, 창의적 사고, 협력적 소통, 심미적 감성, 공동체 역량과 같은 범교과적 핵심 역량을 체계적으로 함양할 수 있도록 설계되었다. 수학은 문제 해결 과정에서 논리적 사고와 창의성을 발휘하고, 데이터를 분석하며 합리적인 결론을 도출하는 능력을 길러준다. 또한, 수학적 아이디어를 타인과 소통하고 협력하여 해결책을 도출하는 과정은 공동체 의식을 강화한다. 개념기반 학습을 통해 수학적 원리를 심층적으로 이해하고 탐구기반 학습을 통해 문제 해결 능력을 확장함으로써, 수학 교육은 학생들이 미래 사회에서 창의적이고 주체적인 문제 해결자로 성장하도록 지원한다.

현재 한국의 수학교육은 정형화된 문제 풀이와 결과 중심의 평가 방식에 치우쳐 있어, 학생들이 비판적 사고와 협력적 문제 해결 역량을 기를 기회가 부족하다. 대부분의 평가가 정형화된 문제를 빠르고 정확하게 해결하는 능력을 중시하다 보니, 창의적인 해결 방법을 탐색하거나 실생활 문제를 수학적으로 모델링하는 경험이 제한적이다. 또한, 협업을 통한 학습보다는 개별적인 문제 해결이 강조되는 구조로 인해, 학생들은 의견을 조율하고 협력하는 과정에서 성장할 기회를 갖기 어렵다.

이러한 문제를 해결하기 위해서는 개념기반 학습과 탐구기반 학습을 중심으로 한 수업 설계가 필요하다. 개념기반 학습은 학생들이 수학적 개념과 원리를 실생활 맥락에서 이해하고 적용할 수 있도록 돕고, 개념 간의 연계를 탐색하는 과정에서 수학적 사고의 깊이를 확장하며 학문적 전이를 가능하게 한다. 탐구기반 학습은 학생들이 문제를 직접 인식하고, 해결 전략을 계획하며, 결론을 도출하는 과정을 주도적으로 경험하도록 하여 창의적 문제 해결 능력을 키우는 데 기여한다.

이와 같은 학습 접근법은 IB 수학 교육과정에서도 강조된다. IB는 패턴 분석, 논리적 의사소통, 실생활 문제 해결을 주요 평가 기준으로 삼아, 학생들이 개념을 단순히 암기하는 것이 아니라 실제 맥락에서 적용하고 탐구할 수 있도록 유도한다. 이는 한국 교육과정이 여전히 평가 중심의 문제 풀이에 초점을 맞추는 것과 달리, 학생들이 수학을 학문적 도구로 활용하는 능력을 더욱 효과적으로 기를 수 있도록 설계된 방식이다.

따라서, 한국의 수학교육에서도 개념 탐구와 실생활 적용을 강화하는 방향으로 교수법과 평가 방식을 개선해야 하며, 교사는 단순한 지식 전달자가 아닌 학생들이 수학을 통해 사고하고 탐구하는 기회를 제공하는 조력자 역할을 수행해야 한다. 이를 통해 학생들은 수학적 사고를 실질적인 문제 해결에 활용하고, 미래 사회에서 요구되는 핵심 역량을 체계적으로 내재화할 수 있을 것이다.

2) 수학 교육 목표와 핵심 역량, 인간상 연결하기

2022 개정 교육과정에서 제시된 다섯 가지 수학 교육 목표는 수학적 관점으로 구체화하여 핵심 역량과 인간상으로 체계적으로 연결된다. 본 유닛(Unit)의 수학 교육 목표는 고등학교 수학 교육과정의 핵심 내용을 기반으로 설정되었고, 이를 평가 목표와 연결하여 개념 중심의 탐구 기반 수업으로 구체화하였다. 형성평가와 총괄평가를 활용하여 학습 과정을 면밀히 관찰하고 학습 증거를 체계적으로 수집하였으며, 수학적 탐구를 통해 수학적 모델링과 테크놀로지 활용을 연결하여 학생들이 주도적으로 사고하고 실행할 수 있도록 수업을 설계하였다. 학습의 최종 단계에서는 수학적 개념의 전이와 확장이 이루어질 수 있도록 고안되었으며, 이를 바탕으로 고등학교 1학년 학생들을 대상으로 한 개념 중심의 수업 사례를 제시하고자 한다.

이와 같은 수학 교육은 문제 해결력과 논리적 사고를 함양하며, 협력적 소통을 통해 타인과 협력하는 역량을 키우는 데 중점을 둔다. 이를 통해 학생들은 창의적이고 책임감 있는 공동체 구성원으로 성장하고, 수학적 개념을 다양한 실생활 상황에 적용할 수 있는 실천적 역량을 기를 수 있다.

표 VIII-4 **수학 교육 목표와 핵심 역량·인간상의 연결**

수학 교육 목표	핵심 역량	인간상	관련 이유
(1) 수학적 지식을 이해하고 활용하여 적극적이고 자신감 있게 여러 가지 문제를 해결한다.	• 자기관리 역량 • 공동체 역량	• 창의적인 사람	수학적 지식을 활용한 문제 해결은 창의적 사고와 융합적 접근을 요구하며, 의사소통 과정에서 타인의 관점을 존중하고 협력하는 태도를 강조한다. 이는 아이디어를 조율하고 책임을 공유하며, 학생들이 협력적 공동체의 일원으로 성장하도록 돕는다.
(2) 수학적 사실에 대해 흥미와 관심을 갖고 추측과 정당화를 통해 추론한다.	• 창의적 사고 역량 • 공동체 역량	• 창의적인 사람	수학적 추론은 창의성과 논리성을 결합하여 새로운 가능성을 탐구하는 활동으로, 창의적이고 독창적인 사고를 함양하는 데 기여한다.
(3) 수학적 사고와 전략에 대해 의사소통하고 수학적 표현의 편리함을 인식한다.	• 협력적 소통 역량	• 더불어 사는 사람	수학적 사고와 전략을 효과적으로 의사소통하는 것은 다른 사람들과 협력하여 문제를 해결하고 의견을 나누는 데 필수적이다. 수학적 의사소통은 타인과의 상호작용을 통해 공동의 목표를 달성하는 과정으로, 사회적 관계 속에서 살아가는 데 필요한 능력을 길러준다.
(4) 수학의 개념, 원리, 법칙 간의 관련성을 탐구하고 실생활이나 타 교과에 수학을 적용하여 수학의 유용성을 인식한다.	• 지식정보처리 역량	• 교양 있는 사람	수학적 지식을 실생활 맥락에 적용하여 다양한 관점을 이해하며 사회적 현상을 분석한다. 수학의 유용성을 깨닫고 이를 다양한 분야에 적용하는 능력은 다방면의 지식과 교양을 갖춘 인간상과 부합한다.
(5) 목적에 맞게 교구나 공학 도구를 활용하며 자료를 수집하고 처리하여 정보에 근거한 합리적 의사 결정을 한다.	• 심미적 감성 역량	• 창의적인 사람	공학 도구나 교구를 활용하여 수학적 패턴과 구조를 발견하는 과정은 수학의 아름다움과 체계성을 느끼게 한다. 이를 통해 학습자는 수학적 감각을 배양하게 된다. 자료를 수집하고 도구를 활용해 새로운 방식으로 문제를 분석하고 해결하는 과정은 창의적이고 실질적인 사고를 요구한다.

02 수학과 개념 기반 단원 설계의 예시

"수학과 핵심 아이디어는 주요한 수학의 개념, 원리, 법칙 등이 어떻게 발생하고 확장되며 그 결과로 어떤 일반성과 추상성을 획득하는지, 수평적으로 또는 수직적으로 어떻게 상호관련되는지, 어떤 탐구과정을 중점적으로 강조하는지 등을 압축하여 제시한 것이다. 핵심 아이디어는 수학 학습과정에서 전이가 높은 내용을 담은 문장으로 기술하였다."(교육부 고시 제2022-33호 [별책 8] 수학과 교육과정, 2022).

2022 개정 교육과정에서의 '핵심 아이디어'는 영역을 아우르면서 해당 영역의 학습을 통해 일반화할 수 있는 내용을 핵심적으로 진술한 것이며 해당 영역 학습의 초점을 부여하여 깊이 있는 학습을 가능하게 하는 토대가 된다고 설명한다.

2022 개정 교육과정 '공통수학2'에서 제시된 핵심 아이디어인 '두 집합 사이의 대응으로 일반화된 함수는 대상 간의 관계를 논리적으로 해석하는 데 활용된다.'는 함수의 개념적 구조를 강조하지만, 학습자가 이를 실생활 맥락에서 직관적으로 이해하고 적용하는 데는 다소 추상적일 수 있다. 이에 따라, 학습자가 함수의 개념을 보다 구체적으로 탐구하고 실생활에서 활용할 수 있도록 핵심 아이디어를 '함수의 그래프는 실생활의 데이터를 시각화하고, 문제를 정량적으로 이해하며 효율적으로 해결할 수 있는 도구로 활용된다.'로 변형하여 수업을 설계하였다.

이러한 변화는 학생들이 함수의 개념을 단순한 대응 관계로 이해하는 것을 넘어, 실제 문제 해결 도구로서 함수의 활용 가치를 체감하도록 돕기 위한 것이다. 즉, 함수가 실제 데이터를 해석하고 시각적으로 표현하는 과정에서 어떻게 활용되는지 탐구할 수 있도록 유도함으로써, 학생들이 수학적 사고를 기반으로 다양한 맥락에서 문제를 해결하고, 수학이 현실 세계에서 중요한 도구임을 인식할 수 있도록 한다. 이를 통해 학생들은 함수가 단순한 수학 개념이 아니라 실제 문제를 정량적으로 분석하고 해결하는 강력한 도구임을 깨닫고, 이를 삶에 적용하는 역량을 기를 수 있다.

표 VIII-5 **2022 개정 교육과정의 핵심 아이디어와 재진술한 핵심 아이디어 사례**

2022 개정 교육과정 핵심 아이디어	두 집합 사이의 대응으로 일반화된 함수는 대상 간의 관계를 논리적으로 해석하는 데 활용된다.
재진술한 핵심 아이디어	함수의 그래프는 실생활의 데이터를 시각화하고, 문제를 정량적으로 이해하며 효율적으로 해결할 수 있는 도구로 활용된다.

2022 개정 교육과정의 '핵심 아이디어'는 초·중·고등학교를 관통하는 수학적 원리와 개념의 본질과 가치를 파악하여 해당 학습 영역에 초점을 부여하여 학습을 일반화할 수 있는 내용을 핵심적으로 진술한 것이다. 반면, IB MYP 수학에서의 '주요 아이디어'는 수학을 통해 세계를 이해하고 논리적, 비판적 사고와 문제해결 능력을 키우며, 실질적이고 창의적인 응용을 강조한다. 본 유닛 설계에서는 IB의 MYP 4~5단계의 주요 개념(key concept)과 관련 개념(related concept), IBDP 주제를 참고하여 결정하였고 그 용어를 중심으로 성취기준을 정하고 재진술하였다. IB 프로그램의 MYP에서 개념은 '주요 아이디어'를 의미하며 지속되는 원칙과 개념으로 수학의 본질을 탐구할 수 있는 수단을 제공한다. IBDP 프로그램의 수학과정에서 개념적 이해는 심도 있는 학습을 위한 필수 요소이며 이 과정에서는 〈표 Ⅷ-6〉에서 제시했듯이 12가지의 MYP 수학 교과 관련 개념(근사, 변화, 동치성, 일반화, 모델, 패턴, 수량, 표현, 단순화, 공간, 체계, 타당성)을 5가지의 주요 주제(수와 대수, 함수, 기하와 삼각법, 통계와 확률, 미분과 적분)와 연결하여 설명한다.

우리나라 고1 수학 수준에 해당하는 MYP 4~5 수학 교과의 주요 개념 3가지, 관련 개념 12가지, DP 수학 교과의 주요 주제의 5가지의 연결성을 살펴보기 위해 〈표 Ⅷ-6〉으로 제시하였다. 따라서 본 유닛 설계에서는 2022 수학과 교육과정에서 제시하고 있는 '공통수학2' 교과에서 제시한 핵심 아이디어 중 '평면도형을 식으로 표현하는 것은 도형 사이의 위치관계와 도형의 이동에 대한 탐구의 유용한 도구가 된다.' '두 집합 사이의 대응으로 일반화된 함수는 대상 간의 관계를 논리적으로 해석하는 데 활용된다.'는 핵심 아이디어를 활용하고 MYP에서의 주요 개념 중에 '관계(Relationship)', 관련 개념에서 '표현(Representation)'과 '모델링(Modeling)'으로, DP에서의 '함수' 주제를 연결하여 탐구하고자 한다.

이러한 연결은 2022 개정 교육과정이 강조하는 수학적 개념 간의 연계성과 실생활 적용 능력을 강화하려는 방향성과 일치한다. 함수와 기하를 통해 위치 관계를 해석하고 수학적 모델링을 활용하여 문제를 해결하는 과정은 MYP에서 강조하는 '관계' 개념과 직접적으로 연결되며, 도형의 위치 변화를 함수적으로 표현하는 과정은 '표현' 개념을 기반으로 수학적 사고를 구조화하는 방식과 부합한다. 또한, 함수 개념을 활용하여 실생활 문제를 해결하고 다양한 맥락에서 수학적 구조를 탐구하는 과정은 '모델링' 개념과 연계되며, DP에서의 '함수' 주제를 통해 보다 심화된 탐구로 확장될 수 있다.

따라서, 본 유닛은 MYP와 DP의 개념적 틀을 활용하여 2022 개정 교육과정의 학습 목표를 더욱 심화하고, 학생들이 수학적 사고를 다양한 맥락에서 적용할 수 있도록 설계되었다. 학습자의 깊이 있는 이해와 개념의 전이를 촉진하기 위해, 수학과의 핵심 아이디어를 체계적으로 재구성하여 개념적 이해를 정교하게 재진술하고자 한다.

표 VIII-6 MYP 수학 교과 핵심 개념, 관련 개념과 DP 수학 교과 주요 주제

<table>
<tr><th colspan="6">수학 교과 핵심 개념(MYP)</th></tr>
<tr><td colspan="2">형식</td><td colspan="2">논리</td><td colspan="2">관계</td></tr>
<tr><th colspan="6">수학 교과 관련 개념(MYP)</th></tr>
<tr><td>근사</td><td>변화</td><td>동치성</td><td>일반화</td><td>모델</td><td>패턴</td></tr>
<tr><td>수량</td><td>표현</td><td>단순화</td><td>공간</td><td>체계</td><td>타당성</td></tr>
</table>

수학 교과 주요 주제(DP)				
수와 대수	함수	기하와 삼각법	통계와 확률	미분과 적분

전략 2 **'핵심 아이디어'에서 '개념적 이해' 추출하기**

- "함수의 그래프는 데이터의 시각화와 분석을 통해 실질적인 문제를 해결하며, 다양한 현상을 정량적으로 이해할 수 있는 수단을 제공한다."
  - 함수의 그래프는 복잡한 데이터를 시각화하여 문제 해결의 효율성을 높인다.
  - 수학적 그래프 분석은 실생활 현상을 정량적으로 이해하고 예측하는 데 도움을 준다.

- "유리함수와 무리함수는 좌표평면에서의 대칭성과 비율을 나타내며, 실생활에서 구조적 안정성과 설계 효율성을 설명하는 데 활용된다."
  - 유리함수와 무리함수는 구조적 대칭성과 비율을 수학적으로 모델링하는 도구로 작용한다.
  - 수학적 모델링은 실생활 구조와 설계의 안정성을 분석하고 예측하는 데 기여한다.

1 탐구하기

가 2022 개정 교육과정의 핵심 아이디어로 유닛 설계 시작하기

표 VIII-7 **핵심 아이디어로 유닛 설계 시작하기(수학과)**

유닛명 (Unit)	유리함수와 무리함수	학교급/학년	고/1
핵심 아이디어 (2022 개정)	• 평면도형을 식으로 표현하는 것은 도형 사이의 위치관계와 도형의 이동에 대한 탐구의 유용한 도구가 된다. • 두 집합 사이의 대응으로 일반화된 함수는 대상 간의 관계를 논리적으로 해석하는 데 활용된다.		
성취기준 (2022 개정)	[10공수2-03-04] 유리함수 $y=\frac{k}{x}$ 의 그래프를 그릴 수 있고, 그 그래프의 성질을 탐구할 수 있다. [10공수2-03-05] 무리함수 $y=\sqrt{kx}$ 의 그래프를 그릴 수 있고, 그 그래프의 성질을 탐구할 수 있다.		

	지식·이해	과정·기능	가치·태도
범주	• 도형의 이동 • 함수 • 유리함수와 무리함수	• 유리함수, 무리함수 그래프 그리기 • 유리함수, 무리함수의 정의역, 치역 구하기 • 실생활 문제를 유리함수, 무리함수로 모델링하여 적용하기	• 실생활과의 연결을 통한 도형의 방정식, 집합과 명제, 함수와 그래프의 유용성 인식 • 대수와 기하를 연결하는 사고의 전환으로 수학에 대한 흥미와 관심

나 재구조화된 핵심 아이디어와 탐구 질문 만들기

표 VIII-8 핵심 아이디어 재구조화와 탐구 질문 예시(수학과)

<table>
<tr><td rowspan="3">유닛의 성격</td><td colspan="3">이 유닛은 이 단원은 유리함수와 무리함수의 그래프를 좌표평면에 나타내고, 그 구조적 특징과 대수적 성질을 탐구함으로써 함수 간의 관계를 개념적으로 이해하도록 설계하였다. 학생들은 그래프의 점근선, 정의역, 치역 등의 특성을 분석하며 수학적 모델링 능력을 발달시키는 탐구 과정을 통해 학생들은 수학적 사고력과 문제 해결력을 심화하며, 실생활의 다양한 상황에 함수의 응용 가능성을 탐색한다.
본 단원에서는 유리함수와 무리함수의 그래프를 그리는 기법과 계산 과정을 암기하거나 기계적으로 반복하여 점근선과 정의역을 찾는 것이 아니라 함수의 구조적 특징(점근선, 그래프의 곡선 형태)과 대수적 성질(정의역, 치역)을 탐구함으로써, 학생들이 함수의 본질적 의미를 이해하도록 한다.
그래프와 함수 간의 관계를 다각도로 분석하고, 이를 실생활 문제에 적용할 수 있는 수학적 모델로 구조화하도록 유도한다. 이러한 활동은 실제로 어떤 문제 상황에 수학이 활용되는지에 대한 심층적 이해와 직결된다고 볼 수 있다.
또한, 이 단원은 국제 교류 활동과 연계하여, 학생들이 다문화적 맥락에서 수학적 개념과 원리를 소통하고 협력적 문제 해결 능력을 기르도록 하며 학생들은 수학적 표현력뿐 아니라 글로벌 시민으로서 요구되는 협업과 소통 역량까지 함양할 수 있다.</td></tr>
<tr><td>주요개념</td><td>관련개념</td><td>실제적 맥락</td></tr>
<tr><td>관계
(Relationship)</td><td>모델링(Modeling)
표현(Representation)
패턴(pattern)</td><td>세계적 랜드마크를 통해 나타나는 문화적 정체성과 예술적 표현</td></tr>
</table>

<table>
<tr><td rowspan="2">재구조화된
핵심 아이디어</td><td>개념적 이해</td><td>수학적 모델링은 다양한 대상과 현상을 수학적으로 표현하고 유리함수와 무리함수의 관계를 이해하며 분석하는 데 기여한다.</td></tr>
<tr><td>탐구 진술문</td><td>다양한 문화적 맥락에서 세계적 랜드마크를 모델링하는 과정은 수학적 패턴과 표현의 관계를 통해 세계적 랜드마크에서의 문화적 의미를 깊이 이해하는 데 기여한다.</td></tr>
<tr><td rowspan="3">안내된
탐구 질문</td><td>사실적 질문</td><td>• 유리함수와 무리함수의 그래프는 각각 어떤 패턴 특징을 가지고 있는가?
• 세계의 랜드마크 중 유리함수와 무리함수의 패턴을 반영하는 구조는 무엇인가?</td></tr>
<tr><td>개념적 질문</td><td>• 유리함수와 무리함수의 점근선은 어떻게 정의되며 그래프에서는 이를 어떻게 시각적으로 표현할 수 있는가?
• 함수의 관계를 활용하여 랜드마크 구조를 분석하면 어떤 수학적 패턴을 발견할 수 있을까?</td></tr>
<tr><td>논쟁적 질문</td><td>• 유리함수와 무리함수 중에 어떤 패턴과 표현이 실생활에서 더 많이 활용될까? 그 이유는 무엇일까?
• 함수의 수학적 모델링이 세계 랜드마크 건축물의 설계에서 구조적 효율성과 설계 타당성을 보장하는 데 필수적일까?</td></tr>
</table>

다 유닛 그물

그림 VIII-2 유닛의 개념적 이해를 4개의 영역별로 나타낸 유닛 그물 예시(수학과)

S1: 함수의 그래프

MC: 표, 식, 그래프

- 함수의 개념을 이해하여 그 그래프를 이해할 수 있다.
- 함수의 합성을 이해하고 합성함수를 표현할 수 있다.

S2: 유리함수와 무리함수의 특징

MC: 정의역, 치역, 점근선

- 유리함수와 무리함수의 정의역, 치역을 구하고 이해할 수 있다.
- 유리함수와 무리함수에서 정의역, 치역에 따른 수직적, 수평적 점근선과 절편을 나타내고 표현할 수 있다.

단원 제목:
유리함수와 무리함수

개념적 렌즈:
관계

핵심 질문:
함수는 어떻게 실생활 속 현상을 구조화하고 해석하며, 가치를 창출할 수 있는가?

포괄적 일반화:
세계의 건축물 속의 유리함수와 무리함수의 수학적 원리를 통해 수학적 가치를 이해하고 적용한다.

S3: 유리함수와 무리함수의 식과 그래프

MC: 방정식, 함수식

- 식과 그래프에서 방정식과 함수식의 대응관계를 이해한다.
- 유리함수, 무리함수 식을 그래프를 통해 시각화할 수 있다.

S4: 수학적 모델링 (세계의 랜드마크 속의 수학)

MC: 글로벌 디자인과 유리함수와 무리함수의 그래프

- 각 국가별 랜드마크 속의 유리함수, 무리함수 그래프를 이해하고 수학적 모델링을 통해 표현한다.
- 세계의 랜드마크에서 나타난 유리함수와 무리함수의 수학적 패턴과 그래프를 분석하고, 이를 활용하여 수학적 사고와 의사소통 역량을 향상시킨다.

라 탐구 진술에 따른 총괄평가 과제 개발하기

표 VIII-9 **탐구 진술에 따른 총괄평가 과제 개발(수학과)**

탐구 진술과 총괄평가의 관련성	총괄평가 과제 개발
[탐구 진술문] 다양한 문화적 맥락에서 세계적 랜드마크를 **모델링**하는 과정은 수학적 **패턴**과 **표현**의 **관계**를 통해 **세계적 랜드마크**에서의 문화적 의미를 깊이 이해하는 데 기여한다. 총괄평가는 실제 문제 해결을 위한 수학적 사고력과 탐구 능력 함양시키는 데 초점을 두고 학생들이 수학적 개념을 실제 현상에 적용하여 문제 해결 능력을 심화하도록 설계하였다. 공학적 도구를 사용한 수학적 모델링을 통해 학생들이 현실 세계의 복잡한 패턴과 상호작용을 분석하고, 그 결과를 바탕으로 유리함수와 무리함수의 그래프를 심층적으로 탐구하는 과정을 경험할 수 있도록 하였다. 학생들이 함수의 그래프를 실질적 데이터와 연계해 분석하면서, 건축물과 같은 실제 사례를 다루는 것은 과학, 기술, 사회의 통합적 이해를 강화하고 실질적 문제 해결 역량을 증진시킬 수 있는 기회를 제공한다. 또한, 이러한 활동은 학생들이 수학적 개념을 비판적으로 사고하고, 체계적이며 논리적으로 설명하여 타인과의 효과적인 수학적 의사소통 능력을 계발하는 데 기여한다.	주제: [랜드마크 프로젝트] 세계적 랜드마크 속 유리함수와 무리함수의 그래프 탐구 **1. 목표(Goal)** 학생들은 유명한 랜드마크 건축물에서 유리함수와 무리함수의 수학적 원리를 탐구하고, 이들의 그래프를 분석하여 다른 나라의 학생들에게 소개하는 활동을 수행한다. 이를 통해 수학적 개념이 현실 세계에서 어떻게 구현되는지 이해하고 수학적 의사소통을 할 수 있다. **2. 역할(Role)** 학생들은 국제 건축 설계 연구원의 역할을 맡아, 세계적인 랜드마크 건축물에서 유리함수와 무리함수를 찾아내고, 이를 수학적으로 분석하고 시각적으로 표현하는 활동을 수행한다. 연구원으로서 학생들은 건축물의 설계 원리에 숨겨진 수학적 개념을 탐구하고, 이를 구조적 특성과 연계하여 설명할 책임을 가진다. 이 과정에서 학생들은 단순히 함수의 그래프를 찾아내는 것에 그치지 않고, 건축 설계에서 해당 함수가 어떻게 활용되는지, 구조적 안정성이나 미적 디자인과 어떤 연관성을 가지는지를 깊이 탐구해야 한다. **3. 청중(Audience)** 학생들이 제작한 자료는 다른 나라의 고등학교 학생들 또는 온라인 국제 수학 커뮤니티를 대상으로 한다. 이들은 수학적 개념이 실제 건축물에서 어떻게 구현되는지에 대해 흥미를 가지고 있으며, 이를 통해 새로운 수학적 시각을 얻기를 기대한다. **4. 상황(Situation)** 학생들은 각자 나라의 여러 랜드마크 건축물에서 유리함수와 무리함수의 그래프를 탐구한다. 예를 들어, 파리의 에펠탑과 같은 건축물에서 유리함수를, 우리나라의 경주 단청에서 무리함수를 찾아내고, 이 건축물들의 구조적 특성과 수학적 모델을 도출해내야 한다.

탐구 진술과 총괄평가의 관련성	총괄평가 과제 개발
	- 유리함수: 파리 에펠탑의 구조에서 높이에 따른 각도나 압력 변화를 유리함수로 모델링하여 분석한다. - 무리함수: 경주 단청의 곡선 구조는 무리함수로 설명할 수 있으며, 이 곡선을 수학적으로 분석하여 건축물의 구조적 의미를 도출한다. **5. 성과물(Product/Performance)** 학생들은 다음과 같은 형태로 성과물을 제출한다. 1) 랜드마크 건축물에서 발견된 유리함수와 무리함수의 그래프 및 방정식이 포함된 프레젠테이션. 2) 그래프와 함수가 건축물의 설계와 구조에 어떻게 영향을 미치는지 분석한 내용. 도출한 수학적 방정식과 그래프를 설명하고, 시각자료(그래프, 사진 등)를 활용하여 설명한다. **6. 성공 기준(Standards for Success)** - C. 수학적 의사소통(all strands) - D. 수학적 탐구와 추론(all strands)

예를 들어, 세계 랜드마크를 수학적으로 모델링할 때 유리함수와 무리함수는 건축물의 곡선 구조, 대칭적 디자인, 특정 비율 등을 표현하는 데 활용된다. 이를 통해 학생들은 함수 간의 관계를 논리적으로 분석하고, 그래프를 통해 이를 시각적으로 표현하며, 수학적 사고로 실세계 문제를 모델링하고 해결하는 능력을 기른다.

이 과정은 개념기반 학습의 핵심 요소인 "이해의 전이(Transfer of Understanding)"를 강화하며, 수학적 개념이 다양한 맥락에서 어떻게 연결되고 응용되는지 학생들이 의미 있게 경험할 수 있도록 돕고 IB 교육과정의 수학에서도 '관계(Relationships)'는 수학적 개념 간의 상호 연결성을 탐구하고 이를 통해 세상을 이해하고 설명하는 과정에 초점을 둔다. 유리함수와 무리함수는 이러한 관계를 탐구하기에 적합한 도구로, 함수의 정의와 그래프의 특성을 통해 대상을 모델링하고 분석하는 데 강력한 수단을 제공한다.

성공 기준을 바탕으로 저자가 도출한 평가 기준(Criteria)과 대응시켜 분석하고 학생들에게 총괄평가 이후 제시할 수 있는 'Inquiry Question(탐구 질문)'을 구성해 보았다. 이러한 질문은 학생들이 평가 결과를 바탕으로 더 깊이 있는 사고를 유도하고, 학습한 개념을 확장하여 새로운 맥락에서 적용할 수 있도록 돕는 역할을 한다.

1 '수학적 함수 모델(유리함수와 무리함수)은 현실 세계에서 어떻게 나타나며, 이러한 모델을 통해 건축물과 자연 현상의 구조적 특징을 어떻게 설명할 수 있는가?'

→ (수학적 탐구와 실생활 적용) 학생들이 함수의 개념을 실생활 문제에 적용하고, 수학이 구조적 패턴을 해석하는 도구로 어떻게 활용될 수 있는지를 탐구하도록 유도한다.

2 '유리함수와 무리함수의 그래프를 활용하면 건축 설계 과정에서 어떤 실질적인 문제를 해결할 수 있으며, 이는 구조적 안정성과 미적 요소에 어떤 영향을 미치는가?'

→ (문제 해결과 창의적 사고) 학생들이 수학적 개념을 건축 설계와 연결하여, 구조적 안정성, 미적 설계, 효율적 자원 활용 등의 맥락에서 탐구하도록 한다.

3 '수학적 패턴과 표현 방식을 활용하면 다양한 문화권에서 건축물이 설계되는 방식과 역사적 맥락을 어떻게 비교하고 분석할 수 있는가?'

→ (수학적 의사소통과 문화적 응용) 학생들이 글로벌 맥락에서 수학을 바라보며, 문화적·역사적 요소와 수학적 원리의 관계를 탐색하고 비교할 수 있도록 유도한다.

이러한 탐구 질문들은 학생들이 단순한 함수 개념을 넘어서서 비판적 사고, 창의적 문제 해결, 글로벌 사고를 확장할 수 있도록 설계되었으며, 평가 이후 심화된 학습과 개념적 전이(transfer of learning)를 촉진하는 데 기여할 것이다.

마 총괄평가에 따른 채점기준표 개발하기

표 VIII-10 총괄평가 채점기준표 예시

<table>
<tr><td colspan="2">평가영역</td><td colspan="3">랜드마크 속의 유리함수와
무리함수 탐구하기</td><td>영역만점</td><td>20점</td></tr>
<tr><td colspan="2">교육과정
성취기준</td><td colspan="5">[10공수2-03-04] 유리함수 $y=\frac{k}{x}$ 의 그래프를 그릴 수 있고, 그 그래프의 성질을 탐구할 수 있다.
[10공수2-03-05] 무리함수 $y=\sqrt{kx}$ 의 그래프를 그릴 수 있고, 그 그래프의 성질을 탐구할 수 있다.</td></tr>
<tr><td colspan="2" rowspan="5">탐구 진술

세계의 랜드마크를 수학적으로 모델링하여 유리함수, 무리함수 관계를 논리적으로 분석하여 그래프로 표현한다.</td><td rowspan="5">성취
수준</td><td>A</td><td colspan="3">유리함수와 무리함수의 정의 및 성질을 완벽히 이해하고, 랜드마크 건축물의 구조를 창의적이고 깊이 있게 분석하였으며, 발표가 논리적이고 설득력 있다.</td></tr>
<tr><td>B</td><td colspan="3">함수의 성질과 그래프를 정확히 이해하며, 랜드마크와의 연계도 논리적이고 명확하였으나 일부 분석이나 발표 내용이 다소 보완될 여지가 있다.</td></tr>
<tr><td>C</td><td colspan="3">함수의 기본적인 성질과 그래프를 이해하며, 건축물과 수학적 모델을 연결하였으나 분석이나 발표에서 일부 논리적 연결이 부족하다.</td></tr>
<tr><td>D</td><td colspan="3">함수의 기본 성질과 그래프를 이해하고 랜드마크와의 관계를 분석하려는 시도가 있었으나, 연결성이 부족하거나 분석 과정에서 일부 오류가 있다.</td></tr>
<tr><td>E</td><td colspan="3">함수의 성질과 그래프에 대한 이해가 부족하며, 건축물과 수학적 개념을 연계하거나 설명하는 과정에서 오류가 많다.</td></tr>
<tr><td colspan="2">평가요소</td><td colspan="4">수행 수준</td><td>배점</td></tr>
<tr><td rowspan="4">지식이해</td><td rowspan="4">유리함수와 무리함수의 정의와 성질을 명확하게 이해하기</td><td colspan="4">유리함수와 무리함수의 정의와 성질을 정확히 이해하고 함수의 특징을 분석하여 설명한다.</td><td>8</td></tr>
<tr><td colspan="4">유리함수와 무리함수의 정의와 성질을 이해하고 분석하여 설명한다.</td><td>6</td></tr>
<tr><td colspan="4">유리함수와 무리함수의 정의와 성질을 부분적으로 이해하고 분석하여 설명한다.</td><td>4</td></tr>
<tr><td colspan="4">유리함수와 무리함수의 정의와 성질을 부분적으로 이해하고 설명이 미흡하다.</td><td>2</td></tr>
</table>

<table>
<tr><th colspan="2">평가요소</th><th>수행 수준</th><th>배점</th></tr>
<tr><td rowspan="4">과정기능</td><td rowspan="4">유리함수와 무리함수의 특성 분석하고 그래프로 표현하기</td><td>랜드마크 건축물의 유리함수와 무리함수의 구조적 특성을 정확히 분석하고 방정식을 통해 그래프를 창의적이고 논리적으로 시각화하여 표현한다.</td><td>8</td></tr>
<tr><td>랜드마크 건축물에서 유리함수와 무리함수의 특성을 분석하고 방정식과 그래프로 적절히 표현한다.</td><td>6</td></tr>
<tr><td>랜드마크 건축물의 유리함수와 무리함수의 특성을 부분적으로 분석하고, 그래프로 간단히 표현한다.</td><td>4</td></tr>
<tr><td>랜드마크 건축물의 유리함수와 무리함수 특성 분석이 미흡하며 그래프 표현에 오류가 있다.</td><td>2</td></tr>
<tr><td rowspan="4">가치태도</td><td rowspan="4">실생활과의 연결을 통한 수학적 모델링의 유용성 인식하기</td><td>수학적 모델링의 유용성과 즐거움을 다른 학생과 공유하며 협력적 활동에서 주도적으로 기여하고 성찰하는 태도를 보인다.</td><td>4</td></tr>
<tr><td>수학적 모델링 과정에서 다른 학생의 의견을 수용하고 조율하며, 수학적 아이디어를 명확히 전달하려는 노력을 보인다.</td><td>3</td></tr>
<tr><td>수학적 모델링 활동에 꾸준히 참여하며 협력적 과제 수행에서 기본적인 역할을 수행한다.</td><td>2</td></tr>
<tr><td>유리함수와 무리함수가 랜드마크의 구조와 설계와 관련이 있음을 인식하지 못하며 수학적 모델링에 대한 관심이나 참여도가 낮다.</td><td>1</td></tr>
<tr><td colspan="3">본인의 의사에 의한 수행평가 미응시자 및 백지 답안 제출자(최하점의 -1점)</td><td>4</td></tr>
</table>

■ 최소성취수준을 위한 평가 고려 사항

- 최소성취수준 학습자가 문제를 완전히 해결하지 못하더라도, 과정 중심 평가를 통해 단계별 성취를 경험하고 자신감을 키울 수 있도록 지원한다.
- 그래프나 모델링의 완벽한 정확성보다는 유리함수와 무리함수의 기본 개념을 이해하고 이를 설명하거나 표현하려는 시도를 평가한다.
- 계산기, 그래프 도구 등 다양한 공학적 도구를 효과적으로 사용할 수 있도록 지도하여 학습과 평가 과정에서의 부담을 완화한다.
- 최소성취수준 진술문 및 평가요소를 기반으로 수행수준을 구체적으로 설정하고, 학습자 개개인의 성장 가능성을 반영한다.

출처: 2022 개정 수학 교육과정(2022)

표 VIII-11 **최소성취수준 채점기준표 예시**

<table>
<tr><th colspan="2">탐구 진술</th><th colspan="3">최소성취수준</th></tr>
<tr><td colspan="2">세계의 랜드마크를 수학적으로 모델링하여 유리함수, 무리함수 관계를 논리적으로 분석하여 그래프로 표현한다.</td><td>E</td><td colspan="2">유리함수와 무리함수로 랜드마크의 그래프를 부분적으로 표현하며 관계를 부분적으로 분석한다.</td></tr>
<tr><td>지식 이해</td><td>유리함수와 무리함수의 정의와 성질을 명확하게 이해하기 (8점)</td><td colspan="2">유리함수와 무리함수의 정의를 거의 이해하지 못하고 설명이 미흡하다.</td><td>2</td></tr>
<tr><td>과정 기능</td><td>유리함수와 무리함수의 특성 분석하고 그래프로 표현하기 (8점)</td><td colspan="2">랜드마크 건축물의 유리함수와 무리함수 특성 분석이 미흡하며 그래프 표현에 오류가 있다.</td><td>2</td></tr>
<tr><td>가치 태도</td><td>실생활과의 연결을 통한 수학적 모델링의 유용성 인식하기 (4점)</td><td colspan="2">유리함수와 무리함수가 랜드마크의 구조와 설계와 관련이 있음을 인식하지 못하며 수학적 모델링에 대한 관심이나 참여도가 낮다.</td><td>1</td></tr>
</table>

■ 가치 · 태도 평가

2022 개정 교육과정에서 가치·태도 평가는 학생들이 수학적 개념과 문제 해결 과정에서 내재적 동기와 협력적 태도를 함양할 수 있도록 설계되어야 한다. 이는 학습 결과를 점수화하기보다는 학생들이 수학 학습 과정에서 책임감, 협력, 성찰적 태도를 길러내도록 돕는 데 초점이 맞춰져야 한다. 수업 중 교사의 피드백, 동료 평가, 자기 평가를 통해 정의적 영역에서의 성장을 지원하며, 관찰가능한 행동을 중심으로 학생들이 스스로 점검할 수 있는 자기 성찰 확인표를 제시할 수 있다.

2 실행하기

가 수업 활동 구성

표 VIII-12 유닛 설계 수업 활동 구성(수학과)

단계	안내된 탐구질문	학습 경험 및 교수전략	교수학습 전략	평가와의 연계성
관계 맺기	세계적으로 유명한 랜드마크 건축물에는 어떤 수학적 패턴이 숨어 있을까?	세계적으로 유명한 랜드마크(예: 에펠탑, 엠파이어 스테이트 빌딩) 이미지를 제시, 랜드마크에 숨겨진 수학적 패턴에 대한 학생들의 사전 지식 체크	THINK-PAIR-SHARE	상호 피드백에 의한 동료 평가
집중 하기	랜드마크에서 함수 그래프의 어떤 수학적 특성을 발견할 수 있을까?	유리함수와 무리함수의 개념 설명, 랜드마크에서의 수학적 패턴 예시 소개	유리함수와 무리함수의 특징 비교하여 관찰하기	공학적 도구를 통한 그래프 그리기(자기 평가)
조사 하기	모둠별 랜드마크에서 나타나는 유리함수와 무리함수의 특징은?	학생들 개별 및 그룹별 조사, 랜드마크 이미지 분석	개념 적용 평가	형성 평가
조직 및 정리하기	유리함수와 무리함수의 특징 정리하기	개념과 사례 연결, 시각 자료를 통해 함수의 특징을 표로 정리	Frayer 모델	모둠별 발표
일반화하기	조사한 랜드마크에서 발견한 패턴을 통해 유리함수와 무리함수의 특성 설명	그래프 패턴 분석 및 함수식 구하기	랜드마크 이미지 및 Desmos 활용	패턴 분석을 통한 논리적 사고력 평가
전이 하기	국제교류 수업에서 랜드마크 속의 유리함수, 무리함수 그래프 소개하기	그룹별 PPT 발표	소통하기	수학적 의사소통 능력

나 상세 수업 활동 구성

표 VIII-13 유닛 상세 수업 활동 구성(수학과)

단계	탐구활동	학습내용	블룸의 인지영역
관계 맺기	• 세계적으로 유명한 랜드마크에서 수학적 패턴을 찾는 활동을 통해 호기심을 자극하고 탐구활동에 대해 소개한다.	• 에펠탑의 구조 사진을 보여주며 높이와 각도의 관계 설명. • 엠파이어 스테이트 빌딩을 통해 반복되는 기하학적 패턴 탐색. • 학생들의 기존 지식을 바탕으로 랜드마크의 수학적 패턴에 대한 간단한 질문 던지기. THINK-PAIR- SHARE	**이해** 랜드마크의 사진과 간단한 질문은 학습자가 학습 목표를 명확히 이해하도록 돕는다.
집중 하기	• 유리함수와 무리함수의 기본 개념과 그래프 특징을 조사하고 관찰한다. • 랜드마크에서 발견할 수 있는 수학적 특성을 논의한다.	• 유리함수의 점근선 개념을 설명하고, 그래프가 나타내는 주요 특징 논의. • 무리함수의 정의와 현실에서 나타나는 예시(곡선 다리 구조 등) 확인. • 두 함수의 그래프의 차이를 Desmos를 활용해 비교 분석.	**이해와 분석** 개념을 이해하고 랜드마크에서 그 적용을 찾아내는 과정에 연관되어 이 단계에서 그래프 분석은 학생들이 함수의 특성을 깊이 있게 탐구하게 한다.
조사 하기	• 랜드마크의 이미지를 분석하고 유리함수와 무리함수의 특징을 찾아 분석한다.	• 에펠탑의 압력과 높이 관계를 유리함수로 모델링. • 곡선형 건축물에서 곡선의 형태를 무리함수로 나타냄. • 학생들이 조사한 랜드마크 데이터를 토대로 함수식을 도출함.	**분석** 학생들이 랜드마크에서 패턴을 찾아내고 이를 함수식으로 연결하는 과정과 연관되며 이를 통해 수학적 분석 능력을 기른다.
조직 및 정리하기	• 조사한 자료를 정리하여 함수의 특징을 그래프를 통해 시각적으로 표현한다. • 랜드마크의 수학적 특징을 정리한다.	• 유리함수와 무리함수의 정의역과 치역을 표로 정리. • 랜드마크 건축물의 사진과 그래프를 연결하여 도식화. • 모둠 활동을 통해 각 랜드마크의 수학적 특성을 발표 자료로 구성. Frayer 모델	**분석과 적용** 학생들이 자료를 통합적으로 정리하고 그래프와 개념을 실질적으로 연결하는 과정이다.

단계	탐구활동	학습내용	블룸의 인지영역
일반화하기	• 특정 랜드마크에서 찾은 함수의 특징을 일반화하여 설명한다. • 수학적 패턴을 일상생활로 확장한다.	• 곡선 다리와 건물의 점근선 형태가 나타내는 물리적 안정성을 분석. • 유리함수와 무리함수를 활용한 구조 설계 예시 도출. • 학생들이 조사한 사례들을 모아 공통적인 수학적 특징 요약.	**종합** 학생들이 조사한 내용에서 새로운 원리를 도출하고, 이를 다양한 사례에 일반화하여 설명하는 과정이다.
전이하기	• 국제교류 수업에서 랜드마크의 수학적 원리를 소개한다. • 학생들은 배운 내용을 실생활 문제 해결에 활용한다.	• PPT 발표 자료를 준비하며 랜드마크에서 나타난 수학적 원리를 설명. • 그룹 토의를 통해 발표 자료를 수정하고 다른 나라의 랜드마크에 대해 질문. • 실제 건축 설계 과제에서 유리함수와 무리함수 적용된 사례 탐구하기	**적용과 종합** 학생들이 배운 내용을 새로운 환경에 적용하여 활용하는 능력을 기른다. 이 과정은 학습 내용을 실질적이고 창의적인 방식으로 확장시킨다.
성찰하기	• 학습 과정에서 배운 점과 개선할 점을 스스로 평가합니다. • 협력 활동의 결과를 비판적으로 검토합니다.	• 발표 과정에서 잘된 점과 부족했던 점을 반성. • 랜드마크와 함수 모델링의 연계성을 더 높일 개선 방안 탐색.	**평가** 학생들이 학습 과정과 결과를 비판적으로 검토하며 자기 성장을 위한 방향성을 설정하는 데 기여한다.

3 성찰하기

가 탐구 질문 성찰하기(학생)

학생들이 단순한 계산과 절차적 학습을 넘어 사실적, 개념적, 논쟁적 질문은 단계적이고 체계적인 연속성을 가지며, 수학적 사고의 폭과 깊이를 점진적으로 확장하도록 안내한다. 탐구 질문 성찰하기는 단원의 탐구 진술을 기반으로 수학적 개념과 사고를 심화시키는 핵심 학습 전략이다.

이러한 질문 체계는 수학적 논리와 비판적 사고를 통해 개념 간의 관계를 탐구하고, 실생활 맥락에서 문제를 분석하며 창의적인 해결 방안을 제시하는 능력을 기르도록 돕는다. 아래는 각 질문 유형의 특성과 학습 성찰의 방향을 제시한다.

1) 사실적 질문: 탐구의 기초 형성

사실적 질문은 탐구활동의 출발점으로, 유리함수와 무리함수의 정의, 그래프의 특징과 성질, 그래프를 표현하는 방법에 초점을 둔다.

예시	• 유리함수와 무리함수의 그래프는 각각 어떤 특징을 가지고 있는가? • 유리함수와 무리함수는 어떤 실생활 문제를 설명하는 데 사용될 수 있는가?
성찰 포인트	• 나는 유리함수와 무리함수의 기본 개념과 성질을 정확히 이해했는가? • 내가 배운 개념이 실생활의 어떤 사례에 적용되는지 설명할 수 있는가?

2) 개념적 질문: 분석과 확장

개념적 질문은 수학적 개념 간의 관계와 이를 통해 도출되는 의미를 탐구하도록 한다.

예시	• 유리함수와 무리함수의 특성은 랜드마크의 설계와 구조에 어떻게 적용될 수 있을까? • 공학적 도구를 사용한 수학적 모델링은 그래프 분석에 어떤 도움을 줄 수 있을까?
성찰 포인트	• 함수의 특징이 실생활 구조를 설명하거나 문제를 해결하는 데 어떻게 기여하는지 분석했는가? • 나는 이 개념들을 통해 다른 수학적 상황이나 맥락을 이해할 수 있는가?

3) 논쟁적 질문: 깊이 있는 사고로 연결

논쟁적 질문은 다양한 관점에서 논리적으로 사고하며, 복잡하고 다차원적인 문제를 탐구하게 한다.

예시	• 수학적 모델링이 랜드마크 설계 과정에서 반드시 필요한 도구라고 볼 수 있는가? • 랜드마크 설계에서 수학적 모델링은 필수적인 도구로 간주될 수 있는가, 아니면 창의적 설계에 제한을 가하는 요소로 작용할 수 있는가? • 유리함수와 무리함수의 그래프 분석이 랜드마크의 미적 가치를 평가하는 보편적이고 공정한 기준이 될 수 있는가, 혹은 미적 가치는 수학적으로 측정할 수 없는 주관적 요소에 더 의존하는가?
성찰 포인트	• 나는 다양한 관점을 고려하여 문제를 깊이 있게 탐구했는가? • 내 주장을 뒷받침할 수학적 근거를 충분히 제시했는가?

4) 더 깊은 질문으로 발전시키기

각 질문 단계에서 자신의 생각을 정리한 후, "왜?", "어떻게?"와 같은 확장형 질문을 추가로 만들어 보자.

예시	• 왜 특정 함수가 랜드마크 구조를 설명하는 데 더 적합할까? • 그래프 분석을 통해 랜드마크의 구조적 안정성을 평가할 수 있을까?
의의	탐구 질문을 스스로 발전시키는 과정을 통해, 학생들은 새로운 수학적 통찰을 발견하고 창의적이고 논리적인 문제 해결 역량을 함양할 수 있습니다. 질문의 답을 찾는 데 그치지 않고, 질문 자체를 확장해 나가는 과정을 즐기세요!

나 탐구 수업 성찰하기(교사)

표 VIII-14 탐구 수업 성찰하기(예시)

영역	수업 전	수업 후
사전 지식과 탐구 준비	• 학생들은 유리함수와 무리함수의 정의 및 기본 그래프에 대한 이해를 가지고 있으나 이를 실생활 맥락에서 활용하거나 랜드마크를 분석한 경험이 부족함. • 공학적 도구(예: 그래프 계산기, 데스모스)를 활용한 수학적 모델링 경험이 제한적임.	• 학생들은 랜드마크 설계와 관련된 유리함수와 무리함수의 관계를 논리적으로 분석하고 그래프로 표현하며 실생활 문제 해결 역량을 키움. • 공학적 도구를 활용하여 함수의 특성을 탐구하고 실질적인 문제 해결에 수학적 모델링이 기여할 수 있음을 이해함.

영역	수업 전	수업 후
협력과 의사소통 역량 준비	• 수학적 아이디어를 협력적으로 공유하거나 논리적으로 전달하는 능력이 부족함. • 랜드마크 분석을 중심으로 한 팀 활동 경험이 없어 협력 과정에서 의사소통의 어려움을 겪을 가능성이 있음.	• 학생들은 팀 협업을 통해 수학적 사고를 명확히 표현하고, 팀원들의 관점을 수용하며 협력적으로 랜드마크 설계의 수학적 특성을 분석함. • 동료의 발표를 경청하며 비판적 사고와 문제 해결 능력을 강화하고 협력 과정에서 자기 성찰과 성장의 기회를 경험함.
탐구 산출물과 평가 목표	• 그래프와 수학적 모델링의 기본 원리는 이해하고 있으나, 이를 활용하여 구체적인 산출물을 제작하거나 분석한 경험이 부족함. • 평가 기준과 목표를 명확히 이해하지 못하여 탐구 과제에 대한 부담감을 가질 가능성이 있음.	• 평가 기준표를 활용하여 명확한 평가 목표를 설정하고, 학생 개개인의 수준에 맞는 산출물을 제작(예: 그래프)하며 수학적 표현 능력을 향상시킴. • 평가 결과를 자기 성찰의 도구로 활용하며, 수학적 모델링을 통해 실생활 문제 해결에 기여할 수 있는 가능성을 발견함.

다 학생 결과물 공유하기

[한국 학생 작품] 랜드마크 프로젝트

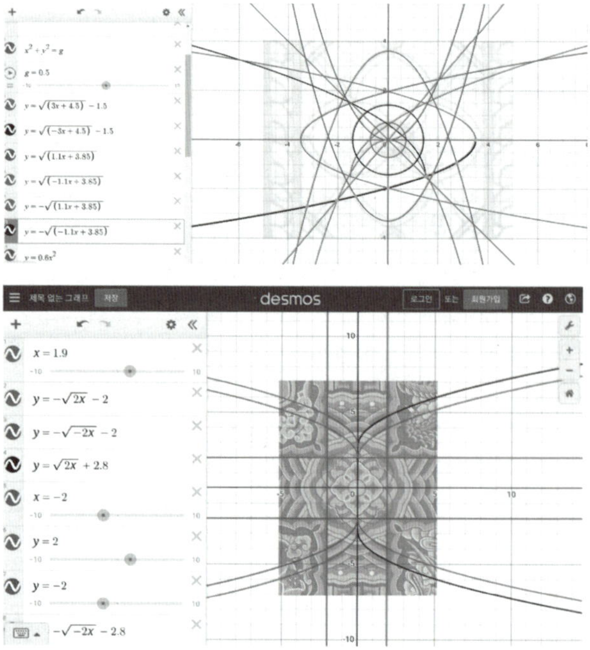

[미국 학생 작품] 랜드마크 프로젝트

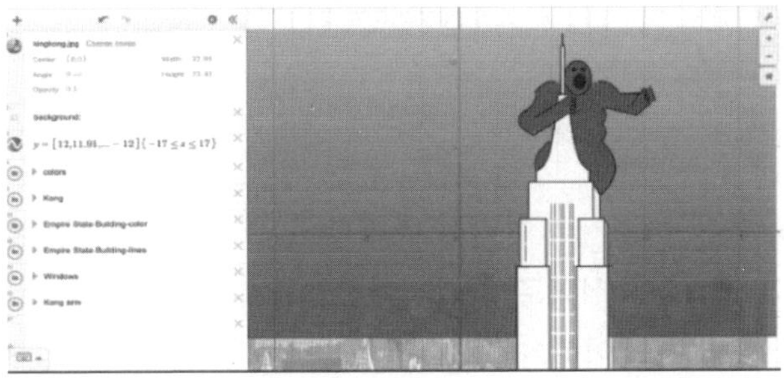

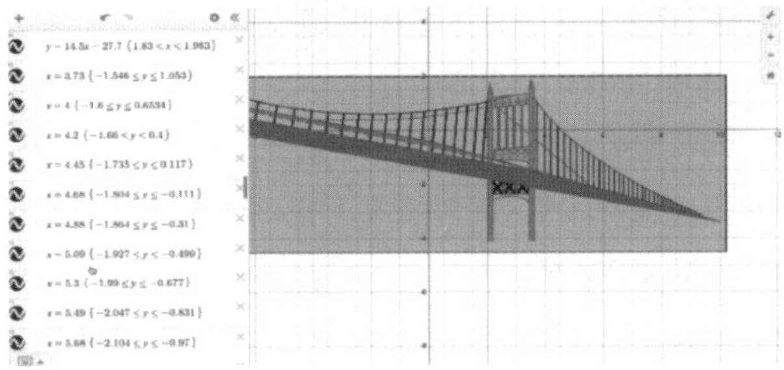

국제 교류 수업으로 진행된 '랜드마크 프로젝트'는 학생들이 서로의 문화적 배경을 탐구하며, 수학적 개념이 건축과 구조 설계에 어떻게 적용되는지를 비교·분석하는 경험을 제공하였다. 한국 학생들은 한국의 전통 건축물 속에서, 미국 학생들은 뉴욕의 역사적 랜드마크에서 유리함수와 무리함수의 그래프를 도출하고, 각 구조물이 지닌 수학적 패턴과 원리를 분석하는 활동을 수행하여 온라인 실시간으로 교류 수업을 진행하였다.

이 과정에서 학생들은 단순한 수학적 적용을 넘어 문화적 다양성을 체험하고, 글로벌 시각에서 건축과 수학의 관계를 이해하는 기회를 가졌다. 서로의 연구 결과를 공유하며, 동서양의 건축이 수학적 원리를 어떻게 활용하고 있는지 비교하고 토론하는 과정은 수학적 사고력뿐만 아니라 비판적 사고, 협업, 그리고 문화적 감수성을 키우는 데 기여하였다. 본 프로젝트를 통해 학생들은 수학적 탐구를 글로벌 맥락에서 적용하며, 문화적 다양성을 존중하는 시각을 확장할 수 있었다. 또한, 다양한 건축물 속 수학적 원리를 비교·분석하며, 학문적 개념을 실생활과 연결하는 역량을 기르도록 유도하였다. 더불어, 협력과 소통을 바탕으로 문제 해결의 다각적 접근 방식을 탐색하며 창의적 사고를 심화하였다. 이러한 경험은 미래 사회에서 요구되는 융합적 사고력과 글로벌 시민으로서의 역량을 함양하는 데 기여하였다.

참고문헌

강효선(2022). 교과 목표-평가의 유기적 연계 방안 탐색: IB 교육과정 중등 프로그램(MYP) 개인과 사회를 중심으로. ***교육과학연구, 24***(1), 1-21.

경기도 교육청(2023). **IB의 이해**. 경기도: 경기도교육청.

교육부(2022). **중학교 2022 개정 교육과정 총론 해설**. 교육부 고시 제2022-33호.

교육부(2022). **2022 개정 국어과 교육과정**. 교육부 고시 제2022-33호 [별책 5]

교육부(2022). **2022 개정 교육과정 사회과 교육과정**. 교육부 고시 제2022-33호 [별책 7]

교육부(2022). **2022 개정 교육과정 수학과 교육과정**. 교육부 고시 제2022-33호 [별책 8]

교육부(2022). **2022 개정 교육과정 과학과 교육과정**. 교육부 고시 제2022-33호 [별책 9]

교육부(2022). **고등학교 2022 개정 영어과 교육과정**. 교육부 고시 제2022-33호 [별책 14] 영어과 교육과정

김유향, 이동욱, 이재봉, 홍미영, 이신영, 유은정, 신영준, 전성수, 하지훈, 이성희, 한제준, 백종민, 양정은, 김지현, 진연자(2023). **2022 개정 교육과정에 따른 초중학교 과학과 성취수준 개발 연구**. CRC 2023-6. 한국교육과정평가원.

김현미(2023). 2022 개정 중학교 「사회」 지리 영역 교육과정의 개발 방향과 특징. ***한국지리환경교육학회지, 31***(1), 29-44. https://doi.org/10.17279/jkagee.2023.31.1.29

김희선, 구본희, 이석영, 양준현, 윤미정, 김창현, 권영부, 오세준(2021). **수업 시간에 정의적 영역 평가 실천하기**. 서울특별시교육청.

나민애(2020). **책 읽고 글쓰기**. 서울문화사.

남민우, 박준홍, 김승현, 서수현, 최숙기, 최소영, 정진석, 옥현진, 김은선, 김정은, 나현수, 신윤경, 양경희, 오지은, 강유진, 김영아, 사민선, 이유진, 유진곤(2024). **2022 개정 교육과정에 따른 초·중학교 국어과 성취수준 개발 연구**. CRC 2024-9. 한국교육과정평가원.

로라 그린스타인. 권오량, 이찬승(2022). **수업에 바로 쓸 수 있는 역량평가 매뉴얼**. 서울: 교육을 바꾸는 사람들.

목영해(2019). **바디유 보편적 진리론과 교육**. 서울: 교육과학사.

박태준, 김미경, 박지선, 김신혜, 강혜정, 이수열, 윤재룡, 김정원, 황보름(2024). **2022 개정 교육과정에 따른 고등학교 영어과 공통과목 성취수준 개발 연구**. CRC 2024-26. 한국교육과정평가원.

변현정·백종민·이현아(2024). **IB MYP를 활용한 미래역량 중심 중학교 교육과정·수업·평가 운영방안 연구**. 서울: 서울시교육청교육정보연구원, 2023-70.

백종민, 홍후조(2022). IB MYP 틀을 적용한 중학교 과학 수업 개발 과정 연구. ***학습자중심교과교육연구, 22***(4), 247-267.

이상원(2011). Dewey의 탐구 개념과 삶, 교육의 상관성 연구. ***교육철학, 45,*** 191-230.

이형빈, 김성수(2023). 성장중심평가. 서울: 도서출판 살림터.

이홍우(2003). 교육과정 이론. 서울: 교육과학사.

이홍우(2006). 지식의 구조와 교과. 서울: 교육과학사.

정순복(2002). 존 듀이(John Dewy)의 논리학: 형성과정, 구조 및 미학과의 상관성. ***美學(미학), 32,*** 429-475.

조재식(2005). 백워드(backward) 교육과정 설계 모형의 고찰. ***교육과정연구, 23***(1), 63-94.

홍후조(2016). 알기 쉬운 교육과정. 서울: 학지사.

Brookhart, M. (2013). **루브릭 어떻게 만들고 사용할까?**. 장은경, 김민아, 남예지, 양하늬(역). 우리학교.

Carol Ann Tomlinson, EdD. (2019). **교실 현장에서 가져온 개별화 수업 1: 실천편.** 홍완기(역). 교육을 바꾸는 사람들.

Stern, J., Lauriault, N., & Ferraro, K. (2022). **개념기반 교육과정 수업.** 임유나, 한진호, 안서현, & 이광우(역). 박영스토리.

Marschall, C., & French, R. (2021). **생각하는 교육과정과 수업을 위한 개념 기반 탐구 학습의 실천.** 신광미 & 강현석(공역). 학지사.

Andrade, H. L., & Heritage, M. (2017). *Using formative assessment to enhance learning, achievement, and academic self-regulation*. UK:Routledge.

Anderson, L. W., & Krathwohl, D. R. (2001). *A Taxonomy for Learning, Teaching and Assessing: A Revision of Bloom's Taxonomy of Educational Objectives: Complete Edition*. New York: Longman.

Hare, J. (2006). *Holistic education: An interpretation for teachers in the IB programmes*. Cardiff: International Baccalaureate Organization.

Black, P. (2015). Formative assessment - an optimistic but incomplete vision,

Assessment in Education: Principles, Policy and Practice, 22(1), 161-71.

Black, P., & Wiliam, D. (1998). Assessment and classroom learning, Assessment in Education:Principles, *Policy and Practice, 5*(1), 7-74.

Murphy, P. (1999). *Learners, Learning & Assessment*. London, UK. Paul Chapman Publishing in association with The Open University.

Black, P. (2015). Formative assessment - an optimistic but incomplete vision, *Assessment in Education: Principles, Policy and Practice, 22*(1), 161-71.

Bloom, B. S., Englehart, M. D., Furst, E. J., Hill, W. H., & Krathwohl, D. R. (1956). *Taxonomy of Educational Objectives, Handbook: The Cognitive Domain*. New York: Longman, Green.

Brookhart, Susan M. (2013). *How to create and use rubrics for formative assessment and grading*. Alexandria, VA:ASCD.

Bullock K. (2012). *International Baccalaureate Learner Profile: Literature Review*. [(accessed on 20 January 2020)]; Available online:https://www.ibo.org/globalassets/publications/ib-research/iblearnerprofileeng.pdf

Cresswell, MJ. (1986). Examination Grade: How many should there be?. *British Educational Research Journal, 12*(1).

Dewey, J. (1897). My pedagogic creed. *The School Journal, 54*(1), 77-80.

Dewey, J. (1933). *How We Think: A Restatement of the Relation of Reflective Thinking to the Educative Process*. Boston, MA: D.C. Heath & Co Publishers.

Erickson(2007). *Concept-Based Curriculum and Instruction for the Thinking Classroom*. Thousand Oaks, CA:Corwin Press.

Erickson & Lanning(2014). *Transitioning to Concept-Based Curriculum and Instruction. Thousand Oaks*, CA:Corwin Press.

Farmer, D. (2018). *Individuals and societies for the IB MYP 4&5: By concept*. UK:Hodder Education.

Grace, P. (2018). *Individuals and societies for the IB MYP 3*. UK:Hodder Education.

Harrison, L., & Broadbent, A. (2018). *Geography for the IB MYP 4&5: By concept*. UK:Hodder Education.

Hare(2006). *Holistic education: An interpretation for teachers in the IB programmes*. Cardiff:International Baccalaureate Organization.

Harlen, W., & Johnson, S. (2014). *A review of current thinking and practices in assessment in relation to the Primary Years Programme*, Assessment Europe to the International Baccalaureate Organization, January 2014.

International Baccalaureate Organization(2009). *Making the PYP happen: A curriculum framework for international primary education (revised ed.)*, Cardiff:International Baccalaureate Organization.

International Baccalaureate Organization(2014a). *From Principle into Practice*. Cardiff: International Baccalaureate Organization.

International Baccalaureate Organization.(2014b). *Individuals and societies guide*. Cardiff: International Baccalaureate Organization.

International Baccalaureate(2014c). *MYP science guide*. Cardiff:International Baccalaureate Organization.

International Baccalaureate(2018). *Programme standards and practices*. Cardiff:International Baccalaureate Organization.

International Baccalaureate Organization(2019a). *Assessment Principles and Practices—Quality Assessments in a digital age*. Cardiff:International Baccalaureate Organization.

International Baccalaureate Organization. (2019b). *What is an IB education?* Cardiff:International Baccalaureate Organization.

International Baccalaureate Organization.(2020). *Language B guide*. Cardiff: International Baccalaureate Organization.

International Baccalaureate Organization. (2021a). *Interdisciplinary teaching and learning in the MYP (for use from September 2021/January 2022)*. Cardiff: International Baccalaureate Organization.

International Baccalaureate Organization.(2021b). *Mathematics SL guide*. Cardiff:International Baccalaureate Organization.

International Baccalaureate Organization.(2021c). *Mathematics HL guide*. Cardiff:International Baccalaureate Organization.

International Baccalaureate Organization. (2021d). *Language acquisition guide*. Cardiff:International Baccalaureate Organization.

Kagan, M. (1999). Higher-level thinking questions: Personal & social skills. San Clemente, CA: Kagan Cooperative Learning.

Keengwe, J. (2022). Handbook of research on active learning and student engagement in higher education. Information Science Reference, an imprint of IGI Global.

Lanning & Brown(2019). *Concept-Based Literacy Lessons: Designing Learning to Ignite Understanding and Transfer*. Thousand Oaks, CA: Corwin Press.

Marshall, C., & French, S. (2018). *Concept-based inquiry in action: Strategies to promote transferable understanding*. Corwin.

Malhotra, N., Mavondo, F., Mukherjee, A. and Hooley, G. (2013). Service quality of frontline employees: a profile deviation analysis. *Journal of Business Research, 66*(9), 1338-1344.

MacKenzie, T., & Bathurst-Hunt, R. (2019). *Inquiry mindset: Nurturing the dreams, wonders, and curiosities of our youngest learners*. EdTechTeam Press.

McNeal, F. (2009). *Learning with the brain in mind*. Thousand Oaks, CA: Corwin Press.

Messick, S. (1994). The interplay of evidence and consequences in the validation of performance assessments. Educational Researcher, *23*(2), 13-23.

Moss, C. M., & Brookhart, S. M. (2012). Learning targets: Helping students aim for understanding in today's lesson. ASCD.

Morley, K. A., & Kawther Saa'd AlDin(2018). Oxford IB DP English B *2nd Edition*. Oxford University Press.

Morley, K., & Gafan, A. (2021). MYP English language acquisition (Proficient). Oxford University Press.

OECD(2016). *Assessment for Learning: Formative Assessment*. retrieved October 23, 2020 from https://www.oecd.org/site/educeri21st/40600533.pdf.

OECD(2018). *The Future of Education and Skills: Education 2030. Position Paper*. Paris: OECD Publishing.

Popham, WJ(2009). Assessment literacy for teachers: Faddish or fundamental? *Theory into Practice, 48*(1), 4-11.

Popham, J. W. (2014). *Classroom Assessment: What Teachers Need to Know. 7th*

Edition. Pearson Education Ltd., Boston.

Rafael, Ángel. J. (2023). *From inception to fruition: Concept-based language teaching and learning*. Independently published.

Ratey, J. J. & Hagerman, E. (2008). *Spark: The revolutionary new science of exercise and the brain*. New York: Little, Brown.

Resnick, L. B. (1989). Developing mathematical knowledge. *American Psychologist, 44*(2), 162-169.

Resnick, L. B., & Resnick, D. P. (1992). Assessing the thinking curriculum: New tools for educational reform. In B. R. Gifford & M. C. O'Connor (Eds.), Changing assessments: *Alternative views of aptitude, achievement and instruction*, 37-75.

Ryan, M. (2014). Reflexive writers: Re-thinking writing development and assessment in schools, *Assessing Writing, 22*, 60-74.

Rynes, S. L., Colbert, A. E., & Brown, K. G. (2002). HR professionals' beliefs about effective human resource practices: Correspondence between research and practice. *Human Resource Management, 41*(2), 149-174.

Schacter, D. (2001). *The seven sins of memory*. New York:Houghton Mifflin.

Shepard, L. A. (1992). Commentary: what policy makers who mandate tests should know about the new psychology of intellectual ability and learning, in Gifford, BR and O'Connor, MC (eds). *Changing Assessments: Alternative Views of Aptitude, Achievement and Instruction*. Boston, USA and Dordrecht, Netherlands. Kluwer.

Shepard, L. A. (2000). The role of assessment in a learning culture. Educational Researcher, 29(7), 4-14.

Small, G. (2003). *The Memory Bible: An Innovative Strategy For Keeping Your Brain Young*. New York: Hyperion.

Sousa, D. A. (2011). *How the Brain Learns (4th ed.)*. Thousand Oaks, CA: Corwin.

Sprenger, M. (2018). *How to Teach So Students Remember*. Alexandria, VA: ASCD.

Stambaugh, T., & Mofield, E. (2017). Concept-based curriculum design and practice in the United States. In L. Tan, L. Ponnusamy, & C. Quek (Eds.), Curriculum for high ability learners (pp. 66). Springer. https://doi.

org/10.1007/978-981-10-2697-3_5

Stern, J. et al. (2017). *Learning that transfers: Designing curriculum for a changing world*. Thousand Oaks, CA: Corwin Press.

Stiggins, R. J. (2001). Student-involved classroom assessment. Prentice Hall.

Stipek, D. J. (2002). *Motivation to Learn: Integrating Theory and Practice*. Boston, MA: Allyn & Bacon.

Tate, M. L. (2016). *Worksheets don't grow dendrites: 20 instructional strategies that engage the brain. Third edition*. Thousand Oaks, CA: Corwin.

Tillema, H. (2014). Student involvement in assessment of their learning, in C Wyatt-Smith, V Klenowski & P Colbert (eds), *Designing assessment for learning,* Dordrecht: Springer.

Tyler, R. W. (1949). *Basic Principles of Curriculum and Instruction*. Chicago: University of Chicago Press.

Vygotsky, L. S. (1962). *Thought and language*. New York: Wiley.

Wathall, J., & Erickson, H. L. (2016). Concept-based mathematics: Teaching for deep understanding in secondary classrooms. Thousand Oaks, CA: Corwin.

Wertheim, J. A., Edelson, D. C., & The Road Map Project Assessment Committee. (2013). A road map for improving geography assessment. Geography Education Research, 15-21.

Wiggins, G. P. (1993). *Assessing student performance: Exploring the purpose and limits of testing*. Jossey-Bass: Wiley.

Wiggins, G. & McTighe, J. (1998). *Understanding by Design*. Alexandria, VA: ASCD.

Wiggins, G. & McTighe, J. (2005). *Understanding by design (2nd ed.)*. Alexandria, VA: ASCD.

Wiggins, G. & McTighe, J. (2011). *The Understanding by Design Guide to Creating High-Quality Units. Association for Supervision and Curriculum Development*, Alexandria, VA: ASCD.

Wiliam, D. (2011). What Is Assessment for Learning? *Studies in Educational Evaluation, 37*, 3-14.

Willis, J. (2009). How to Teach Students About the Brain. *Educational Leadership, 64*(5), 70-74.

(중등) 2022 개정 교육과정과 IB
개념 렌즈로 수업과 평가를 탐구하다

초판발행 2026년 1월 5일

지은이 이현아 · 백종민 · 김종미 · 이지은 · 박준영 · 최정윤 · 정연주
펴낸이 노 현

편 집 김다혜
기획/마케팅 김한유
표지디자인 BEN STORY
제 작 고철민 · 김원표

펴낸곳 ㈜ 피와이메이트
서울특별시 금천구 가산디지털2로 53, 210호(가산동, 한라시그마밸리)
등록 2014. 2. 12. 제2018-000080호
전 화 02)733-6771
f a x 02)736-4818
e-mail pys@pybook.co.kr
homepage www.pybook.co.kr
ISBN 979-11-7279-173-5 93370

정 가 25,000원

박영스토리는 박영사와 함께하는 브랜드입니다.